일점일획(一點一劃) 사상으로 본 성경 (The Holy Network)

한 알의 쌀에서 오로지 님 나라를 본다

류동하 지음

살림터

일점일획 사상으로 본 성경

한 알의 쌀에서 오로지님 나라를 본다

처음 찍은날 · 1999년 6월 25일
처음 펴낸날 · 1999년 6월 30일
지은이 · 류동하
펴낸이 · 송영현
펴낸곳 · 살림터
주소 · 121 – 220 서울시 마포구 합정동 387 – 10 (2층)
전화 · 3141 – 6553 (대표)
전송 · 3141 – 6555
등록번호 · 제2 – 1008호 (1990년 5월 15일)

인쇄 · 신화인쇄공사 (나병문)
제본 · 성용제책사 (조주환)

값 15,000원

ⓒ 류동하, 1999

▶ 잘못된 책은 바꾸어 드립니다.
▶ ISBN 89 – 85321 – 58 – 7 (93200)

하늘은 높기만 하고 별들은 멀기만 하나, 진실을 구하여 맞추고자 한
다면 천세의 날이 새가 날아들 듯할지니, 이를 앉아서도 맞출 수 있다.

—맹자(孟子)

차 례

▣ 열려라 참깨!

아라비안 나이트!

그 가운데 '알리 바마와 40인의 도적'에 나오는 주문(呪文)이 있다. 바로 '열려라 참깨!'

마흔 명의 도둑이 도둑질을 한 다음 장물들을 들쳐업고 그들의 아지트인 동굴로 돌아와 이 주문을 외운다. 그런데 이 주문을 외지 않으면 동굴문은 열리지 않는다.

말하자면, 이 주문은 암호문과 같은 것이요, 비밀번호와 같은 것이며, 컴퓨터로 말하면 프로그램 명령어와 같은 것이다. 명령어를 모르거나 틀리면 프로그램은 열리지 않는다. 그런데 대체 어떤 비밀이 이 참깨라는 것에 있기에 육중한 문이, 마법에 걸려 있는 문이, 그 마법을 풀고 문을 열게 하는 것일까?

그것은 바로 이 참깨의 성질(性質)에 있다. 아니 참깨의 특질(特質), 혹은 기질(氣質)에 있다.

참깨는 무엇인가? 그것은 곧 기름을 내는, 아주 구수한 참기름을 내는 것이다. 기름이란 무엇인가? 두말할 것 없이 에너지(energy)이다. 바로 이 기름인 에너지를 쓰는 것이기에 문은 열리는 것이다. 말하자면 기름칠을 해준 것과 같다.

열려라 참깨(Open sesame)! 오픈 세서미! 참기름은 세서미 오일(sesame oil)이다. 이 애교스런 암호와 주문 속에 아라비안 나이트의 깜찍한 재치(wit · 꾀), 아니 꾀(計)를 엿볼 수 있는 것이다.

　그리고 이것은 아주 훌륭한 교육 프로그램(꾀)이 된다.

　모든 것은 에너지가 없이는, 이처럼 문을 열 수 없는 것과 같이, 열리는(운동) 작용이 없다는 것이요, 그 에너지를 씀에 이런 꾀가 필요하다는 것을 알려주고 있다. 그리고 반드시 그 성질에 맞추어야 한다는 것까지도 내포하고 있다.

　이 동굴의 문은 참기름이라는 '성질'에서만 열리도록 되어 있는 것이다. 만일 다른 성질을 쓰거나 그것에 '맞추면' 이 동굴의 문은 열리지 않다! No Open～!

　에너지란 무엇인가?

　바로 '성질·특질·기질'이다. 이 성질을 에너지라고 한다.

　불이라는 에너지는 빛을 내고 열을 내는 성질이 있다. 물은 그 불을 꺼뜨리는 성질이 있다. 바로 이 '성질(性質)'이 불이요, 물이라는 에너지(성질)인 것이다. 그리고 이 성질을 캐릭터(character)라고 한다.

　만일, 이 동굴에 누군가 '열려라 주근(죽은)깨' 하였다면 문은 열리지 않을 것이다. 왜냐하면 깨는 깨로되, 아니 기름이라는 에너지는 에너지로되, 이미 주근(죽은·僞) 성질이므로 참(眞)깨의 캐릭터(성질)를 낼 수 없기 때문이다.

　물은 생수(生水)니 탁수(濁水)니 오수(汚水)니 하며 그 물의 에너지됨, 곧 캐릭터(성질)를 분명히 하고 있다. 이 성질(에너지)을 잃으면 이미 그것은 에너지가 아닌 것이다. 에너지는=캐릭터(성질)이다!

　그런데 여기엔 또 하나의 비밀스런 감춤이 있다. 그것은 무엇인가?

　이 문은 세서미 오일(sesame oil), 곧 참기름을 발라(?)야만 열리는 성질의 문이다. 그렇다고 하여 정말 참기름을 갖다 바른다면 과연 열릴까?

　열리지 않는다. 반드시 주문(呪文)인 '열려라 참깨'를 통하여만 열린다는 사실이다. 내가 컴퓨터의 어떤 프로그램에 참깨라는 명령어를 갖췄는데, 정말로 참깨나 그 성질인 참기름을 바른다고 프로그램이 뜰까? 결코 뜨지 않을 것이다.

　이렇게 참기름이라는 성질은 주문(呪文) 속에 들어와 새로운 차원의 성질(캐릭터)을 갖게 되는 것이다. 이 장치가 참으로 오묘(奧妙)하며 허(虛)를 찌르는 고소함을 준다. 참깨(참기름)라는 성질에 다시 그것을 주문의 형태로 짠 꾀를 프로그램(계획·차림)이라 하고, 이렇게 차린 프로그램에 맞춰야 하는 주문을 맞춤법이라고 하면 이 이야기 속엔 '캐릭터(성질·에너지) ↔ 프로그램(꾀) ↔ 맞춤(주문·음성)'이라는 구조가 있게 된다. 이것은 삼위입체적이고 삼위일체적으로 일어나는 것이기에 이런(↔) 표식을 하였다. 어느 것 하나 빠지거나 모자라도 안 되는 것이다. 열리지 않는다. Not Open~!

　주문(呪文)을 스펠(spell)이라 한다. 또한 스펠은 철자(綴字)를 뜻할 뿐 아니라, 마력(魔力)이나 마법(魔法)을 뜻한다. '오픈 세서미!'라는 주문 속에 참기름의 캐릭터와 아울러 그것을 새로운 차원으로 치받이하여 끌어올린 주문을 통한 마법(魔法)이라는 힘이 작용된다.

　이 주문을 산스크리트어로는 만트라(Mantra)라고 한다. 진언(眞言·참말·참 맞춤말·holy word)이다. 이 만트라라는 주문 속엔 신성(神性), 그러니까 신의 캐릭터(性質), 다시 말하여 신의 에너지가 들어와 있는 것이다. 어떻게 들어와 있는가? 주문이니 음성적(音聲的) 형태로 들어와 있는 것이다. 그러니 이 거룩한 말(holy word)인 만트라, 혹은 참 맞춤말(眞言)을 외우면 신의 성질(에너지)이 작용하게 되는 셈이 된다—여기선 그 진실 여부를 떠나서—사실 이런 의식이 없다면 인류 문화 전반에 나타난 종교라는 것도 없을 것이다. 그러므로 이런 주문은 실로 우주적 파워풀한 언어요, 그 성질(캐릭터＝에너지)이 되는 것이다.

　사람들이 기계적인 주문을 외우거나, 또 인격적인 성질인 기도를 하는 것은 어쨌거나 이런 캐릭터(성질)를 얻고 그것을 위하여는 프로그램(섭리攝理)을 알아야 하며 또 그 프로그램에 맞출 수 있는 그 무엇(암호)까지를 알아야 한다는 것이었다.

또 하나!

형설지공(螢雪之功)! 저 유명한 고사(古事)다.

손강(孫康)이란 사람이 기름을 살 만한 형편이 못 되어서 반딧불이(螢)의 불빛을 받아 공부하여 성공(成功)하였고, 차윤(車胤)이라는 사람도 그와 같은 형편이었는데, 눈빛(snow light)을 받아 공부하여 성공(成功)에 도달하였다는 데서 유래한 이야기이다. 이것을 형창설안(螢窓雪案)이라고도 한다.

자아~, 여기서 먼저 눈에 띄는 것은 무엇인가?

빛(light)! 곧 반딧불이의 성질(energy)과 눈의 성질(energy)이 공부하는 책상(案)머리 프로그램(案)에 비치고 있다는 점이다.

이 두 사람은 이런 빛의 은덕(恩德)을 받은 것이다. 형광(螢光)과 설광(雪光)이 그 빛을 발하여 이런 가난한 선비들의 길눈이 되어주고 글눈이 되어준 것이다.

그렇다! 이 두 사람은 기름이 없다는 것에 좌절하지 않고, 이런 절로(自然)의 작은 빛에 그들의 지혜를 맞출 줄 알았다. '에너지(성질·빛) ↔ 프로그램(案) ↔ 맞춤'이라는 패러다임이 역시 작용하여 어떤 공력(功力·일)을 이루고 있다.

이렇듯 자연이 합심하여 이루는 풍성함을 일러 선(善)이라고 한다!

다시 한 예를 더 들겠다.

화성 탐사선 패스파인더(Pathfinder)!

이 길(path)을 찾는 자(finder), 곧 길라잡이호는 발사대를 떠나 화성 탐사에 나섰다. 그 멀고 먼 길을 떠난 것이다.

아니 그러기 위해선, 제일 먼저 해결해야 할 것은 무엇보다 거기에까지 갈 수 있는 에너지, 곧 그 탐사선의 동력원이 될 에너지가 문제가 된다. 이것을 우선하지 않으면 다른 프로젝트는 의미가 없다. 그만한 에너지(성질)를 낼 수 있는 것이 무엇인가? 그 어떤 연료도 싣고 갈 수 없다. 그것은 배보다 배꼽이 크다는 속담조차 감당할 만한 한도를 넘어설 것이다.

　그럼, 자체 조달할 수밖에 없는데, 그것은 태양의 성질(에너지·캐릭터)을 파악하여 그것을 쓰는 것이다. 그런데 무조건 쓸 수 있는가? 그럴 수 없다. 그 태양의 캐릭터를 쓸 수 있는 꾀, 곧 프로그램이 필요하다. 물론 그 탐사선을 구성하는 여러 부속이라든가 하는 프로그램(꾀)도 아울러….

　태양의 성질이라도 이 패스파인더에는 특별하게 끌어올려 그 성질을 받을 수 있는 프로그램(꾀)이 있어야 한다. 바로 그런 태양의 캐릭터는 그 프로그램으로 하여 패스파이더를 화성까지 이끌고 가는 것이다. 태양 에너지! 그런데 패스파인더 혼자 가는가? 아니다. 멀리 네트워크를 타고 나사(NASA) 사령탑의 컨트롤, 곧 맞춤이 있어야 했다.

　여기서도 다음과 같은 삼위입체적이고 삼위일체적인 패러다임이 나온다. ‘태양의 캐릭터(에너지·성질) ↔ 프로젝트(꾀) ↔ 나사의 맞춤’

　이제 이 패러다임을 안고 동화에서부터 고사로, 그리고 첨단과학인 패스파인더로, 그리고 저 종교의 최고의 극까지 가보자는 것이다!

■ 서언(序言)

호(號)!

모든 것이 부르짖는 호랑이(虎)이다!

외국에 나가 있는 사람 가운데, 낯선 문화적 충격에서 벗어나지 못하거나, 혹은 그것이 심하여 향수병(鄕愁病)에 걸린 사람들이 있음을 종종 볼 수 있다. 달을 쳐다봐도 절로절로 집 생각, 담배를 한 개비 물다가도 절로절로 고향 생각, 아니 밥상을 앞에 두고 한 숫갈 마악 뜨다가도 목이 콱 막히곤 하는 사람도 있다.

그 모든 것들이 집을 생각나게 하고, 부모형제와 친구들의 생각을 일으키는 노스탤지어의 방아쇠들로 여겨지고 마치 그것들이 자기를 쏘고 있다고 느낀다. 암살자(暗殺者)들처럼 자기를 죽이는 것이라고 느낀다. 아니 어서 돌아가라고 하는 호령(號令·부르짖을 호號)처럼 들린다. 말 그대로 호랑이(虎)처럼 으르릉대며 부르짖는 것이다. 고향, 본국(本國)을 생각하라는 듯이 말이다. 그러다 보면 사람들은 어서 돌아가야지, 어서 돌아가야지 하면서 보따리를 싸는 경우도 있는 것이다.

어쨌든 크든 적든 누구나 향수병을 어느 정도는 갖게 마련인데, 그 모든 것들이 그런 심정을 갖게 하는 요인들로 작용한다. 그러나 그것들은 모두 본(本)이 아니요, 외(外)에 속해 있는 것들이다. 자기가 지금 외국에 나와 있기 때문에 어느 것도 본국의 것은 아니다는 말이다.

꽃 한 송이, 풀 한 포기도 고향과 본국을 생각게는 하지만 본국의 것은 아니다. 외(外)인 것이다. 달은 본국에서도 볼 수 있는 것이지만, 이 역시 그 하늘은 아니게 여겨진다.

어쨌든 이 모든 외(外)들이 아주 절박한 부르짖음으로 본(本)을 생각하라고 하고 있다. 그래서 이렇게 본의(本意)를 생각게 하는 '뜻(意)밖(外)'의 것들을, 폼잡고 문화적으로 말하여 기호(記號)라고 한다. 본의(本意)를 찾아라는 의외(意外)의 부르짖음(號)이다. 그래서 마르셀 프루스트는 이렇게 말한다.

"모든 것은 기호(記號 · sign)다. 그리고 기호(記號)는 전언(傳言)이다."

무엇을 전하는가? 본국, 본의(本意)를 전하는, 알라는 부르짖음이라는 것이다.

그렇다면 이 세상 모든 것이 기호(記號)라면 이 세상은 본(本)이 아니요, 밖(外)이라는 얘기가 된다. 만일 본(本)이라고 한다면 그 모든 것에서 호랑이 소리가 들리겠는가? 아니다. 우리가 알다시피 고양이 소리도 들리지 않는다. 본국에 있는 사람은 그런 향수병에 도질 방아쇠를 전혀 느끼지 못하기 때문이다.

의외(意外)라는 것이 '뜻밖'의 것이었고, 그러기에 깜짝 놀라기도 하고, 돌발적인 일이 눈앞에 벌어지기도 하는 것이 아닌가? 본의(本意)가 아닌 것이다.

"본의(本意)가 아닌데…." 어떤 뜻밖의 일을 일으켜놓고는 한다는 말이다.

결국 이런 부르짖음, 놀램 같은 현상을 일으키는 것은 외(外)라는 조건이나 환경 때문이다. 본(本 · 內)에서 밖(外)으로 나갔기 때문이다. 어쩌면 이것이 외(外 · out)의 속성인지도 모른다. 그렇다! 그것은 어떤 경계를 넘어갔기에 느끼는 절박함이요, 공포 같은 것이기도 하다.

집(本)을 잃은 아이가 바둥거리며 집을 찾으려고 큰소리로 소리치고 우는 것같이 밖(外)이란 그런 것이 늘 도사리고 있다. 언제든지 호랑이가 뛰쳐 나올 수 있는 것이다.

우리는 정규적으로 신문(新聞) ─ 본보(本報) ─ 을 보다가, 갑자기 의외(意外)의 신문을 받아볼 때가 있는데, 그것을 호외(號外)라고 한다. 또 이것은 대체로 길 밖에(外) 뿌려져 외친다(號)는 속성이 있다. 슬픈 일이 터졌을 때(悲報)나, 비상사태가 일어났을 때, 아니면 너무도 좋은 일(朗報)이 갑자기 생겼을 때도 호외(號外)는 뿌려져 소리지른다. 호외(號外)요! 호외(號外)요!

그러나 어디까지나 호외를 영어로 엑스트라 뉴스(extra-news)라고 하듯이, 본격(本格·regular) 뉴스는 아니다. 이 엑스트라 뉴스를 보고, 더 상세한 본격 뉴스를 애타게 기다리게 되는 것이다. 호외, 그것은 번외(番外) 뉴스다.

다시 말하지만, 호외는 소리가 크다!

광야에서 외치는 자의 소리(曠野號)! 호외(號外)!

그를 터프 가이 세례자 요한이라고 한다. 그는 본보(本報)가 큰 소식을 가지고 온다고 광야로 뛰쳐 나가 범(虎)처럼 외친 호외(號外)였다. 본격(本格·full-scale)에 해당되는 슈퍼 스타가 온다는 것이다. 그러므로 그는 어디까지나 엑스트라 뉴스였다. 그는 아주아주 큰소리로 번외 뉴스를 외쳤다. 아주 큰소리였다. 마치 금방이라도 일이 터질 것처럼, 아니 이미 터졌다고 외쳤다.

요한이 많은 바리새인들과 사두개인이 세례 베푸는 데 오는 것을 보고 이르되 독사의 자식들아! 누가 너희를 가르쳐 임박한 진노를 피하라 하더냐 그러므로 회개에 합당한 열매를 맺고 속으로 아브라함이 우리 조상이라고 생각지 말라 너희에게 이르노니 하나님이 능히 이 돌들로도 아브라함의 자손이 되게 하시리라

이미 도끼가 나무뿌리에 놓였으니 좋은 열매를 맺지 아니하는 나무마다 찍어 불에 던지우리라 나는 너희로 회개케 하기 위하여 물로 세례를 주거니와 내 뒤에 오시는 이는 나보다 능력이 많으시니 나는 그의 신을 들기도 감당치 못하겠노라 그는 성령과 불로 너희에게 세례를 주실 것이요 손에 키를 들고 자기의 타작 마당을 정하게 하사 알곡(穀)은 모아 곡간에 들이고 쭉정이는 꺼

지지 않는 불에 태우리라.(마태복음 3:7-12)

참 대단한 큰소리의 호외(號外)다! 그러나 이것이 복음, 본격 뉴스는 아니다. 어디까지나 이것은 엑스트라 뉴스다. 호외가 그렇듯이, 어느 정도 뻥뻥뻥도, 오버된 호흡도 들어갈 수 있는 것이다.

독사의 자식들! 도끼로 찍어버리겠다! 불에 던져 태워버리겠다!

어쨌거나 이것이 복된 소식일 수는 없지 않은가? 더위 잔뜩 먹은 소리로 갈갈(喝喝)! 아니 쭉정이는, 불 어쩌고 하는 공갈공갈(恐喝恐喝)! 좋게 표현하여 일갈(一喝)! 이런 식의 언사는 복된 것이 아니요, 소망스러운 것도 아니다. 그러나 호외(號外)라는 성격이 그런 점도 있다는 것을 인정해 주자.

사람들이 요한에게 당신이 하는 말이 본격판(本格版)인가 하고 물었을 때, 요한은 아니다, 내가 하는 말은 엑스트라 뉴스, 호외(號外)다고 말하고 있다.

나의 말한 바는 나는 그리스도(本格 · full-scale)가 아니요 그의 앞에 보내심을 받은 자라고 한 것을 증거할 자는 너희니라 신부를 취하는 자는 신랑이나 서서 신랑의 음성을 듣는 친구가 더욱 크게 기뻐하나니 나는 이러한 기쁨에 충만하였노라

그는 흥(興 · increase)하여야 하겠고 나는 쇠(衰 · decrease)하여야 하리라.(요한복음 3:28-30)

본격판이 오면 호외는 더는 보지 않는다. 그것으로 호외의 역할은 끝난 것이다. 호외를 다시 펼쳐보는 사람은 없다. 그래서 예수는 요한(호외)이 감옥에 갇혔다는 소식을 듣고도 들은 체 만 체하며 본격 뉴스를 위하여 장도(長途)에 오른다.

"예수께서 요한의 잡힘을 들으시고 갈릴리로 가셨다."(마태복음 4:12)

그 흔한 면회 한 번 가지 않는다!

요한이 누구인가? 예수의 길라잡이가 아닌가? 자기는 쇠하여도 좋고 당신은 흥하여야 하리라 한 그런 인물이 아닌가? 그럼에도 예수는 싹 안면을 돌리는 것이다. 왜 그랬을까?

그렇다! 의(義)라는 것은 자기(我)를 치는(칠 벌伐) 것이다. 요한도 알고 예수도 이심전심으로 안다. 둘 다 모종의 각오가 다 되어 있는 이들이다. 아니 죽을 수도 있음을 알고 있는 것이다. 예수는 요한에게 세례를 받으며 이렇게 말하고 있다. "이제 허락하라 우리가 이와 같이 하여 모든 의(義)를 이루는 것이 합당하니라."(마태복음 3:15)

세례란 무엇인가? 죽음의 의식이다. 나는 죽는다는 의식이 세례다! 그리고 다시 살겠다는 의식이다. 요한이 자기에게 세례를 받아야 할 텐데 왜 당신이 내게 오느냐고 했을 때, 예수가 한 말이 바로 저 말이다.

둘은 안다. 그래 죽자! 의를 위해서라면 모든 의를 위해서라면, 이것이 합당한 일이다. 그런 이심전심이 있었기에 예수는 갈릴리라는 다른 곳으로 갈 수 있었다. 이제 자기의 차례가 온 것이다. 그것을 준비하여야 했다.

나중에 요한이 감옥에서 보낸 자를 되보내고 나서 예수는 요한을 이렇게 평한다. 참으로 인물평치고 천하에 이만한 아름다움과 웅혼함을 이루는 말이 있었던가 싶다.

너희가 무엇을 보려고 광야에 나갔더냐? 바람에 흔들리는 갈대냐?

그러면 너희가 무엇을 보려고 나갔더냐? 부드러운 옷 입은 사람이냐?

보라 화려한 옷 입고 사치하게 지내는 자는 왕궁에 있느니라.

그러면 너희가 무엇을 보려고 나갔더냐? 선지자냐? 옳다! 내가 너희에게 이르노니 선지자보다 나은 자니라. 기록된 바 보라 내가 내 사자를 네 앞에 보내노니 그가 네 앞에서 네 길을 예비하리라 한 것이 이 사람에 대한 말씀이라

내가 너희에게 말하노니 여자가 낳은 자 중에 요한보다 큰 이가 없도다 그러나 하나님의 나라에서는 작은 자라도 저보다 크니라.(누가복음 7:28)

지금까지 독자는, 외국(外國)에서 - 향수병으로 - 그리고 기호(記

號)의 성격으로 ─ 외(外)와 본(本)의 성질에 대해 ─ 그리고 호외(號外)로 ─ 본격 뉴스 ─ 세례자 요한으로 ─ 그리고 그리스도 예수에 이르까지…, 아무런 거침을 느끼지 못했을 것이다. 어떻게 외국에 있는 향수병(鄕愁病)에서 그리스도에까지 이르게 되었는가? 도무지 함수관계라는 것이 없는 것 같은데….

그렇다! 이 세상 어떤 일이고 모두 기호(記號)다! 그것은 보다 큰 본뜻에 닿을 수 있는 부르짖음이 내포되어 있는 것이다. 어느 것도 이런 '기호의 네트워크'에서 벗어나 있을 수 없다.

바로 이런 본격(本格)에 이르까지의 모든 것들! 외국 ─ 향수병 ─ 기호 ─ 어린이를 통한 외(外)의 성질 ─ 호외(號外)….

또한 본격조차도 무엇이 본격인가에 이르기까지, 그 모든 것을 기호(記號)라고도 하며, 상징이라고도 하고, 혹은 비유(譬喩), 또한 우의(寓意)라고도 한다.

다시 말해서, 향수병에서만 끝나버리면 그것은 단지 사실인 것이지, 무엇을 전하려고 하는 진실의 본의(本意)는 알지 못하고 만다. 호외(號外)에서만 동결(凍結)되어 버려도 이것은 누구나 아는 사실이요, 성질이기에 더 알아볼 본의(本意)는 없다.

그러나 세례 요한(號外)과 예수 그리스도(本格)가 그 위에 오버랩 되자마자, 호외의 의미는 엄청나게 다른 의미로 상승되어 버려, 이것이 그렇게 간단한 것이 아니었음을 알게 된다. 그렇게 본다면, 호외(號外)라는 것이 큰 진리를 전해 준 우편 배달부의 구실을 했다고 할 것이다. 결과적으로 그렇다!

그래서 '위로 실어다 준다'고 하여 우의나 비유를 메타포(methaphor)라고 한다.

이제 그것을 다시 찬찬히 뜯어보기 위해 다음 장을 묻다.

"훌륭한 비유는 지성을 신선하고 활기 있게 해준다."(비트겐슈타인)

우의(寓意)

우(寓)란 무엇인가?

여관(旅館)을 뜻하고 숙소(宿所)를 뜻하기도 하는 말이다. 집을 떠나 잠깐 다른 곳에 잠자리를 두는 것이다. 그러므로 이것은 정착(定着)이 아니요 임시로 붙어 잠시 머무르고 거주하는 곳이다.

누가 여관에 들어 하룻밤이나 며칠 묵었다고 여기가 내 집이라고 말할 수 있겠는가? 만일 그런 사람이 있다면 어리석다(愚)고 말할 것이다. 우리는 여관 등에 들었을 때, 이런 말을 한다.

"야~, 이 침대를 보니 우리 집 침대가 생각나는데…."

"야~, 이 테이블을 보니 우리 집 거실에 있는 테이블이 생각나는군…."

"야~, 이 욕실은 우리 집 욕실과 엇비슷한데, 좀 냄새가 안 좋군…."

그리고 하룻밤이든 며칠밤이든 지내고 나면 다시 그리운 집으로 돌아간다. 그것으로 여관, 우(寓)는 그만이다. 그리고 집에 와서는 벌렁 침대에 누우며 이렇게 말한다.

"뭐니뭐니해도 내 집이 최고야! 그 여관에 있으니 집 생각이 절로 나더라구. 침대에 누우면 자꾸 우리 집 침대가 생각나는 것이지 뭐겠어. 역시 우리 집이 이거야!"

하면서 오른손 엄지를 치켜올린다. 그러므로 우(寓)를 쓰는 사람은 집을 떠난 객(客·guest)이지 집에 있는 주(主·host)가 아니다.

또 남에게 붙어 먹는 것을 우식(寓食)이라고 하는 것도 그러하다. 자기 집에서 당당하게 먹는 것이 아니다.

우화(寓話)라는 것이 있다. 이솝 우화가 생각날 것이다. 동물에 붙여(寓·attachment) 그 동물에 있는 성질을 뽑아 그에 견줘 그 어떤 지혜를 말하는 것이다. 그런데 예수는 바로 이런 우의(寓意), 혹은 비유(譬喩)를 가지고만 말하는 것이다.

"이 세대를 무엇에 비유할꼬…" "그런즉 씨 뿌리는 비유를 들으라"

"제자들이 이 비유의 뜻을 물으니…" "예수께선 비유가 아니면 말씀하시지 않으셨다" … 등등 …

왜 그랬을까? 그것은 그에겐 이 세상이 여관이기 때문이다! 객지(客地)이기 때문이다! 그것이 어느 정도의 성질이었는가는 다음 말이 잘 보여준다.

"너희는 아래서 났고 나는 위에서 났으며 너희는 이 세상에 속하였고 나는 이 세상에 속하지 아니하였느니라."(요한복음 8:23)

그리하여 집을 떠난 이가 여관에서 '이 침대는, 저 욕실은, 저 수건은…' 하면서 자기 집의 것을 말하듯, 그의 눈에 보이는 모든 것이 여관의 소품들인 것이다. 그리고 그것은 하늘(집)을 생각게 하는 힌트와 사인이 담겨 있기 때문이기도 하다.

예수의 눈에는 모두가 그렇게 보일 수밖에 없는 것이기에 우의(寓意)요, 비유(比喩·譬喩)를 쓸 수밖에는 없는 것이다. 좁은 문·나무·열매·돼지·뱀·비둘기·양·칼·겨자씨·누룩·가라지·진주·낙타와 바늘귀·동전·기름… 이런 것들을 들어서 이것의 성질은 이러하지 않느냐 하면서, 곧이어서 그러니 집(본향)의 성질은 이러이러하다고 말하는 식이다.

그러기에 저 숱한 우의(寓意)와 우언(寓言)이 나오는 것이다.

또 생각해 볼 것은, 어떤 여관이고 집을 기준(基準)으로 하여 여러 가지를 꾸미고 만들고 하는 것이지, 여관을 기준으로 하여 집을 꾸미는 사람은 없다.

다시 말해서 여관에 속하는 이 세상이란, 이 세상의 모든 것이란, 집을 본뜬 것이란 점이다. 잠시 그 집의 성질이 거기에 머물러 있고, 머물다 가는 것뿐이다. 그런데 그것을 진짜 집이라고, 영원한 성질이라고 생각하면서 자리를 깔고 누워버리면 우(寓)는 우상(偶像)이 된다. 거기서 그나마 순수한 성질을 보면 바로 그것이 진짜 성질을 생각나게 할 뿐이다.

엄청난 상상력의 천재 장자(莊子)는 '우언(寓言)' 편에서 이렇게 말한다.

내가 말함에 있어선 우언(寓言·metaphor)이 10분의 9요, 중언(重言)은 10분의 7이며, 치언(巵言)은 매일 매일 자연의 성질에 따라 술잔이 기우는 대로 나오는 것이며, 이것을 싸잡아 어린애처럼 하늘을 엿본다. 10분의 9씩이나 되는 우언(寓言)은 다른 사물을 빌려 서적 외의 도(道)를 논하게 될 뿐이다. (寓言十九 重言十七 巵言日出 和以天倪 寓言十九 籍外論之)

우언(寓言)은 앞서 내가 말했고, 중언(重言)은 어떤 인용한 말이고, 치언(巵言)은 즉흥적으로, 거침없이 하는 말을 말한다. 술잔이 기우는 대로, 자연의 성질에 따라….

그는 우언을 쓰게 되는 이유를 말하여, 그것을 쓰는 쪽에 문제가 있는 것이 아니고 무엇을 믿지 못하는 쪽에 문제가 있다는 것이다. 예수가 믿음을 촉구하며 우언(寓言·譬喩)을 많이 쓰는 이유도 그와같다.

침대는 몸을 눕게 하는 사물이다. 이 침대의 성질을 부인하지는 못할 것이다. 그릇은 먹을 것을 담아 먹는 기구다. 이 성질을 부인하지는 못할 것이다.

그렇듯이 여관에 들어와서 침대를 보고, 이것은 눕게 하는 성질이 아니라 똥을 누는 변기라고 할 사람은 없다. 그런데 여관에 들어서서 침대는 눕게 하는 성질이다고 인정하는 사람이, 그와 같은 성질의 침대를 있게 한 본래의 참 성질의 침대가 있다고 말하면, 왜 믿지 못하느냐는 것이다. 다시금 우언(寓言)의 전제는, 여관의 침대는 잠시 눕게 할 뿐인 것이고, 영원히 뒹굴며 쓸 수 있는 침대는 따로 집에 있는 것임을 말하려는 것이다. 장자(莊子)의 대붕(大鵬)은 그래서 숲 밖으로 난다. 숲속(여관)엔 자기의 영원한 본래의 성질에 맞출 만한 침대나 그릇이나 집이 없다고 말하면서….

그날에 예수께서 '집에서 나가사' 바닷가에 앉으시매 큰 무리가 그에게로 모여들거늘 예수께서 배에 올라가 앉으시고 온 무리는 해변에 섰더니 예수께서 비유(譬喩)로 여러 가지를 저희에게 말씀하여 가라사대 씨를 뿌리는 자가 뿌리러 나가서 뿌릴 새 더러는 길가에 떨어지매 새들이 와서 먹어버렸고 더러는 흙이 얇은 돌밭에 떨어지매 흙이 깊지 아니하므로 곧 싹이 나오나 해가 돋은 후에 타져서 뿌리가 없으므로 말랐고 더러는 좋은 땅에 떨어지매 혹 백배, 혹 육십 배, 혹 삼십 배의 결실을 하였느니라 귀 있는 자는 들으라.(마태복음 13:1-9)

이렇게만 말해도 씨의 성질과 그 씨를 싹 틔우고 키울 땅의 성질을 다 말한 것이다. 그리고 그것이 어떤 경우의 성질(조건)이 되면 어떻게 되는가 하는 그 성질까지를 말하고 있다. 이것을 부인할 사람은 거의 없을 것이다. 이것을 들었을 땐 이미 그건 그렇다라는 성질을 익히 들 알고 있는 터이기 때문이다. 그런데 예수는 농촌작물연구소 연구원으로서 말하고 있는 것은 아닐 것이다. 또 제자, 그들은 그런 최신 정보를 얻으려 하는 농촌 후계자들도 아니다. 그런데도 제자들은 이렇게 되묻고 있다.

제자들이 예수께 나아와 가로되 어찌하여 비유(譬喻·寓意)로 말씀하시나이까 대답하여 가라사대 천국의 비밀을 아는 것이 너희에게는 허락되었으나 저희에게는 아니되었으니 무릇 있는 자는 받아 넉넉하게 되되 무릇 없는 자는 그 있는 것도 빼앗기리라 그러므로 내가 저희에게 비유(譬喻)로 말하기는 저희가 보아도 보지 못하며 들어도 듣지 못하며 깨닫지 못함이니라 이사야의 예언이 저희에게 이루었으니 일렀으되 너희가 듣기는 들어도 깨닫지 못할 것이요 보기는 보아도 알지 못하리라 이 백성들이 마음이 무디고 귀가 둔하고 눈을 감았으니 눈으로 보고 귀로 듣고 마음으로 깨달아 돌이켜 내게 고침을 받을까 두려워함이라 하였느니라 그러나 너희 눈은 봄으로, 너희 귀는 들음으로 복이 있노라 내가 진실로 너희에게 이르노니 많은 선지자와 의인이 너희 보는 것들을 보고자 하여도 보지 못하였고 너희 듣는 것을 듣고자 하여도 듣지 못하였느니라 그런즉 씨 뿌리는 비유(譬喻)를 들으라 아무나 천국 말씀을 듣고 깨닫지 못할 때는 악한 자가 와서 그 마음에 뿌리운 것을 빼앗나니 이는 곧 길가에 뿌리운 자요 돌밭에 뿌렸다는 것은 말씀을 듣고 즉시 기쁨으로 받되 그 속에 뿌리가 없어 잠시 견디다가 말씀을 인하여 환난이나 핍박이 일어나는 때에는 곧 넘어지는 자요 가시떨기에 뿌리웠다는 것은 말씀을 들으나 세상의 염려와 재리(財利)의 유혹에 말씀이 막혀 결실치 못하는 자요 좋은 땅에 뿌리웠다는 것은 말씀을 듣고 깨닫는 자니 결실하여 혹 백 배, 혹 육십 배, 혹 삼십 배가 되느니라 하시더라…중략…예수께서 이 모든 것을 무리에게 비유(譬喩)로 말씀하시고 비유(譬喩)가 아니면 아무것도 말씀하지 아니하셨으니 이는 선지자로 말씀하신바 내가 입을 열어 비유(譬喩)로 말하고 창세부터 감추인 것들을 드러내려 함을 이루려 하심이니라 이에 예수께서 무리를 떠나 '집에 들어가시니' 제자들이 나와와 가로되 밭의 가라지의 비유를 우리에게 설명하여 주소서…설명 계속…(같은 장)

'집에서 나가서' 비유를 말하고 무리를 떠나 '집에 들어왔다' 는 것이 의미있다. 우의(寓意)의 핵심을 보여주는 완벽한 장치다!

그런데 얼핏 보아 차별이 심한 것같이 보여진다. 큰 무리들이 같이 듣게 말하고선 그들이 깨달아 돌이켜 고쳐달라고 할까 염려된다는 것이고 천국의 비밀을 알게 하는 것을 어떤 이들에겐 허락지 않았다고 하니 고개가 갸우뚱해질 일이다.

그런데 분명 예수는 제자들이 듣는 것과 똑같이 들을 수 있도록은 말한다. 그런데 그것이 천국 비밀이라는 것이다. 사실 비밀의 핵심장치는 똑같이 해야 한다는 것이다. 똑같이 하지 않으면 비밀은 지켜질 수 없다. 그 예를 들자면, 민주주의 핵심은 보통선거에 있고 또한 비밀선거에 있다. 그렇잖은가?

그런데 그 비밀을 지키기 위해서 어떻게 하는가? 그렇다! 똑같은 색깔의 투표용지에 똑같은 기표소로 들어가 기표를 한다는 점이다. 만일 그렇지 않고 흑과 백으로 분명히 나누어 찬성은 흰 기표소로, 반대는 검은 기표소로 들어가라고 하면 비밀은 없다. 이것이 차별인 것이다. 예수는 지금 똑같이 알아들을 수 있도록 말한 것이다. 그럼에도 예수는 차별을 둔 듯한 말을 하고 있는 것이다.

왜 그랬을까? 그것은 이렇다. 어떤 좋은 이치를 설명하면 사람들은 그것을 듣고는 그 이치의 본질에 다이렉트로 접근하려는 것이 아니라, 그것을 이용하고 응용하여 다른 용도, 가령 자기 이익에 적합한 것에만 고치는 데 골라 쓰려고 한다는 점이다.

나는 초등학교 시절 존 웨인 등이 나오는 서부영화를 그렇게도 좋아했다. 비디오가 없던 시절이니 자나깨나 그런 영화를 볼 생각뿐이었다. 그런데, 아뿔사! 어머니가 기성회비라고 돈의 성질을 일러주며 꼭 쥐어준 것을 가지고는 '탕탕탕!' 성질에 끌려 영화관으로 내달렸다. 돈이 뭔지 알긴 알았던 게다. 쬐그만 녀석이….

또한 물은 만물에 활력을 주고 생기를 주고 깨끗이 씻어주는 그런 생명력을 가진 성질(energy)이라고 말하였으면 '그래, 그렇다면 그 물을 내신 이의 성질은 그럼 어느 정도이고 어떨까?' 하는 곳까지 치고 올라갈 생각은 하지 않고, '그래, 이 성질을 알았으니 이것을 전기(電氣) 등을 내어 우리 생활이나 고치자' 이렇게 해버린다면 예수로서는 두려운 일이다.

"물과 성령으로 거듭나라." 이런 말을 들으면 물의 성질은 알겠는데 성령의 성질은 알 필요 없다는 선에서 끊어버린다. 그래서 예수는 너희는 물의 성질이 어떤 것인 줄 알지? 그러면(and, …과) 성령이라는 그런 성질도 있음을 알고 그 성질을 내지 않으면 안 된다는 말이다. 물이 생명력의 원천 성질이라면, 또 참 생명력의 성질을 가진 생명수(성령)가 있다는 말이다. "생육하고 번성하여 땅에 충만하라, 땅을 정복하라, 바다의 고기와 공중의 새와 땅에 움직이는 모든 것을 다스리라"(창세기 1:28) 하고 생명력! 그것을 진작하고 고무하는 성질을 선포했는데, 마구잡이로 자연을 깔아뭉개도 된다는 것으로 듣고는 생활을 고치는 데로만 쓰니 이거야말로 두려운 노릇이 아닌가? 이런 이들이 참 성질을 그런 식으로만 쓰기로 하고 고쳐달라고 할까 두렵다는 것이다.

비유(譬喩)! 우의(寓意)! 우언(寓言)! 메타포!

다시 말하지만, 이것을 쓰게 되는 전제는 이것에 등장한 비유물이나 경우에 있어 그 성질을 듣는 사람들은 이미 알고 있으리라는 전제에서 출발한다. 아니 평소 구체적으로 꼭 집어 생각하지는 않았더라도 그것을 들쳐내 보였을 때, '그건 그래' 하면서 고개를 끄덕이게 되듯이 말이다.

여관에 투숙한 어떤 사람이, "야~ 침대란 것은 말이지, 쿠션이 무엇보다 좋아야 하는 것이야. 우리 집 침대가 그렇거든. 어서 그 침대가 있는 집으로 돌아가고 싶군" 하는데, 같이 투숙했던 짝이 여관의 침대를 그렇게 고쳐 여기서 꽉 눌러 살자고 말한다면 이상한 일이 될 것이다. 누가 여관 침대를 고치나? 그럭저럭 자고 나와 어서 집으로 가야 하는 것이지….

철학자 소로가 기독교의 가장 극심한 타락을 기독교를 지상 계몽법으로 바꿨다는 점에 있다고 한 것은 이런 것을 염두에 두고 한 말이다.

큰 무리는 분명 생활에 쓸 만한 도움이 될 정보가 없을까 하고 모였던 무리들이 거개였을 것이다. 물론 생활은 개선되어 나아가야 하는 것이지만, 소위 종교라는 배움의 길로 귀와 눈과 마음을 돌렸을 때는 이것은 차원이 달라진다.

그것은 '천국 비밀'이라는 말 속에 함축되어 있다. 분명히 다른 차원의 성질을 일깨우고 독려하기 위해 저런 비유를 베풀고 있다는 점이다.

장자(莊子)가 비유를 천의무봉으로 쓴 것도, 누구나 알고 있는 사물의 성질을 질러두고 나옴으로써 초반에 멱살을 잡듯 기선을 제압한 다음 그 바탕 위에서 참 성질의 진리를 말하고자 하는 깨우침의 산파술 같은 것이다.

씨(알)는 말이다. 말은 씨(알)와 같다. '마음알 ↔ 맘알 ↔ 말' 이기 때문이다. 그것은 다시 알(알 지知)이다. 마음알은 그런 지(知)인 것이다. 씨가 싹터 결실을 맺듯 이 마음알인 지(知)가 또 결실을 맺어 참 지(眞知·참 알)에 이르는 것! 여기에 씨뿌리는 자의 비유의 참뜻이 있다. 씨에 붙어(寓) 있는 성질을 들어, 참씨(말)의 성질을 알게 하는 것!

섭공(葉公)이 공자의 제자 중 과격한 성격의 자로(子路)에게 묻는다. 너희 스승 공자의 사람됨이 어떠하냐고. 자로는 웬일인지 아무 말도 하지 못한다. 모르긴 해도 이(利)에 능한 자로가 자기와는 정반대인 스승의 다른 점을 부각하여 말하기 어려웠을 것이다. 어떤 성질을 깨우쳐주면 그것을 모두 이(利)를 진작하고 개선하는 데 쓰기를 즐기는 수완가요 리얼리스트인 자로(子路)로서는 그 방향이 전혀 다른 거대한 이상주의자인 스승 공자의 캐릭터를 생각하니 입이 절로 다물어져 버렸던 것이다. 아니 그것을 제대로 알았는지도 모르겠지만….

그러자 공자가 자로를 나무라듯 말한다.

"그대는 왜 이렇다 말하지 않았는가? '그이의 캐릭터는 학문에 발분하면 먹을 것을 잊고, 진리를 즐김에 있어 근심을 잊으며, 늙어가는 것조차 알지 못하는 빛에 이르러 있다'고… (其爲人也 發憤忘食 樂以忘憂 不知老之將至云爾)"〔논어 술이(述而)〕

여기서 이(爾)는 '곱게 빛난다'는 말이다. 늙어도 곱게 빛나는 인격(캐릭터)! 소위 개기름이 흐르지 않는다는 말이다.

사실 제자를 삼천 명이나 두었던 공자도 굶주림으로 죽을 지경까지 이르렀던 것을 보면 실로 아찔한 이상주의자의 캐릭터다! 자로 같은 현실아가 감당하기 어려웠을 것이다.

그러나 공자는 그런 처지를 원망하지 않는다.

"하늘을 원망치 않을 뿐더러, 사람조차도 탓하지 않으리라. 아래에서 배워 위로 통달했으니 하늘만은 나를 알아주실 것이다. (不怨天不尤人 下學而上達 知我者其天乎)"〔헌문(憲門)〕

아래의 성질(寓意)을 깨침으로 참 성질(上達)에 이르른다!

어디선가 이런 글을 읽은 기억이 있다.

천국은 저 위에, 천국은 저 아래
별들은 저 위에, 별들은 저 아래
위에 있는 모든 것은, 아래에 드러나리니

이 수수께끼를 푸는 이에게 행운(幸運)을

왜 예수가 가라지, 불, 칼, 동전, 좁은 문, 뱀, 동전… 등을 들어 오로지님(道) 나라의 성질을 설명하는 메타포(비유)로 들었던 것인가를 조금은 알게 되었을 것이다.

위(오로지님 나라)의 성질은 아래에 드러난다. 그러나 그 성질을 풀지 못하면 그것은 수수께끼로만 남을 것이로되, 그 수수께끼의 성질을 푸는 이들은 그야말로 복이 있을 것이다.

그래서 예수는 이런 말을 하였다.

"내가 땅의 것을 말하여도 너희가 믿지 아니하거든 하물며 하늘 일을 말하면 어떻게 믿겠느냐." (요한복음 3:12)

땅에 있는 만물의 소품을 하나하나 그 성질을 밝혀 이것은 이런 성질이다 하고 말한다. 그런데 그것도 믿지 못하겠다면 그 성질(性質)을 부여한 위의 성질(德性)을 어떻게 믿겠느냐는 것이다.

공자는 이런 말을 하였다.

"군자는 위로 통하고 소인은 아래로 통한다.(君子上達 小人下達)" (헌문)

어찌 물질의 성질만을 말하는 것이겠는가? 아버지를 버리고 집을 떠난 아들이 허랑방탕하게 재산을 탕진하고 돌아오면 꾸짖게 되고 마는 것이 아래의 아버지들의 보통의 성질이다. 그런데 위에 계신 아버지는 꾸짖기는커녕 얼싸안을 뿐 아니라 잔치까지 벌려주는 것이다. 그 아버지의 캐릭터까지를 알아야 한다! 목자(牧者)가 아흔아홉 마리의 양을 놔두고 잃어버린 한 마리 양을 찾아나선다. 뻔한 셈인 이(利)를 버리고 의(義)를 좇는 뜻밖의 캐릭터다! 이런 목자의 성질은 실로 다른 성질이요, 캐릭터다! 모두가 돌로 쳐죽이려는 간음하여 부정한 여인을 법으로 꾸짖기에 앞서 그 생명을 보듬어 감싸안는 연민의 캐릭터! 무엇보다 목숨을 버려서라도 벗을 위하라는 캐릭터! 제자의 발을 씻김으로 몸을 낮춰 섬기는 덕성(德性)이 천국의 스피릿임을 가르쳐주는 예수에게서 우리는 천국의 캐릭터가 어떤 것인지 아는 그 수수께끼를 풀어간다.

아래에서 일어나는 이벤트엔 천국의 성질이 수수께끼처럼 숨어 있다. 그런데 우리는 이것을 다른 데 적합한 성질로 고친다. 문화란 컬쳐다. 성품을 함양하고 계발한다는 말이다. 문(文)은 또한 영어로 캐릭터(character)이다. 어떤 글자, 어떤 글이고 성질을 드러내고 있기에 하는 말이다. 바로 그 문(文)의 캐릭터(성질)대로 되게 하는 것(될 화化), 그래서 그 아래 성질을 문의 캐릭터에 맞춰 요술처럼 위의 천품으로 변화시키는 것! '요술 화(化)'!

그것이 문화(文化 · 글돋됨)이며, 문명(文明 · 글밝음)이다. 공자는 바로 문화로서 하늘(天)의 밝은 캐릭터(德性)에 통달하였고, 또 시켜려 하였다. 그것이 가르쳐 기르는 교육(敎育)이다.

어떤 성질을 통하여 하늘의 성질을 전해 주는 수수께끼의 사명을 수행하는 일체의 것들을 메타포(metaphor)라고 한다. 그런데 나치의 하켄크로이츠(卍)는 천국의 메타포가 아니라, 악마의 성깔을 날라주는 지옥의 메타포이다.

예수가 메타포(우편 배달부)의 소품으로 선택한 것들이 마치 저 유치원 아이들 사전 같은, 얼마나 소박하고 단순명쾌한 것들인가? 바로 이런 비유의 구사에도 신의 지혜의 성품이 스며들어 있기에 근사하고 복잡한 것에 진리가 있다고 하여 그런 것들에만 능한 자들에겐 허를 찌르는 대역전의 홈런포이다! 셰익스피어는 말한다. "간결은 지혜의 얼이다.(Brevity is the soul of wit)", 파킨슨은 말한다. "복잡은 쇠퇴(衰退)를 의미한다.(Complexity means decay)"

아톰(Atom)! 이 아래 물질의 성질에서 대량살상의 원자폭탄이라는 사람 죽이는 성깔을 내는 악질의 메타포를 찾아 푸는 과학자들은 하달(下達)의 하치리들이다. 군자는 위로 오를 성질을 찾는 상달(上達)의 사도들이다.

메타포(metaphor)! 은유(隱喩)이다. 숨긴 채(隱) 깨우쳐 주는(喩) 것이다. 암유(暗喩)라고도 한다. 왜 감추어 있는가? '성질'은 드러나지 않고 감추어 있는 것이 '성질'이다. 그래야 귀하게 보존되는 것이기 때문일 테지….

메타(meta-)는 '바꿈(change) · 함께(along · with) · 넘어서(beyond) · 드높이(higher)'를 함유한 말이다. 곧 메타는 그 성질에 맞추면, 그와 함께 아래의 성질을 넘어서 드높은 성질로 바꿔주는 일을 한다는 말이다. 포(-phor)는 '날라준다'는 뜻이다. 이것이 진리를 말할 때 쓰는 우의(寓意)의 의의이다.

그런데 과학자는 물(物)에서 이로운 성질만을 뽑아 쓴다. 바로 그렇게만 끝나면 물질에 주어진 메타포는 없게 되는 것이다. 외(外)만을 쓴 것이다. 거기에서 본뜻(本意)이 담긴 것을 알고 그 뜻을 캐취하는 것이 메타포를 읽는 의의다.

하나 더 끌어와 풀이를 돕자면, 메타볼릭(metabolic)은 '물질교대 · 신진대사'를 의미한다. 그러니 덕성의 교대, 성품의 신진대사를 돋우어 주는 것이 상달을 향한 메타포의 사명이다. 형이상학(形而上學 · 생김이위배움)을 순수철학이라고 하는데, 메타피직스(metaphsics)이다. 물리적 성질(phsics)을 넘어서는 (meta=beyond) 성질의 배움이라는 말이다. 철학자 아리스토텔레스가 어떤 글을 잔뜩 써놓았는데, 그의 사후 제자들이 이것이 무슨 말을 하고 있는지 도무지 알 수가 없는 수수께끼로만 보였다. 그것은 이 세상 아랫것들에 견줘(비유) 말하고 있긴 한 것 같은데, 그것을 깨고 넘어서 깨치고자 하는 것은 이 세상의 성질이 아닌 것 같았다. 이 세상 물질적 현상을 넘어서 있는 그 무엇(what)으로 보이긴 하였다. 이것이 뭐랑까? 이것이 뭐랑까? 궁금함만 증폭될 뿐 필링이 오지 않자, 제자들은 그 원고뭉치 위에 제목 하나를 정해 써두었는데, 그것이 '메타피직스'였다. '비유물 너머에 있는 그 무엇'이라는 뜻이다. 말하자면 암호(暗號, secret word)요, 수수께끼(enigma)였다. 어쨌든 사람을 드높이 변화시켜 주는 프로그램을 메타 프로그램(meta-program)이라 하겠는데, 경전이 바로 메타 프로그램이다!

"여호와의 말씀이 내게 임하여 가라사대 인자여 너는 수수께끼와 비유를 이스라엘 족속에게 베풀라."(에스겔서 17:1-2)

"제자들을 돌아보시며 조용히 이르시되 너희의 보는 눈은 복이 있도다 내가 말하노니 많은 선지자와 임금이 너희 보는 바를 보고자 하였으되 보지 못하였으며 너희 듣는 바를 듣고자 하였으되 듣지 못하였느니라."(누가복음 10:23-24)

"보이는 것은 보이지 않는 것으로 말미암아 나타난 것이다."(히브리서 11:3)

아직도 메타포의 중요성이나 메타피직스(생김이위배움)가 이해되지않는다면 다시 우리의 도반(道伴) 시인 휘트먼을 불러오자.

큰 기러기, 그의 떼를 이끌고 밤하늘을 날아갔다

그는 "끼룩끼룩" 하고 말한다

마치 나를 부르는 듯

생각이 없는 사람은 의미가 없다고 하겠지

그러나 나는 귀기울여 듣는다

그리하여 그의 뜻과 장소가 겨울 하늘 높이 저편에

있음을 안다

땡큐! 휘트먼!

하늘의 소리를 성인(聖人 · 귀밝은 이)들은 귀기울여 듣는다. 귀밝을 총(聰)인 총명(聰明)한 이들이다. 고성능 접시 안테나처럼 작동하는 것이다. 비밀의 소리, 신비의 소리, 암호를, 그 수수께끼를 듣는다.

온통 알(온통 전죾, 알 지知)이신 오로지님이 그 지(知 · 앎의 씨알맹이)를 온통 깔아두신 것이니, 하나님의 알(알 지知)이 아닌 씨(알)들이 없다. 온통('오로지')이다!

암호(暗號)다! 암(暗)! 해(日)의 소리(音)다! 아니 해가 무슨 소리를?! 이런 사람에겐 '어두울 암(暗)'이다. 빛의 소리! 이것이 어둠이라니?

그렇다! 머리카락 밑에 빠꿈이 있는 귀로 들으려 하니 빛의 소리가 들릴 리 없다. 그럼에도 부르짖는다(부르짖을 호號)! 그것도 범(虎)과 같은 포효로! 때론 호통(號筒)을 치기도 한다. 그러나 말이 없다. 대체 무슨 소리인가?

"하늘이 무슨 말을 하더냐? 사시가 운행하며 만물이 온통 캐릭터(성질)를 낼 뿐 하늘이 언제 말을 하더냐.(天下言哉 四時行言 百物生焉 天下言哉)"(공자)

"도는 도라 할 것이 아니요, 이름 지을 것이 아니다."(노자)

"하나님이 가라사대 '빛이 있으라!'"(성서)

하늘은 우리가 말하는 소리로서의 말이 없다. 다만 빛이, 캐릭터가 있을 뿐이다.

빛은 침묵의 성질이지 소리의 성질이 아니다. 그 빛을 소리(말씀)로 옮겨 적자니 '말씀' 하셨다고 하는 것이다. "장미가 말했다. 아저씨 저를 꺾으면 찌를 테예요." 꽃이 소리(sound)로 말하였을 리 없다. 장미꽃의 성질을 보니 그렇게 말하는 것 같았다. 그래서 시로 그 장미의 성질을 옮기자니 "찌를 테예요" 하고 옮기는 것이다.

이런 것을 보며 우리는 장미가 말을 했다고 하는 것이다! 하나님도 그러하다. 장미나 태양처럼 성질(캐릭터)을 낼 뿐이다. 문자가 소리를 지르던가? 우리가 소리내어 읊으니 소리낸다 하는 것이지….

'사운드 오브 사일런스(Sound of silence · 침묵의 소리)' 사이몬과 가펑클은 이런 제목을 정했다. 침묵의 소리라? 그럼 적어도 제목처럼 입을 다물고 있어야 할 것이다. 그런데도 그들은 "랄랄라—랄랄랄랄 랄라라—" 하고 소리낸다.

—도가도비상도 명가명비상명(道可道非常道 名可名非常名)!

도(道)는 당신을 도(道)라고 하지 않는다. 그럼에도 나는 그분의 캐릭터(성질)를 느끼고 왠지 도(道)라고 부르고 싶다. 그러나 그 캐릭터(성질)가 감히 나의 이 이름(名) 지어 부름(名)대로 일 것인가?

(누군가는 '하나님'이라고 할지도 모른다. 또 '오로지님'이라고 할지도…)

그렇다. 도(道)라고 하여 내가 부른 이 글자는 영원한(常) 것이 아니다(非). 그리고 이름이라는 문자(혹은 소리)로 드러낸 것도 그분의 영원한 사인이 아니다.

(그렇지만 내가 붙인 말은 참 성질에 접근한 것이 혹시 아닐지라도, 그럼에도 애초부터의 그분의 캐릭터는 참이요 영원한 것이다)

〈노자 도덕경 1장〉
암호경(暗號經 : 밝으나 어둠)
道可道非常道
도를 도라고 부르는 것은 영원한 캐릭터(도)가 아니다
名可名非常名
이름지어 부르는 것은 영원한 캐릭터(이름)가 아니다
無, 名天地之始
침묵의 성질인 무(無) 에너지가 천지의 시작이고
有, 名萬物之母
만물에 성질이 미쳐 드러남을 유(有) 에너지라고 한다
故常無 欲以觀其妙
그러기에 침묵의 캐릭터(無)에서 오묘한 도(道)의 본질(original character)을 통찰해야 하고
常有 欲以觀其
드러난 유(有)의 캐릭터에서 그 움직임을 본다
此兩者 同出異明 同謂之玄
침묵의 성질(無)이든, 드러나는 성질(有)이든 다 밝은 어둠이다
玄之又玄 衆妙之門
(밝음이) 감추었어라(어둠이어라) 감추었어라(어둠이어라), 뭇 오묘함이 솟아나는 문이로다

해의 참 캐릭터는 찬란한 밝음이다! 그런데 해의 소리(暗)! 밝음이 소리낸다니? 그러니 귀로 들으려 하면 어둠(玄)이요, 그래서 소리를 눈으로 보려니 또한 어둠(玄)이다! 청각과 시각을 혼동하면 그렇다.

공감각(共感覺 · synesthesia)을 써야 한다.

'분수처럼 흩어지는 종소리!' 분수는 시각의 대상이요, 종소리는 청각의 대상이다! 그러나 싸잡아 분수를 듣고 종소리를 본다! 이것이 문학에서 말하는 공감각이다! 눈(眼)으로 볼 것을 귀로 보고, 귀(耳)로 들을 것을 눈으로 듣는다. 교묘한 스테레오!

"태초부터 있는 생명의 말씀에 대하여는 우리가 들은 바요, 본 바요, 주목하고 손으로 만졌다!"(요한1서 1:1)

"하늘은 말씀하지 않고 온통 덕성과 경우를 보임으로써 그 캐릭터를 나타낼 뿐이다.(天不言 以行與示之而已矣)"〔맹자 요이장(堯以章)〕

여호와! 혹은 야훼! 이것은 부를 수 있는 이름이 아니다. 이것은 이른바, '야훼의 4자음 문자'라고 알려진 'YHWH' 이다. 이것을 읽어보라! 읽을 수가 없다. 그저 와이에이치더블유에이치일 뿐이다. 뭔 이름이 이런가?

바로 우리가 지금 여호와니 야훼니 하고 부르는 것은 훗날 하도 답답하니 'a' 와 'e' 를 넣어 'YaHWeH' 라고 부르게 된 것뿐이다. 이것은 히브리어로 '존재한다' 는 동사(動詞)에 두고 있는 것이다. 그저 뜻으로는 '활동적인(움직이는) 존재' 라는 것이다. 감히 이름 붙일 수 없는 성질인 것이다.

그러므로 엄밀하게 말하여 우리가 부르는 여호와(야훼)는 그저 침묵이다. 발음할 수가 없는 것이다. 그럼에도 우리는 말해야 하는 사람이기에 말하는 것뿐이다.

암호(暗號)!

만물, 만사는 오로지님의 캐릭터를 감추고 있는 암호다!

신화학자 조셉 캠벨은 이렇게 말한다. "신의 이미지는 무수하다. 나는 이것을 '영원의 가면' 이라고 부르겠다. 그리고 이 영원한 가면은 '영광의 얼굴' 을 드러낸다."

같은 통찰이다. 힌두 경전은 "진리는 하나로되 현자(賢者)는 이를 여러 이름으로 공표한다"고 한다. 이도 같은 뚫음이다!

암호(暗號)! 흔히 '(비밀을 유지하기 위하여) 당사자들끼리만 알 수 있도록 꾸민 부호'라는 것이 사전의 풀이다.

그렇다. 아군에겐 '환한 메시지' 요, 적군에겐 '어두운 메시지' 인 것이 군대에서의 암호다. 그래서 암호를 이해한 아군은 살고 암호를 모른 적군은 죽는다.

오로지님에게 아군과 적군이 있다는 말은 아니다. 그렇게들 쓰고 있으니 그 현실을 말할 뿐이다. 그러나 의문은 있다. 오로지님의 암호는 몰라도 끄떡없겠는가?

아니, 솔직히 말하면 오로지님을 적대시하는 이들이 적지 않으니 자진하여 적군이 되는 것이다. 예수는 더 솔직히 이렇게 말한다. "내 양은 내 음성을 들으며 나는 저희를 알며 저희는 나를 따르느니라." (요한복음 10:27)

공자는 '논어' 에서 이렇게 말한다. "함께 할 도(오리지널 캐릭터)가 같지 아니하면 같이하여 꾀(謀)를 내지 않는다.(道不同 不相爲謀)" 〔위령공(衛靈公)〕

전선에 고무로 쌓여 흐르는 전기는 그 성질을 미처 모르고, 무조건 벗겨 만지면 죽게 한다. 감전사(感電死)!

에너지는 모두 이런 성질도 있다. 함부로 해서는 안 된다. 에덴 동산의 꾀나무(program tree)를 두고 먹으면 죽으리라 하였다. 암호가 그렇듯 늘 에너지는 이런 캐릭터도 있다. 만물, 만사를 함부로 대해선 안된다. 큰 사고와 낭패를 당한다.

그러나 과감하게도 인류는 겁없이 에너지(선악)를 먹고 함부로 다루고 있다. 선악으로 얼마나 많은 사람을 죽였는가? 아니 말로써 또한 얼마나 상처를 입히고 있는 것인가? "혀는 곧 불이요 불의의 세계라 우리 지체 중에서 온몸을 더럽히고 생의 바퀴를 불사르나니 그 사르는 것이 지옥불에서 나느니라." (야고보서 3:6)

지옥의 캐릭터! 살(殺)의 수(殳)는 '몽둥이'를 뜻한다. 이 몽둥이로 돼지를 때려 잡는 것이 살(殺)이다. 그런데 거기다가 인(人)을 붙이면 어떻게 되나?

암호는 사인(sign)이며 패스 워드(pass-word)이다. 캐릭터인 말

(word)을 건네는(pass) 것이다. 아는 자에게는 이것은 온(on)으로 켜지는 것이겠고, 모르거나 함부로 대하는 자에겐 꺼지는 오프(off)다! 삶과 죽음의 스위치다!

천국으로 가는 성질이 될 수도 있고, 지옥과 친해진 성깔일 수도 있다. "누구든지 말로 인자를 거역하면 사하심을 받으려니와 성령(참 캐릭터)을 모독하는 자는 용서함을 받지 못하리라."(누가복음 12:10)

모두가 거룩한 프로그램이다. 거룩한 패스 워드이다! 전도(傳道)를 미션(mission)이라고 한다. 열이나 음향이나 전기 따위의 에너지를 전하는 것을 전도(傳導)라 하고 이를 트랜스미션(transmission)이라고 한다. 자동차에도 트랜스미션이 있다. 이 또한 암호이다. 곧 전도(傳道)는 도(道, The original energy source)라는 에너지(캐릭터), 곧 성령(聖靈)이요, 성덕(聖德)을 전하는 트랜스미션이라는 말이다. 그저 소리치는 것이 전도가 아니다.

캐릭터를 전하라! 성질을 전하라! 성품(聖品)을 전하라! 그러나 이것? 쉽지 않다.

암호는 또한 코드(code)라고 한다. 생물체는 모두 유전자 코드(genetic code)로 이루어져 있다. 그래서 그 유전자 암호를 풀려고 생명공학은 야단들이다. 이 암호 체계를 풀면 다름 아닌 생명의 비밀을 풀 수 있다고 한다. 아! 생명의 비밀!

경전(經典)도 암호다! 그러나 경전이 허파나 간이나 심장의 코드가 어떻다는 것을 말하려 하지 않는다. 얼(靈) 생명의 코드에 대하여 말하는 것이다. 얼의 정보! 얼의 캐릭터!

그래서 경전을 코-덱스(co-dex)라고도 한다. '(성서·고전의) 사본이나 약전(藥典)'을 말한다. 법전(法典)을 일컬을 때도 쓰인다.

코더컬로지(codicology) 하면 '(고전·성서 등의) 사본 연구나 사본학'을 말한다. 우리는 예언이 계시(啓示)나 혹은 묵시(默示)로 나타남을 안다. 계시는 우리가 듣는 모든 오로지님의 전언이지만, 아포칼립스(apocalypse)인 묵시(默示)는 '대변동·대사건'의 뜻처럼 무서운 내용도 담고 있다. 원자 쓰레기나 위험한 폭발물 등을 쌓고 또 싸놓으며 죽을 수도 있다고 '취급주의'라는 말로 경고하는 것도 모자라 해골과 뼈다귀의 캐릭터를 그려놓듯이 묵시도 쌓고 또 쌓는다.

"다니엘아, 마지막 때까지 이 말은 간수(看守)하고 이 글을 봉함(封織)하라 많은 사람이 빨리 왕래하며 지식이 더하리라."(다니엘서 12:4)

묵시(默示 · sealed book)는 사일런트 워칭(silent watching)으로 '침묵의 지켜봄'이다. 묵(默)은 '검은(黑) 개(犬)'라는 뜻이겠는데, 까만 어둠 속에서 무언가를 지켜보고 있는 검은 개? 그러니 더더욱 보일 리가 없다. 무심코들 지나갈 것이다. 그런데 언제 갑자기 그 검은 개가 침묵을 깨고 '멍!' 하며 달려나올지 모른다. 긴장의 방아쇠!

침묵(沈默)! 세상은 오로지님이 침묵하고 있다고 한다. '입 다물고, 잠잠하다(默)'고 한다. 사운드 오브 사일런스!

왜 암(暗)인가? 밝은 빛을 보기 위해서다. 너무도 밝은 덕성을 보이기 위해서다. 태양을 보기 위하여 검은 선글라스를 끼는 이유와 같다. 광명의 실체를 보여주기 위한 장치(?)다. 그런 검은 코드를 거쳐야 밝은 빛을 바로 응시할 수 있다.

그래서 참 밝은 도(道)를 검다(검을 현玄)라는 말로도 하는 것이다. 너무 밝기에 노자는 현지우현(玄之又玄 · 검고 또 검다)이라고 한 것이다. 참 밝고 참 밝다는 말과 같은 말이다. 그 도(道)는 암컷의 골짜기(牡)인 자궁처럼 모든(衆) 오묘한 것을 내보내는 문이다. 중묘지문(衆妙之門)! 이렇게도 도(道)의 캐릭터를 말하고 있다. 암컷의 골짜기에서 도(道)의 메타포, 암호를 읽는 노자의 눈은 가공하기까지 하다. 이 또한 위대한 페미니스트의 기질이 아닌가?

감춘다! 에너지인 바람(wind)의 성질을 보자. 바람은 감아서 풀며, 또 감아서 풀며 불어오고 불어간다. 태풍의 눈을 찍은 항공사진을 보면 뚜렷이 눈으로도 볼 수 있다. '누가 바람을 보았는가?' 하는 말도 있지만 우리는 바람을 이렇게도 본다.

그런데 윈드(wind)를 와인드(wind)라고 발음하면 실 등을 '감다'라는 뜻으로 전환된다. 감는다는 것은 풀겠다는 것을 전제로 한다. 시계 등의 태엽을 '감는' 것도 와인드(wind)이다. 풀어질 때 시계(時計·타임 프로그램·타임 꾀)가 작동하는 것처럼 바람은 감는다. 그 성질을 내기 위해서다. 그 힘을 내기 위해서다. 야구투수가 공을 손에 쥐고 마지막 손질을 하여 팔을 감는 것을 와인드 업(wind up)이라고 하지 않는가?

투수는 오직 포수와 사인을 주고받을 뿐이다. 누가 볼세라. 그리고 던진다. 힘차게 공은 바람처럼 소리를 내며 난다. 그러나 그 소리를 들어도 어떻게 되는지는 아직 아무도 모른다. 진리도, 성령도, 참 덕성도 이렇게 감아서 온다. 감추어 온다.

"바람이 임의로 불매 네가 그 소리를 들어도 어디서 오며 어디로 가는지 알지 못하나니 성령으로 난 사람도 다 이러하니라."(요한복음 3:8)

바람처럼 이루어진다. 누구도, 심지어 가까이에 무슨 일이 일어났는지 모른다. 그러나 엄청난 일이 진행중이다. "내가 천국 열쇠를 네게 주리니 네가 땅에서 무엇이든지 매면 하늘에서도 매일 것이요 네가 땅에서 무엇이든지 풀면 하늘에서도 풀리리라 하시고 이에 제자들에게 경계하사 자기가 그리스도(참빛)인 것을 아무에게도 이르지 말라 하시니라."(마태복음 16:19-20)

함부로 알면 함부로 쓴다!

또한 우리가 오로지님만을 믿는 것이 아니라, 오로지님도 우리를 믿는다. 감독이 투수를 마운드로 올려 보낼 때, 더욱이 선발투수로 내보낼 때, 그 믿었던 투수가 에러를 자주 내면 속상해 하다 결국 강판(降版)시키지만, 오로지님은 일단 내보냈으면 끝까지 참고 용납한다. 강판은 없다!

이 캐릭터만 다를 뿐 에너지로 이루어지고 벌어지는 세상사 모든 일이 메타포이다. 나는 텔레비전을 보며, 야구를 보며, 시계를 들여다보며 메타포를 읽는다.

성경 속의 소품만이 진리를 전하는 메타포라면 오로지님은 오늘은 그 특성을 내지 않는다는 말이 된다. 성질을 내지 않는 것을 죽었다고 하는 것이며, 성질을 내는 것을 살았다고 한다. 불은 꺼지면 성질을 내지 못하는 것이니 불이 죽었다고 할 것이며, 물이 오염되어 그 맑은 성질을 내지 못하면 죽은 물이라고 할 것이다. '하나님은 살아 계시다'는 말은 하나님이 그 캐릭터를 내고 있다는 말이다. 유럽이, 기독교가 하나님의 캐릭터를 드러내 보이지 못했을 때, 니체는 '신은 죽었다'고 하면서 다른 캐릭터, 오버맨(초인) 캐릭터를 들고 나온 것이 그것이다. 그러나 하나님은 여전히 그 캐릭터, 성질(성품)을 발하고 있다.

그렇지 않다면 느낀다는 이들의 말은 대체 무엇으로 설명한단 말인가?

"경전은 그것과 씌어진 동일한 정신으로 해석해야 한다"(에머슨)는 말이 있다. 경전을 쓰게 된 성질과 동일한 성질을 느끼지 못한다면 경전은 오늘도 이해되지 않을 것이다.

성경 속의 메타포에 담긴 진리의 성질은 오늘의 소품과 드라마를 통하여도 역시 같은 성질을 내고 있는 것이다. 갖다 때려맞추는 견강부회(牽强附會)가 아니다. 차차 더 알게 될 것이다. 진리의 벗들이 혹 나처럼, 또 누구처럼 잘못을 할 수도 있다. 그러면 사람들은 꺼져(off) 버리라고, 내려(down)오라고 야유를 보낼지도 모른다. 그러나 그들의 성깔에 흥분하거나 그것을 믿지 말고 든든한 감독(監督) 중의 감독(監督), 기독(基督)의 포용을 믿으라! 그 드넓은 캐릭터를 믿으라! 대담하게 잘못하라!(이 말에 오해 없기를…) 마음놓고 던지라는 말이다. 그런데 그리스도가 그러더라고 하지는 말고….

비밀! 지킬 것은 지켜야 하지 않겠나?

바람을 피운다고 한다. 외도(外道)! 몰래 감추어 하는 짓거리다. 이런 식으로 바람의 성질을 쓰면, 두려운 것이다. 그래서 참 성질을 비밀로 한다는 것인데, 용케도 알아서 저 모양으로 쓰니 예수가 천국 비밀(에너지, 성질)을 알까 두렵다고 한 것이다. 이슬을 먹고 독의 성질을 내는 뱀과 같은 것이다. 말 그대로 도(道)에서 벗어난(外) 짓이다.

이슬을 먹었으면 젖을 내는 그런 성질의 젖소이어야 한다.

본문에서 말하겠지만, 진리의 실(絲) 수트라(sutra·經)도 감아서 풀며 온다. 그래서 경(經)을 보면 무슨 말인지 모르겠다고 하기도 하고, 또 알긴 아는 것 같은데 그것을 이상하게 쓰는 자들이 있다. 두렵다! 알까 두렵다! 아니 안다고 하니 더더욱 두렵다아~! 안다고 하는 자들을 두려워 하라! 경계하라!

"내가 너희 가운데 거할 때에 약하며 두려워하며 심히 떨었노라. 내 말과 전도함이 지혜의 권하는 말로 하지 아니하고 다만 성령(성스런 캐릭터)의 나타남과 능력(파워)으로 하여 너희 믿음이 사람의 지혜에 있지 아니하고 다만 하나님의 캐릭터 씀(능력)에 있게 하려 하였노라… 육(의 캐릭터)에 속한 사람은 하나님의 성령(성스런 성질)의 일을 받지 아니하나니 저희에게는 미련하게 보임이요 또 깨닫지도 못하나니 이런 일은 영적(영의 성질)으로라야 분변함이니라."(고린도전서 2장에서)

불은 유용하게 쓰라는 성질이기에 프로메테우스가 훔쳐다 주었더니 그 성질을 알아 불장난하면 이 또한 두려운 일이다. 이렇게 고쳐 쓰려고 할까 두렵다고 예수는 말한 것이다. 아니 바울은 약하며 두려워하며 심히 떨었다고 말하고 있다. 심지어 공산주의를 제창한 마르크스조차도 그의 사상이 나가고 난 후 너무도 폭력적인 도(度)가 지나치게 심한 것을 보고 이렇게까지 말했다. "저들이 마르크시스트라고 한다면 나는 마르크시스트가 아니다."

기왕 바람이 나왔으니 나중을 위하여 미리 점찍어 놓고 갈 것이 있다. 실 감는 기구인 실패를 와인더(winder)라 하고, 이야기 등을 둘러쳐 말하는 것을 와인딩(winding)이라고 한다. 내가 영어를 다루고 한자를 다루는 것은 현학적 유식을 과장하기 위함이 아니라, ─나는 필요한 것만을 알고 말한다─너무도 귀중한 메타포들이기 때문이다. 간섭이론이라는 것이 있는데, 오로지님이 모든 만물, 만사에 당신의 캐릭터를 투입했다는 것이다. 새삼스러운 얘기다.

어딘지 경건함이 떠도는 철학자 야스퍼스는 이런 말을 한다. "암호를 해독하는 것이 형이상학(순수철학 · find true philosophy)의 세계를 아는 것이다."….

그런데 나는 지금 암호라는 말 자체를 풀고 있다. 암호(secret sign)를 해독하는 것을 크립터내러시스(cryptanalysis)라고 한다. 비문(秘文)을 해독한다는 뜻이기도 하다.

크라이(cry)는 '부르다 · 부르짖다(號)'이다. 크립트(crypt- · crypto-)는 '숨겨진 · 비밀의 · 신비의'의 결합사다. 정말 간섭하지 않았다고 할 것인가?

이것은 도의 캐릭터가 하나이기 때문에 어느 나라 말로 해도 그것이 드러나게 마련인 까닭이다.

이 나라는 인도요 아프리카

모든 나라는 서로 닮았구나

죽음도 사랑도 다 같은 것

말을 듣기보다는 마음을 본다

서로 듣고 아는 것은, 눈으로 보내오는

인정(人情)뿐,

인간은 헤어져서 슬프고

지역과 행복은 멀다

아아, 공중에 나는 새여,

땅에서 우는 벌레여,

너희에게도 우정은 있구나.

　　　　　　—터키 시인 다어랄쟈, '세계'

앞서도 얘기했듯이, 암호는 신의 배려이기도 하다. 선악을 알게 하는 꾀나무를 바로 먹으면 죽는다. 거룩한 이의 에너지는 그런 것이다. 전선을 싸고 전기를 보내는 것이듯이… 만약 정전기(靜電氣)가 아닌 우리가 일상적으로 쓰는 강력한 동전기(動電氣)가 그대로 노출되어 흘러다닌다고 생각해 보라. 강력하기에 감추고 쌀 필요가 있다. 하나님의 성령, 덕성도 너무나 강력한 생명의 에너지이기 때문에 감추어 오는 것이다. 그러나 아주 은밀하게 컨트롤하시고 조종하시어 보내니 이 또한 은혜라 하지 않을 수 없다. 오장육부가 살과 뼈로 감싸여 있지 않고 바깥으로 드러나 주렁주렁 매달려 다닌다면 글쎄요… 그렇지요, 이 또한 창조자의 위대한 디자인(꾀)이라 할 수도 있겠지요….

  사람의 말도 무서운 에너지다. 미국 대통령이 러시아와 한판 붙겠다고 선언한다면? 말은 이처럼 모티브 파워가 된다. 그런데 여기도 신의 배려가 있다. 만약 이 엄청난 에너지가 즉각 효력을 발휘한다면 사람은 그 종(種)의 멸망을 맞고 말 것이다. '개자식!' 하고 욕을 했는데, 정말 그 자리에서 개가 되어버린다면? 그래서 완충장치가 있는 것이고, 계산은 나중에 한다. 외상이다!

예언자는 암호자(暗號者)이다

  예언(豫言)이요 예언(預言)이라고도 한다. '미리 예(豫)'요, '맡길 예(預)'다.

  돈을 은행에 저금하는 것을 예금(預金)이라고 한다. 그러니 미리 맡기는 것이 예언이다. 예언은 어떻게 이루어지는가? 그것은 에너지(성질)를 통찰시켜 이루어지게 한다. 우리는 오늘도 에너지(氣), 그 성질을 알아 예언을 하고 있는 것을 본다. 일기예보(日氣豫報)가 그것이다. 구름, 바람, 비, 눈 등등…, 기상(氣象·에너지 성질)의 메타포를 알면 내일 비가 올 것인지, 바람이 어느 정도 불 것인지를 안다. 과거에도 허리가 쑤신다든가 다친 손목이 시큰거린다든가, 아니면 지진이 있기 전 메기들이 먼저 알고 설친다든가 하는 것으로도 기상변동의 감을 잡기도 하였다.

에너지, 그 성질을 파악하는 것이 예언임을 알 수 있는 성경 구절을 보자.

"또 무리에게 이르시되 너희가 구름이 서에서 일어남을 보면 곧 말하기를 소나기가 오리라 하나니 과연 그러하고 남풍이 붊을 보면 말하기를 심히 더우리라 하나니 과연 그러하니라 외식(外飾)하는 자여, 너희가 천지의 기상(氣象)은 분별할 줄을 알면서 어찌 이 시대는 분별치 못하느냐."(마태복음 12:54-56)

이 날씨를 분간하여(discern) 내일의 계획(프로그램)을 짜기도 한다. 그래서 기상(氣象)을, 내가 주로 보고 있는 가장 정평 있는 킹 제임스 버전 성경은 얼굴(face)이라고 하고 있다. 그렇다! 말씨, 마음씨, 옷맵씨 등이 그 사람의 덕성을 드러내는 얼굴과 같듯이 하루(날·日)의 '날씨'는 그날의 성질을 드러내는 얼굴(face)이다.

그러나 말씨와 마음씨를 통하여 그 사람의 덕성을 알 수 있다곤 하지만 옷맵씨는 참고는 될지언정 그 사람의 진정한 얼굴이라고는 할 수 없다. 그래서 좋지 않은 상태인 자기 마음씨 등을 감추려 하는 이들은 옷맵씨에 치중한다. 복식(服飾)에 몰두하는 것이다. 그것을 외식(外飾)이라고 하고 위선이라고 한다.

날씨를 알면서 마음씨를 돌아보지 않고 옷 같은 것으로 꾸미는(飾) 것이다. 재산으로, 명예로, 학벌로….

아담과 하와가 하나님과의 트러블 후 자기들 마음의 부끄러움을 알고 가장 먼저 한 일이 나뭇잎으로 옷을 지어 입었다는 것도 우리의 이런 성정을 잘 보여주는 스토리를 통한 우의(寓意)이다.

그리고 한자로 상(象)과 상(像)은 별 차이 없는 말이다. 기상(氣象)이 날씨를 뜻하는 에너지 상태라면 기상(氣像)은 주로 사람과 관련된 에너지 상태를 뜻하는 말이다.

영어로는 내츄럴(nature)이요, 디스포지션(disposition)이다. 우리가 지금 말하고 있는 기질(氣質)이요, 성질(性質)이자 캐릭터이다.

어디쯤 놓여 있느냐는 그 포지션(position)을 말한다. 진취적 기상이니, 독립적 기상이니, 활달한 기상이니, 용감무쌍한 기상이니…. 상인 기질이니, 학자 기질이니, 예술가 기질이니, 도둑놈 기질이니….

이 기질이 그 사람의 운명을 결정한다. 이것은 다 안다. 그러나 생명까지, 영원한 생명이냐, 그렇지 않느냐까지를 결정한다고 하면, 믿을까?

불의 기질은 불의 생명이다. 물의 기질은 물의 생명이다. 빛의 기질은 빛의 생명이다. 장미의 기질은 장미의 생명이다. 태양의 기질은 태양의 생명이다.

그래도 안 믿을까? 못 믿으면 안 믿는데 소질 있는 기질인 거지….

결국 성질(캐릭터)을 통찰하면, 구름과 소나기와 바람과 물과 불 등을 알 수 있을 뿐 아니라, 덕성을 표현하는 그 성질들을 통찰하면 우리는 진리의 얼굴인 그 기상도 물론 알 수 있다. 경전은 진리의 얼굴이요, 기상이며, 그 캐릭터를 잘 보여주는 기질이다.

그렇다! 예언이란 것은 중계방송하듯이, 국회 속기사가 글을 받아 쓰듯이 하는 것이 아니다. 만물의 성질을 통해서, 마음의 성질을 통해서 오로지님의 캐릭터가 떠오르게 하는 것이다. 이것을 모르고 하나님이 성경책을 툭 던졌다는 식의 생각일랑 아예 하지 않는 것이 좋다. 그럴 수 없다!

성경은 조선왕조실록이 아니다!

자연(nature)이라는 말뜻부터 바로 알 필요가 있다. 자연! 내츄럴은 성질이라는 뜻이다. 캐릭터와 같다. 하나님이 성질이신고로 자연도 그렇게 만들었다. 이 하나님의 성질을 더 강조하여 무위자연(無爲自然·절로절로)이라고 한다. 자연은 눈에라도 보이면서 성질을 내지만 하나님은 보이지도 않으면서, 아무것도 안 하는 듯하면서 엄청난 성질을 내시기에 노자(老子)는 저런 말을 한 것이다.

하나님은 만물에 그 캐릭터를 일으켜 보여주고, 마음에 그 캐릭터를 일으켜 느끼게 함으로 사람으로 하여금 그에 맞는 말을 고르라고 하신다. 마치 시인이 사랑하는 사람을 온 마음으로 느껴 말을 골라 시를 쓰는 것과 같다. 내가 젊은 날, 사랑을 느낄 때면 적지 않은 시를 써봐

서 이런 예는 뚜렷이 경험한 바다. 하도 훌륭한 시가 많아 어느 것을
골라야 할지 아득하지만, 그 가운데 한 편만을 소개하자. 이 또한 메
타포일 뿐이지만….

세상이 시작되기 전,
신은 절로 당신을 사랑하고

갓난 아기인 그대,
부모의 손 빌려 사랑하고

처녀가 된 그대,
내 가슴 빌려 사랑하고

이윽고
그대 세상을 떠나면

신은 절로
당신을 사랑하리라

이리하여
사랑은 영원한 것이어라

　　　　　　　　　－사랑이 영원한 것은

썩 잘 빚어지지 않았는가?! 사람의 캐릭터가 마음에 크게 감동으로
왔기 때문이다. 당신도 종종 이런 경험을 할 것이다. 어떤 시를 읽고,
혹은 어떤 소설을 읽고 공감한다는 말을 할 때는 이미 그것이(거기에
표현된 성질이) 당신 마음속에 얼마쯤이라도 있었다는 것이다. 특히
청춘 남녀가 사랑의 시를 돌려 읽는 것은 지금 그들에게 그런 성질이
아주 활발하기 때문인 것이다. 그리하여 어떤 시에 드러난 마음의 상

태가 자기 마음의 상태에 거의 일치할수록 감동의 진폭은 그 크기를 달리한다. 그래서 자기도 그 시인만큼 시를 쓸 수 있겠다는 생각을 하기도 한다. 그러나 마음의 상태는 거의 같지만 막상 써보면 그게 또 그렇게 되지 않는다. 그것은 내츄럴 탤런트(natural talent)의 차이가 아니라, 일종의 표현기술의 차이일 뿐이다.

앞서 본 바와 같이 썩 훌륭한 시일수록 자기도 쓸 수 있다고 여긴다. 성질에 맞기 때문이다. 그런데 썩 훌륭하지 않은 시는 어렵다고 하고 던져 버린다. 성질에 맞지 않기 때문이다.

철학자 플라톤은 "사랑을 하는 동안은 누구나 시인이다"는 말을 하였다. 그렇다! 굳이 시라는 것으로 표현하지 않았을지라도 그 마음의 시적 캐릭터만큼은 사랑이라는 성질이 일었으니 누구나 시인인 것이다. 그럼으로, 문학동네에서 말하는 시인과 이런 천품의 성질을 일으키는 시인과는 구별이 있어야 한다. 왜냐하면 오늘 우리가 보는 시라는 것은 이런 마음의 캐릭터를 끌어내고 있는 것이 아니라, 마치 사물이나 사건을 그저 말의 기교로 중계방송하듯 하기 때문이다. 이는 자기는 사랑을 하는 동안만 시를 쓴다고 한 괴테의 작가정신과 비교할 때, 왜 그렇게 격에 차이가 나는지를 알려준다.

고전이란, 바로 알짜배기(pure · 純) 성질을 거기에 인풋시켰기에 어느 시대, 어디에 있으나 사람의 성질에 호소되는 바 크고 그 때문에 고전이라고 하는 것이다. 당신이 어떤 베스트셀러라는 것을 읽고나서 또다시 그 책을 몇 번이고 읽고 싶은 생각이 들지 않고 또 세월이 지나도 읽을 생각이 없다면, 그것은 가짜다! 선동이다! 광고 효과다! 아니 당신에게는 맞는 성질이 아니다. 고전이란 마음에, 성질에 맞기에 두고두고 세월이 변하고 독자들이 변해도 사람의 성질은 어디 가는 것이 아니기에 고전성을 확보한다. 나는 나온 지 얼마 안 되는 책들이 헌책방에 나오는 것을 볼 때는 결코 넘길 마음이 없다. 내가 새삼 부관참시를 할 필요야 없지 않겠는가?

나는 꼭 새해 초에는 '젊은 베르테르의 고뇌'를 읽었다. 마음을 그처럼 세정(洗淨)시켜 주는 책도 달리 없다고 여겼기 때문이다. 물론 괴테가 말년에 그 책을 후회했다고는 하지만, 읽어보면 그렇지도 않다.

어쨌든, 괴테 당시에도 하잘 것 없는 글쟁이들이 있었던 모양으로 그는 이런 말까지 남기고 있다. "시인이 많다는 것이 나를 몹시 불쾌하게 한다. 시를 세상 밖으로 추방하는 자들은 누구인가? 바로 시인들이다!"

시라는 말(성질)을 통하여 자기를 공명시켜 줄 마음의 캐릭터를 원한 독자는 물질의 성질을 열심히 말하는 과학자 등에서 별 공감을 얻지 못하듯, 시인이라는 말의 과학자들에게도 아무런 흥미를 느끼지 않게 된다. 그리하여 결국 시를 세상 밖으로 추방하는 것은 마음의 캐릭터를 도외시하고 있는 과학자적 시인들 때문이라고 일갈을 했던 것이리라.

또 좀 거친 기질이 있어 나와 안 좋은 동질성을 갖고 있지만 그래도 친애하는 철학자 키에르케고르는 아주 아름다운 말로 시인의 캐릭터를 말하고 있다. "시인이란 무엇인가? 그것은 그 가슴속에 고뇌를 간직하고 있으면서 그 탄식과 울음을 마치 아름다운 음악처럼 울리게 하는 입술을 가진 불행한 인간이다." 시인은 만곡(萬斛·곡식을 담은 됫박만큼 많은)의 슬픔을 가진다는 말이 있는데, 정녕 그러하다. 인생이 겪는 마음의 고통과 고뇌까지를 꾹꾹 누르고 눌러 발효시켜 아름답게 승화시켜 그것을 끌어내려고 하는, 그야말로 아름다운 성질을 지키는 투사들이다. 키에르케고르는 "시인은 사랑을 말하는 자이다"는 잠언까지를 남기고 있다.

오늘날, 우리가 이런 의미에서의 시다운 시, 아니 시인다운 시인을 볼 수 없는 것은 캐릭터를 빚어내려는 그 목표물들이 어긋나고들 있기 때문이다. 잘못 맞추고 있기 때문이다. 어떤 이데올로기를 표현하려고 한다든가, 아니면 향기 없는 정물화를 그리는 듯하는 것으로는 공감할 마음의 캐릭터를 찾는 시 대중을 허기지게 할 뿐이고, 고개를 돌리게 할 뿐이다. 시를 세상 밖으로 추방하는 것은 이런 시인(?)들이다! 이것은 현대 문화(글돋됨)의 아주 깊은 질병이기도 한 것이다.

마음의 캐릭터를 추구한다는 것은 상승욕구의 발로이기도 하다. 윤동주와 같은 시인의 시는 왜 영원성을 확보하는가? 맹자의 말에 취해서 시작했음직한 '서시(序詩)'를 보자.

"하늘을 우러러 한 점 부끄럼 없기를!" 대다수 국민이 암송(暗誦)하고 있을 것이기에 진행하며 인용하겠다. 이것은 대단한 마음의 캐릭터다! 순수! 순정! 의(義)! 어떤 낱말도 부끄럼 없이 표현될 마음의 성질이요, 또 그렇게 되기를 바란다는 다짐이기도 하다. 그런데 이런 마음의 성질을 담고 산다는 것이 즐거운 일이기만 한가? 아니다! 도리어 더 괴로울 때가 많은 것이다. 실로 작은 일에도 마음이 아파오는 것이다.

"잎새에 이는 바람에도 나는 괴로워했다!" 이 얼마나 예민하고 여리기까지 한 순정의 마음인가.

잎새를 흔드는 바람! 폭풍도 아니요, 돌개바람도 아니요, 회오리바람도 아니다. 아니 허리케인은 더더욱 아니다. 그저 잎새, 그쯤 흔드는 바람이 무엇 대단하랴? 그럼에도 그는 괴로워한 것이다.

우리는 참으로 거북이 등짝같이 굳어버린 마음으로 살고 있는 것은 아닌가? 눈 뜨자마자 누가 누구를 죽였느니, 사기를 쳤느니, 뇌물을 먹었느니 하는 광풍(狂風)의 구정물을 뒤집어쓰며 하루를 시작한다. 김(氣)새는 일이다.

그러나 우리의 윤동주는 하늘을 포기하지 않는다. 마음의 순수무구한 지향, 그 캐릭터를 놓치지 않는다. "별을 노래하는 마음으로 모든 죽어가는 것을 사랑해야지." 별을 노래하겠단다. 그런 마음으로 보잘 것 없고 돌볼 리 없는 죽어가는 것을 사랑하겠단다.(세상 물정 모른 사람 같으니라구…)

별, 달, 구름, 태양… 어머니, 추억, 순이, 시인 프랑시스 잠, 라이너 마리아 릴케… 아! 별 헤는 밤….

이 모든 낱말이 실어나르는 성질, 그 메타포는 상승에로의 인력장치요, 그리로 끌어올리는 배달부 언어이다! 이렇게 인력장치를 위에 두었던 것이다. 사상가 에머슨은 이런 말을 쏟다. "네 수레를 별에 달아라!" 그렇다. 윤동주는 장미여관으로 가자, 압구정에 바람 불면 가자,

따위의 하강의 인력장치를 두지 않았다. 말이란 마음이 쏘는 화살이다. 지(알 지知)가 입(口)에서 나가는 화살(矢)이듯이 말이다.

그럼, 별을 노래하는 마음의 캐릭터로, 죽어가는 것까지를 사랑하는 그런 마음을 먹으면 괴로움이 끝나는 것인가? 또 천만의 말씀이다. 이런 마음의 캐릭터를 지니고 이 세상을 살아가기란 지난(至難)한 노릇이고, 작은 골고다 언덕을 오르는 것과도 같다. 그래도 이런 윤동주류는 노래한다. 죽어가는 것들, 병든 것들, 따뜻한 물 마시고 싶을 때도 차가운 물을 떠야 하는 것들에게 연민을, 사랑을 갖겠다고 한다. 참으로 윤동주의 캐릭터는, 청춘의 동공(瞳孔)에 빛의 다이너마이트를 들고 들어와 터뜨리는 그런 마음의 캐릭터다. 그래서 영원한 청춘의 캐릭터가 된다. 오늘도 숨어 사랑받는….

그런데 이런 것을 독립군가로 가르친 교육 공무원들을 그냥!!?… 아니지, 그들도 사랑해야겠지….

어쨌든 그는 이 인생과 청춘의 영원한 프롤로그 포엠(서시)의 마무리를 이렇게 짓는다. "그리고 나에게 주어진 길을 걸어가야겠다!"

참으로 용기란, 씩씩함이란, 의연함이란, 하늘 아래 부끄럼 없음이란 이런 덕성의 캐릭터, 조용하지만 강력한 모럴 파워의 발현이다.

그래도 이런 마음의 다짐으로 걷지만, 그의 이상엔 바람이, 바람이 불어간다. "오늘 밤에도 별이 바람에 스치운다." 아주 과장 없고 티 없는 마음의 캐릭터를 우리는 본다. 오! 이런 마음을 가지고 살아가면 신난다! 그렇게 말하는 사람의 팔을 붙잡아야 한다. 신나면 왜 다들 그러지 않겠는가 하고…. 그래도 그럴 텐가 하고….

마음을 타깃으로 하지 않는 상업적 캐릭터만으로 도배된 오늘의 문화 양식에선 저런 자력을 전혀 느끼지 못할 것이다.

우리에겐 이런 순수에 접근하는 캐릭터가 없다. 큰바위 얼굴을 기다리다 저도 모르게, 자기가 바로 그 큰바위 얼굴의 캐릭터가 되었던 소년처럼, 우리에겐 뚜렷한 모델이 되고 사표가 될 큰바위 얼굴의 캐릭터가, 아니 짱돌(잔돌)도 없다.

그저 목소리 크고, 비열한 본능을 충동질하는 여론 주도층의 음모

(음산한 꾀)가 대중을 호도하고 있을 뿐이다. 그러니 우리는 경전으로 가야 한다. 기질이 생명이다. 영원한 기질, 그 참 생명의 캐릭터를 받아야 한다. 퍼펙트한 오로지님(道)의 캐릭터를 찾아야 하고 흠모해야 한다. 이것이 진정한 캐릭터를 돋보기처럼 돋보이게 하고, 싹을 돋되게 하고, 꽃을 피우는 길이다. 글돋됨! 글핌! 문화(文化)는 문화(文華)요, 문화(文花)다! 태양을 받는 꽃과 같이 오로지님(道)의 캐릭터를 사모하자.

　우리는 슬픈 암호들
　서로를 힐금힐금 염탐만 하는 스파이들!

　이러다간 애초 말하고자 한 머리는 고사하고, 꼬리마저 잃어버리겠다. 계속하자.

　예언! 시인이 사랑이란 말로 함축되는 캐릭터를 느껴 시를 쓰듯 예언도 그런 과정으로 쓰여진다. 그래서 거의 모든 예언서가 시적인 모양으로 나타나는 것이다. 오로지님(道)의 캐릭터를 뜨겁게, 절절(切切·earnest)하게 느낀 사람들의 마음의 우러남이요, 그 뜨거운 토설(吐說)이다.

　"내가 다시는 여호와(道)를 선포하지 아니하며 그 이름으로 말하지 아니하리라 하면 나의 중심이 불 붙는 것 같아서 골수(骨髓)에 사무치니 답답하여 견딜 수 없나이다."(예레미야 20:9)

　"무릇 지나가는 자여 너희에게는 관계가 없는가 내게 임한 근심 같은 근심이 있는가, 볼지어다 여호와께서 진노하신 날에 나를 괴롭게 하신 것이로다."(예레미야 애가 1:12)

　만곡의 슬픔을 지녔던 눈물의 선지자라는 별명을 갖고 있는 예레미야의 고백이다. 그가 도(道)에 어긋나는 성깔을 내는 사회를 향해 도(여호와)의 성품을 선포할 때마다, 사람들은 왕따돌림을 시키고 매로 치고 돌을 던지고 감옥에 가둔다. 이질적인 성질이 끼여들어 성가시게 하기 때문이다. 그럼 입을 다물어버리자! 그 도(道)의 이름으로 말하지 말자! 이렇게 할라치면 충심(衷心 · inmost heart)이 뜨거운 성질의 불로 붙는 것 같다. 이럴 때마다 오로지님이신 도(道)는 그 캐릭터를 더욱 뜨겁게 발현하여 예레미야의 골수까지 사무치게 만드시고, 급기야는 그로 하여금 말이라도 하지 않으면 견딜 수 없도록 에너지를 뿜어내시는 것이다

아아, 어머니! 왜 나를 낳으셨습니까? 온 나라 사람이 다 나에게 시비를 걸고 싸움을 걸어옵니다. 나는 아무에게도 빚진 것이 없고 빚을 준 일도 없는데, 사람마다 이 몸을 저주합니다. 야훼여, 이 백성이 복받도록 제가 주님을 진심으로 섬기지 않았습니까? 이 백성이 원수를 만났을 때나 재앙을 만나 고생할 때, 대신 기도를 드리지 않았습니까? 그러지 않았다면, 저주를 받아도 좋습니다….
이 몸을 주님의 것이라 불러주셨기에 주님의 말씀이 그렇게도 기쁘고 마음에 흐뭇하기만 하였습니다. 저는 웃으며 깔깔대는 자들과 한자리에 어울리지도 않았습니다. 주님 손에 잡힌 몸으로 이렇게 울화가 치밀어올라 홀로 앉아 있습니다. 이 괴로움은 왜 끝이 없습니까? 마음의 상처는 나을 것 같지 않습니다. 주께서는 물이 마르다가도 흐르고, 흐르다가도 마르는 도무지 믿을 수 없는 도랑같이 되셨습니다.(공동번역, 예레미야 15:10-18))

얼마나 솔직하게 마음에 느낀 바를 토해 내고 있는 것인가? 그리고 그 고통이 어느 정도인가를 느끼게 하지 않는가? 공동번역은 아주 솔직한 어휘를 선택한다는 점에서 예언서들을 읽는 데는 더 도움이 될 것이다. 경전이 대체로 정제된 언어라고 한다면 그런 점에서 볼 때는 구약의 예언서는 바윗돌도 불티처럼 날리는 거친 황야의 언어다. 세상, 그 이질적인 성질과 부딪치기 때문이다.
어쨌든 예레미야의 마음이 오로지님의 강렬한 메타포로 작용하는 것이다. 메타포니 전해야 한다. 세상과 함께, 위로 위로 드높이 변화할 성질을 선포해야 한다. 아! 그러나 세상은 이것이 싫단다. 그저 물질의 성질만 제대로 찾아 즐기고 말겠단다. 상달(上達)하자는 데 대한

하달(下達)의 반동이다.

예언자를 히브리어로 나비(nabi)라고 한다. 뜻은 '부글부글 끓는 자', '비등(沸騰·boiling)하는 자'란 말이다. 예레미야는 에너지의 근원이신 오로지님의 에너지로 하여 끓고 있다. 셰익스피어가 이런 거룩한 열병에 취했던가? 괴테가 이만한 정열의 홍역을 겪었던가? 우리는 히브리 예언자들에게서 특이하리만치 강력한 도의 출현을 목도한다. 선택되었기 때문인가? 아니면 선택되었다는 민족적 자기 암시의 영웅적 엘리트주의 때문인가? 그 어느 것이라도 좋다. 우리는 어쨌든 성경을 얻지 않았는가? 이 현실에 천공(穿孔)을 갖다대고 뚫으면 그만이다. 예레미야의 마음은 도가 끓는 활화산이요, 용암이 흘러내려 끓는 온천이다. 예레미야를 뚫으면 도의 에너지가 있다. 그분의 견딜 수 없는 사랑이 있다. 또 이런 성질도 있다.

"예루살렘 여자들아 너희에게 내가 부탁한다 너희가 나의 사랑하는 자를 만나거든 내가 사랑하므로 병(病)이 났다 하려므나."(아가서 5:8)

오로지님 병이 났다고 할 만큼이다. 이렇게 나오면 도리어 무섭다. 두렵기까지 하다! 하나님의 스토킹인가?

그러나 놀랄 것은 없다.

"예루살렘 여자들아 내가 노루와 들사슴으로 너희에게 부탁한다 사랑하는 자가 원하기 전에는 흔들지 말고 깨우지 말지니라."(아가서 3:5)

간혹 이런 소식을 듣는다. 사랑을 받아주지 않는다고, 결혼하자고 하는데도 끝끝내 싫다 한다고 연인을 죽였다는 그런 소식을. 아니 무슨 스토킹인지 뭔지를 하며 밤이나 낮이나 짝사랑의 대상을 괴롭힌다는 소식도. 그리고 아내를, 남편을 서로 사랑하기에 의심하며 집으로 직장으로 전화도 한다고 한다. 이것은 도(道)가 발현하는 사랑의 캐릭터가 아니다. 사랑의 성질이 아니다. 자기의 사랑이 그 아무리 대단하다고 하여도 사랑하는 자가 원하기 전에는 흔들거나 깨우지 말아야 한다.

하늘 아래 둘도 없을 뜨거운 사랑이긴 하지만 이 얼마나 아름다운 사랑의 캐릭터인가? 사랑은 오래 참는다고 한다. 그런데 사랑조차도 참아야 하는 것이 도(道)의 캐릭터인 사랑이다. 사랑도 참아라!

이탈리아 사람들은 정열가의 기질이 듬뿍한 사람들이다. 그들의 나폴리타나를 들어보라. 그들의 사랑의 연가를 들어보라.

"그 여자에게 내 말 전해 주오. 나 그대를 사랑함으로써, 내 맘의 평화, 다 잃어버린 것을. 그 앞에 내 맘 떨리어 말할 수 없도다~

내 맘에 맺힌 이 말을 전해 주게, 내 맘의 평화 그에게 달렸는걸, 그 고운 두 눈 내 마음 사로잡아 아무리 홀로 애쓰나 내 수고 헛될 뿐~"

"불 꺼진 창에 어둠 가득 찼네, 내 사랑 낸나 병든 그 밤부터~ 그의 언니 내게 전하여 준 말은 저 세상 가도 계속 사랑하여 달라고. 밤마다 홀로 울던 그는 지금~ 관 속에 누워 홀로 단잠 자네~"

청년의 때, 누구나 이런 사랑에 한번쯤 빠져보았으리라. 청춘의 호외는 뭐니뭐니 해도 연인에 대한 사랑이다.

한 사람을 정열적으로 사랑해 보는 것! 그런 다음 아가서(雅歌書)를 읽어보면 하나님의 사랑이 과연 어느 정도인가가 더욱 뜨겁게 온다. 저런 이탈리아식 정열도 좋으나, 저것은 그저 청춘의 일과성 불일 뿐이다. 다 꺼지고 만다. 호외(號外)다!

어쨌든 오로지님은 산신령 같은 노인의 캐릭터가 아니다. 아니 그분은 오히려 청춘이요, 청년의 캐릭터다! 그렇지 않으면 우리의 인생 중 청년기가 황금기라고 할 수는 없지 않겠는가? 예수가 청년의 생애로 마감(?)하였음은 그조차 생각게 하는 것이 없을 수 없다. 그러나 노인들은 섭섭하게 생각할 것이 없다. 아이의 캐릭터를 사랑하고 아이의 캐릭터로 나타나길 좋아하시는 오로지님이 노인의 캐릭터라고 마다하신다면 어찌 범 세대적 오로지님이라 하겠는가?

"백발(白髮)은 영화(榮華)의 면류관이라 의로운 길에서 얻으리라." (잠언 16:31)

의로운 길을 걸어온 인생이요, 그리고 얻은 백발이라면 그것은 영화의 면류관이라는 것이 도(道)가 노인을 빚는 캐릭터의 하나이다.

우리는 추한 노인들을 본다. 그것은 할 일이 없어 파고다공원에서 웅성되는 노인들이 아니라, 그래도 성공했다고 하는 노인들이다.

백발을 정리해야 하지 않겠나? 가진 것이 있으면 풀어야 하지 않겠는가? 노인이 할 일은 놓는 일이요, 버리는 일이며, 물리는 일이다. 지혜를 남기는 일이다. 그리고 육신의 프로그램이 곧 그칠 테니 영원한 아이, 영생의 성질(덕성)로 빛나, 영혼은 면류관이 되어 있나 있지 않나 급하게 급하게 돌아보아야 하지 않겠나? 이제 늙어 새삼 오로지 님의 캐릭터를 순수하게 찾기란 어려울 것이다. 그래서 젊은 날에 찾아야 한다는 것이다.

"너는 청년의 때 곧 곤고한 날이 이르기 전, 나는 아무 낙이 없다고 할 해가 가깝기 전에 너의 창조자를 기억하라."(전도서 12:1)

아아! 나는 일찍이 경(經)을 접했으나 내가 그 캐릭터에 너무도 크게 미치지 못함을 보고 안타까움이 일 때가 한두 번이 아니다. 그것은 내가 크게 착각하고 있는 것이 있었음이로다! 원치 않음이로다!

다시 예언이 이루어지는 생생한 현장으로 가보자.

"나는 이렇게 나의 말을 너희 입에 담아준다. 보아라! 나는 오늘 세계 만방을 너의 손에 맡긴다. 뽑기도 하고 무너뜨리기도 하고 멸하기도 하고 헐어버리기도 하고, 세우기도 하고 심기도 하리라."(예레미야 1:10)

예언자! 그는 세상과 전쟁을 치러야 할 자이다. 아니 세계 만방과 싸움을 하기도 해야 한다. 뽑기도 하고 무너뜨리기도 하고 멸하기도 하고 헐어버리기도 한다는….

이 말은 철(哲)을 연상시킨다. 철(哲)도 꺾기도(折)하고, 쪼개기(折)도 하고, 부러뜨리기도 하고(折), 자르기도(折) 하는 말(口)이기 때문이다. 그러나 철(哲)은 '밝을 철'이다. 철(哲)은 서게이시어스(sa-gacious)로 슬기롭다, 영민하다는 뜻이기도 하다. 히브리 예언자는 히브리 철인(哲人)들이었다.

야훼께서 나에게 말씀을 내리셨다. "예레미야야, 무엇이 보이느냐?"

"감복숭아 가지가 보입니다" 하고 내가 대답하였더니, 야훼께서 이르셨다. "바로 보았다. 나도 내 말이 이루어지는가 이루어지지 않는가 깨어 지켜보리라."

야훼께서는 두번째로 이렇게 말씀을 내리셨다. "이번에는 무엇이 보이느냐?" "부글부글 끓는 솥물이 북쪽에서 쏟아져 내리려 하고 있습니다" 하고 내가 대답하였더니, 야훼께서 이르셨다. "이 나라에 사는 모든 사람에게 북녘에서 재앙이 쏟아져 내리리라. 이제 나는 북녘의 모든 나라들을 불러오리라. 이는 내 말이니, 잘 들어라… 이는 내 말이니 어김이 없다."(같은 1장)

멜랑콜리한 예언자 예레미야는 감복숭아(살구나무)를 유심히 보면서 하나님과 대화하는 듯한 강렬한 성질을 느끼는 것이다. 살구나무는 히브리어로 쒜케드라고 하는데 '깨어 있음' 이라는 말과 비슷한 것이라고 한다. 그래서 그 살구나무의 이름과 깨어 있다는 말과의 공통점에서 살구나무가 죽지 않고 가지를 내는 것을 보고 하나님의 성질이, 깨어 있음이 미쳐지고 있다는 것을 포착하는 것이다. 바로 그것을 하나님과의 대화로 받아들이는 히브리 예언구조가 있는 것이다. 늘 그들은 하나님과 대화할 수 있다는 믿음으로 충만해 있는 것이다.

"이는 다윗의 마지막 말이라 이새의 아들 다윗이 말함이여, 높이 올리운 자, 야곱의 하나님에게 기름부음을 받은 자, 이스라엘의 노래 잘하는 자가 말하도다 여호와의 신(神·성질)이 나를 빙자(憑藉·기대어·rely)하여 말씀하심이여, 그 말씀이 내 혀에 있도다."(사무엘 하 23:1-2)

다른 곳의 신화(神話·신과의 대화)에서도 신의 성질이 느껴지지 않는 것은 아니지만, 히브리 예언자들만큼의 죽으면 죽으리라는 고감도 자세는 아닌 것이다. 다시 말하여, 온통 그 정열을 물질의 성질을 밝혀내려는 퀴리 부부와 같은 이가 있는가 하면, 거기에서 하나님의 마음(마음씀)을 읽어내고 찾아내려는 그런 차원의 다른 열정 구조가 있는 것이다. 또한 그것은 성황당 나무에다 대고 기도하듯 하는 것과 그 구조는 다를 바 없으나, 그 눈 높이와 마음 높이가 극(極)에 이르러 있기에 뭐 눈에는 뭐만 보인다는 식으로 이 히브리 엘리트 선지자들의 눈에는 일체가 하나님의 말씀이요 뜻으로 보이는 것이다. 이런 영적 텐션(긴장)! 그것을 일관되게 이끌어왔기에 우리는 살구나무와 뜨거운 솥에서도 하나님의 성질을 읽는 이런 예언서를 접하고 오늘도 모든 나무나, 솥을 끓게 하는 불의 성질 등에서도 모든 만물에 당신의 성질(에너지)을 미치고 있는 오로지님(道)의 캐릭터를 느낄 수 있는 것이다. 어찌 오로지님이 야훼의 이름으로 불려진 히브리인들에게만 특질을 나타냈으랴? 그렇게 느낄 수 있었고 느끼려 했던 그들이 축복인 것이지….

또한 이 서언에서 생각해 볼 것은, 내 앞에 다른 신을 두지 말고, 우상을 섬기지 말라는 말씀처럼 오로지님(道)의 존재적 캐릭터의 중요성의 강조도 다시 없다. "너는 나 외에는 다른 신들을 네게 있게 말지니라 너를 위하여 새긴 우상을 만들지 말고 또 위로 하늘에 있는 것이나 아래로 땅에 있는 것이나 땅 아래 물 속에 있는 것의 아무 형상이든 만들지 말며 그것들에 절하지 말며 그것들을 섬기지 말라 나 여호와 너희 하나님은 질투하는 하나님인즉 나를 미워하는 자의 죄를 갚되 아비로부터 아들에게로 삼사 대까지 이르게 하거니와 나를 사랑하고 내 계명을 지키는 자에게는 천 대(千代)까지 은혜를 베푸느니라." (출애굽기 20:3-6)

십계명이다!

(다시 풀어봄 : 오로지님(道)의 캐릭터를 받는 외에는 다른 캐릭터를 새겨 만들지 말라. 이것은 너희들에게 영원한 덕성, 생명의 기질이 되지 않느니 위로 하늘에 있는 것이라고 하여도 아래로 땅에 있는 것이라 하더라도 땅 아래 물 속에 있는 것의 아무 형상이든 이것이 오로지님(道)이라고 만들어 절하지 말고 그것들을 섬기지 말라. 여호와 너희 하나님은 질투하는 성질의 하나님이로다)

질투는 사랑 때문에, 사랑하기 때문에 일어난다. 또한 우리는 만물

속에서 드러나는 오로지님의 캐릭터를 얻어 배울 뿐이지, 그리고 그만인 거지, 그것이 오로지님 바로 당신입니다 하고 섬겨선 안 된다. 좁은 문으로 들어가라고 하여 정말 좁은 문을 세우겠는가? 홍살문을 세우듯 좁은 문을 섬기겠는가? 좁은 문이 가르쳐주는 것은 고난 속에서 얻는 그 캐릭터(빛)야말로 값지다는, 아니 어두운 동굴을 빠져나왔을 때 환하게 비쳐 오는 빛에 감격해 웃을 그런 얼굴의 캐릭터다!

좁은 문을 섬기겠는가, 동굴을 섬기겠는가? 아니 다시 동굴로 들어가겠는가?

홍살문은 절개의 우의(寓意)일 뿐 홍살문 자체가 절개는 아니다. 그런데 홍살문을 돈 주고 산 자도 있고, 홍살문을 세우기 위해 청상과부를 종신형을 선고받은 죄수모양 지옥방 같은 독수공방에 어거지로 가둬둔 것이 조선의 일그러진 캐릭터가 아니었나? 주인을 싸구려 하숙방으로 내몬 꼴이다.

공자왈 맹자왈이 영원한 생명의 에너지인 덕성을 얻자는 것이지, 감투 쓰고 양반 행세 하며 민초들 위에 군림하고 수탈하라는 하이어라키(hierarchy · 위계급)의 지적 라이선스는 아닌 것이다. 그럼에도 조선은 공자왈 맹자왈을 권력층의 이데올로기요 신분을 가르는 정보 부르주아의 정보 독점물로 삼은 것이니, 이것이 우상의 캐릭터지 어찌 오로지님의 덕성의 캐릭터라고 할 수 있겠는가? 또 돈을 썼으면 그 돈으로 얻은 것이 진짜이지, 돈이 좋다고 염소모양 종이를 먹겠는가? 돈으로 양식을 살 땐 양식이 목적인 것이지 돈을 뜯어먹자고 하는 것은 아닐 것이다. 참 캐릭터가 아닌 것은 영원한 에너지가 아니다. 그것은 우(寓)요, 객(客)일 뿐이다.

달아보고 재보고

또한, 에덴 동산 사건 메타포는 일깨우는 바 크다. 악마의 캐릭터

(성깔)가 어떻게 두 남녀를 꼬드겼던가? 너희도 선악을 아는 지식에 있어 오로지님처럼 '밝아지리라' 는 것이었다. 오로지님 운운 하며 빛으로 유혹하였다. 어둠을 들이대며 유혹한 것이 아니다. 어둠을 들이밀면 누가 응하겠는가? 그리하여 인간은 악마의 캐릭터와 마음을 맞췄다. 그 성질을 맞췄다! 그리하여 그들은 멋대로의 잣대로 이것은 선이다, 저것은 아니다는 가치관을 오로지님처럼 행사한다. 공산주의가 선이요 자본주의는 악이라고 한다. 이 교파는 선(정통)이요, 저 교파는 악(이단)이라고 한다. 경영자는 선이요, 노동자는 악이라고 한다. 누가 이런 꾀를 내어 선악을 판단, 달아보고 재보라고 하였는가? 이때의 선은 오로지님의 캐릭터가 아니다. 절대기준(道)이 없어져 버렸으니, 절대 컴퍼스가 없어져 버렸으니, 절대의 저울과 절대의 자가 없어졌으니, 아니 멋대로 저울과 자(컴퍼스)를 만들어 기준을 말하니 그것은 다 상대적인 것이다. 한쪽에서는 다른 쪽을 반드시 악이라고 할 테니 그럼 절대선은 어디 갔는가? 우리는 표준에도 없는 이런 자(尺)를 가지고서 선악을 획(劃)하는 간계(奸計 · 간사한 꾀)로 살고 있는 것이다.

"피레네 산 이쪽에서는 진리인 것도 그 너머에서는 진리가 아니다." (파스칼)

이런 세상이 되어버렸다. 1m가 이만큼이라고 하는데 저쪽에선 아니 그보다 분명히 짧은 요만큼을 1m라고 한다면, 세계는 아수라장이 되어버릴 것이다.

10m짜리 배를 주문했는데 들어온 뒤에 보니, 아니 자기들 컴퍼스(尺)로 재보니 5m더라 하면 어찌 수출이 되고 수입이 되겠는가? 1m 90이라고 하여 농구선수를 수입했는데 1m 50이 비행기 트랩에서 내리면 이 사람을 데리고 나폴레옹 영화를 찍겠나 등소평 일대기를 찍겠나?

선악이라는 절대 질량이 없어져 버렸다! 누구는 요만큼을 선이라고 하고 또 누구는 저만큼을 선이라고 한다. 그리하여 서로 맞춰보다 안 맞으면 머리가 터지도록 쌈박질하게 되는 것이다.

마음! 접두어 마(ma-)는 산스크리스트어로 '자(尺), 컴퍼스, 저울, 계산(計算)'이라는 뜻이다. 이것이 우리들 말인 '마음'에 들어온 것이다. 영어 마인드(mind)도 같다는 혐의가 있다. 뜻이 통하면 같은 것이다. 그런데 이 마음의 자(尺)들의 기준이 모두 제각각이다.

마누(manu)는 인도 신화에 나오는 최초의 사람이다. 영어 맨(man·사람)이 바로 여기에 어원이 있다는 것은 정설이다.

마하(maha)는 '불가사의한 지혜(꾀), 크고 많고 뛰어나다'는 뜻이다. 마하트마(Mahatma)! '위대한 혼'! 앞뒤로 마(ma)를 넣어 그것을 강조한다.

마나스(manas)는 '뜻·마음' 이런 뜻이다. 문화인류학 용어로 마나(mana)는 '사물에 깃들어 있는 초자연적인 힘'을 뜻한다. 앞서 주문(呪文·magic power)을 말했는데, 바로 사물에 깃든 에너지를 불러내는 것으로서 주력(呪力·mana)이다. 종교의 기원을 이런 차원에서 찾는 것을 마나이즘(manaism)이라고 한다. 거 뭐신가, 남자 성기 모양의 돌을 만지면 애를 갖게 된다든지, 혹은 부적(符籍)들을 갖고 다닌다든지 하는 것은 다 이런 마나이즘적인 행위이다. 돌 앞에서 기도하는 것도 그런 것이다. 글씨요?….

마찰(摩擦·match)은 바로 이런 사물이 서로 부딪칠 때 나오는 에너지, 그 성질이다. 摩(마)는 소리를 적은 것뿐이다.

마스터(master·주인)를 마님, 마나님이라고 부름을 볼 것이다. 하늘만큼 높은 것을 마천루(摩天樓)라고 한다. 바벨탑은 하늘만큼 기어오르자는 마천루였다.

'일이 뜻과 같이 마음먹은 대로 됨'을 여의(如意), 혹은 여의마니(如意摩尼)라고 한다. 용이 입에 물자 하늘을 날게 해주는 힘, 여의주(如意珠)를 말한다. 마니(mani·摩尼)는 역시 범어(梵語)로서 '주(珠)·보(寶)·여의(如意·뜻과 같음)'이다. 곧 마니는 마음의 메타포다. 마음이 그러한 보석이요, 용처럼 하늘을 날게 하는 파워라는 뜻이다. 뜻대로, 마음대로 될 일(힘)보다 엄청난 것이 또 있으랴? 흔히들 마음은 무한한 잠재력을 가지고들 있다고 한다. 곧 여의마니를 가지고 있다는 말이다. 이런 보석을 가지고 있다는 뜻이다. 과연 그런가? 정말 보석인가, 아니면 돌멩이인가?

일이란 힘이다. 아니 일(一)이란 힘이다. 하나(一)란 힘이다. 힘낸다는 말은 심낸다는 말이다. 하나(一)님은 힘님이다. 님이란 음(音)이다. 선생님은 선생음(音)이란 말이다. '앞서(先) 내는(生) 소리(音)'란 뜻이다. 소리(音)는 다시 '솟이 · 솟니(生 · 發 · 出)'다. 소리(音)는 사운드(sound)가 먼저가 아니다. 뜻(意)이 먼저다. 뜻(音＋心)!

'마음솟이(心音)'다. 마음이 무슨 사운드(sound)를 내던가? 그것을 말(ma-l, r)로 굴리니까(l · r · 流音 · 굴림소리) 우리가 소리(sound)낸다고 하는 것이지. 샘물이 솟듯이, 시냇물이 굴러가듯이, 그렇게 마음이라는 샘, 시냇물을 두고 우리는 뜻(意)이니, 음(音)이니 하는 것이다. 차차 얘기해 가면 그 궁극적 이치에 도달할 수 있으리라. 말소리는 '말솟(이)'이다. 마음이 솟(出)아내는 것이다. 선생님은 앞서내는솟이(뜻)다. '뜻미리내는이'이다! 한마디 덧붙이자면, 소금(鹽 · salt)은 솟금이다. 솔트가 금(金)과 똑같이 취급됐던 때가 있었다. 롯의 아내가 소돔을 못 잊어 소금 '기둥'(히브리어로 '옴나아' = '믿음'의 뜻)으로 변했다는 메타포는 '솟(出)금(金)믿음(기둥)'에 묶였다는 것을 의미하는 것이다.

마(ma)! 저 세계 최고의 문명 발상지인 수메르인들은 그들의 쐐기문자, 아니 설형문자(楔形文字)에서 마르(mar)를 '바다', 아니 '자궁'이라고 하였으니, 범어 마야(maya)가 자궁을 뜻하는 것과 일치한다 할 것이다. 중국어로 마(媽 · 암말)는 '어머니'이다.

이밖에 마(ma-)에 관한 것을 내가 조사한 것만도 두 쪽은 족히 된다.

어쨌든, 중심(中心)! '맞칠 중(中)'에 '마음 심(心)'이다. 마음을 맞춘다는 뜻인데, '맞춘다'는 말도 마(ma-)가 자(尺)이기에 자로(에) 맞춘다 하듯이 마음을 맞춘다고 하는 것이다.

그렇게 마음에 맞춰 가며 우리는 마음을 '쓴다'. 내가 마음으로 맞춰 요만큼이 선이라고 생각하면 그만큼을 쓰는 것이다. 내가 마음이라는 컴퍼스로 요쯤은 악이 아니라고 하면 또 그만큼에 맞춰 악을 안 쓴다. 이렇게 맞춰 쓰고 안 쓰면 대체 뭐가 뭔지 완전히 뒤죽박죽 아수라장이 되고 말 것이다. '쓴다'는 것은 성질을 쓴다는 말이다. 성질을 솟게 한다, 성질을 내게 한다는 뜻이다.

성질이란 다름 아닌 에너지라고 하였다. 그래서 그 마음씀에 따라 성질이 뜨겁게도, 차갑게도, 화끈하게도, 더럽게도, 곱게도, 밉게도, 아름답게도, 깔깔하게도, 신경질적이게도 된다….

어쨌든 사람이 알아서 정한 마음(尺)에 따라 이런저런 성질이 나타나게 된다. 그것이 마음이 내는 캐릭터요, 에너지이다.

그럼, 이렇게 저렇게 알아서들 정하며 살면 될 것인가? 어떤 놈은 모진 기준을 정해 사람을 죽이기라도 하는 그 마음, 그 자(尺)가 칼이라도 된다면 어떻게 하나?

선악을 알(測·知)려 하지 말라! 선악의 기준(基準=달아보고 재봄)을 정(定=달아보고 재봄)하려 하지 말라! 너희가 감당할 만한 질량, 아니 저울이요 자가 아니니라. 너무도 옳은 판단(달아보고 재봄)이셨다.

우리는 이것이 잘못되어 죽고 죽인다. '먹으면 죽으리라!'

저울과 자를 잘못 쓴 것이다.

우리는 영원한 에너지, 마음의 성질을 잃어버렸다. 무한한 것을 버리고 유한한 자(尺)로 하였다. 그래서 유한하여져서 우리는 죽는다! 자로 잰만큼이다!

바로 마음, 그 자(尺)로 잰 만큼 살다가, 그 힘을 행사하다가 죽는다. 너무도 짧은 질량을 내기 때문이다. 아니 이미 질이 엉망이 되어버렸다. 잰 만큼이다! 이것이 자(尺)의 법칙(法則)이다. 이미 법칙이라는 말이 자(尺)라는 뜻이다. 법칙은 영어로는 룰(rule)이다. 자(尺)도 룰(rule)이다.

그런데 잰 만큼 그렇다는 자(尺)의 성질은 누가 세웠겠나? 우리인가? 결코 그렇게 생각할 수가 없다. 난리를 그나마 막기 위해 국제 공인 표준이라는 것을 우리가 세웠었도, 1m, 1kg이라는 길이와 무게, 아니 이런 길이와 무게로는 잴 수 없는 질(質)! 그것까지를 우리가 세웠어도, 자의 본래의 성질, 마음의 성질, 그것은 우리의 것인가?

이 자와 저울! 또 재도록끔 되어 있는 물건이나 성질 같은 것! 그것은 분명 우리의 작품은 아니다. 하나님이 천지를 창조했건 안 했건 우리가 안 한 것만은 분명하다.

우리가 안 한 것은 분명한데, 하나님도 아니라고 하는 건, 정말이지 상식적으로 불분명한 말이다. 50 : 50, 도박치고는 엄청난 도박이다. 관자놀이에 총을 갖다대고 쏘기 하는 러시안 룰렛보다 극히 확률이 좁혀지는 위험한 도박이다.

우리는 마음이 넓은 사람을 두고 스케일(scale)이 크다고 한다. 바로 그 스케일(scale)이 '저울'이요, '자(尺)'라는 말이다. 그것(마음 · 저울과 자의 성질)이 무겁고 길게 여겨지기에 저처럼 표현을 한다. 정확한 표현이다. 이것은 비유가 아니고, 마음이라는 말이 저울이요, 자이기 때문이다. 아예 저울(자)이라고 하면 더 분명할 걸 그랬다.

그런데 마음(尺)이, 그 스케일이 대체로 엄청난 이들의 한결같은 증언은 진짜 마음(尺), 진짜 스케일(저울)은, 본격(本格 · full-scale)은, 충만(full)한 저울질(scale)은, 아니 절대 표준(標準)은 하나님이라는 것이다. 우리보다 분명 엄청난 스케일을 가진 이들이 그렇게 말을 한다면, 이것?! 도박을 중단하든지, 아니면 그들 편에 서든지 해야 한다. 잘 달아보고 재보라!

마음은 판단한다. 마음은 잰다. 이것은 얼마다, 저것은 얼마다. 이것은 양질이다, 저것은 불량이다. 이것은 선이다, 저것은 악이다. 실로 엄청난 파워다! 이 세상에 저울과 자보다 막강한 성질을 가진 것이 있는가? 아니 마음(저울, 자)보다? 말보다?

나는 사람들의 말을 무서워한다
그들은 무엇이고 분명하게 단언한다
이것은 개다, 저것은 집이다
여기가 시작이다, 저기가 끝이다 하고

나는 또 그들의 마음도 불안하다
비웃음을 잘 흘리는 것도
그들은 이제부터 일어나는 일도 전에 있었던 일도
무엇이고 알고 있다
어떤 산을 보아도 그들은 이제 신비로움을 느끼지
않는다
그들의 마당이나 산은 그대로 이어져 있다

나는 언제나 경계하고 방어하지 않고는 못 배긴다
가까이 오지 말라고
나는 사물이 노래 부르는 것을 듣는 것이 좋다
너희들은 사물에 손을 댄다
사물은 응고하고 침묵한다
너희들에게 걸리면 사물은 모두 죽어버린다
　　　　　　　　　　─라이너 마리아 릴케

모든 것이 사람의 마음, 그 저울과 자에 걸려들면, 그것으로 끝장이다. 개다! 그 이상은 생각할 것 없다. 그러니 개패듯 쳐도 된다는 것이 나온다. 보신탕으로 잡아먹으면 그만이다는 것이 나온다. 저것은 집이다. 그리고 가치를 매긴다. 그 이상도 이하도 아니다. 이만큼이다 하면 이만큼인 거고 저만큼이다 하면 저만큼뿐인 것이다. 그것이 무한을 꿈꾸는 시인의 눈에는 불안하다. 그 제한이 죽음으로 보인다. 사물의 성질은 그것으로 응고되어 버린다.
　예수가 두렵다고 한 그대로이다. 모든 것은 생활의 필요뿐! 하면 그것으로 끝장이다.

한 알의 모래 속에서 세계를 보고
한 송이 들꽃에서 천국을 본다
그대는 손바닥 안에 무한(無限)을 쥐고

한순간 속에서 영원(永遠)을 보아라
조롱(鳥籠)에 갇힌 로빈 새 한 마리는
천국을 온통 분노로 채우고
주인집 문 앞에서 굶주려 쓰러진 개는
한 나라의 멸망을 예언하고 있다
　　　　　—블레이크, '순수의 예언'

　이런 저울과 자(마음)를 쓰는 성질도 있다!
　조롱에 가둬둔 새는 그것으로 그만이 아니다. 천국이 온통 분노한다
고 한다. 쓰러진 개 한 마리는 '개죽음!' 이 말로 그만이 아니다. 그
일상적 무자비함에서 한 나라의 멸망의 조짐을 본다는 것이다. 이것
은 단지 시가 아니다. 두려울 정도의 진실이다. 어찌도 마음, 그 저울
과 자의 성질이 이토록 다를 수가 있을까? 그들이 고칠까 두렵다! 그
들이 제한할까 두렵다! 저울을, 자를! 마음을!

　척(尺)과 자(自)와 코(鼻)
　자(아)~! 달아보고 재보았으니 행동에 옮기자는 것이다.
　또한 척(尺)을 '자'라고 하는 데는, 아니 '자(自)'를 보면, '(거
기)…로부터(自)' 모든 것이 '비롯되기(自)' 때문이다. 자(自·스스
로·저절로)는 시(始·begin)의 의미이기도 하다. 결국 의미는 같은
것이다. 아니 비롯되는 으뜸(…'으'로부터·from)이 하나님이니 참
된 자(自), 혹은 자(尺)는 하나님이다. 하나님은 '스스로님'이다. "나
는 스스로 있는 자니라.(自存有)"(출애굽기 3:14)
　생각해 보라! 자(尺), 혹은 저울로부터 비롯되고, 시작되지 않는 것
이 무엇인가를! 몸(己)은 온통 자(尺), 아니 자(自·'하나님')의 성질
로 되어 있기에 자기(自己)라고 한다.
　눈, 코, 입, 귀, 지식, 생각(생각을 '商量'이라고도 한다) 할 것 없이
모든 것이 달아보고 재보고 하여 된 것이자, 또 그런 기능을 하는 저
울과 자의 성질이다. 자(尺)에 푼·치·m·cm 등을 박거나 새기거나

해논 표시를 '잣눈'이라고도 하고, '눈금'이라고도 하듯이 눈은 그런 것이다.

에덴의 뱀은 아담 부부에게 이렇게 말한다. "너희가 그것을〔선악을 알(知＝測)게 하는 나무의 과일〕먹는 날에는 너희 눈이 밝아 하나님과 같이 되어 선악을 알(測) 줄을 하나님이 아심이니라."(창세기 3:5) 곧, 하나님과 같은 '스스로(Self Control)', 절대 척도(저울 눈금)가 된다는 것을 의미한다. '스스로' 표준이 되는 것! '스스로' 내는 것(自生＝自發)! 이것이 신의 특성(特性), 특질(特質)이 아니고 무엇이랴? 이렇게만 된다면, 이렇게 눈(저울과 자의 성질)이 밝아진다면 이것저것 달리 맞추어 그제야 하나하나 밝아지는 일도 없을 것이다. 그렇지 않은가? 이것은 무엇이고, 저것은 또 무엇인가 의혹에 따른 모든 불협화음은 '스스로' 밝지 않기 때문에 나오는 물음인 것이다.

그런데 유독 우뚝한 코(鼻)는 자(自)라는 글자를 내포하고 있는데, 그도 그럴 것이 자(自)라는 글자가 코를 상형한 글자이기도 하다. 눈(目) 아래 점(丶)이 있는 것을 보고 만든 글자라고 한다. 자(自·'～으로부터')는 생명의 근원이 되는 성질이다. 생명이 숨쉬는(숨쉴 식息＝自＋心)것으로 비롯되는 것이듯이 말이다. "여호와 하나님이 흙으로 사람을 지으시고 생기(生氣)를 코(鼻)에 불어넣으시니 사람이 생령(生靈)이 된지라."(창세기 2:7)

말하자면, 생명은 그러하라(然)는 것을 이루는 저울과 자의 성질('에너지＝생기')을 불어넣어 자동(自動)이 되고, 시동(始動)을 건 것과 같다 할 것이다. 코로부터 생명의 생기(숨)는 들숨이 되고 날숨이 되는 것이다. 정말이지 생명이 비롯되는 몸의 기관, 혹은 문(門)은 코(鼻)가 아닌가? 저울질하여 몸을 이룩해 가는 그 생명의 성질은 코로부터다!

이렇게 생각해 볼 때도 코라는 것이, 자(尺)와 자(自·절로 움직임)의 성질을 재미있게(?) 맞춰 보여준다. 숨쉬는 것은 자율(自律·저울질 율律)적이고, 율려(律呂·樂音의 陽은 律, 陰은 呂)인 박자다. 음을 조율(調律)함이 저울질이듯이…

숨을 헐떡이고 숨이 불규칙적이 되면(숨넘어가면) 죽음이다. 저울과 자의 성질, 하나님의 성질이 그 몸에서 떠나는 것이다.

다시 말하자면, 자(自)는 스스로 척도(尺度)가 되는 성질을 이르는 말이다. 눈이 할 일, 코가 할 일, 그리고 심장은 피를 공급하도록 척도(尺度)가 똑바로(正) 정(定·반드시·꼭)해지고, 간은 양분을 섭취하고, 해독하는 등의 척도가 반드시 정해져 있다. 이것들이 다른 척(尺)이 될 수 없다. 이렇게 하라고 정하여 주는 저울질과 척(尺), 그것이 '자(自)'다. 사람은 코(鼻)를 가리켜 자기(自己)를 나타낸다고 한다. 분수, 척도에 맞지 않게 거만한 사람을 콧대가 높다든지, 세다든지, 절대 척도보다 오만한 것을 자만(自慢)이라고 한다. 자연(自然)은 정해진 대로 그런(그럴 연然) 것을 말한다. 자연(自然)은 바로 정해진 성질대로 움직이는 생명의 동명사다. 봄에 천자만홍의 꽃이 피는 대자연의 위대한 파워를 보라! 그 자(自)의 성질을 보라! 스스로란 그런 힘이다. 또한 자유(自由)는 그 스스로의 저울과 자의 성질에 따르는 것(따를 유由)을 말한다. 그게 그렇게 좋은 것이다.

조크 섞인 잠언으로 말하였지만, 클레오파트라 코가 조금만 낮았더라도 세계 역사가 달라졌을 것이라는 파스칼의 말을 훔치면 아닌 게 아니라, 세계 역사의 저울질이, 척도가 달라졌을 것이다. 진선미(眞善美)는 저울과 자의 성질인 균형(均衡·저울대 형衡)에 있으며, 자연(自然)스러움에 있다. 그러므로 '저절로(절로), 스스로＝自'라는 말은 변경될 수 없는 가장 근본적이고 순수한 척도를 말한다. 다른 누구에 의해서 일어나거나 변경될 수 없는 그 바탕 파워를 말한다. 그래서 도(道)라는 머리(首) 글자에도 자(自)가 있는 것이며, "나는 스스로 있는 자(自存有)"라는 말이 있는 것이다. 무위자연(無爲自然)이란, 문명이란 것이 억지로 다른 척도를 정한 것이라면, 그래서 비판되는 것이라면, 바로 그런 인위적 척도를 정해 이리저리 흔들리지 않는, '순수'의 최상급 표현인 '거룩'한 척도, 자(自)에 따라 그렇게 있자는 것이다. '무위(無爲)＝자발(自發)'인 것이다.

참된 척(尺), 자(自)는 하나(一)다! 참된 자아(自我)란, 이 근본 척도(自)에 꼭 맞춘 나(自我)다. 우리는 '생명의 말씀'이 그런 거룩한 저울과 자의 성질이요, 절대 눈금임을 아는 것이다. 하나님(道)의 성품이 그런 스스로 저울이요 자(尺)임을 아는 것이다.

우리는 멋대로의 다른('다를 타他'—자自와 반대되는 개념) 척도로 코에 걸고 귀에 걸어(耳懸鈴鼻懸鈴), 곧 잣눈을 달리하여 절대 척도, 자(自·하나님)로부터 타(他)가 되었다. 참된 자아(自我)를 찾자는 말은 원래 이 자의 성질, 절대 생명을 찾자는 말에 다름 아닌 것이다. 코가 비뚤어지도록 술을 마셨다는 것은 몸과 정신이 균형(저울과 자의 성질)을 잃도록 마셨다는 것을 의미하듯이 그렇게 비뚤어지고 말았다.

생태계의 균형(均衡)이 깨지면 어떻게 되는가? 자연의 성질을 보존하자는 말은 그저 여느 운동과는 다른 근본적인 것이다.

도·량·형(度量衡)! 저울과 자! 여기서 비껴 존재할 수 있는 것은 없다. 산스크리스트어로 길(道)을 마르가(marga)라고 한다. 길을 잃으면 헤맨다. 헷갈린다!

마(ma)! '측량함·계산함'! 아니 생명(숨쉼·息=自+心)의 안정(安定), 그 안식(安息)을 잃은 것이다. 마음을 잃었다. 마음이 비뚤어졌다. 한결같은(均), 그 저울질(衡), 균형(均衡)을 잃었다.

"…다 치우쳐 한 가지로 무익하게 되고 평강(平康)의 길을 알지 못하였고 저희 눈앞에 하나님을 두려워함이 없느니라 함과 같으니라." (로마서 3:10-18 참조) 평(平·바름=均=定=是=昰)! 진정한 평강, 평안, 평화 등등은 모두 이 '스스로(저절로·自)'의 척도, 율려(律呂·생명의 소리, 박자)에 맞출 때만이 있는 것이다. 반려(伴侶)를 얻어 부부가 하나 되는 이치와 같다. 한 음(音), 한 생명의 박자를 같이 하는 것이 부부다. 그래서 성경은 하나님과 사람을 부부의 관계로 표현하기도 한다.

무위자연(=自發自然)이 되자는 것은 하나님의 성질과 하나 되자는 것이요, 이것이 종교의 목적(目的=눈=과녁=표적)인 것이다. "나와 아버지는 하나(=均衡=oneself=스스로)이니라 하신대 유대인들이 다시 돌을 들어 치려 하거늘 예수께서 내가 아버지께로 말미암아 여러 가지 선한 일을 너희에게 보였거늘 그중에 어떤 일로 나를 돌로 치려 하느냐 유대인들이 대답하되 선한 일을 일하여 우리가 너를 돌로 치려는 것이 아니라 참람(僭濫·분수에 넘치게 범함)함을 인함이니 네가 사람이 되어 자칭(自稱·스스로 저울질함) 하나님이라 함이로다 예수께서 가라사대 너희 율법(율려)에 기록한 내가 너희를 신(神-you are gods)이라 하였노라 하지 아니하였느냐 성경은 폐하지 못하나니 하나님 말씀(저울질)을 받은 사람들을 신이라 하셨거든 하물며 아버지께서 거룩하게 하사 세상에 보내신 자가 나는 하나님의 아들이라 하는 것으로 너희가 어찌 분수에 넘치다 하느냐 만일 내가 내 아버지의 일을 행치 아니하거든 나를 믿지 말려니와 내가 행하거든 나를 믿으라 그러나 너희가 아버지께서 내 안에 계시고(＝스스로＝in person) 내가 아버지 안에 있음을 깨달아 알리라 하신대 저희가 다시 예수를 잡고자 하였으나 그 손에서 벗어나 나가시니라."(요한복음 10:30-38)

아들(子)이란 아버지의 척도, 저울질이 든 것을 말한다. 그 하나(一)를 깨달아 밝아(了)지는 것이다. 우리도 예수처럼 '하나님과 하나(一)' 되자는 것이다. 우리는 태어나면서부터 불평등(不平等)한 여러 다른(他) 저울 눈금과 잣눈 속에 놓이게 된다. 실로 많은 척도가 우리를 겨누고 있다. 그런 가늠자들의 포위망 속에 있는 것이다. 누구는 부자집 아들로, 누구는 가난뱅이 아들로, 누구는 폐쇄 사회에, 누구는 트인 사회에, 누구는 건강하게, 또 누구는 불구로….

이런 멋대로의 타(他)의 사회에 던져진다. 그래서 자연(自然)으로 돌아가자(Back to the nature)고 하였는데, 진정한 자연은 이런 하나님의 절대 하나 척도로 귀일(歸一)하는 것이다.

또한, 측(測)! '잴 측'이요, '깊을 측'이며, '맑을 측'이고 '헤아릴 측', '알(知) 측' 등등이다. 역시 저울과 자를 뜻하는 말이다.

정해진 규격이 있는 야구장, 축구(농구, 배구, 골프)장은 일종의 유형(有形)의 저울이며 자다. 또한 거기엔 무형(無形)의 게임의 규칙(規則)이 있다. 이 또한 저울과 자다. 이렇듯 이 세상만사 모든 것, 종교가 율법(律法)을 떠날 수 없듯이 그런 저울과 자를 떠날 수 없다. 하물며 마음이야! 규칙(規則·rule), 칙(則)도 재물(貝·돈)을 칼(刂)처럼 헤아려 나눈다는 뜻이다. 모범(則)이요, 곧(則)이다. 곧대로, 곧이어서, 곧바로, 곧이곧대로….

곧(則)은 달아보고 재보았다는 말이요. 또 그렇게(곧·則) 된다는 것이다. 줄곧 그렇게 되어왔다는 말이기도 하다. 모든 꾀, 모든 경영, 모든 잼, 모든 깊음, 모든 맑음, 모든 알(知·測)이 마음에서 비롯된다. 이 마음은 영원을 사모하기도 한다. 계측(計測)! 추측(推測)! 관측(觀測)! 예측(豫測)! 법칙(法則)! …

'달아보고 재보고 = 곧(則)'이 저울과 자의 성질이 마음의 가장 원초적 캐릭터다! 다만 마음이라는 저울은 객체로 달고, 객체로 재어지는 것이 아니다. 스스로(가) 잰다. 마음 자체가 마음을 달고, 마음 자체가 마음을 잰다. 신묘(神妙)한 저울이다! 기묘(奇妙)한 자(尺)다.

사람의 몸은 키와 무게로 평가한다. 몸은 저울에 올라가고 자로 맞춰지는 객체다. 그것은 유한하다. 누구나 알(測) 수 있다. 그러나 열 길 물 속은 알아도 한 길 사람 속은 모르겠다는 탄식처럼 마음은 무한한 스스로(自)님이 잴 수 있을 뿐이다. 몸이란 그처럼 객(客)이다. 우(寓)다. 잠시 기숙(寄宿)함이다. 가장 정교한 저울과 자의 성질인 생명이 무엇인가를, 저울과 자의 성질이 무엇인가를 소중히 가르쳐주는 교육자료이기도 하다. 45kg이면 군대에 안 가도 된다고 하는 것으로 트릭을 부릴 수 있는 것이 이 몸뚱이다. 반드시(定) 가야 한다는 의무, 그 정신, 마음의 속내를 달 수 있는 객관적 저울과 자는 없다. 그 마음만이, 마음을 아는 이만이 잴 것이다. 어떤 사람은 이 몸뚱이를 달아보는 저울을 잘못 써서 큰 저울(大權)을 잃었다. 저울로 나라와 국민에 영향을, 척도를 제시할 그런 큰 권한을 잃은 것이다. 마음처럼 저울과 자가 주체적으로 그 성질을 쓰는 예를 보자. 역도 선수! 300kg을 들었다. 그가 저울이 된 예다. 넓이뛰기 선수! 3m를 뛴다고 하자. 그가 자(尺)가 된 보기다. 이처럼 우리는 마음을 쓴다.

"네가 말하기를 나는 그것을 알지 못하였노라 할지라도 마음을 저울질하시는 이가 어찌 통찰하지 못하시겠으며 네 영혼을 지키시는 이가 어찌 알(知=測)지 못하시겠느냐 그가 각 사람의 행위대로 보응하시리라."(잠언 24:12)

저울과 자! '지적인 힘 씀'이다. '꾀를 쓰는 힘'이다. 한치의 어그러짐이 없다. 여기서 음계(音·소리 에너지·the scale)인 율(律·陽의 소리)과 려(呂·陰의 소리)가 나오고, 허튼소리가 아닌 지적이고, 영적인 계산된 말(로고스)이 나온다. 또한 여기서 수(數)의 힘이 나온다. 스스로(몸소·친히) 그렇게 지적이고 영적인 저울과 자이신 오로지님(道), 하나(一)님! 安息! 쉬운 말로 마음이 안정을 얻는 상태! 평화! 自는 '쓰다'이다! 이 자를 쓰며(用) 생명은 살아간다. 그런데 무엇보다 마음이 균형을 잃으면 천하가 어지러워진다. 하나님이 안식이 드셨다는 것은, 하나님의 마음이 그 평안을, 평화의 저울을 온 천지에 미치고 있다는 뜻이다. 우리 마음이 불안(不安)으로 흔들릴 때는, 분명 인위적 척도 때문에 트러블을 일으키기 때문이리라.

수필이 그래도 인위적 형식이 없는 글이듯, 마음 따라 사는 것이 스스로이며 절로이다. 모든 것이 '답게, 답게(正)' 되어진다. 빛이 있으라(Let there be light) 하면 '그대로 되니라(it was so)' 하는 저울과 자의 성질!

렛 잇 비(Let it be)! 창세기 1장의 테마이기도 하다. 비틀즈의 노래(the scale) 제목이기도 한….

그 말이 자(自)요, 자연(自然)이며, 무위(無爲=自發)이기도 하다. 이 소리(그대로 두어라·Let it be)에 천하, 삼라만상이 그대로 된다. 다른 인위적(人爲的) 노력은 허사로 돌아갈 것이다. 휘어진 것은 온전해지고, 굽은 것은 똑바로 될 것이다. 이 '렛 잇 비!'를 거역하여 될 수 있는 것은 없다. 노자 철학을 한마디로 표현하면 '렛 잇 비(無爲自然)'이기도 하다.

〈노자 22장〉
저울질하는 오로지(온통·하나)님의 성질

휘면은 달아보고 재보아 온전해지고	曲則全
굽으면 달아보고 재보아 똑바로 되고	枉則直
움푹 패이면 달아보고 재보아 찬다	窪則盈
해지면 달아보고 재보아 새로워지고	弊則新
모자라면 달아보고 재보아 얻게 해주고	少則得
많게 되면 달아보고 재보아 흐릿하게 한다	多則惑
이로써 귀밝은 이는 오로지님 저울질 껴안아	是以聖人抱一
천하에 표준을 세운다	爲天下式
스스로(저울질) 드러내지 않아 밝아지고	不自見故明
스스로 옳다 않아 표창되고	不自是故彰
절로(달고잼) 자랑치 않아 성공이 있고	不自伐故有功
절로 뽐내지 않아 으뜸이 된다	不自矜故長
대저 오로지 다투지 않아	夫唯不爭
천하에 능히 더불어 다툴 자가 없다	故天下莫能與之爭
예로부터 휘면은 곧 온전해진단 말이	古之所謂曲則全者
어찌 빈말일 것이랴!	豈虛言哉!
참되게 온전히 이뤄 돌아갈지라	誠全而歸之

〈참고〉 스스로(自), 제멋대로 하지 않는 것! 그러기 위하여 오로지님(道)을 바로 깨달아야 한다. 아담 부부가 '스스로' 밝아지려고 하였다. 이것이 종교의 목적인데, 어찌 죄가 되었는가? 그리고 이제 다시 그렇게 '스스로'가 되라는 것은 모순이 아닌가? 아니 '하나님과 하나' 되고, '하나이다'고 하는 것은 돌로 맞아야 할 일이 아닌가? 여기에 "죄가 더한 곳에 은혜가 더욱 넘쳤다"(로마서 5:20)는 죄의 역설(逆說)이 있다. 인류의 소망, 감히 하나님과 '하나같이' 되려는 것은 가장 심각한 죄다! 그런데 정말 그렇게 해도 좋다는 것이요, 나아가 그렇게 하라(되라)는 것이다. 가령, 도둑질은 죄다. 그러나 그 갖고자 하는 것은 죄가 될 수 없다. 하나님과 하나 되고 싶다는 것! 그렇게 밝은 눈을 갖고 싶다는 것! 어둠에 빠져 허우적대는 일이 없는 것! 영원한 자생(自生), 아니 독생(獨生)이 되는 것! 독생자(獨生子)! 그것은 자발적 존재가 되

는 것이다. 하나님과 같이 되는 것이다. 가장 심각한 죄에 가장 깊은 은혜가
주어졌다.

달아보고 재보고

여기서 벗어나 있을 수 있는 객체는 없다. 모든 것은 이 말의, 이 성
질의 카리스마 아래 있게 된다.

자동차! 설계(設計)! 달아보고 재보고 하여 나온다. 빵! 달아보고
재보고 하여 나온다. 소금! 달아보고 재보고 하여 나온다. 옷! 달아보
고 재보고 하여 나온다. 설탕! 달아보고 재보고 하여 나온다. 맛까지,
그 질까지 달아보고 재보고 하여 나온다. 신발! 달아보고 재보고 하여
나온다. 더할까? 더해야지!

지식! 점수를 통하여, 실력을 통하여, 달아보고 재보고 하여 쓰인다.

'달아보고 재본다.' 무서운 임금이다! 권투 선수는 계체량(計體量)
을 달아보기 위해 저울로 올라간다. 조금이라도 넘을까 봐 오줌을 누
고, 침을 뱉기까지 한다고 한다. 실로 링 위에서 싸우는 것보다 이것
이 더 어렵다고 한다. 사우나니 절식이니 웨이트 트레이닝이니 하며
저울의 눈치를, 저울의 성질의 지배를 벗어나지 못하는 것이다. 가장
강한 주먹의 챔피언이라도 여기서는 오줌을 싸야 한다. 이거야말로
우의(寓意)가 아닌가? 이것을 통하여 얻는 진리는 없는가? 그것을 읽
지 못하면 성황당 나무 아래 있는 것이요, 그것을 바로 읽으면 예레미
야의 살구 나무 아래서 깨어 있는 것이다.

계획(計劃)한다는 말은 '달아보고 재보고' 한다는 말이다. 계측(計
測)이다!

서로 모여앉아 달아보고 재보고 하는 것이 의논(計)이다. 그런 다음
행한다. 그러나 아무리 달아보고 재보아라. "구부러진 것을 곧게 할
수 없고 이지러진(없는 것) 것을 셀 수 없도다."(전도서 1:15)

그래도 꾀(꾀 計劃)라고 한다. 프로그램이 계획이다. '달아보고 재
보고' 하여 그런 프로그램을 만든다. 프로젝트라고도 하고 플랜(컴퍼
스의 뜻)이라고도 하니, 이것! 아주 결정적인 말이다. 화성에 가려면

그 거리를, 에너지를, 다 달아보고 재보아야 그런 패스파인더 프로젝
트가 나온다. 이 세상 어떤 일에 있어 어림으로라도 '달아보고 재보
고' 하지 않고 일을 도모(꾀·圖謀)하거나 그 일이 이루어질 수 있는
지 나는 알지 못한다.

왜 말(국어, 영어)과 함께 수학인가? 그것이 그렇게도 중요하다고
들 난리인가? 그것이 다 '달아보고 재보는' 것을 배우는 것이요, 그
성질이 삶과 생활의 근본을 이루기 때문이다. 말이란 마음이 달아보
고 재어 나오는 것이고, 수학은 언급할 것도 없다. 그래서 수(數)가
'셈·꾀'가 되는 것이다.

맞선을 본다. 저 사람 월급은 얼마나 되나, 성격은 어떤지, 그리고
취향은….

맞선은 말하자면 달아보고 재보는 의식이다.

'달아보고 재본다!' 우리는 오늘은 몇시쯤, 어디쯤, 무엇을 할까
"달아보고 재본다!" 왜 그런가? 이것들을 달아보고 재보는 저울과 자
가 무엇인데 그러하나?

마음이다! 마음이 저울이요 자다. 그 성질이다! 아니 달아보고 재보지
않으면 안 될 그런 '저울과 자의 성질'이 우주를 뒤덮고 있기 때문이다.
가장 큰 진리의 핵심은 이것이다! 이것을 깨닫는 이! 이 저울과 자의 성
질이 우주를 컨트롤하고 있다는 것을 통찰하는 이! 그리고 그 저울과
자의 성질이 바로 하나님이시요, 오로지님(道)이시다는 것까지를 통찰
하는 이, 끝내기(極) 스터디(究)인 구극(究極), 구경(究竟), 아니 하일라
이트 가르침인 종교(宗敎)의 꼭지 스위치를 틀었다 말하리라! 법도(法
度)! 법도(法道)!

결코 새삼스러운 얘기는 아니다. 새삼스러운 깨달음이 있을 뿐이다.

"내가 율법(律法·저울질할 율律)이나 선지지나 폐하러 온 줄로 생
각지 말라 폐하러 온 것이 아니요 완전케 하려 함이로라.(Think not
that I am come to destroy the law, or the prophets : I am not
come to destroy)"(마태복음 5:17)

그런데 이 마음이라는 저울과 자가 불량하다면, 속이는 저울이요 엉

터리 자라고 한다면 어떻게 되겠는가? 상술에도 능한 유대인들의 탈무드! 그들이 꼭 한다는 말이 있다. 저승에 가면 염라대왕 왈(曰)! '저울은 속이지 않았는가?!' 이 저울이, 정직한 달아봄이, 그들 상술의 성공 비결이기도 하다. "속이는 저울은 여호와께서 미워하셔도 공평한 추는 그가 기뻐하시느니라."(잠언 11:1)

말은 저울이요 자다! 하나님이 말씀이라는 말은 '저울과 자의 성질을 쓴다'는 뜻이다. 저울은 그대로의 무게를 드러내 준다. 그런 의미에서 형(形)을 되비쳐주는 거울이다. 저울과 거울! 둘 다 모범(模範)의 뜻을 함께하니 멀지 않다.

이사야서에는 이런 말(저울과 자)이 있다.

(한글개역)

누가 손바닥으로 바닷물을 헤아렸으며(measured)

뼘으로 하늘을 재었으며(meted)

땅의 티끌을 되에 담아보았으며(measured)

명칭(皿秤 · scale)으로 산들을,

간칭(杆秤 · balance)으로 작은 산들을 달아보았으랴 누가 여호와의 신을 지도(指導)하였으며,

그의 모사(謀士 · counsellor)가 되어 그를 가르쳤으랴?

그가 누구로 더불어 의논하셨으며 누가 그를 교훈하였으며 그에게 공평(公平 · judge)의 도(道)로 가르쳤으며 지식을 가르쳤으며 통달의 도(道)를 보여주었느뇨

보라 그에게는 열방은 통의 한 방울 물 같고 저울(balance)의 적은 티끌 같으며(counted) 섬들은 떠오르는 먼지 같으니 레바논 짐승들은 번제 소용에도 부족하겠고 그 삼림은 그 화목 소용에도 부족할 것이라 그 앞에는 모든 열방이 아무것도 아니라 그는 그들을 없는 것같이, 빈 것같이 여기시느니라(counted) 그런즉 너희가 하나님을 누구와 같다 하겠으며 무슨 형상에 비기겠느냐(이사야 40:12-18)

(공동번역)

누가 바닷물을 손바닥으로 되었느냐?

하늘을 장뼘으로 재었느냐?

땅의 모든 흙을 말로 되었느냐?

산을 저울로 달고

언덕을 천평으로 달았느냐?

누가 야훼의 뜻을 좌우할 수 있었으며

좋은 의견으로 그를 가르칠 수 있었느냐?

누가 과연 그에게서

자기를 깨우쳐달라고,

올바른 인생길을 가르쳐달라고,

현명한 처세의 길을 가르쳐달라고

부탁을 받았느냐?

보아라, 민족들은 두레박에서 떨어지는 물방울이요,

천평에 덮인 가는 먼지일 뿐.

섬들도 고운 가루보다 더 무겁지 않다!

레바논산 수풀은 장작으로 쓰기에도 모자라고

거기에서 뛰노는 짐승들도 번제물로 바치기에 모자란다.

민족들을 다 모아도 하느님 앞에서는 있으나마나,

허무하여 그 자취도 찾을 수 없다.

하느님이 누구의 모습이라도 닮았다는 말이냐?

어떤 모습이 그를 닮을 수가 있다는 말이냐?(이사야 40:12-18)

나는 꼼짝 못하겠다.

"누가 바닷물을 손바닥으로 되었느냐?"

여기서 '되었느냐' 하는 말은 '되다(measure)·되질'이다. '쌀을 되다(measure)' 식이다. 됫박, 되(升)이다. 한 되 두 되 하는 것이다.

주역(周易), 64괘 가운데 46괘(卦)가 이 되(승·升)이다. '지풍승(地風升)' 괘라고 한다. 괘란 '에너지 프로그램(energy program)'이다. 자연의 성질을 이렇게도 저렇게도 보면서 도(道)의 성질을 알아보자는 것이다. 곧 자연의 성질을 달아보고 재보고 하여 그 성질에 익숙해짐으로써 도(道)가 풍부하게 나타는 성질인 캐릭터, 곧(則) 덕(德)을 함양하자는 데 있다.

그것이 괘의 목적임을 잊어선 안 된다. 그런데 그 중 지풍승(地風升)괘를 그리면 ䷭ 이와 같다. 이 막대기 같은 것을 효(爻)라고 하는데, 말하자면 에너지 자취(track)요, 에너지 교향곡 악보며, 그 악보의 콩나물 대가리(음표)라고 보면 된다. 위의 상괘는 땅(곤坤)을 나타내고 하괘는 바람(손巽)을 나타낸다. 곧 아래의 강건한 힘(━)이 위의 여린한 힘(━━)을 떠받치고 오르는 형상이다. 그러니 이와 같은 성질이 전체적 통박으로 느껴질 때는 일이 잘 '되(升)'어갈 것이라는 것을 알 수 있을 것이다. 가령 한 단체나, 가정에 있어서도 위가 좀 부실하더라도 아래 사람들이 잘 받치는 성질이 있을 때, 그 단체나 가정은 전체적으로 보아 잘 '된다'고 보는 것이다. 회사를 예로 들자. 그 회사의 지반(地盤)을 이루는 경영층이 부실하다. 회사를 리드해 갈 만한 능력이 딸린다. 그래서 회사가 부도 직전에 이르렀을 때 그 회사를 살리겠다고 하는 종업원들의 기풍(氣風)이 일어나면 이 회사는 '잘 되(升)어 나갈 수' 있는 것이다.

땅(흙)이 그 자체만으로는 땅이라고 할 수도 없다. 기름진 땅이 되기 위해서는 숱한 양분과 거름과 햇볕 등등의 맞춤이 있어야 한다. 이런 것이 없을 때, 이 땅은 불모지(不毛地)가 되고 만다.

그런데 지반이 부실하다고 할 때는, 이것을 단단하고 영양가 있게 할 꾀(卦)를 도모해야지 아예 들어내 버리자고 한다면, 떠내버리자고 한다면, 이것은 그저 텅빈 허공이 될 뿐이다. 마찬가지로 땅으로써 위에 가게 되었다는 것이 저 혼자만의 능력이라고 생각하면 이 또한 잘못 계산한 것이다. 받쳐주는 힘이 없이는 사상누각인 것이다. 이처럼 모든 괘(卦)는 전체적인 조망 속에서 보아야 하는 것이다. 이렇게 에너지(성질)는 독립된 성질이면서 강약, 셈여림의 음악이 하모니를 이루듯 하모니를 이루어가는 것이다. 바로 그렇게 달아보고 재보는 성질이다. 공존공생(共存共生)의 원리를 가르쳐주는 것이 64괘, 64 에너지 프로그램이다.

이렇게 각 괘의 에너지의 성질들을 보고 나의 현 위치는 어디쯤에 있는가, 집안으로 보아 나는 어느 입장에 있고 또 다른 사람들은 어느 입장에 있는가? 등등을 여섯 효(爻)로써 그 위치를 점검할 수도 있다. 효과(效果)란 말은 이 효(爻)가 미치는 결과를 말하는 데서 나온 말이다.

승(升)은 승(昇)과 같다. 태양(日)을 떠받쳐 올리듯 하는 것이다. 욱일승천(旭日昇天)이다. 그래서 승천(昇天·升天)이라는 말도 있게 되고, 또 끌어올려 발탁하는 것을 승인(升引)이라고 하는데, 이 말은 승인(承認)과 같다. 인정한다는 것이고, 다 되었음을 뜻하는 것이기도 하다. 그래서 지천승(地風升)괘는 "잘 '되어(升)' 나가는 프로그램(卦)"이라고 푸는 것이다.

사실, 우리에게 있어 이 '되고' '안 되고' 만큼 중요한 것이 있을까? 무엇이 되고, 안 되고, 무엇을 이루게 되고, 이루지 못하게 되고 하는 것만큼 중요한 것이 있겠느냐는 것이다. 꽃이 '되' 게 하고, 사랑이 이루어지게 '되' 고, 믿게 '되' 고, 붉게 '되' 고, 좋게 '되' 고, 열두 시가 '되' 고, 작가가 '되' 고, 천국으로 '되' 고, 친구가 '되' 고, '되' 도록 하고, '될' 수록 좋고….

하게 된다는 것은 됨이 있음으로 함(doing)이 나오게 되고, 함이 있음으로 되게 한다. 바로 우리가 되냐, 안 되냐 하는 말은 바로 이 되(升)! 저울질(자)에서 나오는 것이다. 저울질하여, 그 되질(升)이 제대로인가, 아닌가에 따라서 되고 안 되고가 되는 것이다. 이 만큼 저울과 자의 성질은 절대적이다!

무슨 일을 하매 있어 '되' 겠는지, 안 '되' 겠는지를 먼저 '달아보고 재본다.' 말하자면 마음의 됫박 속에서 몇십 번 몇백 번을 담았다 퍼냈다 하는 것이다.

마음이 되(升)인 것이다. 되는 다시 통(桶)을 저울로 한 것과 같다. 그렇다! 되는 저울인 것이다. 쌀을 됫박 가득 담아 파는 것은 저울에 달아 파는 것과 동일한 것이다. 이 세상 어떤 일이 되고 안 되고는 이 '통박 잡음'으로부터 떠날 수 없는 것이다. "야, 통박(머리통 굴리니) 좀 잡아보니 어디 '될(升) 것' 같니?" 하지들 않는가?

그 통박이 되(升)다. 그래서 통박 잡은 데로 되었을 때, 됐다고 하는 것이며, 통박처럼 안 '되'었을 때는 안 됐다고 한다. 곧 저울(되 승升)이, 통박이, 모든 것을 지배하고 있음이다. 시작도 하고 결론도 '되(升)'가 내린다.

쌀을 됫박 속에 담는다. 그런데 거기에 미치지 못한다. 그러면 이렇게 말한다. "어이~! 아직 안 됐어?" 혹은 "어이~! 아직 안 찼어?" 하는 것이다.

바로 여기서 통박 속에 차고 안 차고 하는 것에서 '가득그득(오롯이 =오로지)', '참(實)'이 나온다. 우리가 참되다 거짓되다 하는 것은 이를 두고 하는 말이다. 그 질량이 원래의 되만큼 되느냐 안 되느냐로 참과 거짓이 갈라진다. 진실(眞實)인 것이다. 그러므로 이 저울과 자의 성질이야말로 진리의 으뜸 성질이라고 하지 않을 수 없는 것이다.

따라서 "누가 손바닥으로 되었느냐?"는 것은 몇 가지 뜻을 동시에 포함하고 묻는 말이다. 되(升)는 '달아보고 재보았느냐(measure)'와, '가득한 잠재력을 불러오다(bring out and fulfil the potential)', 그리고 '되다와 있다(become)' 등등이다.

"나는 스스로 있는 자니라(自存有 · I am that I am)"(출애굽기 3:13)는 '나는 되(升)고, 되(升)게 하는 나', '나는 곧(則) 나'라는 뜻이다. 이것은 다시 이렇게도 옮길 수가 있다. "I am becoming that I am becoming.(나는 생성(生成)이다)"

쌀을 우리는 달아볼 수 있을지언정, 그 성질(양분)까지를 되게 할 수는 없다. 뱃속의 태아를 보자. 그렇게 사람의 '됨'으로 되어가는 것. 그리고 10개월이면 다 '되어' 나온다는 것! 이것은 누가 된(升) 것이랴? 나무 한 그루가 되어가는 것. 이 또한 누가 '되게' 한 것이냐? 우리는 줄 자로 그 키를 잴 수 있고, 그 건강 상태를 잴 수 있을 뿐이다. 한 자(尺)라도 크게 할 수 없는 것이다. 우리는 스스로의 저울과 척도로 "나는 곧 나다" 할 수가 없다. 반드시 나를 보충해 줄 깡통이 필요한 것이다. "나는 학생이다"라든지, "나는 샐러리맨이다"라든지 하는 밑줄 친 깡통이 필요한 것이다. '보충되어야만 존재되는 나'다. 이것은 불안한 나고, 거지 같은 나다. 성경에 나오는 탕아가 이런 거지다. 그는 그 깡통이 비었을 때라야 아버지를 생각한다. 어쨌든 '그만하면 됐어!(That will do me very well)'. 베리(very · '진실'의 뜻)는 트루(true)이다. 웰(well)은 '우물'이요, '잘(찼다)'이다. 깡통을 차고, 차려 하는 한 스스로 '되게' 하는 참 나일 수 없는 것이다. 참 나(眞我 · true-self), 혹은 가득한 풀 셀프(full-self)가 아니다. 오로지('가득'의 뜻) 가득한 이는 하나('온통'의 뜻)님이다. 그래서 예수는, "나(一)와 아버지(一)는 하나(一)이니라"(요한복음 10:30) 하였던 것이다. 하나(一)라는 뜻이 '고르다 · 같다 · 오로지(오롯이 · 가득 그득)'의 뜻이다. 그 성질됨(一)이 균질(均質 · unifomity · 한결같음)이라는 말이다. 또한 "아버지가 이제까지 일하시니 나도 일한다."(요한복음 5:17)도 한결같은 살아 있음, 그 존재의 운동성을 표현하는 말이기도 하다. 그처럼 완전한 캐릭터를 내고 있다는 뜻이다. 그처럼 우리도 하나님과 하나(一) 되자는 것이 종교의 목적이다. 그렇지 않고는 우리는 늘 깡통을 찾아 헤매야 한다. 스스로(自) 에너지를 낼 수 있는, 영원한 삶이 되기 위한 셀프 에너지(True Self-Energy)이기 위해서는 하나님과 하나 되는 도리밖에는 없다. 태평양으로 흘러든 한강이나 낙동강이나 영산강이 태평양으로 흘러든 다음에는, 자기 이름(캐릭터)을 말할 수 없다. "나는 태평양이요" 혹은 "태평양과 하나(一)요" 해야지, 한 · 낙동 · 영산이요 한다면, 태평양의 캐릭터를 모독하는 것이다. 또 태평양은 그것을 용납하지도 않는다. 그것을 포일(抱一), 귀일(歸一), 합일(合一)이라고 한다.

"거룩하신 아버지(一)여 우리(一)와 같이(一) 저희도 다 하나(一) 되게(一) 하옵소서."(요한복음 17:11)

절로(自), 어떤 다른 저울질에 의해 규정되고, 성격지어지는 것이 아닌, 스스로 충만한 존재. 가령, 연예인에게 인기(人氣)가 없다는 것은 사람들(人)이 부여하는 에너지(氣)가 끊어졌을 때를 말한다. 연예인은 대중의 저울질 속에, 그 척도에 따라 운명(?)이 결정된다. 대중이 눈을 돌리면 연예인에게 그것은 존재의 사형선고로 받아들여진다. 인기가 없어졌을 때, 이렇게들 말한다. "인기란 물거품 같은 것이었다"고…. 그제서야 그것이 깡통이었음을 알아차리는 것이다.

아니 우리들 모두가 그렇다. 외적 조건에 따라 나가 '된통' 흔들려 버린다. 아니 깡통이 문제를 일으키면 나(自)까지 죽인다(殺)이다. 깡통의 척도에 따라 좌지우지되기 때문이다. 이것은 참 나(眞自·眞我)가 아니다. 거지짓 하는 나였다. 거짓 나였다. 이처럼 깡통(보충어)이 찌끄러들고 텅텅 비면, 지리멸렬 해버리는 것이다. 그래서 늘 이런저런 깡통들에 끌려다닌다. 2를 추구하다 보면, 3을 좇게 되고, 3을 얻었다 싶으면 4를, 5를 추구하게 된다. 그것을 성공이라고 착각들 하는 것이다. 자기(自己), 자만(自慢), 자포자기(自暴自棄)… 스스로님(自)이 부여한 성질을 따르지 않는 몸(己). 스스로(自)를 모독하고 경멸하는 거만뗌(慢). 절로(自)를 사납게(暴)대하고, 절로(自)의 저울질에 따르는 것을 포기(抛棄)해 버리는 것. 아니 종내는 저가 멋대로 스스로(自) 척도라고 여기는 것! 자연(自然)이란, 자유(自由)란, 하나님(自)은 '그렇다(然)' 하고, 하나님(自)을 '따르는(由)'는 것을 말한다. 우리의 모든 병, 죽음, 고통, 그 트러블의 문제는 여기에 있고, 해답도 여기에 있다. 오로지님의 성질(道德), 말하자면 하늘 기질(德)을 잃을 때 균형이 깨진다. 다른 척도나 저울이 아닌 것이다. 절대의 척도에 맞추어 균형을 찾는 것! 그 성질과 온통 하나 되는 것! 이것이 참 나를 찾는 것이다. 이것에 맞추지 못함을 일러 자아를 잃었다고 하는 것이다.

왕양명(王陽明)의 논학시(論學詩)엔 이런 구절이 있다.

"내 집의 무진장을 내버리고 문 앞에 나아가 밥그릇 들고 거지 흉내낸다.(抛却自家無盡藏 沿門持鉢效貧兒)"

자연(自然)의 성질을 일러 셀프 소(self-so)라고 푼다. 스스로 그렇게 되(升)게 하는 것이다. 그러나 엄밀하게 말하여 이 자연도, 스스로

(自)님의 캐릭터를 반영하고 있을 뿐이다. 태양은 셀프 소의 성질이지만, 언젠가는 그것도 식어(죽어)버린다.

그래서 이 하나님의 자연, 아니 원래의 자연을 강조하여 무위자연(無爲自然 · 저절로저절로)이라고 노자가 말했다는 것은 하고 또 해야 할 말이기도 하다.

이 모든 것이 스스로 달아보고 재보며 이루어가는, 아니 됨 자체인 분의 캐릭터다. 그 성질이 저울과 자의 참 성질이라고 나는 말하는 것이다. 세상의 저울은 객체를 달아주고 자는 재주는 것으로 끝내지만 당신이 저울이요 자이신 하나님은 모든 것을 달아보고 재보고 하여 내는, 들어본 바 없는 그런 저울이요 자인 것이다. '아무것도 하지 않는(無爲 · 절로)' 듯이 하면서 스스로 캐릭터를 내는 분, 무위자연(절로절로)의 오로지님(道)! 온통님! 여기에 이르자고 하는 것이다! 이것이 드높은 가르침인 종교다! 그러기에 드높다고 하는 것이며, 꼭대기 가르침이라고 하는 것이다.

"기록된 바 하나님이 자기를 위하여 사랑하는 자들을 위하여 예비(豫備 · preparation · program)하신 모든 것은 눈으로 보지 못하고 귀로도 듣지 못하고 사람의 마음으로도 생각지 못하였다 함과 같으니라."(고린도 전서 2:9)

"우리가 믿는 종교의 진리는 참으로 심오(深奧)합니다."(공동번역, 디모데서 3:16)

"내 눈을 열어서 주의 법(저울질, 尺度)의 기이(奇異)한 것을 보게 하소서."(시편 119:18)

우리가 감히 마음으로 상상도 하지 못한 프로그램을 두고 있는 것이다. 사실, 세상의 그 어떤 교육도 결국 어떤 깡통을 차게 할까를 가르치는 것에 지나지 않는다. 목적어도 결국 보충어인 것이다. 목적이 깡통인 것이다. 목적어에 다시 보충하고 보충하고 하는 것이다. 이런 끝은 대체 어디인가?

'나는 또다', '나는 따다', '나는 뽀다', '나는 꾸다', '나는 찌다', '나는 빠다' ….

"나는 곧 나다" 하지 못할 모든 또, 따, 뽀, 꾸, 찌, 빠…, 이것들은 참나(一)가 아니다. 우리는 이렇게 하나(一)가 아니고는 나의 완성, 완전은 없다! 그 모든 것이 깨진 쪽박이요, 깡통이다.

"그러므로 하늘에 계신 너희 아버지의 온전함(perfect)과 같이 너희도 온전(perpect)하라."(마태복음 5:48)

퍼펙트(pecpect)이다! 다른 절대 온전이 있을 수 없다. 또 부족해서도 안 된다. 두 낱말의 질량(質量)은 말 그대로 하나요, 똑같다! 균형(均衡)! 권형(權衡)!

그러면 이렇게 말한다. 우리도 비를 내리고 햇빛을 내리고 하게 된다는 말인가?

어리석은 질문이다. 뭣땜에 그런 것을 내리나? 하나님이 그런 것이 필요하다고 누가 말하더냐? 다 자기들 좋겠다고 하는 소리지. 그조차 의미 없이 되자는 것인데. 그리고 누가 하나님이 비를 내리고 바람을 불게 한다고 했나? 이미 그렇게 하도록 하나님이 성질지운 '만큼만' 그네들이 절로(自然) 하고 있는 것이지….

그런데 만약 비의 성질을 건들거나, 구름의 성질을 건들거나, 바람의 성질을 함부로 건들면 그들도 가만히 있지는 않을 성질들이라는 것은 명심해야 한다.

이것을 또 얘기하자면 두 쪽은 잡아야 한다.

하기사 이것을 잘못 맞춰 자기가 비도 내리고 천둥도 치게 하는 하나님이라고 얼빠진 소리를 하는 놈의 몰골도 본 바다. 영생교니 뭐니 하면서….

두렵다! 이렇게 고쳐 쓸까 봐 두렵다!

어쨌든 서언에서 너무 깊이 들어가버린 것 같아 다시 말머리를 돌리자면…, 우리는 보충어가 떨어져 나가버리면 빈 나(i)는 지리멸렬해 버리고 만다.

됨이 불안하기 때문이다. 됫박이 뒤집어져 버리기 때문이다. 대학에 낙방한 학생은 자살도 하고, 사업체가 부도난 중소기업 사장도 목을 매단다. 나가 아니라, 깡통이 잘못되면 이처럼 나마저 부숴지고 마는 것이다. 참 나가 아니기 때문이다. 무엇엔가 늘 끌려다니는 그런 나이기 때문이다. 줏대 없다고 하는데, 그야말로 잣대가 없는 것이다.

나(i)의 개념이 전도(顚倒) '되'어 버렸기 때문이다. 꼭대기(顚)가 뒤집어(倒)진 것을 전도(顚倒)라고 하는데, 그 영어 표현이 걸작이다.

"put the cart before the horse."

수레(cart)가 말 뒤에(after) 있어야 하는데, 말 앞에(before) 수레(cart)를 둔다(put)! 컴퓨트(comput)가 계산을 뜻하는 말이듯, 이것 계산을 잘못 둔(put) 것이다. 바둑알을 한 점 잘못 두면(put) 그 판은 와르르 무너지고 만다. 대체 우리는 모두 수레를 앞에 두고 말(나)을 몰고 가고 있는 것이 아닌가? 깡통을 옆구리에만 차는 것이 아니라, 발로 차고 가는 셈이다.

그것은 존재(存在)의 전도(顚倒)! 재존(在存)이 되는 것이다. 존재라는 말은 다 같은 뜻으로 '있다 · 되다' 의 뜻이다. 그런데 이것은 엄밀하게 보아 뜻에 큰 차이가 있음을 알 수 있다. 재(在)는 말하자면 본향을 떠나 있는 것을 말한다. 재외국민(在外國民)이니 재외공관(在外公館)이니 하는 말에서처럼 그것이 밖(外 · out)으로 나가 있는(在外) 것이다. 인(in)으로 '있음(存)'이 아니다.

재경(在京)동창회는 고향(in · 存)을 떠나 서울(京)에 모인 동창회라는 말이다. 재일동포(在日同胞)니 재미동포(在美同胞)니 하는 말도 그렇고, 재향(在鄕)군인회는 군인에게는 군대가 고향인데, 그 군대를 떠난 사람들의 모임이다. 재소자(在所者)를 생각하면 좀더 강력하게 올 것이다. 불가에서 말하는 재가(在家)는 '집에 있음'이다. 그런데 이 집은 여관과 같은 것이다. 그래서 진짜 집을 찾아가자는 말이 출가(出家)이다. 결혼해서 속세에 있는 집에서 사는 승을 재가승(在家僧)이라고 한다. 재래(在來)는 오긴 왔는데 그렇게 수레를 말 앞에 끌고 오는 것이다. 재래식(在來式)! 그래서 이것은 늘 개혁의 대상이 되는 것인데, 재래식 화장실을 새로운 모델로 바꾸는 것 하며, 재래식 부엌을 입식 부엌으로 바꾸는 것 하며, 재래식 무기를 신식 무기로 바꾸는 것 등이 그것이다. 그런데 그것도 결국 재래식이 된다. 우(寓)다!

그래서 참 나인 존(存)을 찾자는 것이 실존철학(實存哲學)인데, 가만히 보니 이것은 실존(實存)이 아니라, 실재(實在)철학이 되고만 것이 거개다. 그래서 실존철학을 실재철학이라고도 하는 것이다.

어쨌든 우리는 이렇게 본말전도(本末顛倒)된 삶을 살고 있다. 그래서 이력을 자랑하는 것은 이런 깡통을 자랑하는 거지와 다를 바 없다. 나는 줄기차게 거지 생활 좀 했수다! 하는 것과 같은 것이다.

어쨌든 우리는 일상 속에서도 끝없이 '달아보고 재보며' 산다.

요리(料理·헤아리는 프로그램)!

주부는 각 양념이나, 혹은 배추나, 혹은 고기나, 생선 등의 양이나 질을 알고 달아보고 재보며 요리를 한다. 손이 저울이요, 경험이 자인 것이다. 간을 조절(調節)하고, 열을 조절하고, 맛(味)을 조절한다. 그리고 영양까지도…. 이것을 조리(調理·cooking)한다고도 하는데, 오죽하면 '요리조리' 궁리한다는 말까지 나왔겠는가? 달아보고 재보는 것이다. 그리고 우리는 팔목에 저울과 자를 차고 다닌다. 시계(時計·타임 프로그램)가 그것이다. 그것으로 시간을 요리조리 재보는 것이다.

또한 우리는 자동차나 비행기나 할 것 없이 그 앞에 둔 것이 있는데, 그것이 바로 저울이요 자다. 계기판(計器版), 속도계(速度計), 방향계(方向計) 할 것 없이 다 달아보고 재보는 저울이요 자다. 그것이 없이는 아무데도 갈 수 없다.

우리 몸은 자율신경이라는 말도 있듯이 스스로(自) 달아보고(律) 재보고 하여 영양 등을 조절하는 기능이 있다. 인슐린이 부족하여 당뇨가 생기는 것 등은 이런 조절기능을 외적 요인에 의해서 깨뜨렸기 때문이다.

천칭(天秤·balance), 명칭(皿秤·scale), 간칭(杆秤·weigh)!

저 '저울에 달다'를 뜻하는 웨이(weigh)에서 무게(weight)가 나오고 웨이트 트레이닝 같은 말이 나온다. 모두 저울에서 비롯되는 말들이다.

칭(秤)은 저울을 뜻한다. 평(平)도 '곧다' '바르게 하다' 이니 저울과 관계한다. 평등(平等)을 요구하는 것도 바른 저울의 성질대로, 자의 성질대로 해달라는 말이다. 또 공평(公平)하다는 것도 저울과 자의 성질을 벗어나서 말할 수는 없다. 땅 몇 평(坪), 평론(評論)조차도 말을 달아보고 재보며 하는 것으로 요량(料量)껏 하는 것이다. 질량(質量)은 저울과 뗄레야 뗄 수 없다! 질료(質料 · 질을 헤아려 봄)!

그리고 칭(稱)하다는 말이 '저울질하다' 는 뜻이다. 명칭(名稱)! 이름은 그 사람의 됨(무게 크기)의 저울질이다. 이름이란 그런 것이다. 자칭(自稱 · 스스로 달아보고 재봄)이다. 앞서 예수는 자칭 하나님과 하나라고 하였다. 엄청난 저울질(稱)이다.

예수! '백성을 그 죄에서 구원할 자'의 뜻이다. 이런 질량을 말한다. 칭호(稱號)! 저울질하여 부르는 것이다! 칭찬(稱讚)하다! 달아보고 재보고 하여 나오는 '짝짝짝' 이다. 맞다(짝), 맞다(짝), 맞다(짝)이다! 저울의 기준, 자의 기준에 맞았다고 느낄 때 박수(拍手)를 (맞)친다.

질량을 매스(mass)라고 한다. 오늘날은 매스(大衆), 매스의 시대다! 대중이 하나님처럼 그 질량을 자랑하는 시대다. 대중이 저울이요 자가 된 시대다!

또한 천주교의 미사는 매스(Mass)다. 왜? 모든 질량이 하나님께로부터 나온 것이니 그것을 기념하는 것이기 때문이다.

그 모든 것은 마음이 저울이요, 자요, 동시에 그만큼 쓰여 나오는 성질, 곧 에너지이기 때문이다.

저울은 이만큼 쓰라고 정해 준다. 자도 그렇다. 모든 상품은 이젠 아예 저울과 자를 달고 붙이고 다닌다. 함량을, 길이를, 또 그것의 가치를 달아보고 재보고 하여 가격(價格)을 매기고 다닌다. 돈이란 무엇인가? 동전 저울이요, 종이 자이다.

돈은 돌아다니는, 휴대용 저울이며 자이다. 여기에 맞춰 모든 것이, 성질이, 가치가 정해진다. 돈 계산(計算)한다는 말이 달아보고 재본다는 말이다.

"그거 얼마요?" … "5천 원이랑께요." 달아보고 잼이 끝났다. 그래서 그것에 맞춰 내는(솟는) 것이 돈이다. 계(計)란 '꾀 계'이기도 하다. 옷값을 낸다는 것은 꾀값을 치루는 것이다. 옷을 만든 꾀값! 총계(總計)는 온통꾀라는 말이다.

예수는 재물(돈)과 하나님, 두 주인을 섬기지 말라고 하였다. 이 말은 무슨 뜻인가. 다른 저울을 갖지 말라는 뜻이다. 그것은 객(客)이다. 우(寓)다! 마음처럼 주(主)가 아니다. 마음의 본성질인 하나님이, 그 저울과 자가 아니기에 저런 말을 한 것이다. 돈! 아아, 돈! 그것은 저울이요 자다! 재물이 있는 곳에 마음이 가듯, 저울도 따라간다. 돈! 아아! 너 신비한 성질을 흉내낸 우의(寓意)여! 그 유한한 수로 우리를 이토록 얽매는구나! 집으로 돌아갈 수 없게 붙잡는구나!

세금이다, 고지서다, 이자다, 공납금이다, 휘발유값이 오른다, 라면값이 오른다, 채소값이 뛴다, 뛴다, 저울이 뛴다, 자가 춤춘다, 물가 폭등!

아아! 돈이여, 저울이여, 자여! 너는 객(客)인 몸을 사로잡을 뿐 아니라, 무한한 저울과 자인 마음까지도 사로잡으려 하니, 너 정말 대단하긴 하구나. 나조차 네 앞에 얼마나 쩔쩔매고 있느냐 말이다. 굉장하긴 하더구나! 만능저울이요, 만능자가 돈이라는 것의 성질이 아닌가?

이것은 무엇을 말하는 우의(寓意)인가? 인류는 '저울과 자'의 지배를 받고 있는 것이다.

"나는 저절로 되는(存) 자니라.(自存有)"

저절로(저울로?) 저울이고 자의 성질인 이가 그만큼, 스스로 성질을 낸다는 말이다. 절대 기준이요, 절대 캐릭터다! 실로 자칭(自稱)이라는 말은 이를 두고 할 말이다. 일본 왕은 자칭 천황이라고 한다. 턱에도 안 찰 거짓말이다. 로마의 황제들도 그렇게 자칭했다. 설명할 것도 없다.

저울이고 자(尺)라는 것은 명사(이름 · I)이면서 동사(일 · am)이다. 곧(則) 저울과 자는 동명사(動名詞)이다. YHWH! '움직이는 성질님!'

84

저울과 자는 스스로 주어인 명사이면서 주어가 일하는 동사다! 그리고 모든 것을 부린다. 형용사, 부사, 조사, 감탄사….

모든 것은 저울과 자로 재어지자, 곧 일로, 상품으로 부려지는 것과 같다.

또한 저울(尺)를 뜻하는 말에 빔(beam)이 있다. '광선(ray)'이요, '비추다'이다. 레이저 빔! 햇빛(sun-beam), 달빛(moon-beam). 또한 빔은 '들보'를 말하기도 한다.

"비판(judge)을 받지 아니하려거든 비판(달고 잼)하지 말라 너희의 비판하는 그 심판으로 너희가 심판을 받을 것이요 너희의 그 헤아림(달고 잼 · measured)으로 너희가 헤아림(mete)을 받을 것이니 어찌하여 형제의 눈 속에 있는 티는 보고 네 눈 속에 있는 들보(beam)는 깨닫지 못하느냐 보라 네 눈 속에 있는 들보(beam)가 있는데 어찌하여 형제에게 말하기를 나로 네 눈 속에 있는 티를 빼게 하라 하겠느냐 외식하는 자여 먼저 네 눈 속에서 들보를 빼라 그 후에야 밝히 보고 형제의 눈 속에서 티를 빼리라."(마태복음 7:1-5)

크로스 빔(cross beam)! 가로지른 들보! 이 '들보'가 '저울'이면서 또한 '빛'이라는 뜻을 담고 있다. 들보는 지붕을 받쳐주는 기준이요 표준인 저울과 자의 힘이다! 그 성질이다!

눈금(scale)이다! 자기 저울, 그 눈금으로 판단하고 비판한다.

저울은 빛이다! 달아보아야 명확해지는 빛이다! 아니 빛이 들어와야 모든 것은 크기, 모양, 생김새, 성질 등이 뚜렷해(pure)진다.

그러므로 세상의 저울과 자는 빛의 우의(寓意)다! 빛이야말로 저울과 자의 가장 근본적이고 원질인 그 성질(캐릭터)이다!

빛보다 엄청난 저울과 자가 또 어디 있단 말인가? 대자연을 보라. 어둠 속에서 그것이 무엇인지 가늠(aim)할 수 없다가도 빛이 들어오면 그것이 분명해지지 않는가?

빛이 들어올 때, 산은 산이요, 물은 물이 된다. 산을 달고 물을 재는 것이다. 성철 스님은 그것을 알았나보다. 저울과 자의 성질이 뚜렷이 드러나는 것! 저울과 자(빛)는 산을 산이라고 하고 물은 물이라고 한다! 여기서 존과 재는 뚜렷이 그 성격을 드러낸다. 이것을 통찰하면 극(다)에 이른 것이 된다. 크기와 길이와 부피와 질까지도 분명히 가늠해 볼 수 있게 하는 빛이야말로 저울이요 컴퍼스가 아닌가?

하나님은 빛(God is light)이시다는 말이 바로 이 성질을 말함이로다. 빛을 별에 쏘아 그 크기와 거리를 알듯이 빛은 그러한 저울과 자인 것이다.

"주께서 옷을 입음같이 빛을 입으시며 하늘을 휘장같이 치시며 물에 자기 누각의 들보(beam)를 얹으시며 구름으로 자기 수레를 삼으시고 바람 날개로 다니시도다."(시편 104:2-3)

"태초(very being)에 말씀(저울과 자의 성질 씀)이 계시니라 이 말씀이 하나님과 함께 계셨으니 이 말씀(저울과 자의 기질 씀)은 곧 하나님이시니라. 그가 태초에 하나님과 함께 계셨고 만물이 그(저울과 자의 성질)로 말미암아 지은 바 되었으니 지은 것이 하나도 그가 없이는 된(升) 것이 없느니라. 그 안에(存) 생명이 있었으니 이 생명은 사람들의 빛(저울과 자의 캐릭터)이라 빛이 어둠에 비춰되 어둠이 깨닫지 못하더라."(요한복음 1:1-5)

빛! 저울과 컴퍼스의 오리지널 캐릭터! 하늘의 성질을 정하고, 물빛의 성질을 정하고 구름과 바람의 성질을 결정하는 빛! 그것이 빛이란 저울과 컴퍼스이다.

어리숙한 저울(beam)로 누구를 판단한단 말인가? 그것은 참 빛이 아니라는 것이니, 그것을 빼버리라는 것이다. 지붕이 무너지면 집이 아니다. 들보가 무너지면 모든 것이 무너진다. 저울과 자! 이것이 무너지면 우주의 지붕일지라도 무너지고 만다.

"나의 마음은 저울과 같다. 그러나 사람 때문에 낮고 높음(底高)을 잴 수 없다."(제갈공명)

"하나님이 가라사대 '빛이 있으라' 하시매 빛이 있었다."(창세기 1:3)

다시 이것은 "하나님이 가라사대 저울과 자('성질')가 있으라 하시매 그런 성질이 있었다"로 맞추어 옮겨도 되(升)리라.

빛이 저울과 자였던 것이다!

빛이 저울과 자의 성질이었던 것이다!

"빛이 흔들릴 때, 모든 것이 흔들린다."(가스통 바슐라르)

"하나님은 빛이시라.(God is light)"(요한일서 1:5)

아니 진정한 저울과 자는 빛과 같아야 한다. 명확하게, 뚜렷하게 보여주고 그렇게 되도록까지 해주는 그런 신비의 저울이요 자여야 한다!

"빛이 있으라."(창세기 1:3) 사람이 하나님의 캐릭터를 처음 보았을 때 이렇게 말씀하셨다고 한다. 저울과 자의 성질을 쓰신 것이다. 그래서 정의가 생긴다. 그래서 법(율법)이 생긴다. 법원에 가면 정의의 여신은 눈을 가리고 저울을 들고 있다. 눈을 가린 것은 편견 없이 저울을 쓴다는 뜻이리라.

이 저울과 자의 성질씀! 그래서 코는 코의 자리에, 입은 입의 자리에, 심장은 심장의 자리에 생긴다. 달아보고 재보고 하는 그 성질 때문인 것이다.

심장이 몸무게의 반을 넘으면 어떻게 되겠는가? 머리가 몸무게의 삼분의 이를 훨씬 넘으면 어떻게 되겠는가? 아니 코가 항문 바로 위에 있다면 어떻게 되겠는가? 인체의 신비! 그 달아보고 잼은 가히 신묘막측(神妙莫測)한 저울과 자의 성질이 개입한 것이 아니랴? 그것을 장의 이론(場 理論)이라고도 하여 연구한다고 하는데, 빛이, 하나님의 근본 캐릭터가 이런 저울과 자의 성질임을 안다면, 자연의 모든 법칙, 한치의 어그러짐이 없는 그 비밀에 이를 수 있으리라.

"빛(저울과 자의 성질)이 있으라."

그 바탕에서 천지창조, 곧(則) 밤과 낮, 하늘과 땅, 해와 달, 각종 채소…, 이른바 창조행위가 있는 것이다. 달아보고 재보고('빛') 하여 각기 성질을 부여한다.

예수는 눈은 몸의 등불(The light of the body)(마태복음 6:22)이라고 하였다. 빛의 성질이요, 저울과 자의 성질이라는 말이다. 눈이 달고 재고하여 몸은 움직인다. 그 거리를 알고, 크기를 알아 물건을 들기도 하고, 길을 재어 걷기도 하고, 보폭(步幅)이라는 말처럼 자로 재듯 걷는 것이다. 길(道)은 자(尺)다! 길게 뻗은 자다! 그래서 우리는 거리를 계산(計算)하여 수를 매긴다. 또 그 길, 아니 자에 맞추며 몸의 밸런스를 잃지 않고 걷게 되는 것이다. 몸은 저울이요 자의 성질을 띠게 된다. 그래서 균형감각이라는 것이 생긴다. 병이 들면 다시 그것을 원상태로 복원하려는 것도 이 빛, 저울과 자의 성질 때문이다. 한쪽으로 기울어지고 쏠리는 것을 바로잡으려 함이로다. 자연치유(自然治癒)란 그런 것이다. 치(寸)! 한치 두치 길이와 부피를 재는 치! 그래서 사돈에서 팔촌(八寸)까지 가족관계도 달아보고 재보고 하여 생긴다. 그리고 치(治)! 치산치수(治山治水)! 이것도 저울과 자의 성질을 씀을 말함이 아니던가? 바로 달아보고 재지 못하는 룰러(ruler), 지도자는 불량한 저울과 자의 성질이므로 하늘이 버렸다고 하는 것이다. 정치(政治)란 이 저울과 자인 하늘의 성질에 바로 맞추라는 것이다.

물이 아래로 흐르는 이치(理致)! 저울과 자이신 분의 성질을 만물이 받았으니 그들도 그 성질을 내는 것이리라! 거꾸로 흐르는 그런 성질이 아닌 것은 그렇게 재어 나오지 않았기 때문이다. 나는 길(道)이다! 그리스도 이 말은 나는 자(尺)다는 말이고, 자이므로 거기에 맞추어야 한다. 자이므로 빛이다! 어두운 밤길을 걷기 어려운 것은 자가 명확하지 않기 때문이다. 그래서 눈대중(대충大衝)으로 걷는다. 대충대충(大衝大衝)이라는 말이 그것이다. 마구 크게(大) 찌르며 부딪치는(衝) 것이다.

권력(權力)이란 그런 저울을 쓰는 힘이다! 경영(經營)이다!

맹자(孟子)가 왕립장(王立章)에서 인용하고 있는 시경(詩經)에 나오는 말이다. '경지영지(經之營之)', 여기서의 '경(經)'은 터전을 측량(measure)한다'는 뜻이고 영(營)은 '기준(基準)을 세운다'는 말이다. 측량한다, 잰다는 뜻의 메저(measure)는 책(策·plan)의 뜻이기도 하다.

지도자(ruler)! 왕(王)! 자를 쥔 자는 나라 경영의 리딩 프로그램이 되고, 바탕 프로그램이 되는 자(rule)가 되는 것이다. "어찌하여 열방이 분노하며 민족들이 허사(虛事)를 경영(經營)하는고 세상의 군왕들이 나서며 관원들이 서로 꾀(計)하여 여호와와 그 기름받은 자를 대적하며 우리가 그 맨 것을 끊고 그 결박을 벗어버리자 하도다 하늘에 계신 자가 웃으심이여 주께서 저희를 비웃으시리로다."(시편 2:1-4)

그러니 그 위를 보아라! 이 우주, 만물의 자가 되는 리딩 프로그램이 도(道)라고 하는 것이다. 컴퍼스를 도(道)라고 한다.

반경합도(反經合道—맹자)! 도리(道理)에 맞추기(合) 위하여 이리저리 수단(手段·measure·means)을 강구한다는 말이다. 계단, 단계, 음계(音階·the musical scale) 할 것 없이 모두 저울과 자의 성질이다. 음계라는 것은 소리를 달아보고 재보는(scale) 추(錘)와 같은 것이다. 콩나물 대가리는 추다! 그 추를 보고 음악을 연주한다. 다음은 노자(老子) 도덕경(道德經) 25장이다. 그는 이 참 저울과 참 자의 성질을 이렇게 말하고 있다.

무어라 할 수 없는 이름이 있었다	有物混成
하늘과 땅보다도 먼저 생겼다	先天之生
소리가 없고, 휑하니 비었다	寂兮寥兮
우뚝 세운 표준 고칠 것이 없다	獨立不改
두루두루 가면서도 위태하지 않다	周行而不殆
가이 천하 만물의 어머니라 하겠다	可以爲天下母
나는 그 이름을 알지 못하겠다	吾不知其名
억지로 문자를 뒤져 도(道)라 부르고	强字之曰道
임시변통으로 이름을 지어 크다고 한다	强爲之名曰大
크므로 어디에나 뻗치게 마련이고	大曰逝
뻗으므로 멀리 가게 되고	逝曰遠
멀리 뻗은 것은 되돌아오게 마련이다	遠曰反
그러므로 도가 크고, 하늘이 크고	故道大　天大
땅이 크고, 컴퍼스를 쥔 자도 크다	地大　王亦大

이 세계는 큰 것이 넷이 있는데	亦中有四大
그중에 컴퍼스를 잡은 이도 있음이다	而王居其一 焉
사람은 땅을 자로 삼아 따르고	人法地
땅은 하늘을 저울삼아 자신을 컨트롤하고	地法天
하늘은 도를 저울과 자로 하여 그 성질을 따른다	天法道
도(道)가 절로 저울질하고 있으매	道法自然

노자의 도덕경을 이렇게 옮김은 처음 볼 것이다. 천재 소년 왕필(王弼)?! 누가 이렇게 옮기더냐?

왕권신수설(王權神授說)! 룰러(王)의 저울(權)은 신이 부여했다는 말이다. 그러니 왕은 그 저울과 자로서 그 마음대로 성질을 행사하였다. 그러나 그것도 우의(寓意)일 뿐이다. 모든 이가 왕이다! 모든 백성이 왕인 것이다. 하나님의 성질, 저울과 자의 성질을 받은 그런 왕이다. "다시 밤이 없겠고 등불과 햇빛이 쓸 데 없으니 이는 주 하나님이 저희에게 비춰심이라 저희가 세세토록 왕노릇하리로다."(요한계시록 22:5) 하나님의 무한한 저울과 자의 성질을 함께 쓰고 누린다는 뜻이다. 주권(主權)이라고 한다. 저울질(權)하는 주인(主)이 누구냐는 말인데, 절대 주권은 하나님께 있다고도 하고, 또 민주시민에게 모든 주권이 있다고도 한다.

우리는 돈이나, 그리고 이런저런 우의(寓意)의 저울과 자를 쓰며 살고 있다. 이 성질의 지배를 받으며 벗어나지 못하고 있다. 그리고 그 성질에 맞추지 않으면 안 되게 정(定)하고 있다. 그러나 그것은 사실 뻔히 보이는 겨눔, 목적(aim · 마음맞춤)이다. 목표다.

흐르는 강물에서 도(道)를 본다는 것은, 무한한 자의 성질을 본다는 말이다.

헤르만 헷세도 '싯달타'의 마지막 장면을 강가에 엎드려 그 흐르는 물을 그렇게 보는 것으로 끝맺고 있고, 노자는 말할 것도 없고, 공자나 맹자도 다 그런 강물에서 도(道)의 그런 무한한 성질을 봄이다.

아아! 이 유한한 몸을 제한하는 저울들이여, 자들이여!

　그러나 우리는 거룩한 오로지님의 저울과 자의 캐릭터 속에서 살고 있다. 이것을 빠져 나갈 수 없다. 이 성질을 거역할 수 없다. 역천자(逆天者)는, 이 하늘의 성질을 거역하는 자는 망한다고 맹자는 갈파했던 것이다.

　자, 이제 또 결정적인 정의(定意 · 자의 성질)를 내리리라.
　빛은 무엇인가? 그것이 어떤 빛이든, 에너지이다. 에너지인 것이다. 다시 에너지는 성질이요, 기질이요, 특질이다. 그렇다! 에너지는 '저울과 자(의 성질)'인 것이다. 실로 나는 에너지에 대하여 결정적인 정의(定義)를 내리고 있다. 에너지는 저울이며 자인 성질이다! 저울님, 에너지님이신 하나님이 내시기 때문이다!
　다른 것이 아니다. 밥을 먹는다. 아니 밥을 먹게 '된'다.
　밥을 먹게 되는 것은 에너지(氣)의 성질을 차게 하고 미치게 하려는 것 외에는 아무것도 아니다. 배가 고프다, 힘이 없다, 그러니 허기(虛氣)를 느끼게 되어 곧(則) 바로(正) 에너지를 채우게 되는 것이다. 달아보고 재보고 하여 나온 '됨'의 법칙이다. 또 밥을 지을 때 불을 조절하고 물을 조절한다. 이렇게 조절하는 것은 저울과 자의 성질인 에너지 때문이 아닌가?
　그렇다! 에너지는 저울과 자이다. 다른 것이 아니다. 모든 것을 바로(正)로 밸런스를 맞추려고 하는 것! 이것이 에너지이다. 그 바로(正) 됨(升)이 누구신가? 바로 되게 하는 지배적 저울과 자의 성질은 어디에서 오는가?
　하나(一)님이 아니신가? 오로지님(道)이 아니신가? 그래서 바로 되게 하지 못하면 하나님을 거스리는 것이다. '하나 가득 · 무진장(無盡藏)'이라고 말한다. 둘 가득, 셋 가득, 넷 가득이라는 말은 안 한다. 그 가득을 오롯하다고 하는 것이며, 그것이 우리 말 '오롯이'가 되며, 이제는 오로지라고 발음들 한다. 하나라는 말은 '가득그득(have no end)'이라는 뜻이다. 그러므로 하나님이라는 말은 가득님, 가득그득님이라는 뜻이다.

91

유치원 학생에게 : 하나가 많니 둘이 많니?

유치원 학생 : 둘이요!

물음 : 하나가 크니 둘이 크니?

유치원 학생 : 둘이요!

물음 : 그럼, 둘을 합치면 뭐가 되(升)니?

유치원 학생 : 넷이요?

다시 물음 : (안 되겠다 싶어 두 컵에 물을 담고서)

　　　　　자아~ 이 두 컵의 물을 여기 빈 하나의 컵에 따른다?
　　　　　두 컵의 물을 이렇게 합치면 뭐가 되(升)니?

유치원 학생 : 한 컵이요!

물음 : 너 방금 전에 둘을 합치면 넷이 된다고 했잖아? 그런데
　　　하나 되(升)었네?

유치원 학생 : … ? … ? … 어라?! 이상하다?….

우리도 이런 식의 수의 마술에 빠지기 쉽상이다.

다시 노자(老子) 42장으로 어프로치해 본다.

도생일(道生一)

일생이(一生二)

이생삼(二生三)

삼생만물(三生萬物)

만물부음이포양(萬物負陰而抱陽)

충기이위화(沖氣以爲和)

이왕공이위칭(而王公以爲稱)

인지소오 유고과불곡(人之所惡 唯孤寡不穀)

이왕공이위칭(而王公以爲稱)

고물혹손지이익(故物惑損之而益)

혹익지이손(或益之而損)

인지소교 아역교지(人之所敎 我亦敎之)

강량자부득기사(强梁者不得其死)

오장이위교부(吾將以爲教父)

수를 무시하라! 해석하려 하지 마라! 그것이 무엇이라고 하든 하나에서 비롯됨이다! 그것은 하나(一)의 움직임, 그 운동성을 나타내는 것이다! 느껴야 하는 것이지 말로 할 것이 아니다. 중요한 키 워드는 생(生·나음·됨)이다! 도(道)는 생(生·솟)이라는 그 성질을 말하려다 보니 유치원 학생들 가르치듯 하는 것뿐이다. 만물은 어둠도 밝음도, 여림도 강함도, 잘남도 못남도 껴안고(抱) 하나(一)의 가득한 성질이 물(氵)을 흔드는(沖) 성질(氣)처럼 서로 맞춰(沖氣·맞칠 中) 하모니(和)를 낼 뿐이다.

그러므로 물(物)은 혹은 마이너스(損)가 되기도 하고 플러스(益)가 되기도 하며, 혹은 이익(利益)이 되기도 하고 손해(損害)도 보는 것 같지만, 까불지들 마라. 컴퍼스를 잘잡은 이(王)조차 자기를 고아(孤) 같다고 하고, 부족한 사람(寡人)이라고 하고, 껍데기(不穀)라 저울질(稱)하지 않는가?

사람들이 가르치는 바 프로그램대로 나 역시 가르치는데, 강함을 믿고 설치는 놈들은 자연사(natural dead) 못할 거라고, 내 장차 이것을 아비 같은 모델(教父)로 하여 가르치리라!

그렇다!

저절로(自·of itself·automaitcally)! 저울로부터 성질이 나오는 것! 그것을 일러 자현(自顯·自現)이라고 한다.

성(性)! 마음(忄=心)이 내는, 솟는(生) 것을 말한다. 마음의 성질(캐릭터)!

인간성(人間性·human nature), 신성(神性·divine nature·godhead)!

하나님은 가득그득 에너지님이시다. 하나님은 빛이시다. 태극은 에너지 총센터를 말한다. 도(道)도 에너지의 원천 중의 원천을 말한다.

사필귀정(事必歸正)! 모든 일은 반드시 바로(正) 가게 되어 있고, 바로를 지향하며 거기에 맞추자고 하는 것이다. 이 사필귀정은 에너지,

저울과 자의 성질이며, 법칙이다. 성령은 무엇인가? 바로 되게 하고 바로 잡게 하려고 하나님이 보낸 새 생명의 맞춰 저울질 하는 성질(에너지)인 것이다. 또 그것이 덕(德)이요, 모럴(moral)이라는 것이다.

또, 되게 하는 것을 생(生)이라고 한다. 생은 됨(升)이다! 인생(人生)은 사람됨이요, 신생(新生)은 새로됨이다. 낳고(되고), 낳고(되고), 낳고(되고), 낳고(되고), 낳고(되고)…. 하나님은 낳고님이다. 됨(되)님이시니 됨을 내지 무엇을 내겠는가? 그 완전한 됨을 극(極)이라고 한다. 큰 극(太極)은 큰 됨이라는 뜻이다.

큰 극이니 모든 됨(極)이 거기서 비롯 '되'고 나옴(生)이니라! 마태복음(1장), 누가복음(3장) 그 입구에서 사람들을 질리게 만드는 것이 무엇이던가?

"아브라함이 이삭을 낳고 이삭은 야곱을 낳고 야곱은 그의 형제를 낳고… 이새는 다윗왕을 낳으니라 다윗은 우리아의 아내에게서 솔로몬을 낳고… 야곱은 마리아의 남편 요셉을 낳았으니 마리아에게서 그리스도라 칭(稱·저울질)하는 예수가 나시니라… 보라 처녀가 잉태하여 아들을 낳을 것이니 그 이름은 임마누엘('하나님이 우리와 함께하시다')이라 하리라… 아들을 낳기까지 동침치 아니하였더니 '낳으매' 이름을 예수라 하니라."(마태복음 첫밝힘)

누가는 이것을 역순으로 말한다.

"예수께서 가르침을 시작할 때에 삼십 세쯤 '되'시니라 사람들의 아는 대로는 요셉의 아들이니 요셉의 이상(以上·over)은 헬리요, 그 이상(以上)은 맛닷이요 그 이상(以上)은 레위요 그 이상(以上)은 멜기요… 그 이상(以上)은 에노스요, 그 이상(以上)은 셋이요 그 이상(以上)은 아담이요 그 이상(以上)은 하나님이시니라."(누가복음 3장)

무려 마태복음에는 40번 이상이나 '낳다'는 말이 나오고 누가복음에는 이상(以上)이라는 말을 헤어보기도 질리게 한다.

이것은 무엇을 말하려는 것인가? 모든 낳음을 위(上)로 넘긴다, 오버(over)! 끝없이 칭(稱)하며 저울질하고 있는 이에게! 모든 것을 솟아나게 하는 이에게!

성냥?! 이쑤시개에 적린(赤燐), 염소산칼륨, 이산화망간, 이산화연, 유황 따위를 발라 붙이고, 성냥갑(匣)에는 유리가루, 규사(硅砂), 규조토(硅藻土) 따위를 발라놓은 것?

그러면 그것으로 불(火)이 되는가? 이렇게 달아보고 재보고 하였으니 불이 나는(發 · 生 · outbreak)가? 아니다. 산소도 있어야겠고, 또 무엇이 있어야 한다? 그렇다! '탁!' 하고 쳐야(strike · hit · 치다 · 켜다 · 中) 하는 것이다. 맞춰야 한다. 그래야 쓴다(用)!

그것을 마찰(摩擦 · match)이라고 하는 것이다. 마(ma-)! 그런데 이 마찰이 있게 하는 힘은 어디서 오는가? 나?!, 나는 또 어디서 오는가? 나?!, 나에게서 불이 나온다?! 그야말로 내가 불을 지른다?!….

하여간 좋다! 그러나 중요한 것은 부딪쳐야 한다는 것이다. 치고, 때리고, 맞춰야 한다는 것이다. 흔드는(氵 + 中) 성질(沖氣)의 지배를 받는다. 하나님이 흔들고 있다. 그래서 만성(萬性)은 흔들린다. 아주 자주 써야 할 금언! "빛이 흔들릴 때, 모든 것이 흔들린다."(별명이 불의 철학자, 가스통 바슐라르)

흔드는 성질(沖氣), 물(氵 = 水)이 뭔가에 맞춰(中) 에너지(氣)를 내듯이 그 성질에, 그 저울질에 따라야 한다. 이 성질의 지배력을 벗어날 수 없다. 흔들어도 꿈쩍 않는 것을 죽음이라고 하나니, 그래서 이 성질 때문에, "구하라 그러면 너희에게 주실 것이요 찾으라 그러면 찾을 것이요 문을 두드리라 그러면 너희에게 열릴 것이니 구하는 이마다 얻을 것이요 찾는 이가 찾을 것이요 두드리는 이에게 열릴 것이다."(마태복음 7:7-8)는 말이 있게 된다.

기타는 '쳐야(흔들어야)' 소리가 난다. 피아노를 '친다', 시험을 '친다', 번개가 '친다', 가르 '친다', 심장과 맥박이 고동 '친다', 새끼를 '친다', 가축을 '친다', 물결이 '친다', 비바람이 몰아 '친다', 점을 '친다', 기름을 '친다', 잘 '되' 라고 매로 '친다', 팽이를 '치고', 딱지를 '친다', 새는 날개를 '친다', 그물을 '치고', 화투도 '치고', 사기도 '치고', 구라(거짓)도 '치고', 적을 '치고', 미 '치고', 미 '치고' (닿고), 벼락처럼 소리를 '친다', 어디 가려고 자동차도 고 '치고', 무엇보다 마음을 맞춘다(친다)!….

충기(沖氣)! 흔드는 성질이 지배하고 있음이다. 치라는 명령이 우주를 지배하고 있음이다. 그런데 사기를 치면 안 되듯이, 치라고 하는 것을 잘 맞춰 쳐야 한다.

도(道)는 치는 성질이다. 치라고 하는 성질이다. 그래서 맞추자(合致)는 것이다. 존(存)을 찾아야 한다. 있으니(存) 찾아 쳐야 하고, 되니(存) 두드려 되야 한다. 존심(存心)! 맹자의 말이다.

그 놀라운 저울과 자의 성질에 바로 맞춰 쓰는 것을 중용(中庸)이라고 한다. 킾 메져(Keep Measure)! 킾 온 런닝(keep on running · 쉬지 말고 달려라)! 이런 팝송도 있지만, 계속하여 맞춰야 할 것이 있다. '맞칠 중(中)'에 '쓸 용(庸＝用)'이다. 이것을 영어로는 골든 민(the golden mean)이라 하고, 골든 컴퍼스(the golden compass)라고도 한다. 황금 맞춤이다!

우의(寓意)의 저울과 자에 맞추는 것이 아니다. 만물을, 물적 성질을 컨트롤하는 태양에 맞추는 것도 아니요, 이 사람 저 사람의 사상에 맞추어 쓰는 것도 아니다. 모두 한 치 정도요, 세 치 혀에 불과한 것들이다. 객체(客體)요, 객(客)이다. 그것들은 한 줌밖에는 이라는 말로 싸잡아 치워버릴 성질의 것들이다. 아닌 것이 있다면 나에게 보여 보아라!

중용(中庸)! 저 중국의 위대한 경전의 이름에도 있는 "중용(中庸)"….

그것은 오로지님(道)에 맞춰 그 저울의 성질(밸런스)를 꽈악 잡자는 것이 아니던가? 유한을 넘어 주체적인 무한의 저울과 자의 성질이 되자는 것이 아닌가?

그러나 이것을 모르고 객체에 맞추는 데에도 이 말을 쓰고 해석하니, 이 무슨 살어문법(殺語文法)인 것이며, 언어의 배반일 것이랴? 거룩한 것을 개에게 던지는 것이며 진주를 돼지 우리에 쳐넣는 짓이랴? 중간치에 서는 것이라고 하는 데에는 내사 할말이 꽉 막힘이로다.

그것은 지극(至極 · the utmost)함에 맞춰 거기에 이르는 것을 말한다.

"중용은 지극하도다 백성들이 뚜렷이 쓰는 이 드문 지 오래도다.(中庸 其至矣乎 民鮮能 久矣)"(중용)

이렇게 공자는 탄식하였다. 뚜렷(鮮 · pure)하게 쓰는(能) 사람이 드물다는 말이다.

지극한 것인데, 세상에 그 무엇이 그처럼 지극할 것이 있겠는가? 하나님, 오로지님(道)께 그 성질을 맞추어야 한다는 말이다. 중간치라니? 도대체 무엇에 근거한 중간치인가? 또 왜 중간이어야 하는가? 엄청난 잘못 맞춤이다.

생명(生命)! 그 모든 우의(寓意)의 뜻 가운데서도 가장 귀중한 생명! 몸이라는 것을 두고볼 때도, 이 얼마나 잘 맞춰 이루어져 있는가? 저울과 자의 성질, 꼭맞춤이라는 성질이 집약적으로 나타난 것이 생명이라고 할 수 있다.

차라리 이것을 두고 지극한 맞춤이라고 한다면, 이 성질을 그렇게 말한다면, 나도 힘을 뺄 용의는 있음이다. 그러나! 이 정도(程度 · level)도 아니다.

그러면 모든 경전은 의학 서적이어야 하리라. 더 잘 맞추기 위하여…. 그런데 더 잘 맞출 것도 없다. 간을 하나 더 '달' 필요도 없으며, 심장을 하나 더 '달고' 다닐 필요도 없다. 다 잘 '달아' 두었음이다.

그럼에도 이것은 객(客)이다. 이 객지를 벗어나면, 참 맞춤의 생명이 있음이다. 명(命)이란 맞춤(合)이라는 말이니, 그것만 배워도 객지로 유학와서 크게 배움이다.

이제 이것 하며, 또 여러 얘기를 이 한 권의 책으로서 다 말할 수 있을까마는, 그럼에도 이 책의 본문에서 하나하나 생각(ponder · '달다'의 뜻)해 보자는 것이다.

참으로 아이러니컬 한 것이 있다. 정말 아이러니컬하다는 것은 이것을 두고 하는 말일께다.

참 빛! 그리스도가, 참 저울과 자의 성질이 죽음으로 내몰린다. 그런데 이 잴 수 없는 성질을 달아본다. 은냥 삼십에! 금냥 삼십 정도도 아니다!

"그때에 열둘 중에 하나인 가롯 유다라 하는 자가 대 제사장들에게 가서 말하되 내가 예수를 너희에게 넘겨주리니 얼마나 주려느냐 하니 그들은 은 삼십을 달아(counted · covenanted)주거늘 저가 그때부터 예수를 넘겨줄 기회를 찾더라."(마태복음 26:14-16)

우리도 진리를 이렇게 은 삼십쯤으로 '달아' 넘겨버릴 찬스나 찾고 있는 것은 아닌지 하는 생각이다. 참으로 누가 누구를 달고 있는 아이러니컬한 장면인가?

어쩌면 이토록 달아보고 재보고 하여 경전이 되어 있는지, 그 점조차 놀랍다. 그래서 성경을 계약(契約 · covenant)이라고 하는 모양이다. 달아보고 재보고 하여 최종적으로 이루어지는 것이 계약이기 때문이다.

서언(序言)의 결론은 이러하다. 종교는 '드높은 맞춤(the highest aim)'이다! 그리고 이 가르침은 무엇에 맞춰 밸런스를 이룰까를 일러주는 것이다. 그래서 국어의 맞춤법이 있고, 수학 공식의 맞춤법이 있으며, 음악과 과학의 맞춤법이 있다. 하나님께 맞추자는 맞춤법(the rules of spelling) 강의가 종교(宗敎 · 드높은 가르침 · the highest teach)이다. 드높은 에너지(캐릭터) 프로그램이다!

우(寓)의 생명의 프로그램을 넘어서(meta-), 참 생명의 영원한 프로그램(攝理)으로 들자는 것이다.

나에게 누가 당신이 믿는 하나님, 오로지님(道)이 누구냐고 묻는다면, 나는 이렇게 대답하리라. 우의(寓意)로는 저울과 자요, 참 성질로는 저울과 자의 성질(캐릭터)을 내시는 분이라고!

이것을 달아 물고 본문으로 들어간다.

▣ 공자의 애제자 안회의 캐릭터를 추억함!
　－들어가기 전에

　공자는 안회를 이렇게 말했다.

　"안회의 사람됨은 중용을 택하여 한 가지 착한 것을 얻으면 그 성질을 뜨겁게 품어 잃지 않았도다.(回之爲人也 擇乎中庸 得一善則拳拳服膺而弗失之矣)"(중용)

　나는 논어(공자의 어록·the Analects of Confucius)를 마주할 때마다 세상에 이런 사람도 있나 하는 생각을 하게 된다. 예수가 "엘리 엘리 라마 사박다니! 아버지시여, 아버지시여, 어찌하여 저를 버리시나이까!" 하고 고통스럽게 외친 적이 있듯이, 공자도 "아아! 하늘이 나를 죽이시는구나! 하늘이 나를 죽이시는구나!(噫! 天喪予! 天喪予!)"〔선진(先進)〕 하고 통탄한 적이 있다. 바로 사랑하는 제자 안회가 32세라는 젊은 나이에 죽었을 때였다. 이 위대한 경천자(敬天者)가 하늘을 원망하는 듯한 뜨악한 발언을 내뱉은 것이다. 그러면 어떤 이들은 옆에서 듣고 이렇게 말하지도 모른다. 공자도 결국 하늘에 깊은 회의를 드러냈다고….

　인정(人情)의 깊이를 모르는 소치이다. 공자가 안회보다 30세 연장이라니 공자 나이 62세 때의 일로 여겨진다. 그럼 대체 안회는 어떤 캐릭터를 지닌 사람이었을까? "애공이 공자에게 묻기를, 제자 가운데 누가 배우기를 좋아하는지요? 안회라는 사람이 배우기를 좋아했습니다. 학문을 좋아하며 노여움을 옮기지 않고 허물을 두 번 다시 저지르지 않았습니다(好學 不遷怒 不二過). 불행하게도 단명으로 죽고말아 지금은 없습니다. 그 후로는 배우기를 좋아한다는 사람을 듣지 못했습니다."〔옹야(雍也)〕 공자의 어록에 이런 화면이 빛을 켜는 것이다. 동대문에서 뺨 맞고 한강에 달려가 화풀이 한다는 말도 있지만, 32세도 안 된 젊은이가 설사 분노가 일더라도 그것을 누구에게도, 아니 무엇에게도 옮기지 않았다는 스승 공자의 증언은 놀랍기만 하다. 그리고 같은 잘못을 두 번 저지르지 않았다 하니 그조차 감탄을 금치 못하게 한다. 더욱이 나같이 불 같은 성격이 옷을 몇 번이고 벗을 때를 생각하면야….

필로소피아를 지혜에 대한 목마른 갈망이라고 한다마는, 호학(好學)! 그처럼 학문을 즐기는 것으로 마음을 애태우고 있는 진지한 인물상이 그리워지기까지 한다. 도(道)의 캐릭터(德), 그 참 성질이 이토록 잘 되비칠 수가 있으랴?

"내가 말하면 언제나 반짝반짝하는 사람은 안회뿐이리라."〔자한(子罕)〕

"아깝구나! 나는 그가 언제나 진보하는 것만 보았지 그 자리에 멈춘 일을 못 보았다."(자한) "내가 안회와 온종일 말을 해도 한마디의 반문도 없어 마치 미련퉁이 같았다. 그러나 물러나 그의 사생활하는 품(됨됨이)을 살피노라면 그는 나의 말을 온통 행동으로 실천해 내더라. 그러니 안회는 미련퉁이가 아니다."〔위정(爲政)〕

"공자께서 자공에게 물으셨다. 너와 안회 누가 더 나으냐? 자공이 대답했다. 제가 감히 안회를 바라볼 수 있겠는지요? 안회는 하나를 들으면 열을 알지만(聞一知十), 저는 하나를 듣고 두 개를 알 뿐입니다. 이에 공자께서 말씀하셨다. 그래, 안회만 못하지. 나나 자네나 다같이 그만 같지 못하다."〔공야장(公冶長)〕

"안회는 거의 완벽한 도에 가깝도다. 번번히 쌀궤가 비면서도."(선진)

그야말로 명화(名畵)와 같은 안회의 스케치이다. 스승 공자가 당신을 안회만 못하다고 할 정도이니 말이다. 그의 천재에 찬탄하기에 앞서, 아니 후생가외(後生可畏·후배를 두려워함)가 일어나는 현장을 목도하는 것을 떠나서 스승과 제자의 지극한 사랑(至愛)이 경이롭게 보여지는 것이다.

그의 생애는 길지 않았지만 누구보다도 찬란한 도광(道光)을 발현하였음을 알 수 있다. 스승의 말씀에 저 잘났다고 반문하고 따지는 것을 학문하는 태도라고 여기는 요즈음의 아이들은 크게 반성하는 바가 있어야 할 것이다.

안회! "회는 나에게 도움이 되는 사람이 아니었다. 그는 내 말에 대하여 무엇이나 모두 이해하고 그저 즐거워했으니."(선진)

공자의 광신적 추종자였기 때문이었을까? 광신 운운은 지성이 없는 자들에게나 씌우는 말이다. 제자가 혹시 잘못을 지적하면 고칠 태세가 되어 있는 공자인데 그런 기회를 주지 않았으니 도움이 되지 않았다는 기묘한 말인 것이다.

안회! 그가 스승 공자를 어떻게 보았는가 하는 것은 다음의 글에서 문자들이 빛나는 연기를 한다.

"스승님의 덕품은 우러러보면 볼수록 더욱 높아 보이고, 뚫어 팔수록 더욱 굳으며, 바로 앞에 보인 듯하다가는 홀연 뒤에 있는 듯하다. 스승님께서는 조근조근 사람을 잘 끌어 계발시키신다. 학문으로 나를 넓혀 주시고, 예로써 나의 행동거지를 바로잡아 주신다. 따를 수 없음에 그만둘까 보다 하지만 그만둘 수 없게 가르쳐주시니 나도 모르게 나의 재능 한껏 다해 좇아가 배우려 하지만, 그래도 또한 앞에 우뚝 새로운 테마를 세워놓으신다. 자꾸 좇아가지만 끝내 좇아갈 방도가 없는 것이다."(자한)

달려도 달려도 끝이 나타나지 않는 학문의 대륙, 올라도 올라도 막막한 허공 같은 스승의 지혜의 검은 우주!

그러니 대스승 공자로부터, "안회는 그의 마음이 석 달을 두고도 인을 어기지 않으나(不違仁), 나머지 다른 사람은 겨우 며칠이나 한 달 정도쯤 인에 있더라"(옹야)는 표창장을 받는 것이다.

"정말로 회는 어질도다! 한 그릇의 밥과, 한 쪽박 국물을 마시며(一簞食 一瓢飮) 누추한 거리에 살다 보면, 딴 사람 같으면 그 괴로움을 견디지 못하거늘, 회는 그의 즐거워하는 마음가짐을 변치 않으니, 참

으로 회는 기막히게 어질도다!"(옹야)

"공자께서 안연을 보고 말씀하셨다. 세상이 나를 알아 써준다면 내 도를 실천하겠고, 버리면 깊이 숨어버리는 자세는 나와 자네만이 할 수 있을 것이네."(술이)

제자를 앞세우고, 또 나란히 세우기도 하는 스승의 인자한 배려!

논어의 프로그램은 인(仁)이 어떠한 사랑인가를 이렇듯 보여준다. 도(道)의 빛의 캐릭터를 흠씬 세례받은, 아니 영적 생명이 교교(皎皎)한 달빛처럼 흘러나옴을 본다. '아침에 도를 들으면 저녁에 죽어도 좋다'고 하였는데, 이 정도라면 듣고 나자마자 죽어도 좋겠다는 생각이다. "공자께서 광(匡)이란 곳에서 죽을 곤란을 당하셨을 때, 안연이 뒤늦게 나타나자, '나는 자네가 죽은 줄 알았네!' 하셨다. 안연은 '스승님이 계신데, 제가 어찌 감히 죽겠습니까?' 하였다."(선진) 가이없는 애정과 존경의 하모니이다.

오늘의 대중교육, 그 상업적 교육수용소 시스템에서 일어날 수 없는 스승 대 제자의 대 프로그램이다. 나는 언젠고 이 아름다운 인물이 담긴, 아니 그 인물을 있게 한 오로지님(道)의 캐릭터가 이처럼 발하는 논어를 옮길 예정이다. 그렇게라도 나도 히치하이크(무임승차)하여야겠다.

"안연이 죽자 공자께서 곡(哭)하시다가 마침내는 통곡하고 말았다. 같이 갔던 사람이 '스승님이 통곡하셨습니다' 하고 말하자, 공자께서 '내가 통곡을 했다고? 하기사 그를 위해 통곡하지 않으면 누구를 위해 통곡하겠느냐?' 하셨다."(선진)

뜨거운 동감이다!

나는 안회를 사모하나, 내 천성의 불이 너무 과(過)함이 많다. 혹 나의 글 가운데 그런 불길이 보이더라도, 그것쯤은 차차 꺼지겠지 하고 너그러이 봐주길 독자들께 바란다. 오로지님(道)의 캐릭터에 맞춰 절차탁마하여 잔불을 꺼버리게 되는 것을 훗날 보는 것도 나라는 사람을 통해 역사(役事)하시는 오로지님(道)의 낌새가 아니겠는가?

▣ 일점일획(一點一劃)으로 본
경(經 · The Great Network)

"태초에 '참 밝은 캐릭터'가 계셨다 이 참 밝은 캐릭터가 오로지님과 함께하셨으니 이 참 밝은 캐릭터는 오로지님이시다."(요한복음 1장 1절)

"태초에 '참 밝은 프로그램(꾀)'이 계셨다 이 참 밝은 프로그램(꾀)이 오로지님과 함께하셨으니 이 참 밝은 프로그램(꾀)은 오로지님이시다."(요한복음 1장 1절)

"태초에 '황금의 맞춤(尺)'이 계셨다 이 황금의 맞춤(尺)이 오로지님과 함께하셨으니 이 황금의 맞춤(尺)은 오로지님이시다."(요한복음 1장 1절)

'캐릭터(성질 · 저울질 · energy)'와 '꾀(프로그램 · 計 · 占 · 知 · 極 · 權 · 卦 · 數 · 理 · 策 · 線 · 劃…)'와 '맞춤(中)', 이 삼위일어(三位一語)의 메타포(metaphor)만 파악(把握)하면 얼(靈)싸안으리!

생계(生計 · living)!
─성질(캐릭터 · 에너지 · 저울질)과 프로그램(꾀)과 맞춤에
  대한 예행 연습

계(計)란 '꾀 계'를 말한다. 생(生 · 날 생)이란 '낸다'는 것을 말한
다. 다시 말하여, 생계(生計)란 '꾀를 낸다'는 뜻이다.
　생계!
　월급장이 셀러리맨도, 단속원들에게 이리저리 쫓기며 거리에 좌판
을 펼쳐논 아주머니도, 공부하는 학생도, 공장의 기술자도, 연구실의
과학자도, 적과 싸우는 군인도, 작품을 구상하는 작가나 예술가도, 철
학자도, 모두가 꾀(計)를 내며 살아야 한다.
　어떻게 하면 빠르게 승진할 꾀가 없을까? 순대를 팔까 양말을 팔까.
단속원들이 쫓아오면 이번엔 요리조리 달아날 꾀를 내야지. 어떻게
하면 점수(點數 · 꾀 수數)를 더 딸까. 신공법의 기술(技術 · 꾀 술術)
을 내야지. 세상을 발칵 뒤집어놓을 물리(物理 · 꾀 리理)의 법칙을 발
견해야지. 속전속결의 전술(戰術 · 꾀 술術)로 적의 심장부를 강타해
야지. 여기 내 예술(藝術 · 꾀 술術) 작품을 보시오. 지혜(智慧 · 꾀 지
智)로운 자가 되야 하오….

　사람이란 애초 무엇인가를 내야(生 · 되야) 하게 되어 있다. 그래서
인생(人生)이라고 한다. 그 인생이 생계(生計 · means of livelihood)
에 부닥칠 때, 쓰고 시고 달고 화끈하고, 아니 때론 입안이 타는 맛까
지를 맛보는 것이다.
　좀더 좀더, 남보다 좀더 앞서는 빠른 꾀를 짜내려 너도 나도 머리
(頭)속으로 빠진다(沒). 하여, 몰두(沒頭)!
　그리하여 때론 기발하고 신이 나는 신통방통한 꾀에 무릎을 치며
'오오!' 감탄, 또 때론 답답스레 꽉 막힌 머리통을 두드리며 꾀야 나
와라 하지만 '아아!', 탄식…
　이 장조의 감탄과 단조의 탄식을 바꿔하며 죽음이 '그만(stop)!' 할

때까지 나아간다. 삼십육계(三十六計)가 36가지 꾀(計)를 어떻게 내야 하는 가를 말하여 주는 꾀내기이듯, 그렇게 계획(꾀 계計)을 세우고 계획(꾀 획劃)을 진행하며, 연속 드라마처럼 꾀의 연속 속에 살아가는 것이다.

그런데 왜 꾀를 내야 하는가? 살아가기 위해서다. 살아간다는 것은 무엇인가? 에너지를 낸다는 것이다. 극명하게 컨트라스트를 이루는 죽음이란 게 에너지를 내지 못한다는 것임을 보아도 알 수 있다. 그래서 생계를 살림(living), 혹은 살림살이라고 한다. 결코 죽음이나 죽임이 아니다. 태양은 에너지를 내기에 저토록 여전히 빛과 열을 내며 살고 있고, 그 태양의 에너지를 받아 저마다 만물은 에너지를 내고 있다.

다시, 낸다는 것은 에너지요, 에너지는 저울질과 자질이다. 이후 자질은 어감이 착각을 불러일으킬 수도 있으니, '저울질' 하면 그것까지를 포함한 뜻이라고 독자와 약속한다. 또한 우리가 살아가는 것은 각자 자기 몫의 보충어(깡통어)에 맞춰 저울질하고 산다는 것을 의미한다. 아이 엠(I am)으로 산다는 말이 아니다. 아니 다시… 그(that) 아이 엠(I am)으로 산다는 것은 더더욱 아니다.

생계인 리빙(living)은 '살아 있다' 는 뜻이요, '활기차다' 는 뜻이요, '물이 흐른다' 는 뜻이요, '불이 붙는다' 는 뜻이다.

같은 말인 생활(生活)이 물(氵=水)로 혀(舌)를 적셔내야 함을 뜻하는 것도 결국 꾀(計)를 낸다는 것은 에너지를 얻고 내야 한다는 것이 그 바탕(터 기基)에 깔려 있는 것이다. 꾀란 통박이요, 통박 굴리는 것이다. 저울질이다.

다만 우리가 쉽상(쉽게 늘), 이를 모르는 것은 늘 바탕(꾀 기基)을 생각하지 않고 무심히 지나쳐 버리는 표피 위에서만 사는 데 길들여져 있기 때문이다. 아스팔트 위에 사는 아이들이 시골아이들만큼 흙을 모르고 살 듯이, 우리의 문화는 이런 아스팔트를 겹겹이 입혀놓고 있다. 그래서 그 아스팔트를 걷어내면 그때서야 거기에 흙이라는 것이 있음을 안다.

　아스팔트 성질(캐릭터·저울질) 밑에 흙의 성질(에너지·저울질)이 있었다!

　그런데 이렇게 생계니 생활이니 하는 말을 밥(에너지)먹듯 쓰면서도 그 뜻을 하나하나 풀어줄 때라야 '아, 그런 바탕(뿌리 기基)이 있었구나!' 하고 새삼스러운 생각을 하게 된다. 그래서 철학자 파스칼은 이런 말을 하였다. "세상 사람들은 말로 만족하고 있다. 그러나 그 밑에 숨은 것을 알아내는 사람은 별로 없다"고….

　정말 그렇다! 그렇다고 나는, 모든 사람이 어원학자(語源學者)여야 한다고 말하려는 것은 아니다. 우리가 모든 말에 있어서 그 어원(語源)을 정확히 찾는다는 것은 이미 어렵게 되고 말았다. 너무 멀리 와버려 돌아갈 길을, 그 말이라는 물(氵·源)이 시작된 발원지(發源地)를 잊어버렸기 때문이다. 돌아다보니 잡초가 무성하고 아스팔트가 너무 두껍다. 그래서인지 프랑스에서 어원학을 연구하는 학회는 아예 두 손을 들고 그 간판을 내려버렸다고 하지 않는가? 그런 의미에서 나도 이 책에서 그런 아카데믹한 어원학적 관점에서 말의 뿌리를 찾자고 하지는 않는다. 또 그런 관점에서 그것을 주장하지도 않는다. 그럼에도, 나는 더욱 중요하고 심각한 이유 때문에 잡초가 있으면 그것을 제거하고 아스팔트를 걷어내려 하는 나름의 노력은 포기하지 않는다. 아스팔트의 성질(저울질)이 아닌 다른 성질을 얻으려 하기 때문이다.

　나는 어원학자가 아니고, 또 그것으로 내 꾀씀을 소모하는 사람은 아니다. 나는 말로된 경전이 가리키는, 그 말씀들에서 솟아나는 바탕(基) 에너지(캐릭터·저울질)를 추구하는 사람이기 때문이다. 결국 우리가 꾀를 얻고 꾀를 내고자 하는 것이 죽음이 아닌 살림을 위한 에너지(성질)를 얻기 위한 것이라면, 그 초점을 아스팔트 위의 일상적 생계와 생활을 위한 프로그램(꾀)과, 아스팔트를 걷어낼 때라야 나오는 흙의 프로그램과 확연한 구분을 하지 않으면 안 된다는 것이다. 다 살림을 위한 프로그램(꾀)이지만, 그 살림의 주체가 되는 생명의 성질(캐릭터·저울질)은 전혀 다른 것이다.

　내가 자주 괄호 속에 그 뜻을 집어넣는 것은 우선 이것을 분명히 해

두기 위해서다.

에너지라고 하면 그것이 곧 저울질 하는 성질(캐릭터)을 말하는 것인데도, 우리는 그 점을 놓치고 있기 때문이다. 그러나 이것은 실로 아주 중요한 것이다.

어쨌든, 인류가 숱한 역사를 거쳐오며 층층히 아스팔트를 깐 것은 시골을 뒤로 두고 아스팔트의 도시를 찾아오는 사람들처럼 흙 속의 캐릭터(에너지)보다는 아스팔트 위의 생계형 캐릭터(저울질)에의 끌림을 더 선호했기 때문이다. 부모를 남겨두고 도시를 향해 어둠 속으로 통박 굴리며 줄행랑치던 처녀들의 모습도 떠오른다.

그러나 아스팔트에 가로수를 심기 위해서는 그것을 조금이라도 걷어내고 그 가로수의 뿌리(基)를 심지 않을 수 없는 것처럼, 이 아스팔트 프로그램(計劃·꾀)이 내는 성질(저울질·에너지)로만 살 수 없는 생명이 있는 것이다! 아니 살림의 캐릭터(에너지)가 있는 것이다!

아스팔트를 뚫으며 흙 속의 성질(에너지)을 구하고자 하는 이름 모를 풀잎의 가공한 뿌리내림만큼, 아스팔트형 프로그램에게 충격을 주는 혁명(革命·프로그램을 바꿈·꾀를 바꿈)도 달리 없다. 이 풀잎은 아스팔트식 프로그램이 추구하는 캐릭터(저울질)를 단연코 거부하면서, 자기는 이 아스팔트에 맞추어선 도저히 그 뿌리내리기를 할 수 없다고 하며, 거부하는 몸짓으로 혼신의 힘을 다하여 아스팔트를 뚫는다. 바로 이 속생명 추구야말로 생명의 순수 우주적 저울질(성질)에 따름이 아니고 무엇이겠는가? 풀잎에게 나타나는 이 생계와 생활, 살림의 성질(캐릭터)은 태양이나 달이나 별에게 부여한 우주 에너지, 그 저울질과 다를 바 없는 것이다. 아니 이 우주적 캐릭터(성질)를 거부하는 아스팔트의 '에너지 프로그램(energy program)'이 그에겐 '성질(性質)'이 맞지 않는, 곧 풀잎의 존재 그 자체인 캐릭터엔 이질(異質)적인 것이기에, 그렇게 하지 않을 수 없고 , 또 바꿀 수 없는 잘 맞춰진 생명 프로그램으로 되어 있기 때문인 것이다. 그럼, 아스팔트가 이단(異端)의 허위인가? 풀잎이 이단의 허위인가? 누구도 풀잎을 두고볼 때, 아스팔트가 근본적으로 옳은 저울질 프로그램이라고는 하지 못할 것이다. 책임을 묻자면 아스팔트 프로그램(꾀)을 기획(企劃·꾀 기企)한 프로그래머(考案者)들에게 책임을 물어야 하는 것이다.

다시 상세히 언급하겠지만, 생명(生命)이란 명(命)을 낸다(生)는 말인데, 명(命)은 '꾀'를 말하고, 같은 뜻인 '프로그램(플랜=프로젝트=꾀)'을 낸다는 말이다. 생명은 저절로(自)의 성격이 가장 잘 나타난 저울질이다.

다시, 꾀를 낸다는 것은 에너지(성질)를 내기 위함이니, 에너지를 낸다는 말과 뜻이 같다. 그러므로 생명은 '꾀를 낸다=에너지를 낸다=성질을 낸다=저울질 한다' 는 뜻이다.

명령(命令)이란 꾀를 내라는 말이고, 저울질인 에너지를 내라는 뜻이다. 장군이 졸병에게 적을 죽이라고 명령하는 것은 죽일 꾀를 내고, 죽일 만큼의 에너지를 쓰라(내라)는 말이다. 반대로 살려주라고 명령하기도 한다. 생명과 명령이 다르지 않다. 생명을 뜻하는 라이프(life)가 근원 에너지(氣·저울질)를 뜻하는 원기(元氣·으뜸 저울질)임도 그러하고, 생활을 뜻하기도 한다. 그리고 하나님의 저울질에 잘 따르고 있는 것도 생명이다.

맹자(孟子)의 혁명사상을 보자.

그는 왕이 백 가지 성(百姓)을 가진 많은 백성보다 중요치(가볍다) 않다 하였다. 그런데 왕의 정책(政策·꾀 책策), 곧 왕의 통치술(꾀 술術), 저울질 프로그램(꾀 명命)이 인(仁)에 맞지 않고 어긋나서 백성을 못살게 하는 폭정의 프로그램(命)이라고 한다면, 속생명이 아닌(없는) 그 껍질(革)을 벗겨 갈아치워 버려야 한다는 혁명(革命)을 주장하였다. 왜냐하면 백성을 살리는 저울질(성질)의 프로그램이 아니었고 거기에 맞지도 않는다고 보았기 때문이다. 따라서 그 따위 엉터리 저울질 프로그램은 바꿔버릴 수 있다는 말이다. 백성의 목숨이 달린 문제다! 생명은 성질(에너지)이다! 생명은 오로지님의 저울질이다! 인(仁)도 생명을 위한 질 좋은 저울질인 것이다! 따라서 풀잎(민초)은 말할 것이다. 아스팔트 프로그램은 바꿔버려야 한다고! 우주의 백성을 죽이는 엉터리 저울질 프로그램이기에 바꿔버려야 한다고! 가

죽(革)을 벗기는 것처럼 아스팔트를 벗겨야 한다는 것이다. 그래서 새 생명, 아니 속생명의 에너지 프로그램을 찾아야 한다는 말이다.

이제 이쯤 잠시 정리하자. 꾀(프로그램)는 에너지를 얻고 내기 위함이요, 에너지는 성질(캐릭터)이며, 그것은 속생명에의 저울질에 맞는 '맞춤'이어야 한다는 한 센턴스를 접자.

그리고 그 어떤 아스팔트 프로그램이 참 생명을 해하는 반생명적일 때는 가벼우니 버려도 된다! 풀잎은 그 뿌리찾기(採根)를 통하여 이것을 깊이 통찰하였을 것이다.

나는 '아스팔트 저울질(에너지) 프로그램'과 '흙의 에너지 프로그램'이 어떻게 다른가를 잠시 보았다. 내가 비유로 말하는 아스팔트식 생계형 프로그램(꾀)과 흙 속에 뿌리를 내리고 살아야 할 프로그램은 단지 '시골은 천사가 만들고 도시는 악마가 만들었다'는 귀거래사식의 전원예찬을 하자는 것이 아니다. 하기사 생계형 프로그램은 도시에서 하고 또 그것을 떠난 전원생활을 그리워하여 전원주택을 선호하는 붐이 있기도 하다. 그러나 그것은 그저 여느 신드롬 같은 성질의 것은 아닌 것이다.

바탕 터(基)를 이루는 에너지 프로그램(꾀 기基)이 무엇이냐? 또 그 꾀(基)로 독려(督勵 · stimulate · 활기 띔)하고 독촉(督促 · urge)하여 저울질(캐릭터)을 미치는 것은 무엇인가?

기독(基督)! 그리스도의 한자말 의미이기도 한 이것은, '그리스도'라는 말에, 그 말의 어원(語源)에 아스팔트 가죽을 벗기는 속생명(生命)의 메타포('위로 실어나르는 것')가 숨어 있다. 또 그것이 내가 그리스도를 '기름님'이라고 부르는 이유가 된다.

히브리식 메시야(The Messiah), 그 희랍식 번역인 그리스도는 '기름부음을 받은 자'라는 뜻이다. 이것을 나는 압축 존칭의 어휘로 하여 '기름님'이라고 하는 것이니 서툴다고 하지는 않을 것이다. 기름(oil)은 말할 것도 없이 물의 성질(캐릭터)을 내는가 하면 불의 성질(캐릭터)도 내는 불타는 물(burnning water)이라고 하겠는데, 그리스도를

'생명의 말씀(생명의 저울질)'이라고 하는 까닭도, 그것이 우리가 알고 있는 모든 아스팔트형 생명 프로그램과는 다른 생명 프로그램의 에너지원(源)을 암유(暗喩·metaphor)하는 에너지요, 그 프로그램(꾀)을 의미한다는 것을 알 것이다.

이 그리스도는 결코 우리에게 아스팔트식 생계형 프로그램과 그 에너지(저울질)를 말하고 있지는 않은 것이다. 그것은 아스팔트를 걷어낸 속생명 프로그램이기에 새 생명이라고 할 것이며, 근원적 생명이라고 할 것이다. 그래서 그이는 이런 말을 한다. "진실로(충만하여) 진실로(충만하여) 네게 이르노니 사람이 물과 성령으로 거듭나지(내지) 아니하면 하나님 나라를 들어갈 수 없느니라 육(의 성질)으로 난 것은 육(의 성질)이요 성령(의 성질)으로 난(낸) 것은 영(의 성질)이니 네게 거듭나야(내야) 하겠다는 말을 기이히 여기지 말라."(요한복음 3:5-6)

물의 저울질(성질)이 있듯이, 성령의 저울질(성질)에 따라야 한다고….

물(水)을 내세우며 그 에너지 캐릭터인 성령(Spirirt)을 말하고 있다. 여기선 간단히 이렇게만 질러두는 선에서 그치자. 그러나 분명한 것은 다른 생명(프로그램을 냄)과 다른 저울질=에너지(캐릭터)다! 겉생명(육)의 캐릭터(에너지)가 아니요, 속생명(영)의 캐릭터(저울질)이다.

성령이라고 무조건 말하면 도무지 이해가 되지 않을 것이니 물이라는 정보를 깔았다. 물은 에너지요 생명력의 근원을 이루는 저울 에너지이니, 그와 같은 연장선으로 성령이라는 새 에너지를 말하는 것이다. 그러니 더더욱 아스팔트 성질은 아니다!

사상의학(四象醫學)이라는 것이 있다. 사람의 몸(體)의 성질(性質), 곧 체질(體質)을 크게 사지(四肢)로 나눈 것이라고 알고 있다.

태양인(太陽人), 태음인(太陰人), 소양인(少陽人), 소음인(少陰人)이 그것인데, 이것은 각기 그 몸의 성질이 다르다는 얘기다. 그리고 그것은 몸의 성질뿐 아니라, 그런 사람들의 성격(캐릭터)까지도 다르다는 것을 말하고 있다.

이렇게 에너지, 그 저울질의 조절 능력에 따라 체질(몸의 저울질)이 달리 미친다는 것이다. 태양인을 두고 어떤 책을 보면(사실을 떠나서), 착상이 뛰어나서 독창적이지만 변의가 잦고 비타협적이며 과대망상인 일 수도 있다고 하며, 또 이런 사람은 영웅적 천재형, 발명가, 기인, 전략가의 기질이 있다고 한다.

소양인은 사무처리에 능숙하고, 비판적이며, 타산적이고, 명민하고 경솔한 편이나 체념도 빠르다고 한다. 사무원, 상업인, 신경질적인 군인형이란다.

다른 예는 더 들 것 없지만, 어쨌든 이런 식으로 접근하는 것은 흥미 있는 일이기도 하다.

어쨌거나 태양인의 성질을 그림(꾀 도圖)으로 표시하라고 하면 모르긴 해도 크게 불타는 태양을 그릴 것이요, 소양인은 그보다 작은 모양을 그릴 것이다. 태음인은 모르긴 해도 둥근 달을 그릴 것이고, 소음인은 그보다 작은 반달을 그릴 수 있다.

바로 이렇게 하여 상품으로 팔리면 이것을 일러 캐릭터 상품(character goods)이라고 한다. 국기(國旗)! 그것은 그 나라, 그 민족성(性)의 캐릭터를 도안한 것이다. 우리 태극기(太極旗)는 에너지 총센터인 하느님(태극)의 보우를 받는 나라, 그리고 그것에 맞춰 펼쳐지는 다양한 저울질 프로그램(卦)으로 맞춰 살고 있는 나라라는 뜻이겠고, 일본(日本)은 그네들이 태양의 근본(根本), 뿌리라고 하며 큰 태양을 그리고 있다. 이런 방자한 저울 눈금이 있기에 그 민족 성질(캐릭터)이 어떤 짓으로 나왔는지는 역사책이 고자질하고 있다.

그런데 이런 국기는 옷을 해입는다든가 커튼으로 쓴다든가, 걸레로 쓰지 않는다. 왜 그런가? 이것은 그런 용도가 유형(有形)의 것이 아니요, 무형(無形)의 성질을 끄집어 낸 것이기 때문이다. 거기에는 애국심이라는 메타포가 있기 때문인 것이다. 그런데 요즈음은 이런 국기도 다양한 상품에 그 무형의 성질을 덧하여 캐릭터 상품으로 팔리고 있는 것을 본다. 그 용도 외에 무형의 성질이 얹혀진 것이다. 이것을 가능케 하는 것은 디자인(design · 꾀 · 圖案)인 것이다. 또한 꾀는 무엇을 이루고 무엇을 만들고 또 자기가 무엇임을 드러내기 위해 있는 것이다. 꾀돌이 제갈공명이 낸 꾀가 제갈공명이 누구인지를 저울질하여 입증시키는 제갈공명, 바로 그 캐릭터(성질)가 되듯이 말이다.

과거부터 그래 왔던 것이긴 하지만, 더욱 오늘날은 두드러지게 질(質 · 캐릭터)을 내세우는 시대가 되었다. 아니 그것이 묘하게도 앞서 말한 대로 아스팔트 위로 부각되어 상품이 되기도 한다.

미키마우스니 텔레토비니 둘리니 하는 것에서도 그렇고, DJ 캐릭터 상품이니 하는 대통령 DJ의 특성을 도안(圖案 · 꾀 도 · 프로그램＝案)해 전해 주는(메타포) 컵이니 티셔츠니 하는 것도 만들어 판다.

인형과 컵과 티셔츠라는 물리적 성질(캐릭터)에 다른 속성질(캐릭터)을 얹어 액센트를 주고 있는 것이다. 그것만으로도 상품의 가치가 엄청 상승하는 것이다. 로열티라는 것을 왜 막대하게 지불해야 하는가?

햄버거라는 유형의 빵껍데기를 만들어 먹을 수 없어서인가? 굳이 맥도널드라는 이름을 앞세워야 하는 까닭은 단지 그것이 더 맛이 있어서만일까?

코카콜라는 그 이름(캐릭터)만으로도 천문학적인 가치를 갖는 캐릭터가 되고 있다.

이것은 무엇을 암시하는 메타포(전하는 말)인 것인가?

꾀를 선점(先占)한 자가, 햄버거의 속성질(캐릭터)을 선점(先占)한 자가, 콜라라는 톡 쏘는 맛의 캐릭터를 선점(先占)한 자가, 8 · 15를 외치며 나타나 애국심에 호소하는 그 민족 성질(캐릭터)까지를 누를 수 있는 비밀(秘密)은 어디에 있는 것인가? 저울질을 먼저 했기 때문이다. 그 저울의 성질을 기울게 하기 어렵기 때문이다. 이미 몸 속에, 의식 속에 여기에 맞추도록 밸런스를 먼저(先) 인풋시켰기 때문이다.

'선점(先占)한 자가 지배한다!' 이 말은 오늘의 모토가 되었다.

이 비밀은 아스팔트를 벗기면 더욱 알 수 있을지 모른다. 왜냐하면 아스팔트 위에서도 화단을 만들고, 운동장을 만들고, 베란다의 화분에 꽃을 심어 물을 주고, 또 그린벨트를 지키려고 하는 것은 단지 평범한 그저 그런 일일까? 아닌 것이다! 흙을 향한 갈망이 있다! 흙이라는 속성질을, 그 저울질을 좇으려고 하는 그런 갈망! 아아, 그 속성질인 흙을 아스팔트는 카피하려고 한다! 베끼려고 하고 있다.

그렇다! 이 세상 모든 일이 꾀(계획) 없이 마구잡이로 되지 않고, 또 어떤 성질(저울질)의 반영 없이 이루어지는 일이 단 하나라도 있을 것인가? 설혹 그 꾀가 엉성하여 말썽이 되는 경우는 허다하긴 하지만, 분명 무언가 '보이지 않는 손(手·꾀)', 보이지 않는 저울질의 성질(캐릭터)이 지배하고 있을 것이다. 콜라 8·15가 코카콜라의 성질을 따라 콜라라는 성질을 카피('아류는 일체가 카피다!')하여 그 프로그램명(名)만을 바꿨지만, 나는 이 콜라를 마시며 코카콜라를 떠올리지 않을 수 없었다. 이미 나도 거기에, 그 먼저 잡은 저울질에 밸런스(저울)를 맞추고 있기 때문이다. 선점(先占)한 자가 지배한다!

미래학자 앨빈 토플러는 가장 의미 깊은 통찰력 하나를 더했다. "문명의 전제조건(precondition)은 에너지다!"는 말을 했는데, 에너지(저울질)가 어떻게 문명을 저울질하며 이끌어왔는지 생각도 해볼겸, 또 에너지에 대해서도 다시 한 번 생각도 해볼겸 하여 여기에 인용하기로 한다.

고금(古今) 어떤 문명의 전제조건도 에너지이다.(The precondition of any civilization, old and new, is energy)

제1물결(흔들림·wave) 사회는 그들의 에너지를 "살아 있는 밧데리(living batteries)"인 ― 인간과 동물의 근육파워 ― 혹은 태양으로부터 끌어냈다.

숲은 요리나 난방을 위해 벌채되었다. 외륜(外輪), 그것들은 조수(潮水)의 힘을 써서 돌렸고, 물레방아의 맷돌도 돌렸다. 풍차는 들판에서 삐걱삐걱 울리며 돌아갔다. 그리고 동물들은 쟁기를 끌었다. 마침내 프랑스혁명, 어림잡아 그때의 유럽은 대략 천사백만 마리의 말과 이천사백만 마리의 소로부터 에너지를 끌어냈다. 온통 제1흔들림 사회는 이러한 에너지 소스로부터 그들을 갱신하는 에너지를 계발하였다. 숲은 벌채를 당하면 결국은 다시 절로 그 자연으로 채워졌다. 바람은 그들의 돛을 만족시켰고, 강물은 그들의 노를 잘 젓게 하였다.

비록 사람과 동물을 '에너지 노예(energy slaves)'로 되돌려놓는 것이긴 하였지만….

이와 대조적으로, 온통 제2흔들림 사회는 그들의 에너지를 석탄, 가스, 그리고 기름으로부터 끌어내었다. 그러나 이것은 돌려놓을 수 없는 화석 연료이다.

이러한 혁명적 변동은 뉴코멘이 1712년 일할 수 있는 증기 엔진을 발명한 후이다. 이것은 문명이 역사상 처음으로 자연이라는 자본이 주는 이자에만 의지하지 않고도 자연의 자본을 잠식(蠶食)하였음을 의미한다. 지구상의 에너지 자원을 퍼내서 산업문명에 보이지 않게 도움을 줌으로써 급격한 제 성장에 엑셀레이터로 작용했다. 그 뒤로도 제2흔들림이 덮치며 지나간 모든 국가들은 값싼 연료를 무한정이고 이용할 수 있다는 전제로, 기술적 경제적 탑들을 쌓아 갔다.

동서, 자본주의, 사회주의 할 것 없이 이 같은 변동을 분산된 에너지에서 집중된 에너지로, 재생 가능한(renewable) 에너지에서 재생 불가능한(non-renewable) 에너지로, 다양하고 많은 에너지 소스와 연료로부터 소수의 연료로 똑같이 전환하였다. 화석 연료가 온통 제2흔들림 사회의 기반을 형성한다.

그렇듯 에너지(저울질·성질)가 물적 문명을 이끌고(leading) 가는 원동력(motiv power)이 된다는 것은 자명하며, 또 그 얼굴빛(저울질하는 성질)이 되기도 한다.

이 문명의 우의(寓意)에서 크게 뜻을 캐취하지 않으면 인간은 물질에 의해서만 저울질되는 존재가 되고 만다.

그것은 다시 토플러가 '권력이동(power shift)'에서 말한 대로, 인류의 에너지(성질)는, 폭력이라는 저품질 권력(low-quality power)과 부(富)라는 중간품질 권력(medium-quality), 그리고 지식이라는 고품질 권력(high-quality power)이라고 하였는데, 지금은 에너지 (성질), 바로 그 성질이 고품질 권력인 지식으로 옮겨가는(shift · switch) 시대라고 본다. 곧 양적인 변화가 아닌 이 질적인 변화를 그는 파워 시프트라는 말로 하고 있는 것이다.

또 생각해 보게 되는 것은, 과거 KBS의 이산가족 상봉의 진짜 배경 엔 텔레비전 파워라는 겉껍질 말고도, 물(rain · 비 우雨)의 성질을 바꾼 전(電 · 雨를 길잡이로 하는 글자)이라는 성질(에너지)의 리딩 (leading · 先導)이 있었던 것이다. 전기라는 성질이 없이는 방방곡곡 골골샅샅 그리운 부모형제를 찾아갈 수 없는 것이다. 어떤 수백, 수천 만의 배달부나, 마력(馬力)이 그 일을 그렇게 일거에 할 수 있었겠는 가? 그렇게 원폭 터뜨리듯이 감동의 메시지를 전할 수 없는 것이다. 전기라는 성질(캐릭터)! 이것이 그것을 가능케 선도(先導)한 것이다. 또 그럼 물(雨)의 성질에서, 전(電)이 나왔다면, 다시 물(雨)이 그 메 타포를 전하는 영(靈 · 雨)으로 성질이 바뀐 캐릭터의 선도(leading) 도 마땅히 놓치지 말아야 한다. "물과 성령으로 거듭나라."(그리스도)

그렇다면 오늘의 물적 유형의 성질인 그 문명의 성질(캐릭터)을 리 딩(leading)하는 것은 무엇인가? 저울질하고 있는 것은 무엇인가? 두 말할 것 없이 역시 전기(電氣)다. 전기가 없는 오늘의 물적 문명을 상 상할 수 있는가? 그래서 에너지(성질)를 알면 노스트라다무스가 아니 라도 어떤 일이 일어날지를 안다. 노스트라다무스식(죄 식式)으로 말 해 보자. (전제 : 전기가 없다!) 그럼, 밤은 밤의 성질대로 어둠이리 라. 빛이 없으므로 밤은 조금도 그 성질을 바꾸지 못하리라. ─ "빛이 어둠에 비취되(그 캐릭터를 바꾸려고) 어둠이 깨닫지 못하더라."(요 한복음 1:5) ─ 장망성(將亡成)은 무너지리라. 전기가 그 캐릭터(성질) 를 리딩하는 빌딩들은 쓸모가 없으므로 무너뜨려야 하리라. 전기! 모 든 가전제품을 저울질하여 그것에 맞추도록 리드하는 에너지(캐릭 터 · 성질)! 이 리딩 캐릭터가 없어지면 그 모두가 고물딱지가 되고 마 는 것이리라.

그런데 사실 변한 것은 없다. 물적 에너지(캐릭터)를 리딩하는 에너지는 언제나 태양이다! 태양이 그것들을 저울질하여 컨트롤하는 성질인 것이다. 그 모든 것은 다른 성질인 것 같지만, 그 태양의 성질을 카피한 아류(亞流)에 불과한 것이다. 문명 비평가 제레미 리프킨이 말한 데로 기술이라는 것은 에너지를 변형하는 장치(transfomer)의 계발 외에는 아무것도 아니다. 고금(古今)의 문명은 그 어느 것도 에너지를 창조한 것이 아니라, 에너지를 변형시키는 기술(꾀 術術)을 가진 것이다. 석탄은 태양 에너지의 고체화석이요, 석유는 액체화석일 뿐이다. 석유(石油)라는 액체에 돌(石)이 붙는 것은 그것이 화석(化石)이라는 의미에서이다. 그러므로 태양을 트랜스포머(변형)하여 쓰는 것뿐이다. 그 기술뿐이다! 그런 꾀(프로그램)뿐이다!

그러니 말할 것도 없이 전등(電燈)은 해의 카피다! 결코 새로운 것은 아니다. 그런데 전등을 두고 우리가 태양보다 선점(先占)한 캐릭터를 가졌다고 할 수 있을까? 저울질을 먼저 했다고 할 수 있을까? 또 그것이 지배적인 리딩 에너지 프로그램이라고 할 수 있을까? 아스팔트 위를 움직이는 '전(電) 에너지(氣) 프로그램'은 태양이 영원히 꺼져버리면 그것이 허무한 카피요, 그 아류였음을 그제야 깨달으리라.

"해 아래 새로운 것은 없다.(There is no new thing under the sun)"(전도서 1:9) 모든 문명의 성질은 해의 캐릭터, 그 성질을 꾀(프로그램)로 바꾸고 그것을 모방하고 있을 뿐이다! 그러나 모방은 결코 살아남지 못한다. 그것이 참 태양은 아니기 때문이다. 태양 그 자체의 캐릭터는 아니기 때문이다. 참기름은 열게 하고 주근깨는 열게 하지 못한다. 선점(先占)한 자가 지배자다!

그 속캐릭터를! 그 속에너지를! 그 속프로그램을! 그 저울질을…

점(占)이란 무엇인가?

'점을 친다'는 뜻은? 그리고 이 메타포엔 큰 가르침은 없을까? 내

일점일획 사상은 이를 테마로 길게 간다.

우리는 선점(先占)을 말했다.

'점(占)을 앞서 미리(先)' 차지한다는 말이고, 그리고 리드한다는 말이기도 하다. 아니 컨트롤(control · 지배)한다는 말이다.

그런데 점(占)을 차지했다는 말이, 캐릭터(에너지)와 프로그램(꾀)을 앞서 차지했다는 것으로 쓰이고 있었음을 볼 것이다. 아니 저울질을 먼저 지배적으로 함으로써 그에 맞추지 않으면 안 되도록 하였음을 보았다. 그러므로 점(占)은 곧 '에너지요, 저울질이요, 그 프로그램(energy program)'임을 알 수 있다. 저울질 하는 성질이요, 그 성질을 드러내는 프로그램이라는 말이다.

그리고는 이 점(占)을 앞서 발견하고 차지한 자가 지배자가 됨도 보았다. 그러니 점(占)이란 것이 이토록 큰 의미가 되는 것이다. 또 그러니 우리는 잠시도 점(占)과 떨어져 살 수 없음이다! 생계가 곧 점(占)이요, 생활이 곧 점(占)이라는 것을 알게 된다. 점(占)과 점(點)은 같은 말이다. 그것은 포인트(point · 가리키다)를 의미한다.

우리는 자주 어떤 출발점(出發點 · starting point)에 선다는 말을 한다. 어떤 새로운 프로그램을 수행하면서도 그런 말을 한다. 그리고 전환점(轉換點 · turning point)을 말하기도 한다. 인생의 전환점이니, 출세의 전환점이니, 마음을 고쳐잡게 된 전환점이니 한다. 어떤 것을 팔면 장사가 잘된다더라 하는 누군가의 말을 무심코 듣다가 그 장사로 '회~획(回劃 · 꾀 획)~!' 전환하는 경우도 있을 것이다. 정보가 전환점 구실(職)을 해준 것이다. 정보는 안내(案內)다.

우리가 호텔이나 백화점에 가면 인포메이션(information · 案內)이라고 쓰인 곳에 들려 갈 곳을 묻는다. 그것처럼 정보의 성질을 잘 알려주는 것도 없다. 그래서 이런 정보의 안내를 받아 저울의, 자의 눈금이 바뀌는 것이다. 이 사람(사건)의 처지를 획기적(劃期的)으로 바꿔주는 전환점(轉換點 · changing-over)을 준 것이다. 프로그램을, 에너지를 준 것이다. 그리고 어떤 기본적인 시작을 알리는 말로 기점(基點 · cadinal point)을 말하기도 한다. 기점(起點)은 스타팅 포인

트로서 출발점과 같은 뜻이다. 점(占＝點)이 일어나고 시작된다
(starting)는 말은 '에너지 프로그램'이 작용하기 시작했음을 의미한
다. 이렇게 우리는 점(占＝點)과 뗄레야 뗄 수 없다.

'에너지 프로그램＝캐릭터(성질)'과 따로 떨어져 살 수 없는 것이
다. 죽음을 의미하는 종점(終點·terminal point)에 이르기까지 점
(占)과 함께다. 캐릭터와 함께다! 성질과 함께다! 에너지와 함께다!
프로그램(꾀)과 함께다! 저울질에 따라서….

바로 이렇게 성질과 함께하는 것을 '맞춘다(어울린다)'고 한다. 점
(占＝點)이란 말 속에 이미 그런 뜻이 있는 것이지만, 그것을 강조하
기 위한 강조점(強調點)으로 꺼내어 새삼 말하는 것뿐이다. 반드시 이
점과 함께(맞추어야) 해야 하는 것이니 그럴 수밖에 없겠다. 당신이
지금 어떤 성질(성격·인격)이냐 하는 것은 어떤 점(占), 아니 어떤
프로그램(꾀)과 에너지에, 어떤 성질에, 어떤 기울기에 맞추어 어울리
고 있느냐에 따라 정해지는 것이고, 그것이 곧 당신의 모든 것을 말하
는 캐릭터가 된다.

그래서 이 맞추어야 한다는 말을 두고 '점(占)을 친다'고 한다. '친
다'는 것은 맞춘다는 말이다. 권투 선수가 주먹으로 얼굴을 '치는' 것
은 얼굴에 주먹을 '맞추는' 것이다. 볼링을 '친다'는 것은 볼링공으로
핀을 맞춘다는 것과 같다. 짝을 맞추는(fit·合·oneness)는 것처럼
하나(all)가 되는 것이다.

산처럼 살고 싶다, 물처럼 살고 싶다는 말은 산의 성질처럼 살고 싶
다는 말이다. 인자요산(仁者樂山)이라고 하였던가?

남북은 두 나라로 갈라졌다. 그래서 이질화(異質化)되었다고 하면
서 민족의 동질성(同質性) 회복을 말한다. 캐릭터를 같게 하자는 것이
다. 통일(統一)이 그것인데, 통(統·근본·큰 줄기·전체)은 하나
(一·all)와 같다.

한자는 단철어(單鐵語)이기에 한 음절로 뜻이 표현된다. 눈(目), 손
(手), 발(足)… 이런 식이다. 물론 우리도 방금의 예와 같이 한 음절로
된 것도 있으나 거의 모든 낱말이 다음절(多音節)이다. 그래서 우리는

같은 뜻의 말을 이 습관대로 붙이길 좋아한다. 통일(統一)이 그렇고, 발생(發生)이 그렇고, 붕우(朋友)니 하는 것이 다 그렇다. 물론 그들도 그런 식으로 쓰지 않는 것은 아니나, 한 음절이면 다 뜻을 잡을 수가 있다. 그런데 '족(足)발' '역전(前) 앞' 식(겹말)으로 우리는 다음 절을 잡아야 직성(?)이 풀린다.

어쨌든 우리가 말하는 통일(統一)은 그 성질이 하나(一)로 되었을 때 하는 말이다. '비로소(統)'는 하나(一)다. 하나(一)님은 비로소(統)님이다. 남북은 하나다! 조선은 하나다!는 말은 두 프로그램의 이질적 요소를 모두 극복했을 때라야, 비로소 올바른 말(正名)이 될 것이다.

또 우리가 인생에 있어서 시험(試驗)을 떠날 수 있을까? 학생뿐 아니라, 운전시험으로, 국가고시로, 이런저런 자격(資格)시험으로….

시험이란 무엇인가? 구체적으로 '달아보고 재보고' 하는 것이다. 그래서 바로(正)되었는가, 아니 바로(正)에 맞췄는가를 저울질하고 재보는 것이다.

그런데 이 아스팔트 위에서 일어나는 모든 시험엔 그 아스팔트 밑(뿌리 종宗)에서 전하려는(메타포) 뜻은 없을까? 태양을 카피하는 것이 아스팔트 문명의 다양한 겉캐릭터이듯이 말이다. 인생이란 사실 작고 큰 시험의 연속이 아니던가? 예수가 치룬 광야의 시험(試驗)은 예수라는 뿌리(基)가 아스팔트 위에서 치룬 첫 시험이기도 하였다. 곧 네가 하나님의 아들(속캐릭터)이라면, 그럼 그 성질을 아스팔트의 프로그램에 맞출래, 아니면 정말 속프로그램 성질에 맞출래 하는 것이었다.

어느 저울 눈금, 어떤 척도(尺度)로 맞출 텐가 묻는 것이었다. 물론 예수는 아스팔트 프로그램에 맞추지 않고 속프로그램에 맞추었음을 알 것이다. 다른 말로 하여 하나님의 캐릭터에 '하나' 되게 하였다는 말이다. 아니 그것은 그가 원래(元來·근본에서 오다)부터 그런 속성질이었음을 입증하는 것이기도 하다.

학생은 시험이라는 프로그램에 맞춰 점수(點數)를 딴다. 곧 시험이란 점(占)을 얻기(따오기) 위한 것이다. 에너지를 따오고(得·gain), 그 프로그램을 본떠오고, 그 프로그램대로 본(本) '받기' 위해서다. 곧 시험문제에 들어 있는 참(正)을 찾아 그것을(에) 맞추는 것이다.

시험문제란 거짓과 참이 혼재한다. 팔다리가 넷이라 넷에 집착하여 그런지 사지선다형(四肢選多型)을 보면 3개는 트릭(奸計·trick)이 요, 오직 하나(一)만이 참(正)인 정답(正答)이다.─ 답(答)에 맞춘다 는 합(合)이 있음을 주목하기 바란다.─

그렇다! 참은 하나(一)다! 그래서 우리는 하나(一)님을 맞추어야 한 다고 하고, 그 하나님을 참님이라고 하는 것이다. 바로(正) 그 님이 다! 예수는 이 참(一)을 찾아 속지 않고 맞춘 것이다. 세 번의 시험에 서 다 참(一)을 찾았다. 그렇다! 이 세상은 우리를 헷갈리게 하는 트 릭(거짓)이 참(一)보다 더 많다. 엉터리 추(錘)요, 단위다. 사지선다 형에서 오지선다형으로 갈 뿐 아니라, 더 많이 가기도 한다. 그런데 결국 참은 하나(一)를 찾아야 할 뿐이다. 이것이 뜻없이 일어나는 일 들일까? 우주의 장난일까? 추(錘)! 저울 추! 그런데 이것은 '마치 추' 이기도 하다. 자루가 달려 두드리거나 박는 데 쓰는 망치. 이상하 지 않은가? 전혀 관련이 없을 것 같은데 같은 글자를 쓰고 있으니? 내 글에서 적지 않이 그런 것을 볼 것이다. 그러나 모든 것은 뜻으로 네 트워킹되어 있음을 알아야 한다. 같은 소리는 같은 뜻으로 모이는 것 이 대부분이다. 사실 소리란 그렇게 많은 것이 아니다. 뜻이 많을 뿐 이지….

자아~, 생각해 보자. 마치(망치)로 두드려 무엇을 이뤄간다는 것은 무엇인가? 가령 그릇을 두드려 만든다고 해보자. 그것은 머리속의 설 계도, 그 척도에 맞추어가는 추(錘)의 옮김이 아닌가? 두드리고 (맞) 치는 그 자리는 눈금인 것이고, 추를 갖다댄 자리와 같은 것이다. '저 울질, 척도(설계도)' 대로 마치(錘)는 맞추어지는 것이란 말이다. 또한 "그녀의 얼굴은 '마치' 달덩이를 보는 것 같다" 하는 것도 역시 추 (錘)의 의미에서 나오는 것이다. 그녀 얼굴을 무엇에 맞출까를 보니 달덩이가 눈금에 들어온다. 그래서 맞추는 것이다. 이렇게 말은 뜻을 확대해 간다. 마(ma-·저울과 자)에 치대어, 맞추는 것! 마치(錘)!
마침표! 만남! 모두가 추(錘)인 것이다!

　그러므로 비유물을 들어 '마치' 하늘나라의 그 무엇과 같다고 하는
우의가 있게 된다. 시험을 치는 학생도 추를 머리속에서 이리저리 굴
리기 한다. 사지선단형 가운데 어느 것이 참(一)일까 하고 추를 옮겨
'맞추기'를 하는 것이다. 그러다 자신이 없으면 추의 대용품으로 볼펜
등을 굴리기 하기도 한다. 그러나 불안하다. 안정이 안 된다. 그래서
미아리 점집을 찾는 사람들도 이런 식의 볼펜 굴리기를 해주십사 하
고 점쟁이를 찾는 것이다. 그래서 동전이나 쌀이나 나뭇가지 같은 산
대를 운명의 추라고 보여준다. 점쟁이 자신도 실은 그저 통박 굴리는
것이다. 아니 분명히 남는 장사니 얼마든지 던져주는 것이다.

　웃을 일이 아니다. 우리는 공부(배움)를 하여 정말이지 오로지(一)
하나인 참(一)을 찾아 그를 맞추도록 해야 한다. 겉껍질의 아스팔트
위에서도 이런 암시(메타포)가 끝없이 주어지는 것이다. 그저 뜻없이
세상만사가 돌아가는 것이 아니다! 두려울 정도의 불변의 '보이지 않
는 손(끠)'이, 저울질과 추(마치)가 문제를 내며 참을 찾으라고 하고
있다. 맞추라고 하고 있다.

　일체가 참(一)을 찾으라는 시험이요, 질(質) 문(問)인 것이다. 바탕
이 묻고 있다. 껍데기가 묻고 있는 것이 아니다. 아이들은 이것을 잘
안다. 그래서, '자동차가 뭐야? 말이 뭐야? 꽃이 뭐야? 애기가 어디
서 나와?' 하고 바탕(質)을 꼬치꼬치 묻기에, 평소 바탕(質)에는 별
신경들을 쓰고 살지 않는 우리들인지라 '별것을 다 묻는다'고 할 정도
인 것이다. 그러나 아이는 그 모든 바탕이, 묻고 있음을 안다. 묻고 있
는 것으로 보이기에 그 말을 받아 물어보는 것이다. 어린 예레미야라
고 할 것이다. 예레미야는 하도 묻는 것이 많기로 이렇게까지 말하고
있다. "'내가 너를 점지해 주기 전에 나는 너를 뽑아 세웠다. 내가 세
상에 떨어지기 전에 나는 너를 만방에 내 말을 전할 나의 예언자로 삼
았다.'

　'아! 야훼 나의 주님, 보십시오. 저는 아이라서 말을 잘 못합니다.'"

(예레미야 1: 5-6)

　그러나 소용없다. 계속 바탕이 물으니 예레미야는 대답해야 하고 그러니 결국 바탕님이신, 성질(性質)님이신 하나님과 대화하는 것이 되고, 또 그것이 깊어지니 엄청난 예언이 되는 것이다.

　또한 예수가 동전을, 좁은 문을, 가라지와 밀을…. 이런 장난감 같은 메타포(비유물)들을 들어 참을 설명하려고 한 것은 세상 모든 것, 모든 일들에 참을 찾으라는 바탕 물음이 있다는 것을 생생하게 보여주려 한 것이다. 아이는 안다! 예레미야도 알고, 예수도 안다! 바탕이 묻고 있음을!

　그러니 아무것도 아닌 것이 없고, '별것도'가 있을 수 없다. 하나(一)님이 만물을 창조하였다고 하는데, 어떻게 그 하나(一)를, 그 바탕을, 그 캐릭터의 프로그램을 벗어난 '별것도'가 있을 수 있겠는가? 아이는 알고자 한다! 그러니 대답을 잘해 주어야 한다. 못하겠음은 입을 다물고 있기라도 해야지 귀찮다고 볼기짝은 왜 때리누? "창세로부터 그의 보이지 아니하는 것들 그의 능력(eternal power)과 신성(divine nature)이 그 만드신 만물(the things he has made)에 분명히 보여 알게 되나니 저희가 변명(핑계)치 못할 것이다."(로마서 1:18-21)

동기감응(同氣感應)!

　―약초가 우리 몸에 이로운 것은 우리 몸 속에 숱한 약초의 친구가 있기 때문이다.(조지 허버트)

　같은 에너지(성질)는 서로 응하려고 한다는 말이다. 곧 기(氣·에너지)는 저울질이니 같은 성질의 것에 맞추려고 추가 찾아가는 것이다.

　필링(感)이 통했다는 말들을 하는데 성질이 같게 느껴질 때 하는 말이다. 응(應)은 '꼭'이란 말이다. 반드시라는 뜻이다. '꼭 가도록 하

마' 하는 식으로 어김이 없다. '그것은 꼭 그렇단 말이야' 라는 말도
그렇다. 답은 꼭 맞춰야 하는 성질이다. 그래야 답이다. 그것이 응하
려고 하니 시험을 치는 학생도 응해야 한다. 이렇듯 같은 성질은 서로
응하려고 한다는 이것을 우리는 불변의 성질(법칙)이라고 해도 된다.
그것이 바탕 성질이다. 앞서 법칙(法則)은 저울질이라고 하였다!? 그
러므로 불변의 저울질이 미치고 있음이다. 우리식 교육시험을 가지고
예를 들기가 뭐하지만, 정말 답을 찾는다는 것은, 답에 맞춘다는 것은
그 성질(一)에 저도 모르게 끌려가야 하고 필링을 강렬히 느끼는 것일
수밖에 없는 것이어야 진짜인데, 그렇지가 못하다.

4 더하기 4는 8이다를 맞추는 것이 뭐 시험인가? 무슨 시험이 그런
가? 4 더하기 4는 9라고 하면 틀렸다고 하는 데 왜 틀렸누? 누가 꼭 8
이어야 한다고 했누?

그런데 9라고 하는 애를 두고 공부도 지지리 못하는 녀석이니, 맹추
니, 맹꽁이니, 곰딴지니, 애매한 동물학대만을 거듭한다. 점점 바탕
(質)으로부터 떼어놓은 억지 이유식(離乳食) 프로그램을 교육이라고
하고 있다.

바탕을 살려야 하는데, 거꾸로 바탕을 억압하고 변질(變質)시키는
일들을 아무런 생각 없이 저지르고 있다. 그것은 무위(無爲)가 아닌
유위(有爲)다.

약 15년(?) 전인가로 기억하는데, 일본에 남다른 11세 소년의 자살
사건이 있었다. 그 소년은 상상력이 뛰었났었던 모양이다. 영화를 보
고는 나름대로 각색하여 또 한 줄거리를 다이어그램(diagram · 圖
表 · 꾀 도)으로 그려낼 수 있었고, '테스트 전쟁' 이라는 추리소설을
쓰는가 하면, 학과에 흥미를 갖는 대신 책상 밑으로 다른 책을 숨겨
탐닉하는 등 주변을 놀라게 하는 재주를 드러내었다고 한다.

그런데 담임 여선생이 이 소년의 특성, 곧 장점(長點 · good point)
을 고무시키는 것이 아니라, '좀더 어린이다워라' '정신병원에 보내
야겠다' 는 등의 말로 소년의 기(氣 · 성질)를 죽이고 억압했다는 것이
다.

이런 압박에 견디다 못한 소년이 학교 건물 옥상에 올라가 유서 형식의 한 기록(life)을 남기고 투신 자살을 했는데, 그 마지막 백조가 남긴 한 획(劃)의 글은 이러했다. "학교는 없어져야 한다!"

소년은 그 성질을 죽이는 통에 마음대로 자기 추를 움직일 수 없었고, 급기야 저울이 원하지 않는 방향으로 기울어지고 말자 이런 비참한 결과를 낳았다.

자제력을 아이에게 기대할 수 없겠으나, 자제력을 잃는다는 것은 이미 저울이 흔들려 버렸고 추가 그 눈금을 잃어버렸다는 말이 된다.

어쨌든 소년은 학교라는 프로그램이 그를 억압하는 프로그램이었음을 알고 대안(代案·체인징 프로그램)을 내놓았는데, 그것이 '(이런 따위 프로그램·이런 點) 학교는 없어져야 한다!' 는 것이었다. 그런 점(點)은 안 좋다! 그 따위 프로그램(點)은 내 성질에 맞지 않는다! 상이점(相異點)!!

이 뉴스에서 내가 받았던 충격은 거의 가슴이 덜컥하는 지진에 가까운 것이었다. 아이구! 또 하나 쓸 만한 놈 잡네! 하는 것이었다. 그래서 그 기억으로 만용이 담긴 잠언을 하나 썼다! "내가 학교를 설립한다면 그 이름은 이것이다. 인간!" 점 하나를 그렇게 찍었다.

그렇다. "곱추에게서 혹을 떼내버리는 것은 그 곱추의 혼을 죽이는 것이다"는 니체의 말을 그 여선생이 알아들을 수 있었을까? 곱추를 정상인(?)처럼 만들겠다고 혹을 떼내려고 하는 것은 그리스 신화에 나오는 것처럼 침대에 사람을 누워놓고 그 침대에 몸이 맞지 않는다고 다리를 자르는 것과 같다.

이것은 우리가 프로그램에서 갖는, 더욱이 교육 프로그램에 갖는 무지(無智)의 소치에 다름 아니다. 흔히 인성(人性) 교육의 필요성을 말하는데, 그 낱말의 껍질이야 누가 말리나? 인성(human charcter)! 캐릭터 교육을 하자는 말이다. 성질에 맞춘 교육을 하자는 것이다.

곧(則) 교육과 시험이 동의어로 쓰인다면, 사실 그러해야 한다(시험 문제의 내용이 문제지만)!

캐릭터(성질)를 다른 말로 내츄럴(nature)이라고 한다. 자연(自然)

이라는 말인데, 자연이란 무엇인가? 성질이다! 캐릭터다! 말 그대로 내츄럴이다! 모든 것은 저마다 성질을 내고 있다. 꽃은 꽃대로, 돌은 돌대로, 나무는 나무대로 그 캐릭터를 발산하고 있다. 그래서 이것들은 자연물(自然物)이라 하고 이런 성질을 자연(自然)이라고 한다. 그들은 절로(自然)의 성질에 따라 그 에너지를 드러내고 있을 뿐이다.

연(然)은 '고기구을 자(炙)'처럼 불로 태운다(灬=火)는 말로 '탈연(燃)=burn'과 동일한 말이다. 인구에 회자(膾炙)된다는 말이 있는데, 고기타는 냄새가 그렇듯, 그렇게 잘 퍼져나간다는 뜻이다. 어쨌든 가을 단풍이 든 것을 보고 '단풍잎이 불타는 듯하다'고 입을 쩌억들 벌린다. 너무도 자연의 캐릭터를 잘 표현하는 순간이다! 사실 자연은 늘 그렇듯 그들의 캐릭터(성질)를 불태우듯 드러내고 있는데, 유독 우리의 눈에 가을 단풍이 화악 뛰게 들어오니 그제야 그런 시적 탄성을 하는 것이다.

시인은 이런 자연, 그 내츄럴(성질)을 단풍철이 아닌 때도 감탄하기에 자연 시인이니 청록파 시인이니 하는 말을 하는 거고, 대문호 괴테를 지칭하는 말로 '제2의 자연이다'는 말도 한다. 그만큼 인간 캐릭터 (human nature)를 잘 드러내었다는 말이다.

'오매~ 단풍 들고 말았어라!'고 하듯이 자연의 캐릭터에 물들어 버리는 것!

교육은 적어도 이래야 하는 것이다. 자연(自然)! 스스로(인위적인 가공 없이), 순전히 타오르는 캐릭터! 자기 색깔을 잃지 않고 빛내는 것! 그런데 제2 운운 하지만, 이렇게 자연만한 사람의 내츄럴이 있을까? 그래서 이런 자연을 적당히 말할까 보아 그랬는지, 올드(old 老) 보이(boy 子) 노자(老子)는 무위자연(無爲自然·절로절로)을 말하였다. 자연에서도 볼 수 없는 더 진실하고 순수하고 알짜인 캐릭터다! 퓨어셀프 내츄럴(pureself-nature)이다. 유위(有爲·action)가 가해지지 않는 스스로 그 자체인 성질만을 띠어도 천하에 비길 것이 없는 성질(캐릭터)! 하나님(도)이 아니신가? 오로지님(道)의 캐릭터가 아니신가?

"나는 스스로 있는 자니라.(自存有 · 無爲自然)"

스스로 완전한(perfect · pure) 캐릭터를 발한다는 말이다. 곧 하나님은 성질이시지, 이거다 저거다 하는 껍질이 아닌 것이다! 유형의 모양(形)이 아닌 것이다. 단풍이 무슨 말을 하든가? 사람이 보고 오매하고 소리를 질렀지! 그래서 이 사람(시인)의 소리를 듣고 단풍이 말한 거라고 한다. 사실 그러하다. 단풍이 말하도록 했다. 그러니 시인은 단풍의 말을 맡은(預) 단풍의 예언자(預言者)다! 하나님도 그러하다! 도(道)는 스피커로 말하는 것이 아니다. 하나님은 그렇게 말씀하시는 것이 아니다. 그런 의미에서 도(오로지님)는 말이 없다. "하늘이 무슨 말을 하더냐."(공자) "천생덕어여(天生德於予)!"(공자) '하늘이 내게 알짜 캐릭터를 주셨다' 는 말이다. 절로절로 저울질하며, 무한한 자처럼 쭈욱 뻗을 에너지(성질)를 주셨다는 말이다. 그것이 영생(永生)이지 무언가?

그렇다! 하나님은 말씀이시다. 단풍에 놀란 시인같이 하나님께 필링(감동)만 받는다면….

"모든 성경은 하나님의 감동(感動 · 느낌떨림)으로 된 것으로 교훈과 책망과 바르게 함과 의로 교육하기 유익하다."(디모데 후서 3:16) 성경은 하나님의 동질감응(同質感應)을 받은 속사람(예언자)들에서 의해 시처럼 쓰여진 '오매~ 하나님(단풍)의 캐릭터에 젖고 말았어라!'이므로 하나님의 말씀이라고 한다. 하나님이 그 마음(성질)을 쓰신 것이다.

이 성경이 보여주는 캐릭터는 교육하기에 더없이 유익한 성질이라고 한다. 무위자연(無爲自然)의 캐릭터! 딱 어떤 이름(名)이 아니라 '스스로 천성(天性)'을 빛내는 그런 하느님의 캐릭터다!

이것만을 알아도 이 책을 읽는 독자는 천금보다 값진 캐릭터를 아는 것이다! 그 비밀을 아는 것이다! 그리고 캐릭터의 중요성(性)을 아울러! 사실 이것으로 내 애기는 끝났다!!! 하나님을 알고, 우주의 됨(升)을 알 수 있는 고기잡는 법은 끝났다. 그물에 고기가 걸려들고 안 들고는 나도 모른다.

당신의 귀로 하나님을 들으려 하지 말라! 시인이 단풍을 양쪽 귀로 듣는 것이 아니듯! 귀먹은 베토벤이 음(곱·音과 같은 뜻)의 캐릭터를 마음으로 받아 불멸의 음악을 남기듯이. 그래서 다른 귀(耳)를 가지고 그 캐릭터를 올린다(로)는 뜻에서 악성(樂聖)이라고 하듯이. 오매~ 단풍들었어라! 옷이 단풍에 물들 듯이 마음이, 성질이, 바탕이 물들어야 한다. 속캐릭터, 무위자연, 절로절로 캐릭터를 발하시는 님! 저절로저절로 저울질하고 자를 뻗치시는 님!

점(占·點)! 그리고 동질(同質), 기감응(氣感應)!

어린 시절에 그랬다. 우리는 점을 쳤다. 손바닥 위에 침을 툇하니 뱉어 올려놓고는 손가락 두 개를 붙여 그 침 위를 강타(strok·劃)했다. 그리고 그 침이 튀는 곳으로 갔다.

어떤 프로그램을 찾아서! 오늘은 어떤 놀이를 하고 놀까? 오른쪽으로 튀면 '딱지치기'를 하자, 왼쪽으로 튀면 '자(尺)치기'를 하자. 아니 앞으로 튀면 '사방치기'를 하고, 재수없게 몸 쪽으로 튀면 오늘은 파장이다! 호모 루덴스(Homo Ludens), '놀이 하는 인간(Man the play)'이다. 아이들의 놀이종목이란 것이 대체로 구슬치기를 더하여 그런 맞추기(치기)였다. 모든 놀이는 저마다 정해진 프로그램이 있다. 운동경기가 그러하듯이….

그 프로그램에 맞춰 치기를 하여 딱지를 따오고(얻고), 점수(點數)를 따기도 한다. 우주의 성질, 하나님의 저울질에 그들 나름대로 응하고 있음이다. 그래서 순수하고 자연발생적으로 아이들의 놀이는 일어나며 이것은 누가 가르쳐주지 않아도 물이 아래로 흐르는 성질처럼 그렇게 되는 것이다. 또 그러기에 아이들은 지칠 줄을 모른다. 지루해하지를 않는다. 성질에 맞기에, 절로(自然)에 맞기에 힘을 빼앗기기는 커녕 자연과 같은 성질이 되는 것이다. 아이의 성질 교육 프로그램은 그저(절로) 놀이다. 그리고 거기서 얻어지는 것은 세속적(아스팔트) 이(利)가 아니라, 프로그램 룰을 정직하게 따라 맞추는 올치(옳다 의 義)의 교육이 되는 것이다. 명창이 판소리를 잘하자 흥이 올라 거기에 장단을 맞추려고 할 때, 아니 맞출 때 '올치(義)!' 하는 그 올(義)이 다. 윷놀이를 하다가도, 꽃싸움(花鬪)을 하다가도 원하는 바대로 딱 맞아떨어졌을 때, 무릎을 치며 '올치(義)!'를 외친다.

올치는 이렇게 프로그램에 맞출 때 발하는 소리다. 의(義)란 그런 것이다. "너희는 먼저 하나님 나라의 올(義)치를 찾아라." 속캐릭터, 아스팔트 믿=밑(宗) 프로그램에 맞추라는 말이다. 참 성질에 맞추는 것이 살판난다는 말이다. 올치!

먼저(先)! 무엇을 선점(先占)하고 리딩 에너지 프로그램으로 하라 는 말인가?

놀이를 문화보다 오래된 것으로 말하고 있는 '호모 루덴스'의 저자 호이징가의 글을 보면 놀이의 발생 내력을 여러 가지로 서술하고 있 는 데, 그 중에 소망 실현(wish-fulfilment)으로서 인격감을 유지하 기 위한 것이라는 예가 눈에 띈다. 나의 말로 하자면 캐릭터를 바로 찾기 위한 연습이라고 할 것이다.

'캐릭터(저울질) ↔ 프로그램(占) ↔ 맞춤'의 삼위입체(三位立體) 적이고 삼위일체(三位一體)인 사이클의 트레이닝인 것이다. 놀이를 통하여 협동심이 배양된다든가, 정직하게 승패에 따르는 리틀 젠틀맨 쉽을 습득한다든가 하는 상투적 의미의 인격감이라는 것이 아니라, 프로그램에 맞추려고 하고 거기서 그저 에너지를 발산하고 즐거움이 라는 에너지를 얻는 것만으로도 대만족인 가장 순수한 형태의 생계와 생활의 프로그램의 전형을 본다는 말이다.

프로그램을 운용하고 프로그램에 맞춰가는 그 작용원리를 습득한 다는 말이다.

아이들은 저절로 이런 놀이를 통하여 밸런스를 잡아야 한다는 것을 익히는 것이다. 아이들은 몸으로 마음으로 어떤 저울질이 자기들에게 미치고 있음을 알고 그에 맞추려고 이런 맞추기 놀이를 하는 것이다.

한편 놀이는 고기를 잡기 전 고기잡는 법을 가르쳐주는 것과 같다. 어린 시절 놀이의 메타포엔 이런 것이 들어 있다. 자전거를 타고 밸런스를 잡기 위해 몸을 트레이닝하는 것도 그런 것이다. 그런데 세상사가 아이들의 놀이 프로그램만큼이라도 된다면, 그렇게 프로그램에 맞추어 즐거움(에너지)에 젖어들 수 있다면, 목구멍이 포도청이라서 죽지 못해 꾀를 내야 한다는 아스팔트식 생계형의 일그러진 놀음은 하지 않을 것이라는 것이다.

목구멍이 포도청이라!? 이 말은 무엇이던가? 오늘날로 말하자면 경찰이 세무서 직원의 역할을 같이 했던 때의 말이니, 혹심한 가렴주구도 있었을 터이고 보면, 포도청의 존재란 가히 두려움 그 자체였을 것이고, 피해 갈 수 없는 호구(虎口)였을 것이다. 반드시 갖다 바쳐야 한다! 안 바치고는 견뎌낼 수 없다. 곤장 정도가 아니었을 것이다. 죽음도 각오해야 했을 것이다. 우리의 목구멍이 그런 것이 아닌가. 안 바치고는 배겨나지 못한다. 반드시 먹을 것을 넣어주어야 한다. '목구멍이 포도청' 바로 그것이다!

그래서인가? 예수도 그 첫 시험이 먹을 것의 문제였으니, 우리의 캐릭터는 이 목구멍 앞에서, 무서운 포도청 문 앞에서 일그러지기 시작한다. 아담 부부가 호구에 걸려든 것처럼….

우리는 이 목구멍 앞에서 밸런스를 잃고 만다. 다른 저울질에 맞추지 않을 수 없기 때문이다. 세상은, 아스팔트는 온통 다른 기준과 눈금을 정해 놓고 거기에 마추(錘)라고 하니 어디 사람이 제정신일 수 있겠는가? 빙빙빙 도는 것이다!

휘청휘청하게 되는 것이다. 급기야 몸의 밸런스(저울질)도 깨져 병이 도지기 한다. 아! 쉬고 싶다! 아! 푹 좀 쉬고 싶다! 나도 쉬게 해다고!

안식(安息)!! 그래서 하나님은 이것에 꼭맞추라고, 지키라고 하였던 것이다.

그런데 다른 것에 그토록 맞추기를 하니 아! 안식(쉬고 싶다)! 아! 푸욱 안식! 하는 '저절로'의 탄식이 나오는 것이다. 저절로님의 탄식이다!

자기(自己)! 자신(自信)! 자만심(自慢心)!….

우리는 절로(自) 캐릭터가 다 인풋되어 있다. 그런데 이 절로(自) 성질에 몸(己)이 따르지 않고 믿음(信) 등이 따르지 않아 흐트러질 때, 탄식하는 것이다. 자(自)가 탄식한다는 것은, 자기를 잃고 휘청거 린다는 것은 스스로(自)님의 탄식인 것이다.

"이와 같이 성령도 우리 연약함을 도우시나니 우리가 '마땅히' 빌 바를 알지 못하나 오직 성령이 말할 수 없는 탄식(歎息)으로 우리를 위하여 친히 간구하시느니라."(로마서 8:26)

보아라! 식(息)이 안정(安定)되지 못하니, 그 식(息)을 한탄(恨歎) 하고 있다질 않는가? 탄식(歎息)! 식(息)이란 무엇인가? 마음(心)에 있는 절로(自)가 아닌가?

마음(心)이 바로 저울질하는 성질이 아닌가? 그것이 식(息)이다!

바쁘다! 바뻐! '바쁠 망(忙)'! 마음(忄=心)이 망(亡)하는 것이요, '잊을 망(忘)' 마음(心)이 망(亡)하는 것도 모르고 잊고 있다는 문자 메타포가 아닌가?

그런데 우리만 탄식하는 것이 아니다. 우리가 이처럼 바뻐 살며, 자 연(自然)의 성질을 거스릴 때, 아니 만물의 성질들까지 해(害)롭게 할 때, 만물도 탄식(歎息)하는 것이다. "피조물이 다 이제까지 함께 탄식 (歎息)하며 함께 고통받는 것을 우리가 안다."(로마서 8:22)

우주가, 만물이 절로(自)를 망하게 하고, 잊을 것 같으면 다 탄식함 이다!

어쨌든 우리는 그놈의 깡통차기로 하여, 하나님의 성질(저울질)을 잘못 맞춰 쓰고 있었음이다. 그런데 또 안식일을 악착같이 이상하게 맞추려고 하는 종파도 있고 보면, 그것이 어디 유위(有爲·액션)이지 무위(無爲·절로·안식)라고 할 수 있겠는가? 기독교는 이것을 오해 했다.

6일은 목구멍에 맞추고 한 날만을 저절로에 맞추자고 하는 대착각 들을 하였다.

뜻을 강조한 것을 두고 날을 강조한 것으로 받아들이는 메타포의 착각이다. 일곱째 날을 지키라는 것은 일곱째가 되도록, 거기에 이르도록 하라는 것이지, 어찌 6섯번까지는 건너뛰고 그 날만을 말한단 말인가? 마치 생일 한 날 잘 차려먹자고 364일 건너뛰기 하는 것과 뭐가 다른가?

생일까지 가려면 364일도 생일 못지않게 먹어야 하는 것이 아닌가? 이것은 다시 언급하겠다. 또 그냥 놀고 먹자는 말이냐고 오해하는 바보들은 없겠지만, 우리는 성경을 잘 보아야 한다. 잘못 맞추(錘)면 커다란 오해가 생긴다.

"예수께서 가라사대 너희가 성경도 하나님의 능력도 알지 못하므로 오해(err)함이 아니냐."(마가복음 12:24)

에르(err)! 에러(error)! 헤맨다는 말이고, 잘못 맞췄다는 말이다. 그것을 죄라고 한다. 희랍어 하멀티어(죄)! 목표물이 빗나갔다는 뜻이다. 예수의 공생애는 이 에르(err)를 바로잡아 주는 것이기도 하였다. 성경을 읽으나 오해하고 있는 이들과의 싸움이기도 하였던 것이다. 파사현정(破邪顯正)! 불가의 말로 '그릇된 것을 깨뜨려 버리면 바른 것이 나타난다' 뜻이다. 줄여 파현(破顯)이라고도 한다.

공손추(公孫丑)가 맹자에게 물었다.

"도(道則·도의 저울과 자)가 곧(則) 높고 아름답습니다만(道則高宜美矣), 또 도(道)는 의당(宜當) 따라야 하는 것이지만, 하늘을 오를 만큼의 에너지(然·德)가 있어야 하니 그와 같이 미치기 어렵습니다(宜若登天然 似不可及也).

그러니 저(道)를 좇을 어찌 할 바가 없으니, 그 도의 낌새에 미치도록 그 목표물을 돋보이게 하여 하루라도 더 가까이 할 수 있도록 안 되겠습니까?(何不使彼爲可幾及 而日孶孶也)"

이에 맹자가 말했다. "큰 목수는 졸렬한 목수를 위하여 먹줄이나 먹(墨)을 고치지 않는다. 또한 활의 명사수 예(羿)는 졸렬한 사수를 위하여 활을 당기는 법도를 흐릿하게 변경하지 않는다.

군자는 도(道)를 맞추려는(中) 텐션을 잃지 않는 자(中道而立), 그렇게 용약하려는 자를 좇아오게 할 뿐이다."〔진심(盡心) 상〕

그야말로 멋진 말이다. 오로지님(道)을 따르기 어렵다고, 저들 편리 대로 고친다. 저들 마음대로 저울의 눈금과 자의 눈금을 정한다. 그래 놓고는 맞췄다고 한다.

아니 쏘아 맞췄다고 한다. 그러나 활을 쏘려는 듯하면서 섣불리 그 시위를 놓지 않는 태도! 좀더 바로 맞추어야겠다는 그 긴장 (tension)! 이런 자를 가르칠 만하다는 것이다. 이런 긴장을 풀어버리 게 하는 것이 아스팔트다!

나도 이 위장 공화국에서 밥통을 채워보겠다고 아스팔트 위를 나갔 을 때, 아! 이것? 완전히 뒤집어놓는 통에 혼쭐이 났던 것이다. 지금 도 이하 동문….

나는 그래도 새벽이면 기도하러 가는 사람들을 볼 때, 참으로 용하 다라는 생각을 할 때가 많다. 그것은 참으로 좋은 긴장이 아닌가?

어쨌든 저울질과 자의 성질이 이 우주를 뒤덮고 있으니 맞추긴 맞추 어야 한다. 그래서 잘 맞추면 점수가 올라가는 프로그램의 작동원리 는, 그 이치(理致·꾀맞춤)는 어디서나 매 한 가지이다.

컴퓨터 바탕(基·宗) 프로그램인 원도우는 브래태니커 백과사전 CD도 열어주고, 음란 CD도 열어준다. 바탕 프로그램은 그렇다! 그 러나 문제는 어떤 시디냐일 뿐이다. 어떤 성질(캐릭터)이냐일 뿐이다.

어른, 아스팔트의 프로그램, 흙에서 놀던 순수놀이의 에스프리를 잃 어버린 어른은 이(利)를 강조한다. 아니 이(利)를 얻기 위한 유위(有 爲·action)의 프로그램을 만든다. 오늘의 프로페셔널한 운동경기가 그렇다.

마이클 조던은 놀고 천문학적인 돈을 번다. 그것은 분명 놀이인데 여기에 오면 사정이 달라진다.

세상사 웃기는 놀음 아닌가? 죽을 꾀 말고 다 내어도 풀칠하기도 쉽 지 않거늘 마이클 조던은 놀면서 황제 소리를 듣는다? 점쟁이는 산통 (算筒)을 흔들어 돈 벌고 마이클은 바구니(算)를 잘 맞춰 공을 넣어 돈 벌고 명예를 누리고 산다.

그러나 빈정될 것은 없다. 프로그램이 바뀐 것이다. 이(利)를 추구하는 프로그램에서는 그것이 명중이다! 가장 잘 맞추면 가장 크게 된다! 이런 이치(理致)는 변하지 않는다. 맥과이어는 70호 홈런을 날려 최고의 강타자가 된 것이다. 야구도 점(占)인 것이다. 타점(打點)을 말하지 않는가? 정확하게 던지고 맞추어야 하는 것이다. 우리는 던지는 것만을 스트라익(strike)이라고 하는데, 실은 때리고 치는 것, 투타(投打)가 스트라익(strike)인 것이다. 다 같은 것이다. 친다(strike · 打)는 것! 맞춘다는 것! 점수(點數)인 타점(打點)을 높인다는 것! 잘 맞추면 최고요, 궁극에 이른다.

의(義)의 프로그램에 잘 맞추면 올치의 궁극(窮極)에 이를 것이고, 이(利)의 프로그램에 잘 맞추면 그것대로 최고의 자리에 이른다. 어떤 바탕이요, 어떤 소프트 프로그램이냐는 것은 말하지 않겠다. 맞추어야 하는 성질이 뒤덮고 있음이다.

부자(아스팔트에서 잘 나가는 자)가 천국에 들어가기 어렵다는 말은 그들이 나빠서가 아니다. 부정축재를 해서만도 아니다. 나쁘자면야 가난한 자도 얼마나 질적으로 못된 자들이 많은가? 레 미제라블('아 불쌍한 사람들')! 가난하면서도, 아스팔트 위에서도, 프로그램(占)에 잘못 맞추면서도 다른 올치 프로그램에조차 맞추려 하지 않는 그 사람들에게 빅톨 위고는 저런 비참하다는 탄식의 제목을 붙였던 것 아니냐? 인간성, 휴먼 내츄럴마저 잃어버린 군상들에게 하는 휴머니스트의 절규다!

마이클 조던이 나쁜가? 빌 게이츠가 나쁜까? 그렇게 말할 것은 아니다. 빌 게이츠의 직업명은 프로그래머이다. 아스팔트 위의 이(利)의 패러다임에서 그 프로그램(理)의 눈금을 잘 맞추었던 것이다. 아니 그는 독보적 독생(獨生 · only beget) 프로그램을 만들어서 세계 제1의 부자가 되었다. 예수가 독생자(獨生子 · Only begeten Son)로서 독보적 독생의 바탕(基督) 프로그램을 깔아왔던 것처럼….

그래서 가이딩 스타(guiding star), 길라잡이 세례자 요한은 모든 산은 낮아지고 모든 골짜기 메워져라 외쳤던 것이다. 다른 크고 깊다고 하는 프로그램(꾀)은 낮아지고 그 깊다고 말하는 껍데기 성질들은, 저울과 자는 걷어치우라는 말이다. 과격한 기질(캐릭터)의 일면을 보이기에 질기둥이(터프 가이) 소리를 듣기도 하지만… 그래서 나도 찜찜하긴 하지만….

그래서 예수는 그는 이런 길잡이 역할을 한 의인인고로 여인의 몸으로 난 자 중 가장 큰 자이지만, ─이런 통찰을 하는 임무를 맡았으니─ 천국에선 가장 낮은 시시한 기질(氣質)이 된다고도 하였다. "여자가 낳은 자 중에 요한보다 큰 이가 없도다 그러나 하나님의 나라에서는 극히 작은 자라도 저보다 크니라 하시니라." (누가복음 7:28)

아주 뜨끔하고 찜찜한 말이다.

자기가 의인이라고 하여, 세상에 불대포를 쏘아대는 이들은 명심해야 한다. 가령 함석헌 류가 그런 것인데, 그게 그렇게 좋은 성질은 아니다. 그것은 작은 것이다. 수녀님들처럼 온유하고 남을 위해 자기의 작은 땀방울을 묵묵히 쏟고 있는 사람들, 그런 작은 천사(캐릭터)들이 하나님 나라에서는 큰 것이다.

나는 세계 종교사에 있어서 수녀제도보다 아름다운 것이 있었던가 생각해 볼 때가 많다.

수녀님들이 지나가는 모습만 보아도 내 눈엔 그처럼 평화를 느끼게 하는 경우도 드물다. 평화(平和)란 무엇인가? 저울질에 수평(水平)으로 잘 맞추었을 때, 일어나는 하모니(和)이다. 참으로 수녀님들은 그런 역할을 하는 걸어다니는 평화의 메타포다! 이것만으로도 가톨릭 제도는 가장 아름다운 것 하나를 만들었다. 어쨌든 나는, 의인기질도 못 되면서 성질이 질기둥이 같으니 큰 걱정이로다! 아름다운 덕성만큼 위대한 것은 없는데, 그보다 위대한 성령의 표징도 없는데….

빌 게이츠! 프로그램(占)에 앞선(先) 것이다. 더욱이 그는 아스팔트를 한 장 더 까는 프로그램을 만들었으니 그 가치야 오죽하겠는가? 이것은 나쁘고 좋고의 문제가 아니다. 빌 게이츠는 프로그램이 어떤 위력을 낼 것인가를 잘 알고, 잘 맞추고 있었다. 그것만으로도 그는 아스팔트에서 잘나가는 자가 될 수 있는 아스팔트식 메타포(암호)를 잘 깨우친 것이다.

그런데 이런 프로그램(에너지)의 위력을 잘 아는 부자는 대체로 이 매력에 사로잡혀 아스팔트 밑(마루 宗), 뿌리 프로그램에선 더욱 멀어지게 되는 것이 된다. 나와 같은 사람이 하는 말을 보고 그들은 '웃기고 놀고 있네' 하는 말을 종종 한다. 프로그램의 위력을 알았으면 진짜 프로그램의 위력은 어떨 것인가까지를 생각지 못하는 것이다. 아니 그것만이 참(一)이라고 더욱 굳힐 것이기에 부자는 천국 프로그램으로 들어가기 어렵다고 예수는 말하는 것이다. 진짜 속참으로부터는 저 멀리 갈 수밖에 없는 관성(慣性)의 무한궤도 위에 서 있게 되는 것이다.

나는 글을 쓰며 주의하는 것이 있다.

사실 아무리 자기를 꾸미지 않는다 하더라도 이렇게 글 쓰자고 앉으면 과하게 의인이 되고, 과하게 자기에게 점수를 더 주고, 다른 사람의 점수는 깎게 된다.

이 점을 주의는 하지만, 그래도 완전한 균형을 이루는 인격이 못 되는지라 그런 불공평한 도둑점수가 있다는 것을 미리 질러둔다. 그러므로 독자도 알아서 나를 깎고 보면 된다. 설마 더 주지도 않을 테지만….

침점(唾占)!

이런 얘기가 생각난다. 고려장을 당하러 가는 어머니가 아들의 돌아갈 것을 걱정하여 나뭇가지를 꺾어 표시(mark point)해 두었다는 옛 이야기!

다른 말로 그 나뭇가지가 속프로그램으로 인도하는 메타포(sign · token)이다. 만물은 일체가 이런 나뭇가지인 사인이며 토큰이며 포인트요, 무엇보다 사람의 마음속의 아련한 양심 같은 내츄럴이 그 사인이기도 하고 메타포(위로 끌고가는 정보)이기도 하다.

디자인(design · 圖案)을 꾀라고 하는 까닭은 이런 사인(sign)을 끌어내는(de-) 것이기 때문이다. 문자를 영어로 캐릭터(characer)라고 하는 까닭도 그것이 속프로그램을 전해 주는 메타포라는 뜻에서이다. 문자도 디자인인 것이요, 나뭇가지인 것이다.

어떤 이름모를 필생이 '문자의 지식에서 빛(저울질)을 발견하는 자는 별처럼 빛나리라' 한 것도 문자라는 캐릭터가 어떤 것임을 잘 말해 준다. 실로 문자(말)만한 메타포는 없는 것이다. 나는 말을 들을 때나 글을 볼 때 유심히 생각하는 버릇이 생겼다. 텔레비전을 볼 때나 라디오를 들을 때나 잡담을 할 때도 세상에 빈말이란 없다는 생각을 가지고… 그저 지나치기에 빈말인 것이지…

앞서 침을 뱉는 타점(唾占)을 말했다. 사실 길을 몰라 어디로 갈까 할 때도 그런 더러운 짓(?)을 하곤 했다. 길(道)을 찾는다! 어쨌든 그것이 점(占)의 순수한 원석이다.

그러나 이 침점에도 녹록치 않은 문화 유전 정보(code)가 있음을 안다.

그 침을 뱉어 점치는 행위 밑에 잠재(깔려 있는)해 있는 메타포에는 그 옛날 그 침과 같은 성질의 물길(水線)을 찾았던 문화의 포퍼먼스가 재연되고 있었던 것이다.

물(水)! 그리고 그 물이 흐르는 수맥(水脈)과 수선(水線)을 찾는 일!

같은 성질은 끌린다고 하니 침은 그래서 등장한다. 그러나 침을 뱉어 물길을 찾았을까? 그랬을지 어쨌을지는 모르지만, 그것은 아닌 것 같다.

그러나 물을 찾아야 한다는 것은 살림(living)의, 생계(生計)의, 말 그대로 혀(舌)를 적셔야 생활(生活)이 되는 변함 없는 인류의 몸생명 프로그램으로 볼 때, 두말할 것 없다. 오죽하면 오늘도 수도(水道)라 하여 그 물길에서 도(道 · The Leading Energy Progam)를 떠올렸을까 보냐? 연원(淵源 · fountainhead)이란 말은 샘(fountain)이 머리(head)를 이룬다는 것이니, 삶을 끄는(lead) 것이, 인도(引導)하는 것이 무엇이겠는가? 문명이 강에 '맞춰' 이루어졌음은 다 아는 일이기도 하다. 빛의 시인이라는 별명을 가진 한스 카롯사는 이런 시를 남긴다.

> 기적은 모두가
> 물가에서 일어나는 것
> 우리는 남김없이
> 자유의 해안으로 몰려나간다

아주 깊은 의미를 담은 말이다.

물! 인류의 문명을 저울질한 원천인 물! 인류 문명의 기적을 일으킨 물!

물! 물의 소리! 물음! 물이 묻는 소리, 물음! 질문(質問)! 질(質 · nature) 문(問 · question)!

그 물음으로, 그 질문으로! 우리는 문명을 이루었다. 물어본다는 것!물이 어디매 있냐고 할 때부터 나왔음이 분명한 물음!

다시 물을 물으면 성령에, 그 위대한 자유의 해안으로까지 몰려나갈 수 있다.

"물과 성령으로 거듭나라." 물음(물)과 성령(에너지님)! 물음(물)과 답(성령)!

자문자답(自問自答)이란, 절로 묻고 절로 답한다는 것은 이를 두고 할 말이 아니겠는가? 그렇다! 거듭난다는 건! 거듭낸다는 것이다!

'절로(물)절로(성령)' 된다는 것이다. '무위(성령)자연(물)'!

우리 속에서 절로절로님이 역사(役事)하실 때, 우리는 인위적, 유위적 저울질에 따르지 않고, 우리 몸의 70%가 물로 저울질되어 조절되듯이, 절로(성령)절로(물)님이 우리 속에서 우리를 자유의 해안으로, 우리를 자유롭게 할 것이다.

어떻게 하여야 거듭날 수 있습니까? 이 물음에, 예수는 그렇게 말한 것이다.

절로절로가 되어라! 스스로 묻고 스스로 답을 할 수 있을 때, 그것이 진정한 참 자유가 아니겠는가? 절로절로(無爲自然)!

하나님은 우리 속에서 그렇게 역사하시길 바라는 물과 같은 그런 성스런 성질(聖靈)이 아니겠는가? 자(自)를 깨뜨리지 않고, 함부로 뒤흔들리지 않고, 절로(自)의 성품에 맞추는 것! 그 기질이 성령(聖靈)이니라!

"천지의 도(道)는 한마디로 다 할 수가 있다. 그 물건 되어짐이 두 가지가 아니니, 만물을 생성시킴이 이루 헤아릴 수 없는 것이다.(天地之道 可一言而盡也 其爲物 不貳 則其生物不測)"(중용)

"무 에너지 프로그램과 유 에너지 프로그램은 본디 한 근원에서 나온 것이며 다만 이름만이 다르다.(此兩者 同出而異名 同謂之玄)"(도덕경 2장)

<table>
<tr><td>나타낸 큰 조짐 앞서 계시다</td><td></td></tr>
<tr><td>온통님은 흔들어 몽땅 쓰시니</td><td>道沖而用之</td></tr>
<tr><td>(다시) 못 찰까 의심스럴 정도다.</td><td>或不盈</td></tr>
<tr><td>깊으심이여, 만물을 트는 꼭지로다.</td><td>淵兮萬物之宗</td></tr>
<tr><td>그 예리한 성질을 꺾고,</td><td>挫其銳</td></tr>
<tr><td>그 엉킴을 풀며,</td><td>解其紛</td></tr>
<tr><td>그 저울질 알맞게 하고,</td><td>和其光</td></tr>
<tr><td>그 티끌에조차 미친다.</td><td>同其塵</td></tr>
<tr><td>맑음이여, 있음조차 의심들 정도다.</td><td>湛兮似或存</td></tr>
<tr><td>내사(나) 누구의 저울질(知)이 들었는지(子) 알 길 없으나,</td><td>吾不知誰之子</td></tr>
<tr><td>나타난 큰 조짐 앞서 있으시도다!</td><td>象帝之先</td></tr>
<tr><td></td><td>(도덕경 4장)</td></tr>
</table>

이렇게 리딩 에너지 프로그램인 도(道)와 무와 유 에너지의 성질

(character)을 말하고 있다. 아니 모든 경전은 도(道)의 캐릭터를 '오매~ 단풍 들것네?' 식으로 느껴 말하는 그 일이관지(一以貫之)인 것이다.

친다! (맞)추(錘)! 맞춘다!

'친다'는 것을 영어로 비트(beat)라고도 한다. 두드리는 것이며, 날개를 치는 것이며, '빨기 위해 치는(精)' 것이다. 업비트(upbeat)는 호경기(好景氣)를 말하고 낙천적인 것을 말한다. 깨끗하고 맑은 정(淨)이나, 고요할 정(靜)도 쟁투(爭鬪)와 같은 침이 있음이다.

비트족(beatnik)! 녹초가 되도록 음악 등으로 두들겨 맞다 뻗어버리자는 것인데, 잘못 썼음이다.

신이 내린 축복을 비어티픽(beatific)이라고 하는데, 산상수훈의 팔복(八福)을 비에티튜드(The Beatitude)라고 한다. 쳐야 한다. 맞추어야 한다. 그저 입 벌리고 있다고 팔복이 오는 것이 아니다.

그렇게 침이 물길을 찾는 것이다. 물길을 찾아야 한다!

그러면 그 물길을 어떻게 찾았는가? 아니 어떻게 맞춰 쓸까? 이때 등장하는 것이 지팡이이다. 지팡이로 두드리는 것이다. 그러면 물에 반응하는 기감(氣感)이 능한 성질의 사람이 그것을 알아낸다. 오늘날도 무언가를 들고 수맥을 찾는 이들과 같다. 그렇다! 점(占)은 지팡이를 뜻하는 말이기도 하다. 복(칠 복卜)은 점(占)과 같은 뜻이다. 지팡이를 잡고 있는 손의 측면도의 형상이다. 그리고 땅을 치는(칠) 것이다. 두드리는 것이다. 그렇게 수선(水線)을, 수맥을 찾는다. 마치 뭔가로 콩콩콩 두드리며 맥을 잡는 한의사처럼 말이다.

이 복(卜)에 다시 손(扌=手)을 강조하여 복(칠 복扑)을 쓰는데 같은 말이다. 광맥을 찾을 때도 두드려서 찾았다고 하는 것을 들었다. 이 기술을 접한 문외한은 그것이 참으로 신기하고 놀라웁기만 한 예지력이요, 통찰력이라고 말할 만하다. 그러나 그들은 물과 광물의 캐릭터(성질)를 잘 알았다고 보아야 한다.

탁탁 때리고 치며 땅을 더듬다가 '바로 여기다!(口)' 하며 포인트

(point · 가리키다)를 지적할 것이다. 그래서 지팡이(卜)에 입(口)을 더하여 점(占)이라는 말이 나온다.

웰 미트(Well meet)! 고어(古語)로 '잘 만났다'는 말이다. 아시다시피 웰(well)은 우물을 뜻하는 말이기도 하다. 우물을 만난 것이다! 우물을 만났을 때 한 소리다! 바로 우리 말 '잘'도 이런 우물과 같은 것이다.

잘 한다. 잘 솟는다. 잘 논다. 잘 되어간다. 잘 생겼다. 도대체 그 '잘'의 오리지널 정체는 무엇이겠는가? 물이다! 우물이다! 넘침이다!

그래서 잘 만난 그 자리를 일단 숯검뎅이 같은 시커먼(黑) 것으로 표시(mark · 點의 뜻)해 둘 것이다. 그것이 점(點)이다. 그래서 '점치다'가 탄생한다. 포츈(fortune)이 '점치다' '말하다'는 말이니 두말 할 것도 없다. 텔(tell)도 같은 뜻이다. 그래서 포츈텔러(fortune-teller) 하면 '점치는 사람(점치개)'이 된다. 점(占)과 그 입의 위치만을 바꾼 것으로 계(점칠 계卟)가 있기도 하다. 이런 것을 거북이 등짝에서 보고 만든 문자 운운하는 것은 거북이처럼 느린 생각이다. 아니 또 모르지, 거북이는 좋은 물을 찾아 그렇게 장수하는 성질을 가졌기에 또 그런 귀복(龜卜)이라는 것이 나왔는지도….

어쨌든 수맥과 광맥을 찾는 점 지팡이(막대기)를 랩더맨시(rhabdomancy)라고 한다. 바로 이 물길을 찾는 사람이 어떤 대우를 받겠는가? 그 점(占 · 차지한다)을 점유(占有)하고 점령(占領)하고 점거(占據)한 이는?!

아니 선점(先占)한 이는? 선점한 자가 지배자(支配者)가 된다. 어김이 없는 법칙이다. 지배자(支配者 · master)는 그저 전두환식으로 지배하는 것을 말하지 않는다. 우물을 분배하는 것이다.

물길을 찾아가는 길!

인간이 만들 수 없는 유(有) 에너지를 찾는 길! 그것은 그것이 어디에 있는지 맞추는(中)는 일이요, 그렇게 하여 '찾았다(I find it.)!'고 하면 그것을 끌어다(引) 씀(用)이다. 중용(中庸)이라는 말도 그런 뜻이다.

'맞춰(中) 씀(庸=用)'이다. 도(道)라는 캐릭터에 다이렉트로 맞추는 것이요, 곧바로 '치고(맞추고)' 들어가는 것이 다를 뿐이다. 끌고 오는 것을 따온다(딸 넘拈)고 한다. 취(取)도 따온다는 말이다. 수도에서 물을 따오고 전선에서 전기를 따오고 하여 쓰는 것이다.

그러려면 선(線)을 찾아야 하고 그 선(線)에서 따와야 한다. 선(線)은 실(絲=糸)과 같은 것이다. 그런데 여기를 따니 샘(泉)이 나온다. 그래서 선(線)이다. 전기를 따오니, 전기 에너지가 샘 같으니 전선(電線)이요, 말(話)을 샘처럼 따오니 전화선(電話線)이다. 얘기를 진행하며 그때 그때 다시 언급하겠다. 그래서 선(線)은 에너지 프로그램인 것이다. 에너지 프로그램을 이루는 것이다. 그래서 점(占)과 같은 말이기도 하다. 선은 점의 연속이요, 점의 연장이니, 선은 점이다! 선(線)을 라인(line)이라고 한다. 방안(方案), 방침(方針), 방향(方向), 노선(路線) 등 프로그램임을 의미하는 많은 뜻을 담고 있다.

방(方)! 사방팔방(四方八方), 두께, 너비, 지름, 부피, 나아갈 길. 이것이 모두 저울과 자의 성질이 아닌가? 그 괄호 속의 자식들이 아닌가?

도(道)는 길이요, 길은 선(線)이다. 지도(地圖·땅의 프로그램)를 보면 대번에 알 수 있다. "나는 길이다"고 한 이는 예수다. 그를 따먹으라 하고 하지 않는가?

자기를 일러 영생의 생명수(生命水)라 하지 않던가? 우리는 오로지 님(道)을 따야 한다. 샘 중에 가장 근원을 이루는 머리샘을 따야 한다.

물을 찾아가는 길(線)!

이 에너지 프로그램에 맞추는 길! 선(획)으로 긋는 모든 설계도(設計圖·꾀 그림)에 맞춰 집을 이루듯이 존재의 집을 이루어가는 길. 바둑알을 한점 한점 두어 집을 만들어가듯이….

마을은 집이다. 집들이다! 마을은 마음(心)을 맞추듯(中) 그 중심(中心)이 우물이다.

수도선을 미리 깔고 집들을 짓듯이 마을도 마찬가지이다. 수로(水路)! 왜 물길을 찾는가? 생명의 캐릭터(성질)가 그렇게 명(命)하기 때문이다. 동기감응이요, 동질감응이다. 오늘날은 파이프 라인(pipe line)를 통하여 우리는 어디에고 우물을, 샘을 끌어오게 되었다. 꾀들이 빛(저울질)을 발했음이다. 발명(發明)!

아니 그러다 보니 참 원천(源泉)을 잃고 만 것이기에 찬란한 어둠이라고 하리라.

우물을 '판다', 그래야 '산다'!

도시(都市)란 무엇인가? 시장(市場)이 선다고 하여 도시다. 시장경제를 말하고 있는 오늘의 메가로폴리스를 보면 두말할 것 없다. 시장은 수많은 점포(店鋪)로 이루어진다. 점(店＝占＝點)! 모두 같은 말이다. 엄(广)은 집을 뜻할 뿐이다. 포(鋪)는 '깔다·펴다·베풀다'의 뜻이다. 그렇게 점(占)이라는 에너지 프로그램을 깔아 베푸는 곳이다. 에너지 제공처이다. 저장소(store·商店)이다. 생활의 편리를 주는 편의점(便宜店)이다. 길(道·路)을 따라가다 보면 서점(書店)이 있다. 이 점을 따서(들어가) 마음의 양식을 얻는다고 한다. 찻집(茶店)에 들려 이런저런 차를 마신다. 차를 따(拈·pinch) 마시는 것이다. 점(占)을 치는 것이다. 다과점(茶菓店)에 들려 과자(菓子)를 따먹는다. 양장점(洋裝店), 양복점(洋服店)에 들려 옷을 '맞춰' 해입는다. 작은 점포(店鋪)인 소매점(小賣店)에 들려 두꺼비 한 마리를 사서 취한다. 백화점(百貨店), 중국 반점(飯店), 노점(露店), 정육점(精肉店), 은행은 본점(本店)이나 지점(支店)에서 돈을 찾는다.

길거리(道路)는 '먹을거리·입을거리·볼거리…'가 걸게(푸짐하게) 있는 선이다. 전화를 '걸듯' '걸어야' 하는 줄이다. 도(道)는 '거리(걸이)' 다! 점포는 우물의 변환장치일 뿐이다.

가령 북청 물장수, 대동강물을 팔아 먹은 봉이 김선달처럼 물장수가 있었다. 그처럼 물을 팔고 물을 산다. 이런 식이 최초의 상거래라 할 것이다. 파야 살게 되니, 팔고 산다는 말이 그래서 나온다. 수요(需要)라는 말에 물(雨)이 있음도 우연이 아니다. 타운(town)은 끌어온다는 토(tow)이다. 타워(tower·탑)는 그런 것이다. 전기를 끌어오는 전기 타워처럼. 하늘의 에너지를 끌어오는 타워라고 하여 여기저기 사찰 등에선 탑(塔)을 세운다. 바벨탑이란 무엇이던가? 그들이 하늘에 닿아 에너지를 끌어내 마음껏 쓰자는 것이 아니었나? 중용의 정신이다. 그런데 문제는 무엇이었던가? 아스팔트를 걷어내지 않았다. 아스팔트 위에서 하나님처럼 떵떵거리고 살자는 그런 주의였다. 그들은 말(마음)을 맞췄다고 한다. 그래서 하나님처럼 저울질하고 살자는 것이었다. 그 저울질의 성격이라는 것이 이미 말해 오고 있는 대로 창조행위와 직결되는 것이요, 됨과 직결되는 것이다.

그런데 어떻게 되었나? 하나님이 그들의 마음맞춤(말)을 혼잡(disorder)케 해버렸다는 것이다. 그야말로 혹 떼려다 혹 붙인 격으로 엉망진창이 되어버린 것이다. 그래서 바벨('흩어짐')탑은 혼잡탑(disorder tower)이 돼버린 것이다. 그것은 곧 사람의 마음이다. 인류는 고도의 문명을 구축하는 저울질을 할수록 필연코 무질서를 면키 어려울 것이다. 엔트로피(무질서)를 면키 어렵다는 말이다. 마음뿐 아니라 물질에서도 엔트로피 타워를 쌓는 것이다. 그것이 무너지는 날 재앙이 된다. 오늘의 도시, 그리고 그 속의 사람들! 사학자 쉬펭글러의 도시읽기는 몰락의 예언으로 우리의 귀를 때린다.

메가로폴리스(Megalopolis · 거대도시)! 각 문명기의 말기에 나타난다는 위성도시를 거느린 거대도시!

그 속에 간직한 아름다움과 저항하기 어려운 매력을 가지고 찬란하게 꽃피며 이내 화석이 되어가는 괴물인 메가로폴리스의 매혹적인 마력과 치사적인 만인인력(萬人引力)의 정체를 그는 생생하게 묘사한다. 그의 말에 의하면, 여기엔 정신의 창조성, 곧(則) 역사 없는 인류로 변화되어 버린 사람들이 서서히 자리를 잡고 피로에 지친 영혼들의 공허한 장소가 되어버린다고 우수에 가득찬 말을 입안 가득 치약 거품처럼 일으킨다. 치약? 처음엔 입 속에서 싸한 향기의 느낌을 주다가는 이내 뱉지 않고는 못 견딜 향기의 쓰레기! 바로 그런 것이 도시라는 것이 아닐까? 아스팔트의 프로그램이라는 것이 아닐까? 도시란 무엇이던가? 그것은 에너지를 잡아먹는 거대 공룡이다. 도시는 필연적으로 에너지를 대량으로 소모하게 설계된다. 달아보고 재본다. 그런 통박 굴리기로 하여 나온 것이 도시요, 그래서 도시는 마력적인 힘을 내뿜는 것이다. 물적 에너지의 소비가 없는 도시란 무엇인가?

저 바벨인들이 도시를 만들면서 저런 무한정한 에너지 타워, 창조적 에너지 저울질을 원했음도 결코 우연이 아니다. 에너지는 저울질이다. 에너지의 정체는 그 이상도 이하도 아니다. 도시를 구축하고 있는 저울질(에너지)! 과연 이것이 저울질의 목적의 하나인 평화(平和), 평등(平等)의 성질, 그런 저울질이었던가?

쉬펭글러는 말한다. 도시! 그것은 "토지 재산에 대한 화폐의 승리를 의미하고, 전통에 대한 지식의 승리를, 그리고 엘리트 계급에 대한 대중의 승리를 의미한다"는 도시 방정식. 그렇다! 그것이 도시의 정체 가운데 하나이리라. 도시는 문명의 산물이요, 고체화된 유위(有爲)의 바다다. 숱하게 많은 욕망과 뜻과 생을 삼켜버리는 그런 고체 바다! 여기다 인류는 그 모든 것을 집결시킨다. 하여 도시는 문명의 보석상자처럼 찬란해진다. 인간! 그들 지식의, 측량의 결정체들을 이 보물함 속에 쏟아 붓는 것이다. 그리하여 도시 자체가 인류 문명의 정화요, 문명의 저울이요, 자가 된다! 그리고 이 도시 속의 인류는 거기에 맞는 율법에 따라 살아가는 것이다. 그 율법이란 무엇이더냐? 돈과 지식과 대중화! 개인은 이 대중 속에 익사해 버린다. 살기 위해선 죽어야 하나니라! 이 성스런(?) 율법, 율(律·'저울질하다'의 뜻)! 바로 그것을 이렇게 실천하고 있는 것이다. 두렵다!

십계명! 열 가지 율(저울질)! 그 첫 율은 돈이다! 두번째 율은 대중성이다! 세번째 율은 지식이다! 네번째 율은 그대들 뜻대로, 다섯번째 율은 알아서들!…

어쨌든 도시의 율! 그리고 저 삼박자는 도시로 들어갈 키 워드요, 생명의 명령어이다. 이것이 도시의 사전이다. 정신의 정화, 얼의 에센스를 가르치는 종교조차 이 저울질(律) 앞에서는 맥을 쓰지 못한다. 이 도시의 마법 사전은 일체의 것들을 이 낱말의 규율(規律)로 묶고, 다른 문법을 말하지 못하게 한다. 다른 저울질을 못하게 한다. 제우스가 이런 율법이 있었던가? 아니 하나님의 율법이 이보다 무섭던가?

도시인은 이 세 낱말에 마취된 채, 거대한 기계 엔진을 울리며 돌아가는 도시 속에서, 그 저울 위에서 아슬아슬하게 밸런스를 잡으려고 안간힘을 다하고 있다. 생산적 토지보다 우월한 음흉하고 불순한 돈! 존의 지혜보다 재의 지식이 앞서는, 실존이 앞서는 것이 아니라, 기실은 실재가 앞서는 문법의 배반! 자아와 이웃을 잃어버린 바벨의 문장 대중화! 이것이 쉬펭글러의 도시읽기이면서 나의 도시읽기이기도 하다. 아니 우리의 저울이다! 자이다!

엘리어트가 말한 황무지(荒蕪地)는 이를 두고 하는 말이다. 어제의 바벨인과 오늘의 바벨인! 어제의 혼잡인과 오늘의 혼잡인! 그 공통점은 참 저울의 성질(평화)을 잃었다는 점(點)일 것이다.

하늘 에너지만 확보하면 하나님쯤은 무시해도 된다는 그 마음맞춤(中心)에 문제가 컸던 것이다. 근본 발상이 틀렸다! 오늘의 물질, 그 캐릭터 문명이 에너지를 확보하기 위해 혈안이 되면서도 아스팔트는 뜯어내지 못하는 것과 같다. 에너지는 중심에, 우물에 맞춰 옹기종기 모이듯 모여살라고 있는 것인데, 에너지가 분란을 일으킨다.

물질 에너지를 두고 벌인 오일쇼크 파동은 오늘의 바벨인들이 에너지를 어떻게 맞추고 대하고 있는가를 잘 보여준다. 그래서 바벨(흩어짐)이라는 말처럼 흩어지는 것이다.

어쨌든 아스팔트의 물질 캐릭터 도시는 막강한 에너지를 요구한다. 시정잡배(市井雜輩)는 물이 좋은 우물(井)에 모인다. 물좋은 나이트클럽이니 어쩌니 하며 시정잡배가 몰린다. 그렇게 되어 있다.

시정(市井)이 우물 정(井)이요, 팔 시(市)이니 나의 말이 틀리지 않을 것이다.

그러나 나는 전혀 뜻밖의(?) 우물을 팠음이다! 나도 전혀 뜻밖의(?) 우물을 샀음이니라! 아니 뜻이 밖이 아니라, 안에 있긴 있었다.
"물과 성령으로 거듭내라!"
"순순기인(肫肫其仁) 연연기연(淵淵其淵) 활활기천(活活其天)"(중용)
"오롯오롯 어짐이여, 풍덩풍덩 깊음이여, 넘쳐 오르는 오로지님!"
이 무슨 말인가? 물론 단풍을 느끼듯 도(道)의 캐릭터를 느끼고 하는 감탄의 연발탄이다! 월(月)은 변으로 쓰일 때, '육(肉)달월'이라고 한다. 고기요 그 기름을 말한다. 유(有)가 오른 손(又)으로 고기(月)를 쥐고 있는 형상을 생각하듯 하면 된다. 무(無)에는 불(灬 =火)이 있고 유(有)에는 기름(고기·살)이 있음이다. 모든 만물의 뼈다귀에 햇살, 빛살과 같은 살(순腕)이 붙어 있음이다. 너무 즉물적인가? 오오, 그러나 우리는 '살'아간다. 삶이다. 햇살과 같이 우주에서 오는 에너지를 살이라고 한다. 만물은 이 살로 가득 덮여 있고 이 살로 '살'아간다. 모든 동물을 싸고 있고 사람도 싸고 있는 살. 사람이라는 말도 여기에서 기인하는 것이지만, 이런 살(月)이 가득 진치듯 모인 (屯) 데서, 바로 그것을 가리키며, 감탄(其)한다. 오오, 그렇듯 가득한 (오롯한) 어짊(仁)이여! 햇살이 온몸을 덮어 살을 이루는 것같이 오로지님(道)의 어진 캐릭터에 감탄, 또 감탄하는 것이다. 연연(淵淵)! 연원(淵源·fountainhead)을 생각하라! 풍덩풍덩 깊음이여!

  오로지님(道)의 깊고 다함없는 무진장한 참 생명의 에너지를 어떻게 말로 다 표현하랴! 깊은 연못을 가리키며 감탄하고 또 감탄할 수밖에! 엄청난 것을 보았을 때 그저 말문이 막혀, 그~그~그~그(其)! 그래서 연(淵)을 남발(?)한다. 활활기천(活活其天)! 불이 활활 타오른다고 하듯이 오로지님의 캐릭터는 타오르는 불타는 물(burning water)과 같다. 기름님 예수의 캐릭터 그대로이다. 그것이 하느님(天)이시다! 위대한 맞춤이로다, 중용! 황금 저울(秤)이요, 황금 척(尺)!

  컴퍼스로 잰 듯 어김이 없다. 그래서 영어 컴퍼스(compasse)가 중용을 뜻한다고 오로지님이 감쳐두셨다. 그런데 물은 맛이 없다. 무색무취(無色無臭)의 캐릭터다. 무(無)의 캐릭터요, 도(道)의 캐릭터다. 그러나 우리는 유색유취(有色有臭)만에 탐닉하여 더 깊은 근원을 모른다. 키에르케고르가 말한 미학적 실재(재 채움)만에 머물고 마는 것이다. 종교적 실존(존 채움)으로까지 나아가야 한다. 아스팔트를 걷어내고 땅 속 깊이 천공(穿孔)을 대어 밑(믿·宗·基)을 뚫어야 한다.

  "안 먹고 안 마시는 이 없건마는 바로 맛(味) 알 이가 적구나.(人莫

不飲食也 鮮能知味也)”(중용)

“명절 끝날 큰 날에 예수께서 외쳐 가라사대 누구든지 목 마르거든 내게로 와서 마시라 나를 믿(밑을 파는 자)는 성경에 이름과 같이 그 배에서 생수(生水)의 강이 흘러나리라.”(요한복음 7:37)

명절날은 미학적 채움이 극치를 이루는 날이다. 목마를 리가 더더욱 없다. 그런데 예수가 목 마른 자는 오라고 큰소리를 치는 것은 무엇인가? 생각해 볼 시점(時點)이다. 그러나 말을 물가로 끌고 갈 수는 있어도 억지로 물을 마시게 할 수는 없다는 말도 있고 보면 예수가 큰소리로 말한 가닥을 잡을 것도 같다.

목마른 자가 우물을 판다는 말도 있다. 그렇다! 아스팔트 밑을 흐르는 상수도(上水道)에서도 메타포가 있는 것이다. 위(上)로 가는 물(水)이요, 도(道)에 이르는 물이다! 고려장의 어머니가 꺾어논 나뭇가지 메타포다! 하수도(下水道)는 반드시 상수도 아래 설치하는 것처럼 오물만을 내보내면 되는 것이다.

혹자는, 나더러 다석 류영모 같다고 한다. 전개하는 방식이 말을 캐기 때문이란다. 그런 점만은 같다. 도(道)를 추구하는 것이 같고 성씨도 본이 글돋됨(문화 류柳)이 같다. 그밖에 나는 모른다.

저마다 도(道)의 캐릭터 받아쓰는 존재빛음이 있을 뿐이다. 중용(中庸)을 ‘줄곧뚫음’이라고 한 그 양반의 말은 나의 ‘맞춰씀’과 다르지 않다. 놀라울 뿐이다. 오로지님이 모든 귀(섭攝)들을 끌어내는 그 프로그램(理)의 솜씨가!!

구약성경(올드 프로젝트) 창세기(創世記)의 주인공은 누구일까? 그 배면(背面)의 주인공은 물론 하나님이신 오로지님이거나 예수일 것이나 하나의 시나리오로서의 창세기의 주인공은? 아담일까, 아브라함일까, 노아일까?

나는 요셉을 꼽는다. 그 요셉은 그리스도 예수의 메타포(모형)로서 중요한 성서상의 프로그램의 자리를 차지한다. 유대인으로서 에집트의 총리(總理 · 모든 프로그램의 컨트롤러)까지 오른 그는 오늘 우리가 낱말의 배반으로 말하는 점쟁이였다. '낱말의 배반'이라는 것은 참뜻이 사라지고 껍데기만 괴이하게 변형되어 쓰이고 있음을 말한다. 가령 서비스(Service)가 예배로 쓰이는가 하면 창녀가 몸을 제공하는 것도 서비스라고 쓰일 때, 아니 도리어 전자보다는 후자가 더 공공연하게 천박화되었을 때를 말한다. 이것을 살어(殺語)문법이라고 하고 말의 배반이라고 하자. 까짓 언어절도라고도 하자. 그래, 우의(寓意)를 잘못 취한 어리석음(愚)이다. 누누이 말하지만, '점(占)을 친다'는 것은 미아리고개 등지에서 동양철학이라고 간판을 걸어두고 허튼 짓 하는 것들이 아니다. 그것은 하나님, 오로지님의 프로그램에 맞춰 사는 길을 찾고 기질을 맞추는 것을 말한다.

도리(道理)에 맞춰, 도리(道理)에 따라 사는 키 워드를 알려주는 사람이 점치는 사람이다! 도(道)란 에너지 프로그램의 제일차적 근원을 말한다. 모든 순수 프로그램의 발원(發源)을 도(道 · The energy source)라고 한다. 바로 그 순수, 알짜배기 프로그램(理)에 맞춰(따라) 사는 것을 '도리(道理)를 따른다'고 하는 것이다.

요셉은 스스로를 이렇게 말하고 있다. "요셉이 그들에게 이르되 너희가 어찌하여 이런 일을 행하였느냐 나 같은 사람이 점(占) 잘 칠 줄을 너희가 알지 못하느냐?(And Joseph said unto them, what deed is this that ye have done? wot ye not that such a man as I can certainly divine?)"(창세기 44:15)

여기에 영어로 쓰인 디바인(divine)은 '점치다'의 뜻이고, '신성의 · 신이 내린'의 뜻이다. '더 디바인 빙(the Divine Being)' 하면 '하나님'을 말한다. 아니 점(占)지팡이를 말한다.

디바인 파워(divine power)는 신통력(神通力)이요, 디바인 그레이스(divine grace)는 신의 은총이며, 디바인 네츄럴(divine nature)은 신성(神性)을 말한다. 신의 성품이 신성이다. 신이 내리는 에너지(저울질)이다.

이렇게 본다면 점(divination · 占)이란 예사로운 것이 아님을 알 수 있을 것이다. 그 점(占)이 프로그램을 말하고 그 스위치를 말하고 그 열쇠를 말하는 것이기 때문이다. 그러므로 도리(道理), 그 자체인 오리지널 프로그로머가 짜논 프로그램에 '맞추는' 것이 점을 '친다'는 말의 본뜻이 있음을 알게 된다.

점(占) 지팡이(divine rod)의 쓰임에 대해 추적해 보자.

그것은 선점자의 상징이 된다. 그래서 촌장이나 샤먼 등 마을의 지도자는 지팡이를 상징적으로 들게 된다. "여호와께서 모세에게 일러 가라사대 너는 이스라엘 자손에게 고하여 그들 중에서 각 종족을 따라 지팡이(rod) 하나씩 취하되 곧 그들의 종족대로 그 모든 족장에게서 지팡이 열둘(twelves rod)을 취하고 그 사람들의 이름을 따서 각각 지팡이에 쓰되 레위의 지팡이에는 아론의 이름을 쓰라 이는 그들의 종족의 각 두령(頭領)이 지팡이 하나씩(for one rod shall be for the head of the house of their fathers) 있어야 할 것임이니라 그 지팡이를 회막 안에서 내가 너희와 만나는 곳인 증거궤 앞에 두라 내가 택한 자의 지팡이에는 싹이 나리니 이것이 이스라엘 자손이 너희를 대하여 원망하는 말을 내 앞에서 그치게 하리라 모세가 이스라엘 자손에게 고하매 그 족장들이 각기 종족대로 지팡이 하나씩 그에게 주었으니 그 지팡이 합(合)이 열둘이라 그 중에 아론의 지팡이가 있었더라 모세가 그 지팡이들을 증거의 장막 안 여호와 앞에 두었더라." (민수기 17:1-7)

여기서 지팡이의 무게가 그 종족을 대표하고 종족의 지도자를 나타내는 것임을 볼 것이다. 이스라엘 열두 지파는 열두 지팡이로 상징된다. 여호와 하나님과 만나는 증거궤 앞에 두라는 것은 이것이 하나님과 연결시키는 매체가 됨을 알 수 있다. 또한 "홀이 유다를 떠나지 아니하며 치리자(治理者)의 지팡이가 그 발 사이에서 떠나지 아니하시기를 실로가 오시기까지 미치리니 그에게 모든 백성이 복종하리로다."(창세기 49:10) 여기서 말하는 '치리자(治理者)의 지팡이'는 로기버(lawgiver · 입법자)를 의미한다. 법(저울질하다)이라는 프로그램을 입안(立案)할 수 있는 파워를 가지는 것이다.

"나(야곱)는 주께서 주의 종에게 베푸신 모든 은총과 모든 진리를 조금도 감당할 수 없사오나 내가 내 지팡이만 가지고 이 요단을 건넜더니 지금은 두 떼를 이루었나이다."(창세기 32:10)

그리고 저 유명한 시편 23편을 보자. "여호와는 나의 목자(牧者)시니 내가 부족함이 없으리로다 그가 나를 푸른 초장에 누이시며 쉴 만한 물가로 인도(引導·lead)하시는도다 내 영혼을 소생시키시고 자기 이름을 위하여 의의 길로 인도하시는도다 내가 사망의 음침한 골짜기로 다닐지라도 해(害)를 두려워 않을 것은 주께서 나와 함께하심이라 주의 지팡이(rod)와 막대기(staff)가 나를 안위하시나이다."(시편 23:1-4)

목자(牧者)는 지팡이를 들고 있다. 쉴 만가 물가로 인도하기도 한다. 그리고 주의 지팡이와 막대기가 자기에게 힘을 돋운다(comfort)고 노래하고 있다. 이런 의식은 바로 물길을 찾는, 아니 에너지가 삶을 이끌 리딩 프로그램을 찾는 지팡이의 의미를 잘 보여주고 있는 그런 배경이 있는 시인 것이다.

그런 지팡이를 잡은 자는 마을 공동체 프로그램의 지휘자요 파워맨이 된다.

어떤 프로그램을 만드는 이들을 스태프(staff)라고 하는데, 이 말이 지팡이를 뜻하는 말임도 그와 같다. 이것은 동서양 공히 그러하다. 그리고 이 점 지팡이(divine rod)는 수맥(水脈)뿐 아니라 광맥(鑛脈)을 찾기도 했던 것이다.

그런데 수맥(水脈)이라는 말도 그렇지만 물길은 수선(水線)이라고 할 선(線)으로 이루어졌음을 알 것이다. 물을 뜨러 우물가에 나온 여인에게 하는 예수의 말이 있다. "네가 만일 하나님의 선물과 또 네게 물 좀 달라 하는 이가 누구인 줄 알았더면 네가 그에게 구하였을 것이요 그가 생수(生水)를 네게 주었으리라."(요한복음 4:10) 우물가에 나온 여인! 그녀는 마시면 이내 목마를 물에만 집착하고 열심인 우리의 모습이다. 우물, 혹은 수돗물을 마시면서도 그 에너지의 근원을 생각지 않는, 곧 음수사원(飮水思源·물을 마시되 근원을 생각한다) 하지 않는다는 말이다. 매사가 그렇다. 종교적인 진리는 따로 있을 것이라고 여긴다. 그러나 모든 것이 종교적 가르침이요, 그 진리의 샘에 이를 수 있는 우물이다. 실과 같은 선(線)을 어디를 꼭 집어 따든(拈) 물이 샘처럼 솟아나듯이 말이다. 실로 눈을 뜨고 보면, 아니 목이 말라 진리의 샘을 찾으면 거기서 진리의 에너지 프로그램이 솟아나지 않는 곳, 곧 점(點 · point)이 없는 것이었다. 텔레비전을 예로 들면, 방송국은 수많은 프로그램을 보내는 태극이요, 각각의 만 가지 텔레비전은 그 프로그램이 나타나는 만물이라 할 태극의 투영(투입)이요, 반영이다. 태극의 성질이 투입(input)되어 있다는 말이다. 이런 이치는 도처에, 모든 것에 있는 것이다. 진리는 여기다, 저기다 하는 곳에 따로 있는 것이 아니다. 다만 콘덴스(condenser · 응축장치 · 축전기)처럼 집약적으로 한 데 모은 것이 경전이라는 것뿐이다. 그 경전이라는 것도 별스런 것을 말하고 있는 것이 아니다. 성경만을 보더라도 배반이 있고, 간음이 있고, 근친상간이 있고, 유혹이 있고, 전쟁이 있고, 거짓이 난무한다. 얼핏 보아 삼류소설과 다를 바 없는 사람 살아가는 스토리 구성이다. 그러나 사람 살아가는 문화, 역사, 아니 자연에서 남다른 눈을 가지고 거기서 하나님의 섭리(攝理)를 딴 사람들이 그 큰 느낌을 적어논 것이다. 그런데 여기에만 진리의 샘이 있다고 하는 것은 진리를 소아적으로 보기 때문이다. 성경 속에서만 삶과 섭리가 동결되고만 것이 아니다. 오늘도 역시 진행중인 것이다. 예수가 저런 말을 하자 여인은 이렇게 되묻는다. "여자가 가로되 주여 물 길을 그릇도 없고 이 우물은 깊은데 어디서 이 생수(生水)를 얻겠삽나이까."(요한복음 4:11) 아직 프로그램(그릇)의 근원을 알지 못하기에 하는 말이다. 물이라고 다 이런 물만 있는 것이 아니다. 생명력을 있게 하는 에너지는 이런 물만이 아니다. "예수께서 대답하여 가라사대 이 물을 먹는 자마다 다시 목마르려니와 내가 주는 물을 먹는 자는 영원히 목마르지 아니하리니 나의 주는 물은 그 속에서 영생하도록 솟아나는 샘물(泉)이 되리라" 한다. 말하자면 오늘날 지식으로 H_2O의 물이 있는 까닭은 목마름을 해갈하기 위한 것이요, 육신의 밸런스를 잡아줄 생명력을 위한 것이라고 한다면 그것은 에너지를 양적으로 한계지은 지식의 저울질이요 과학의 척도(尺度)에 지나지 않는다. 이런 물이 영원한 생명력을 가리켜주는 교육(敎育·가르쳐 길러줌) 자료라고 여길 때, 거룩한 지식이 되며 그 유한한 수량(數量), 유한한 계수(計數)와 계량(計量)를 뛰어넘는 무한수의 에너지요, 그 프로그램인 진리에 이르는 생수(生水)가 되는 것이다.

우리는 우리의 지식(저울질)으로 무한을 제한하고 있는 것이다.

길이란 또 무엇인가? 그 하나는 길다(長)라는 말이다. 롱(long)이 '길'의 성질이기도 하다.

그러니 짧은 것을 잡은 이는 길을 잡은 것이 아니다. 여기에만 진리가 있다고 말하는 것도 그런 것이다. 우리 종파에만, 우리 교회에만, 우리 절에만 진리가 있다고 말하는 것도 과학의 계량(計量)이나 같은 것이지 무한따라 재는 진리의 계량이 아닌 것이다. 아아, 아닌 것이다.

그러나 얼마나 많은 인도자(引導者)들이 그렇게들 말하고 있는 것인가? 점 지팡이로 물길을 찾아본 경험이 있다면 그런 말을 하지 못하리라. 아니 이런 이치를 상상으로 알기만 해도 그렇게 말하지 못하리라. 팔당댐의 물은 63층 꼭대기에서 따도 나오고, 반지하 사글세방에서 따도 나온다. 오늘도 동일한 경험을 하는 것 아니냐? 그러니 이 우물만에서 물이 나온다고 하지는 못할 것이라는 것이다. 그것은 물길(水線)의 한 포인트(點·point)일 뿐이다. 앞서 '어디서 생수를 얻겠는가(11절)' 하고 물은 여자의 질문은 이렇게 이어졌다. "우리 조상 야곱이 이 우물을 우리에게 주었고 또 여기서 자기와 자기 아들들과 짐승이 다 먹었으니 당신이 야곱보다 크니이까."(요한복음 4:12) 그 여인은 자기가 물 길로 나온 이 우물만이 크다고 여긴다. 생수(生水)를 주리라는 말에 당신이 더 큰 우물이라도 알고 있다는 말이냐고 물은 것이다. 그런 것은 있을 수 없다는 문화적으로 편견되고 세뇌되고 왜곡된 확신일 뿐이다. 그릇 입력된 정보요 프로그램인 때문이다.

그러자 예수는 이 여인의 약점(弱點·꺼리는 프로그램) 하나를 집어 딴다. "가라사대 가서 네 남편을 불러오라 여자가 대답하여 가로되

나는 남편이 없나이다 예수께서 가라사대 네가 남편이 없다 하는 말이 옳도다 네가 남편 다섯이 있었으나 지금 있는 자는 네 남편이 아니니 네 말이 옳도다."(요한복음 4:16-17)

그 여인에게 지금 정부(情夫)는 있어도 남편은 없다는 말이다. 그러자 이 여인, 계속 물리적 계량의 물에만 집착해 있는 여인은 갑자기 심리(心理)적 테마로 스위치되고 만다. 자기의 감추어진 프로그램을 열어 보이는 이 분은 누구란 말인가? 여인은 우물에 관한 이제까지의 스토리를 잊어버리고 우리가 말하는 종교적인 테마로 테이크 업되는 것이다. 우물은 진리의 우물을 말하기 위한 메타포였기 때문이다.

그래서 "여자가 가로되 주여 내가 보니 선지자로서이다 우리 조상들은 이 산에서 예배하였는데 당신들의 말은 예배할 곳이 예루살렘에 있다 하더이다."(요한복음 19-20) 앞서 우물은 야곱의 우물만이 크다고 여긴 여인, 그 생각의 공식 그대로를 종교의 세계에도 그대로 적용시키고 있다.

우리 조상들은 이 산에서 예배하였지만 당신들 말은 예루살렘만이 예배할 곳, 곧 하나님이 임하는 곳, 진리가 있는 곳이라고 하니 어떻게 하냐는 것이다. 그러자 예수는 다시 이렇게 말한다. "여자여 내 말을 믿으라 이 산에서도 말고 예루살렘에서도 말고 너희가 아버지께 예배할 때가 이르리라 너희는 알지 못하는 것을 예배하고 우리는 아는 것을 예배하노니 이는 구원이 유대인에게서 남이니라 아버지께서 예배하는 자들은 신령(神靈)과 진정(眞情)으로 예배할 때가 오나니 곧 이때라 아버지께서는 이렇게 자기에게 예배하는 자들을 찾으시니라 하나님은 영(靈)이시니 예배하는 자는 신령과 진정으로 할지니라."(요한복음 4:21-24) 신령함과 진실함이 우러나와 샘솟는 마음(우물)이라면 장소가 문제되는 것이 아니다. 선(線)을 흐르는 물이 어디를 따도 샘이 솟듯이 간절한 목마름으로 두드리면 열리고 찾으면 찾아지고 구하면 구해지게 되어 있다는 말이다. 신령과 진실한 에너지 길은 마음길(long)이다! 내가 앞서 네 마음을 땄듯이(좋지 않은 쓴 샘이었지만) 너도 마음길에서, 심선(心線)에서, 마음으로 오시는 영이

신 하나님의 생수, 영원한 샘물을 따라는 것이다. 이 말은 오늘의 누구에게나 적용된다.

석가가 영취산에서 대중(大衆)을 상대로 마지막이라 할 대설법을 하였다. 모든 대중이 무슨 말씀인가 하여 서로 눈치만 보고 있을 때, 석가는 연꽃 하나를 집어(따·拈)들었다. 염화(拈華)! 이것은 무엇을 암시하는 비밀스런 몸짓의 언어인가?

그때 제자 마하가섭이 그것을 보고 알았다는 듯 잔잔히 웃는다. 염화미소(拈華微笑)! 불립문자(不立文字)! 이심전심(以心傳心)의 말이 탄생하는 순간이기도 하다. 그간의 대설법! 거기만 진리가 있는 것이 아니다. 진흙 속에 핀 연꽃, 여기에도 진리의 가르침이 있는 것이다. 어느 것을 따도, 어느 예를 집어도 진리를 말할 수 있고 진리가 흐르고 있다! 이제 석가만을 눈으로 보고, 석가만을 귀로 들어야 진리를 알 수 있다고 생각지 말라. 그리고 그렇게 고집하여서도 안 된다. 이런 뜻이다. 그래서 이것을 가르침 외의 전함이라고 하여 교외별전(敎外別傳)이라고도 한다. 예수의 가르침이 끝나는 그 바로 다음이 사도행전(使徒行傳)인 것도 의미있다. 그리하여 이런 마인드를 갖게 된 마하가섭이야말로 결코 편협한 속알머리로 진리를 가두지는 않을 것을 안 석가는 이 마하가섭에게 그간 그가 가르쳐 온 모든 진리를 맡긴다. 이것을 알고, 이 원리에 미소지을 수 있는 자라면 결코 편벽되거나 편견되거나 이것만이 진리라는 종파주의에 빠지지 않을 것이다. 이런 열림이 없는 자는 어떤 것을 진리라고 받는다고 해도 옹고집에 빠질 뿐이다.

맹자가 말하였다. "책에 있는 것을 문자대로 다 믿는다고 한다면, 그것은 곧(則) 안 읽는 것만 같지 못하다.(盡信書 則不如無書)"(진심)

공자는 말한다. "가르치되 분류하지 말지라.(有敎無類)"(위령공)

"말과 글은 뜻을 얻어 통달하면 그만이다.(辭達而已矣)"(위령공) 물질에서 뜻을 얻지 못하면 우상에 빠지듯, 글에서도 뜻을 얻지 못하면 그조차 우상이다. 정보(情報)에서 정(情)은 '뜻 정'이다.

뜻이란 무엇인가? 가슴이 뜨 '뜻' 하다고들 말한다. 그렇다! 그런 뜨 '뜻' 함을 얻는 것, 에너지님이신 오로지님으로부터 그런 뜨뜻함을 얻으면 그만인 것이다. 장작이 자기를 뜨뜻하게 해주었다고 장작불쏘시기를 들고 다니고, 그것에 절하는 멍텅구리는 없을 것이다. 사랑하는 이로부터 얻고자 하는 것도 이런 뜨뜻한 정(情)이요, 주고자 하는 것도 그런 뜨뜻한 정(情)일 것이다. 만약 어떤 가르침이 마음에 뜨뜻함이 없다면, 어찌 그것을 가르침이라고 할 것이며 사랑이라고 하고 인(仁)이라고 할 것이랴?

모래알 씹는 소리를 하며 진리를 말하느니 지키느니 하는 자들은 성서광신주의(Bibliolatry)에 빠진 것 외에는 아무것도 아니다.

인류사, 아니 종교사를 보라! 마하가섭의 미소를 갖지 못했기에 기독교인은 회교도를, 회교도는 기독교인을, 아니 구교는 신교를, 신교는 구교를 탄압했던 것이 아닌가? 또한 기독교 내에서도 내가 옳으니 니가 옳으니 하고, 마녀니 이단이니 하며 살인도 서슴치 않았다. 이들이 어떤 진리를 가지고 있다 해도 그것은 도리에 어긋나는 그릇된(誤) 꾀바구니(算), 곧(則) 오산(誤算)인 것이다. 그들 스스로 100점이라는 한계를 정해 놓는 그 지식의 눈금을 넘어서지 못하고 그것에 묶였던 것이다. 물론 이해는 한다.

장사치가 이 물건만이 최고라고 하는 이유와 같은 속셈(꿍심)이 있다는 것을… 아니 누구나가 알고 있을 모순(矛盾)의 고사와도 같은 것이다.

그러나 그러는 것이 아니다! 엉터리 저울, 엉터리 척도는 치워져야 한다! 어쨌든 점 지팡이(divine rod)에 이런 연원(淵源)이 있다. 그래서 하나님을 디바인(Divine · 占)이라고도 하는 것이다. 열두 지파에게 지팡이가 있다. 그러면 진리의 샘은 열두 가지인가? 열두 개가 서로 다른가? "그 지팡이들은 증거의 장막 안 여호와 앞에 두었다"고 했다. 여기서 싹이 날 지팡이는 그 임무만 다른 것으로 부여될 뿐이다. 그렇다고 그 어느 것도 엉터리는 아닌 것이다.

신화학자 조셉 캠벨이 이렇게 말하는 소리를 보았다.

나는 컴퓨터로부터 신화에 대한 하나의 계시를 받은 적이 있어요. 우리가 소프트웨어를 하나 사면 거기에는 우리가 겨냥하는 바에 따라 컴퓨터를 부려먹을 수 있는 신호 명령이 있습니다. 다른 소프트웨어 체계의 신호 명령으로 어떻게 해보려고 해봐야 말을 들어먹지 않지요. 신화학에서도 같은 일이 일어납니다. 비의(秘儀)의 메타포가 아버지를 의미하는 신화도 있고, 이 세계의 지혜와 비의의 메타포가 어머니를 의미하는 신화가 있을 경우, 각각 다른 명령 신호를 입력시키지 않으면 접근이 안 됩니다. 양자는 완벽한 메타포(metaphor)일 뿐인데도 말이지요. 이 중 어느 것도 사실은 아닙니다. 메타포이지요. 우주를 내 아버지라고 하는 것과 같습니다. 우주를 내 어머니라고 하는 것과 같습니다. 예수는 '누구든 나를 통하지 않고는 아버지께 이를 수 없다'고 했어요. 이때 예수가 말한 아버지는 성서에 나오는 아버지입니다. 그러니까 예수의 길을 따르지 않고는 아버지에 이를 수 없다는 것이지요. 그런데 어머니의 길을 통해서 아버지에게 이르려 한다고 칩시다. 그러자면 인도의 칼리 여신을 통해서, 이 여신을 찬송함으로써 이르는 편이 나을 테지요. 이것은 우리 삶의 신비에 이르는 또 하나의 방법일 뿐입니다. 그러니까 각 종교는 정해진 명령 신호를 입력시켜야 접근이 가능한 일종의 소프트웨어라는 걸 이해해야 합니다.

만일 어떤 사람이 진정으로 어떤 종교에 몸을 담고, 진정으로 그 종교를 통하여 삶을 지어 나갈 경우, 이 사람은 자기가 가지고 있는 소프트웨어에 머무는 것이 좋습니다. 하지만, 소프트웨어를 가지고 놀기를 좋아하는—그래요, 아주 잘 가지고 놀지요—나 같은 작자는 평생 성인들의 경험에 견줄 수 있을 만한 경험은 못 해보고 말 겁니다. … 현대의 진정한 공포의 도가니를 나는 베이루트에서 봅니다. 여기에는 서양의 3대 종교, 유태교, 기독교, 이슬람교가 한덩어리로 어울려 치고 박고 합니다. 왜? 성서에 나오는 같은 신을 서로 다른 이름으로 부르기 때문입니다. 이들은 서로의 이름을 인정하지 못해요. 메타포에 지나치게 집착한 나머지 도무지 그 참 의미는 깨닫지 못한다고 할까요. 그들은 자기네들을 둘러싸고 있는 고리를 열어본 적이 없어요. 말하자면 폐쇄회로(閉鎖回路 · closed circuit)인 것이지요. 각기 '우리야말로 선택된 백성이다, 우리에게는 하느님이 계시다.' 이렇게 주장하고 있어요.

— '신화의 힘(The power of myth)'에서

156

　마하가섭의 미소와 약간은 시니컬한 켐벨의 미소!

　그렇다! 폐쇄회로에 빠져 다른 소프트웨어를 무시하는 일은 없어야 겠다. 그 메시지를 전하는 비유가 다를 뿐이다. 가령 내가 탤런트 명세빈 양을 백합과 같다고 하고, 어떤 사람은 장미와 같다고 했다 하자. 나는 명세빈에 관하여 이런저런 정보를 입력한 소프트웨어의 프로그램명을 백합이라고 한다. 그리고 다른 사람은 명세빈 양에 대하여 자기가 아는 정보를 입력한 소프트웨어를 장미라고 할 것이다. 그런데 백합이라고 명령어를 쳐야만 나의 소프트웨어는 작동되는 것이지, 장미라고 치면 작동되지 않는다. 그렇다고 명세빈은 둘 인가? 왜 백합이라 하지 않고 장미라고 하냐고 내가 항의하고 심하면 욕설을 할 수 있을지라도 명세빈 양은 이렇게 말할 것이다. "저는 백합도 좋아하고, 장미도 좋아해요. 두 분 다 저의 팬으로서 저를 아껴주시니까요." 그렇다! 우리는 이렇듯 명세빈 양을 의미하고 전하는 메타포(비유)인 백합과 장미에 집착하고 있는 것이다. 그러나 나는 이렇게 말해야 한다. "나의 소프트웨어로 들어오시려면 백합이라고 치셔야 합니다. 다른 명령어를 입력하면 열리지 않기 때문이지요." 이렇게 말하지 않으면 나는 애매모호한 사람이거나 거짓말쟁이가 된다. 물론 장미라고 말하는 사람을 아울러 존중해야 함은 말할 것도 없다. 하나님뿐 아니라, 사랑을 두고도 얼마나 많은 메타포(비유)를 써서 그것을 시인묵객은 노래했던 것인가? 그러므로 나의 일점일획 사상에 입각한 오로지님 나라의 진리도 다만 이러한 의미의 나의 소프트웨어에 대한 메타포요 명령어일 뿐이라는 것을 밝혀둔다.

　덧붙여, 나는 그 사람이 어떤 종교를 가졌는지 그 아이템(item)을 중요시 하지는 않는다. 전지전능하신 하나님, 오로지님(道)은 다양하게ー일즉다(一卽多)ー그 이름을 드러낸다. 더욱이 지금은 네트워크 시대다. 모든 컴퓨터의 정보를 종횡무진으로 알아볼 수 있는 시대다. 그것은 하나님께서 점점 당신의 비밀을, 그 메타포에 담긴 성질을 발하고 있음이다. 인류는 갈수록 이런 고도의 메타포를 접하게 된다. 그리하여 많은 예언이 풀릴 것이다. 싸둔 것은 열어질 것이다.

어쨌든 나는 성경, 그리고 기독교를 프로그램 명령어로 택한 이들이, 무엇보다 하나님을 또렷하게 알 수 있는 그런 소프트웨어를 가졌다고는 말할 수 있다. 이것은 어김없는 진실이다!

보아라! 기독교만큼 하나님을, 절절하고 뚜렷하게 아버지, 그리고 주님 하며 '님'으로 부르고 있는 종교가 있는가를?

저 오로지님의 캐릭터를 접한 노자, 석가, 공자, 장자, 맹자 할 것 없이 그들은 누구보다도 구극의 깨달음에 이르렀으나 그 누가 그들을 읽고 저 기독교도들만큼 하나님을 절절이 부르고 있다는 말인가? 하나님임에도, 오로지님임에도, 그들의 가르침을 추종하는 이들의 태도는 나를 의심케 만든다. 분명한 어조로 말하여야 할 것이다. 하나님은 그리스도의 입을 통하여 분명한 어조로 말하고 있지 아니한가? "나로 말미암지 않고는 아버지께로 이를 수 없다." 뚜렷한 예수의 정신을 배워야 한다.

다시, 여기서 선(線)을 좀더 생각해 보자. 전기(電氣)라는 에너지가 흐르는 선(線)을 전선(電線)이라고 한다. 이 전선은 본선(本線 · the main line)이나 같은 말인 간선(幹線 · the trunk line)이 있고, 거기로부터 따오는 지선(支線 · a branch line)이 있다.

아파트를 예로 들자면 한 마을에 굵은 본선이 들어오고 거기로부터 각각 갈라져 지선(支線)이 각 동(棟)과 각 호수로 들어간다. 각 호수로 들어간 선은 다시 따져서 안방, 주방, 서재, 화장실 등으로 가지(支)처럼 갈라져 들어간다. 우리 몸에 대동맥이 있고 거기서부터 잔가지와 같은 소동맥들이 갈라져 나가는 이치다.

어찌 됐든 실(絲)과 같은 전선(電線)을 어디를 따든 전기라는 에너지가 샘(泉)처럼 솟구친다. 짜릿짜릿 불꽃을 튀기도 한다. 그리고 이 전선에 흐르는 전(電) 에너지(氣)를 따서(open) 냉장고를 가동시키기도 하고, 전기 다리미를 뜨겁게 하기도 하며, 진공 청소기를 돌리기도 하고, 텔레비전을 켜기도 하고, 오디오를 틀기도 하고, 컴퓨터를 켜기도 한다. 그러나 가전제품이라는 프로그램은 제각각이지만 그것을 작동하는 전(電) 에너지 프로그램은 하나다. 냉장고가 컴퓨터에게 너와 나의 에너지 프로그램은 다르다고 할 수 있을까? 다른 것이 아니다. 다만 냉장고라는 소프트웨어의 프로그램과 컴퓨터라는 프로그램이 다를 뿐이다. 이것을 인정하기 어렵지 않다면, 진리의 본선과 지선에 해당되는 에너지 프로그램은 다르지 않고, 다만 다른 것은 저마다 특색의 성질을 내며 쓰이는 프로그램이 다른 것뿐이라는 것도 인정해야 한다.

어찌 아래 것도 이런데 저 위의 시스템이 이만 못하다고 말할 수 있겠는가?

점(點)! 영어로는 포인트(point)인데, '점(點)이요, 가리키다, 지적(指摘·딸 적, 캘 적)하다'의 뜻이다. 무엇을 가리키는가? 말할 것도 없이 물을 딴 곳이요, 광물을 캔 곳이다. 바로 그 지점(地點)인 것이다. 이렇게 따고, 캐고, 판 점(點)이 바로 샘이 되고 광산이 된다. 사냥으로 말하자면 사냥감이 있는 곳이다. 그래서 가리키는 사람이나 물건을 포인터(pointer)라고 하며 사냥개의 대표주자로 포인터(pointer)가 있기도 하다. 꾀(數)를 찾고 얻었으니 점수(點數)를 포인트라고도 한다.

우물을 두 개 찾았으면 점수가 2가 되는 것이다.

스포츠 경기에서 점수를 얻는 것! 그것은 그 프로그램에서 샘물을 찾는 것과 같이 목적(aim)을 이룬 것이다. 그러므로 포인트의 뜻엔 에임(aim·꾀)의 뜻이 함께한다. 목표를 찾는 것이 '겨냥하다(aim)'의 뜻이 되기도 한다. 구체적으로 샘은 밖으로 내는 것이니 포인트 아웃(point out)이 '지적하다'이다. 포인터(pointer)는 지시봉(指示棒)이요, 채찍(策)이다. 그리고 이야기 도중 중요한 것을 따오는 것을 요점(要點·main point)이라고 하고, 요점을 잡는다고도 한다. 무엇보다 포인트는 '특질'을 말하고, 또한 스위치(switch), 그러니까 접점(接點)을 말한다. 시계 바늘, 저울 바늘 등을 말하기도 한다. 종군점수(從軍點數)를 많이 딴 병사를 포인터(pointer)라고 하는데, 미육군사관학교를 웨스트 포인트(west point)라고 하는 까닭이다. 점수를 '딴다'는 표현에 주목해 주기 바란다. 수도를 '따고' 전기를 '따고'

과일나무에서 과일을 '따듯' 점꾀는 이렇게 '따서' 얻어지는 것이다.

그리고 이렇듯 에너지 프로그램을 따는 곳을 일러 점(占－點)이요 스위치(swtch)요, 소켓트(socket · 꽂는 구멍)요, 혹은 콘센트 (concent · outlet)라고 한다. 선(線)을 따게 되면, 목욕탕 마개를 열면 물이 그 한 점으로 쏟아져 모이듯 '한 점(點)에 모이는 것'이 콘센터(concenter)이다. 아웃렛(outlet)은 '방출하다, 출구'의 뜻이다. 벽에 있는 콘센트에서 전기가 방출되어 나오는 것을 알 수 있을 것이다. 그것이 소켓이기도 하다. 이 아웃렛과 콘센트는 스위치와 같은 것이다. 스위치는 늘 끼워져 있는 것이고 소켓이나 아웃렛은 필요한 가전제품들을 그때 그때 전기 에너지 프로그램으로 전환시켜 주는 역할을 하기 때문이다. 방에 들어서서 스위치를 온(on)으로 하면 전기 프로그램이 전등에 전환되어 불이 환화게 들어온다. 점등(點燈 · light a lamp)이다. 그래서 점(點)을 빛이 들어온다 하여 '켤 점'이라 한다고 했다. 점화(點火)니 점멸(點滅)이니 한다. 또 있다. 아웃렛(outlet) 매장이니 소매점(小賣店)이니 한다. 물건을 방출하는 곳(店－占－點)이라는 뜻이다.

기왕이면 목도 출출한데 주점(酒店)에 들러 술이나 한잔 할까? 그러나 점(占)치는 집은 갈 것 없다. 가장 가까운 것이 가장 먼 것이기도 하니까? 이런 것들은 편리함을 주기 위함이다. 에너지 프로그램의 목적이 거기에 있듯이… 그래서 프로그램 이름조차 편의점(便宜占)이라고 간판을 달고 나온다. 편리한 것은 '꼭 맞(추)는' 것이다. 그래서 옷을 맞춰 입는다. 에너지 프로그램에 맞추는 것이다. 편의(편리)를 뜻하는 컨비니언스(convenience)가 '꼭 맞는'에서 나온 이유가 여기에 있다.

이렇게 말의 일점일획(一點一劃 · 한꾀한꾀)은 한 원리, 저울질과 척도를 벗어나지 못한다. 점(點)이란 어디에도 있다. 하나님께, 오로지님께 이르는 문은 어디에나 있다. 이것을 알량한 저울질로 제한하려 하는 자는 용서받지 못할 것이다. 이웃의 종교를 헐뜯는 자는 용서받지 못할 것이다. 하나님을 찾자고 하는 것이 아니라면 모를까, 하나님을 찾자고 한다면 점의 이치를 깨달아야 할 것이다.

사전을 찾아보니, 점을 유클리드 기하학에서 주어지는 기본 개념의 하나라고 하는 것이 눈에 띈다. 길이·너비·두께도 없이 위치만 있는 것이라고 한다. 신묘한 발언이다. 그들은 눈치 못 챘을 테지만, 유한 직선의 한 끝이라고 끝내고 있으니 말이다. 그러나 무한한 직선, 곡선의 한 끝(極)이다. 태극(太極)이다! 하나님은 길이, 너비, 두께의 형(形)이 아니시다.

성질이시고, 캐릭터이시고, 에너지님이시고, 저울질하시는 분이시다. 저렇게만 알면 안 되는 것이다. 어쨌든 프랑스의 철학자 볼테르는 모처럼 옳은 말을 했다.

"성찰(省察)하지 않고 종교를 선택하는 자는 스스로 마구(馬具)를 채우는 것을 허락하는 황소와 다를 바 없다."

"어떤 문을 두드려도 그 안에서 들려오는 말은 한결같이 이러했나니, '사랑하라'!"(나의 아포리즘)

다시, 앞서의 말머리를 잡자.

지배(支配)라는 말은 그 우물(占)이 된 것을 가지(支)치듯, 마치 한전(韓電)에서 전선을 가지치듯 뻗어 전기를 배분(配分)해 주듯 하는 것을 말한다. 촌장(村長)이 한치 두치(寸) 집터를 정해 주고 하듯이 그런 자(尺·rule)가 되고 컴퍼스(compass·재다·계획하다)가 되는 것과 같다. 마을을 측량하여 설계하는 자가 되는 격이다. 아니 에너지원을 확보하고 그것으로 컨트롤(control·지배·治理)하는 자가 되는 것이다. 다스림이란 이런 것이다. 권(權)은 '꾀 권'이요 '저울 권'이다. 저울에 달아 배분해 주는 것도 지배자의 컴퍼스에 있다. 권력(權力)이란 참 캐릭터는 이런 것이다. 골고루 골고루! 여민동락(與民同樂)!(맹자) 더불어 즐거움을 같이 하는 것이다.

그러니 에너지(생명의 성질)를 독점(獨占)하고 매점매석(買占賣惜)하는 배불뚝이 컨트롤러는 그 머리를 내놔야 하는 것이다. 혁명(革命)! 개혁(改革)! 가차없다!

바로 그 점 지팡이를 내놔야 한다.

맹자의 말이다. "권(權) 연후지경량(然後知輕量) 도(度) 연후지장단(然後知長短) 물개연(物皆然) 심위심(心爲心) 왕청도지(王請度之)!"〔제선장(齊宣章)〕

얼렁뚱땅 대충재충이어서는 안 된다. 저울(權)에 달아보아야 한다. 그래야 무겁고 가벼운 것을 안다(知ㆍ測). 그와 같이 저울(權)로 달아보고 재(度ㆍ맞춰)보면 모든 만물의 길고 짧음을 알 수 있다. 그런데 마음(컴퍼스ㆍ저울의 뜻)은 오죽하겠는가? 마음이라고 얼렁뚱땅 맞추어서 쓰겠는가? 대충대충 하여도 되겠는가? 왕이시여, 청(請)컨대 잘 맞추소서(度)! 도외시(度外視)! 맞추지 않은 사람은 밀려난다.

뭐 이런 뜻이다. 이 메타포를 끌어올리면 주권자(王)들인 그런 사람들도 세상을 얼렁뚱땅 마음대로 저울 가지고 장난 '칠 수' 없다는 말이다. 중용! 맞추어야 한다. 마음은 오로지님께 맞추도록 설계된 컴퍼스(나침반)요, 자(尺)다! 권도(權道)나, 권한(權限)이나, 권도(權度)나 권도(權導)라는 것은 기준이 없이 멋대로 남용하는 것이 아니라, 오로지님의 절대 기준이 무엇인가를 헤아려 쓸 수 있어야 한다. 우주가 오로지님의 저울질로 뒤덮여 있음이다. 여기서 빠져 균형을 잡을 자는 없다. 인간을 만물의 척도니 운운하며 장난칠 수는 없는 것이다.

"아버지께서 아들에게 주신 모든 자들에게 영생(永生)을 주게 하시려고 만민(all flesh)을 다스리는(over — 극진히 하는) 권세(權勢 — 컴퍼스ㆍ저울)를 아들에게 주셨음이로소이다. 영생은 곧 유일하신 참하나님과 그의 보내신 자 예수 그리스도를 아는(知ㆍ測) 것이니이다."(요한복음 17:2-3)·이 말을 도외시(度外視)하면 안 된다.

만민을 저 높은 저 위로 넘기는(over) 것이 진정한 권세다. 그 권세의 기준은 참 하나님께 있고 그리스도처럼 맞추는 자들에게 있다. 그것이 아는 것이다! 그것이 영원한 생명의 캐릭터(성질)에 이르는 척도(尺度)다! 그 파워다!

이렇게 맹자의 말과 예수의 말이 크게 다르지 않는 것은 오로지님의 캐릭터에 맞춰 말하기 때문인 것이다.

구슬로 목걸이를 꿰맞추듯 모든 경전을 꿰맞출 수 있고, 맞출 수 있어야 한다.

경(經)이라는 말은 큰 네트워크라는 뜻이다. 그러면 세상이, 역사가 동서고금을 통하여 어지러운 작란(作亂·장난)이 아님이 더욱 뚜렷해진다. '보이지 않는 손(invisible hand)'은 시장경제만 컨트롤 하는 것이 아니다. 진리(true program)를 바탕으로 움직이는 오로지님의 보이지 않는 큰 손을 느낀다. 그 저울(權)을, 그 컴퍼스를!

점(占)은 '지킨다'의 뜻도 있다. 지켜야 한다. 우물을, 점(占)을 미리에서 빼앗아 와야 한다. 황금을 돌로 쓰고 있는 무리들에게 합류해서는 안 된다. 진주를 돼지에게 던지는 자들, 순수한 말을 짓밟고 찢고 있는 모든 자들에 부화뇌동해서는 안 된다. '당신 말이 맞다(I am with you)' 하고 싶으면 그렇게 하여야 한다. 함께(with)하는 것이 맞추는 것이다.

캐고, 따고, 묻힌 것을 파내는 것을 채점(採點)한다고 한다. 정말 참을 말했는지 안 했는지 그 점(點)을 캐는 것이다. 우리는 채점을 받을 것이다. 물론 나는 꼬래비 점수다. 말을 너무 함부로 하고 살았다.

어쨌든 그 자리가 에너지(물)가 잘 나오면 장점(長點·good point)이라고 한다. 단점(短點·demerit)은 파다가 그만 중도에서 중지해 버리는 일이다. 절차탁마하듯이 해야 한다. 괴테는 '서두르지 말고 쉬지 말고' 하였다. "쉬지 아니하고 오래 저울질하는 성질(則)을 기다리면, 오래지 않아 곧 징험이 있을 것이다.(不息則久 久則徵)"(중용)

맹점(盲點), 허점(虛點)은 잘못 짚은 것을 말한다. 결점(缺點)은 신통치 않는 깨우침이다.

중용(맞춰씀)! 황금의 자(尺)! 황금의 권(權)! 황금의 도(度)! 그래서 영어로는 골든 민(The Golden mean·황금의 꾀)이라고 한다. 황금의 맞춤! 춤(dance)은 맞춤이라는 말이니 황금의 춤, 골든 댄스이다! 하나님이 말씀이듯이 우리도 맞춰 씀씀이를 해야 한다. 알뜰살뜰한 주부가 씀씀이를 잘하듯이 그렇게 참 말씀을 써야 한다.

맞춘다(占-卜-扑)! 독립적으로 쓰이진 않지만 이와 같은 뜻으로 '복(攵=攴)·칠 복'이 있다. 수(數)라는 글자에서도 보인다. 점 지팡이(攵)를 '거둔다(婁)'는 뜻으로 수(婁)를 헤아리는 것은 진리에 이르는 많은 점을 헤아려 거두고 그에 맞춘다는 말이다. 수학(數學)이란 그런 배움이다. 이에 대해선 뒤로 가며 말하게 될 것이다.

지팡이를 나란히 한 첨(覘)은 '헤아릴 첨'이요, '볼 견(見)'과 함께 하는 점(覘)은 '엿볼 점'이다. 스파이(spy)를 말한다. 우리는 스파이처럼 경전에서, 만물에서, 일상적인 말에서 위로 스위치 오버 시켜주는 빛(저울질)이 없는가 하고 늘 엿보아야 하는 것이다. 늘 점을 쳐야 하고 중용을 해야 한다. 이후 내가 복(攵=攴)을 표시(mark)하면 그것이 점복(占卜)임을, 진리의 샘을 두드리는 지팡이(丈點)임을 알기 바란다.

복(攴)은 오른 손(우又)으로 지팡이(卜)를 잡고 있는 형상이다. 복(攵)은 문(文)의 전초 같은 혐의가 있는데 자신할 수는 없다. 문(文)이 진리의 샘을 때리고 치는 지팡이기 때문이다. 그리고 복(攴)은 가지(支)와 엇비슷하니 그 뜻이 멀지 않다. 그러나 중요한 것은 그것을 통해 얻는 캐릭터이지 좀쓰럽게 따지는 소인학(小人學)을 하자는 것은 아니지 않는가?

'생각한다, 밝힌다'는 고(考)의 옛자는 고(攷)다! 생각이란, 밝힘이란 성냥을 마찰면에 때리고 부딪쳐야 불이 켜지듯 그렇게 때려야 한다. 스트라익(strike)이 '켜다' '때리다' '생각이 떠오르다'의 뜻이 있음도 그냥 된 것이 아니다. 생각이 스'친다'고 하질 않는가? 히트(hit)도 마찬가지이다. 야구 선수가 히트를 치면(때리면) 타점(打點)을 얻는 것과 같다. 번개가 '치듯'이 아이디어는 맞쳐야 일어난다. 아이디언 맨을 라이타돌이라고 하는데, 말놀이가 의미있다. 갖고 놀다보면 얻는 것이 있다(玩索而有得-공자).

불이 켜진다?! 빛이 들어온다! 그래서 점화(點火·lighting)라고 한다. 따뜻한 녹차 한 잔 끓여 마실 때마다 나는 가스 레인즈를 점화한다. 여기도 올라오는 도(道)가 전하는 메타포가 있음이다. 빛을 켜라는 것이다. 전지(全知 · 온통꾀)한 하나님의 꾀가 인풋(input) 되지 않는 것이 없다. 이때 점(點)은 사전 그대로 '켤 점'의 뜻으로 어프로치된다. 점 지팡이로 가리킨 곳, 손가락(指)으로 가리킨 곳을 점지(點指)라고 한다. 아니 그런 곳을 달라는 것이기도 하다. 자식 하나 점지해 주십시오 하듯이….

우물의 중요성, 아니 동네 아낙들이 물길러 나왔던 공개 미팅의 장소가 우물이기도 하였다. 성경에도 야곱이 물길러 나온 라헬을 점찍고, 모세도 우물가에서 나온 여인을 점찍는다. 예수는 수가성 우물가에 나온 여인을 점찍는다. 물론 전자의 점찍음과 다른 것이다. 사랑의, 진리의 스타팅 포인트를 말한다.

그것이 그들 인생의 엄청난 전환점(switch-over)이 됨은 말할 것도 없다.

영원한 생명의 프로그램과 합치점(合致點 · 夊)을 찾는 일. 이치(理致 · 夊), 프로그램에 딱 맞추는 일. 맞아떨어지는 일. 이치에 이르렀다고 하고 이치란 그런 것이라고들 말들 한다.

지팡이를 잡은 자(holder)! 그리하여 그것의 화려한 상징인 왕홀(王笏)은 온갖 보석으로 치장된다. 홀드(hold)! '들고 있다, 잡고 있다, 차지 하다' 등의 뜻이다.

그리고 묘하게도 가축을 '친다'고 한다. 왜 기르는 것이 '치는' 것인 것인가?

교육(敎育 · 夊)! 그 가르침(敎)에 복 지팡이(夊)가 있음은 얼렁뚱땅이겠는가? 가르침은 맞추는 일이요, 맞추도록 하는 일이다. 그래서 가축을 '친다'고 한다.

점수(點數)를 따는 자를 또한 홀더(holder)라고 한다. 그래서 한점(點) 두점(點) 에너지를 모아 '살림'을 잘해 가는 사람은 살림꾼(householder)이 되는 것이다.

도깨비 방망이!

어린 시절 귓가를 토닥토닥 하며 들려오던 이야기들. '금 나와라 뚝
딱, 은 나와라 뚝딱' 지팡이의 위력을 보여주는 흔적들이다. 두드려
치면 무엇이든 나오게 하는 그 도깨비 요술방망이 이야기는 우리들
아스팔트 밑 잠재의식을 일깨우는 어린 날의 지팡이 메타포였다. 논
다는 것, 어린이들의 해방공간! 무릎에 상처자국을 내지 않는 아이는
위험하다. 마음껏, 원껏 놀도록(遊) 해야 한다. 무릎이 깨져 피도 나
야 한다. 시험지만 맞추기 시켜서는 캐릭터 교육이 아님은 이미 말했
다. 그네들은 알아서 스스로 알아서 맞추기를 하는 트레이닝을 하는
것이다. 논다(놀 유遊)는 것은 해방(解放 · 攵)이 어떤 것인지를 찾으
며 얻어지는 즐거움이다.

우리가 오로지님과 맞춰 놀자는 것은 그런 뜻에서이다.

종교를 지나치게 엄숙하게 하여서는 안 된다. 절도는 있어야겠지만,
자연의 성질 속에서 절로절로(무위자연)의 캐릭터를 앙모하는 것이어
야 한다. 그래서 호탕한 기린아(麒麟兒) 장자(莊子)는 그 책의 시작을
소요유(逍遙遊)로 하였음이다. '거침없이 마음껏 거닐며 논다'는 말
이다. 경건은 좋으나 째째해서는 안 된다. 우리는 구속되기 위해 진리
를 알자는 것이 아니다. 우주보다 크고 높고 깊은 분에게 맞추어 춤을
추자는 것이다. 춤(dance)은 맞춤에서 나온 말이다. 음악에 맞춰, 발
에 맞춰, 홍에 맞춰 추는 것이 춤이다. 바라춤이나 살풀이춤이나 또
무슨 무슨 춤 할 것이 없이 모두가 맞추자고 하는 동작이다. 몸의 트
레이닝이다. 인도의 시바 여신은 우주와 맞춰 춤을 추는 여신이다. 모
든 종교 의식에서 춤이 빠지지 않는 것은 이유가 있다.

중용의 댄스요, 그 퍼포먼스요, 무언극(無言劇)과 같다. 도의 캐릭
터는 말이 없다. 춤도 말하지 않고 말하는 언어다! 춤은 그런 무(無)
의 에너지(성질) 캐릭터를 극명하게 보여준다. 다윗이 성령(하나님의
에너지 캐릭터)에 취해 춤을 추는 것도 그런 것이다. 나도 가끔씩 홀
로 덩실덩실 어깨춤을 춰볼 때가 있다. 그렇게 된다. 문자의 춤! 서도

는 그런 캐릭터다! 생명의 맥박, 참 생명의 맥박에 맞추어 추는 춤! 보이지 않는 도(道), 무(無)의 캐릭터에 맞춰 쓰는 춤! 그래서 무용(舞踊)이라고 한다. 무용(無用)이다. 모내기를 하고 있는 옆에서 한가하게 농악춤을 추고 있는 것을 유용(有用)하다고 할 것인가? 이(利)의 패러다임으로 보면 그렇다. 베짱이는 무용(無用)하다고 하고 개미만 유용(有用·쓸모 있음)한 존재라고 할 수 없다는 것은 이미 합치점에 이른 말이다.

연예인들이, 예술가가 베짱이를 대표한다면, 사람살이에는 그런 베짱이들의 활력소도 필요한 것이다. 그들은 유용한 것을 만들어내지는 않는다. 볼펜 한 자루, 김밥 한 덩이 말아내지 않는다. 그럼에도 쓸데없음(無用)이 아니다. 그러므로 무용(無用)은 때에 따라 무(無) 에너지를 씀(用)으로 해석해야 한다. 아니 이것이 원뜻이다.

그런데 유용(有用)한 것이 아니면 모두 쓸모없는 거라고 몰아부친 아스팔트 프로그램에 그 원죄(original sin)를 물어야 한다.

무용(舞踊)은 무용(無用)이다! 허공을 날며, 비상하며, 솟아오르며(솟아오를 용甬) 유(有)를 떠난 무(無) 에너지를 쓴다는 메타포를 실연하고 있는 것이다.

시를 암송(暗誦)한다고 한다. 말(言)을 솟아오르게(甬) 하는 일이다. 감추어(暗) 있는 마음을 꺼내는 것이다! 이것도 말의 춤이며, 무(無) 캐릭터를 드러내는 문화행위다.

논다는 것! 맞춘다는 것! 오늘날은 컴퓨터에 막대기인 바(bar)를 끌고 들어왔다. 자판(字板)을 '치기' 하며 오락을 하기도 한다. 아이들의 놀이공간를 컴퓨터(計算器)라는 꾀바구니 앞으로 아예 끌고 왔다. 컴퓨터는 점칠 때 쓰는 산통(算筒)과 같은 것이다. 현대적 의미의 산통이 컴퓨터다. 그러므로 컴퓨터를 '친다' 는 것은 점을 친다는 행위의 연속선상에 있는 것이다. 모든 프로그램을 거두어 모으며(數), 지팡이와 점을 끌어와 압축하였다. 인류 문화의 축도판(縮圖版)을 보는 것 같으며, 프로그램의 발생지이기도 하다. 컴퓨터가 세계를 선점하고 지배하고 있다.

컴퓨터 없는 현대 문명을 상상할 수 있는가? 여러분은 말씀으로 번역된 로고스에 실로 여러 뜻이 있음은 모를 것이다. 그 가운데 컴퓨트(compute)라는 것이 있음은 더더욱! 그 사람의 이름은 아깝게 놓쳤지만, 프랑스의 어느 학자 책을 서점에서 무심코 넘기는데, 왜 로고스의 뜻에 말씀과 계산(計算)이 함께하는지 모르겠다고 하는 것을 읽었다. 나는 피식 웃고 말았지만, 대체 모든 꾀(計)를 헤아리는(算) 분이 누구란 말인가? 자연은 컴퓨트(compute)가 아닌가? 거기서 계산된 누군가의 놀라운 꾀들을 보지 않는가? 그렇지 않다면 왜 지금도 과학자들은 자연의 꾀를 찾아 노심초사들 하고 있는 것인가? 사실 말씀이라고 하는 것 속에 해당 안 될 말이 무엇이겠는가 하는 지적인 함정에 나도 빠지기도 하지만, 그래도 견강부회니 어거지니라는 소릴 듣기 싫으니 왜 로고스에 컴퓨트의 뜻이 영어로 번역된 희랍어 사전들에 있는지를 알아야 한다.

　─이밖에 로고스의 뜻으로, 몇 가지를 옮기자면, ‘principle(원리) · proportion(균형) · ratio(비율) · account(계산 · 셈) · oracle(신탁) · book(책) · value(가치) · reflect(반영)…’ 로고스 이콜 말씀! 사실 모든 말이다!─

　선점(先占)한 자가 지배한다! “태양 아래 새로운 것은 없다.” 아스팔트 위에서는 반드시 오로지님의 캐릭터를 상업적 캐릭터로, 생계형 캐릭터로 하여 쓴다는 것을 꼭 알아야 한다. 그 껍질을 벗기고 보면 오로지님의 진리가 빛난다. 컴퓨터의 세계 컨트롤은 그냥 불쑥 나오는 것이 아니다.

　인류는 수많은 프로그램을 축적해 왔다. 그것을 서류철에 다 담을 수가 없다. 과부하상태요 포화상태다. 그래서 담을 바구니(바구니 산算)가 컴퓨터를 필연적이게 하였다. 손오공은 놀아봐야 부처님 손바닥을 벗어나지 못하듯, 부처님 손바닥 프로그램을 벗어나지 못하고 그 많은 수 가운데 몇 개를 가지고 노는 것이듯, 인류도 그러하다.

　그래서 “태초에 말씀이 있었다”는 요한복음의 시작은 이렇게 번역해도 된다.

"태초에 컴퓨트(컴퓨터)가 있었다!" 한치의 어김없는 옮김이다!
선점(先占)한 자가 지배한다! 선점한 자가 나누어 준다!

지도자(指導者)란 가리켜(指) 이끄는(導) 것이듯, 선도(先導)하는 것이 반드시 있다. 보이지 않게 있다. 우리는 저도 모르게 여기에 부딪쳐(스쳐) 아이디어를 얻는 것이다. 무(無)에서 유(有)를 얻었다는 말은 그런 것이다.

선생(先生), 앞서(先) 낸다(生)는 뜻이다. 선생님(랍비) 듣기를 마다하지 않았던 예수가 하나님 한 분밖에 스승이 없으니 너희는 선생이라 일컬음을 받지 말라고 한 뜻은 여기에 있다. 학교 선생들더러 학생이 되라는 말이 아닌 것이다. 앞서 내시는 분이 누구인지 분명히 알아라 하는 교육 프로그램인 것이다.

가르침(敎)이란, 복(攵) 지팡이로 치는 것이다. 그러니 종교(宗敎)라는 것이 더욱 뜻이 분명해지는 것이다. 무엇을 치는가? 그것만 남은 것이다. 목자(牧者)는 그런 지팡이(攵)를 든 자인 것이다. 연필이나 볼펜이나 그리고 만년(萬年)가도록 샘(fountian)이 나온다 하여 만년필(萬年筆)을 파운틴 펜(fountain pen) 이라고 하듯이 이 또한 점 지팡이의 연속선상의 메타포이다. 먹물과 잉크는 지혜를 드러내는 샘과 같다.

학(泶)은 '마른샘 학'이다. 물 수(氺=水)가 있다. 이 물이 마르는 학(學)이어서는 안 된다. 첨(沾)은 '젖을 첨'이다. 점(占) 지팡이가 물(氵)에 젖었다. 첨습(沾濕)은 물기에 젖음을 말한다. 뚫은 것이다.

시추공(試錐孔)이 해저를 뚫고 기름을 끌어올리듯 생명의 기름을 끌어올리는 것이다. 그것이 배움이다. 중용(中庸)! 중(中)은 '뚫을 곤(丨)'이기도 하다.

복음(福音)은 복음(卜音)이다. 복을 얻는다는 것은 맞추어야 얻는 것이다. 지팡이로 우물을, 샘을 얻듯이 맞추어야 하는 것이다.

참(一)을 찾는 것이 맞추는 것이듯 끝없이 오로지님의 캐릭터에 맞추어 점화(點火)되고 그 프로그램(點)으로 되어야(될 화化) 한다. 점화(點化)!

맞추기를 그만두었을 땐 점멸(點滅)의 멸(滅·꺼짐·off)이 있다. 그럼 오로지님의 캐릭터가 무엇이냐? 이제 소망스럽게 경전 속에 우리가 알 만큼 나와 있다. 그것을 배워가자는 것이다. 끝없이 점화하여 위(on)로 가는 빛의 캐릭터를 받자는 것이다.

"두드리라 그러면 열릴 것이요, 찾으라 그러면 얻을 것이요"라 하였다.

우리는 점화니 점멸이 하는 말에서 스위치(switch)를 떠올릴 것이다. 스위치(switch)란 무엇인가? 열어주고 닫게 하는 개폐기(開閉器)를 말한다. 스위치! 열고 닫음! 스위치는 변경시키는 것이요, 변화(change) 시키는 전환점이다. 점(占)은 그런 스위치다. 역(易)도 그런 스위치다!

그러니 열쇠(key)다. 점 지팡이는 스위치나 열쇠와 똑같은 것이다. 밖에서 안으로 들어가게 하고 환하고 어둡게 하는 역할을 스위치는 한다.

그것은 프로그램 안에서 일어나는 일이다. 집을 하나의 프로그램으로 보았을 때, 밖에서 안을 향해 묻는다. '이리 오너라!' '계셔요?' 하고 말이다. 그러면 안에서는 '되' 묻는다. '누구시죠?' 달아보고 재보고 하는 중이다.

그런데 이렇게 '되' 어서는 안 된다. 왜 그런가? 안의 사람이 그 목소리만을 듣고도 밖의 사람의 캐릭터를 알 수 있게 해야 한다. 남편이 밖에서 헛기침을 한다. 그러면 안의 아내는 그 목소리에서 남편임을 알 수 있는 캐릭터를 대번에 아는 것이다.

그러면 문은 열린 거나 마찬가지이다. 어떻게 이런 일이 가능할 수 있는가?

부부 일심동체! 그간 부부가 끝없이 눈을 맞추고 마음을 맞추며 살아 왔기에 부부는 닮아간다는 말처럼 서로의 캐릭터를 긴 설명이나 이름 따위를 대지 않아도 '익히(溫)' 아는 것이다. 아니 발소리만을 들어도 알 수 있는 정도가 된다. 말이 없어도 말을 듣는 것 이상 빠르다. 감(感)이란 감동이란 그런 것이다.

그러니 우리도 오로지님과 익혀야 한다. 낯익도록 하여야 한다는 말이다.

하루 아침에 익힐 수가 있는가? 그것은 이상한 부흥회에서나 하는 패스트 푸드식 종교 이야기이다. 그러나 만남은 순간이다. 스파크가 일 듯이, 그렇게 오로지님과의 만남을 구하기 위해 두드리며 맞추다 보면 어느 날 갑자기 온다. 불가에서는 이것을 돈오(頓悟 · sudden enlightenment)라고 한다. 갑자기 밝아지는 것이요, 갑자기 깨우쳐지는 것이다. 그러나 이것으로 그만이 아니다. 만남인 미트(meet)는 '합치다'의 뜻도 된다.

미트(meet)는 또한 '점(點)으로 모이다'의 의미도 있으니 이래저래 의미가 있다. 부부가 만나는 지점(地點)이 있고 시점(時點)이 있듯이, 점은 두 사람을 합치도록 한 스위치 역할을 한 셈이다. 한 점에 모인 것이다.

그런 다음 부부는 캐릭터를 주고 받으며 서로를 더욱 익혀간다. 세월이 흐르면 부부는 말수가 적어진다. 왜 그런가? 긍정적인 시점(視點)으로 보자면 말 이전의 캐릭터로 이미 말을 하고 있기 때문이다. 농익는다는 것이 그런 것이다.

곧잘 옳은 소리를 잘하는 니체는 이런 말을 남긴다. "부부란 결국 사람만 남고, 사람으로 사는 것이다." 어떤 조건에 맞춰 이루어진 부부라도 이내 그 수상한 거래식 조건은 소멸한다. 결국 마음과 마음, 사람과 사람의 캐릭터만이 남는 것이다. 그것으로 부부는 오래가고 그것만이 남는 것이다. 익힌다는 말을 온(溫)이라고 한다. 온도(溫度)니 온기(溫氣)니 온열(溫熱)이니 하듯이. 고구마를 익히고 쌀을 익히고 간장을 익히고 된장을 익힌다. 온(溫)이다. 곧 시간의 에너지와 열의 에너지를 받아 그렇게 되는 것이다. 사람도 그렇게 캐릭터(에너지)를 주며 서로를 익힌다. 그러면서 부부는 서로를 새삼 새롭게(新) 알(知)아간다.

온고지신(溫故知新)! 저 유명한 공자의 누구나 익히(溫) 아는 말이다. 보아라! 익히(溫) 알(知)고 있지 않은가? 그럼 거기서 새삼(新) 알(知)게 된다면 지신(知新)하는 것이리라. 온고지신을 온고지신하는 셈이다. '옛 것에 맞춰 새로운 캐릭터(知)가 된다.'

먼저 고(故)에 복(攵) 지팡이가 있음을 주목하라. 고(古)란 오래다, 예스럽다는 말이다. 오래 전부터 그 캐릭터가 이미 있어 온 것이다. 새삼스럽게 만든 것이 아니다.

"해 아래 새로운 것은 없나니 무엇을 가르켜 이르기를 보라 이것이 새 것이라 할 것이 있으랴 우리 오래 전 세대에도 이미 있었느니라." (전도서 1:9-10)

오로지님의 캐릭터는 이제 새로 있게 되는 것이 아니다. "나는 아브라함의 하나님, 나는 이삭의 하나님, 나는 야곱의 하나님…" 아브라함에게 본이 되는 캐릭터였던 그 하나님은 아브라함의 아들 이삭의 캐릭터도 되고 또 그 아들 야곱의 캐릭터도 된다.

아니 그 캐릭터를 아담에게 인풋시켜던 하나님이 아니신가? 아담 이전 저 먼 태초(very beginning)로부터 스스로 캐릭터이셨던 분이 아니신가? 그러다가 예수에게서 완전한 캐릭터를 기름 쏟아 붓듯이 하여 나타났다는 것이 성경의 오로지님 캐릭터다. 그러나 그것으로 끝이 아니다. 그 아담, 아브라함, 이삭, 야곱은 시대를 초월하고 공간을 초월하여 모든 사람, 모든 민족, 온 만물에게 해당되는 것이다. 단지 저들의 이름이 성경에 드는 영광의 메타포를 가지고 있을 뿐이다.

그 이전부터 있었던 캐릭터를 고(古)라고 하자. 거기에 맞추고(攵), 거기에 익숙(溫)해지도록 한다는 것이 온고(溫故)다! 숙(熟)처럼 익히는 것이다. 뜻(情)으로 받는 것이다. 에너지이다. 캐릭터이다!

저 맑게 피어나는 꽃들, 산천초목, 빛을 받아 맑은 물은 예로부터 있어온 태양에 맞추기에 오늘도 새록새록 푸르다. 거기서 새로운(新) 알맹이(알 지知)가 나온다.

탄소동화작용(炭素同化作用)! 태양의 캐릭터(에너지)에 적합하도록 맞추는 것이 동화(同化)다. 그것은 태양으로 돌아갔음을 의미한다.

꽃이 새로울 수 있었던 것은 꽃의 나가 아니라, 나를 꽃으로 피게 하고 나를 빛낸 태양이니 예로부터 있었던 태양의 캐릭터로 내가 돌아간 것이 아니고 무엇이겠는가. 고향(故鄉)으로 돌아가고자 하는 것은 왜 그런가? 나를 있게 한 고향이라는 캐릭터, 그 자궁의 품속으로 가고자 하는 것이 아닌가? 내가 고향을 있게 했나 고향이 나를 있게 했나? 나를 있게 하고 나를 새롭게 한 것은 고향(故鄉)의 캐릭터인 것이다. 이런 차원의 애향심(愛鄕心)이라면 얼마나 좋겠는가? 고향을 그리워하고 사모하고 사랑이 이는 것은 고향의 나무 한 그루 돌멩이 하나라도 오늘의 나를 성격(性格·欠)지운, 꽃에 있어서의 태양과 같은 것이다. 그래서 죽은 사람을 돌아갔다고 하여 고(故) 아무개씨 하는 것이다.

태양의 캐릭터, 그 저장소인 석탄이나 기름 화석(石油)이 빛을 내고 열을 내는 것은 태양의 성질을 그대로 발하는 것이니 태양의 캐릭터로 돌아갔다고 할 것이다.

그런 의미에서 진정 이것이 최초라고 할 것은 없는 것이다. 태양은 오래되었다고 낡은 것인가?―물론 오로지님의 메타포인 태양도 그 사명을 다할 때가 오는 것이지만―늘 새로운 상징이다. 새로움은 영원한 캐릭터로 하여 가능한 것이다. '격물치지(格物致知·欠)·gaining knowledge by the study of things'〔대학(大學)〕

만물(things)을 치면(칠 격格·strike·study·examine) 거기서 앎(知·knowledge)을 얻는다(gaining)는 뜻이다. 송치(送致·sending)라는 말이 있듯이 치(致)는 '쳐서 보낸다'는 뜻도 된다. 전보를 쳐서 보낸다고 하듯이. 이 말은 앎(知)을 보낸 발신처가 있음이다. 송치를 '부친다(致)'고 한다. 편지를 부친다는 말이다. 부친다는 말은 무엇인가? '국화에 부쳐 시를 짓다'고 할 때, 그 시는 국화의 캐릭터가 보낸 것이라는 뜻이다. '돌아가신 어머니에 부쳐 불초 아들이 이 글을 씁니다' 하면 그 글이라는 것에 어머니의 캐릭터가 알짜배기(pure)로 들어나는 것을 뜻하듯이….

그러므로 과학자가 물리(物理)에서 어떤 이치(理致)를 깨달아 새로운 학설을 발표한다고 할 때, 그 프로그램(理)을 부친(致)것은 그가 아니라 이미 그 프로그램을 있게 한 부친 이(발송인 · sender)가 있음이다. 이것까지를 알 때 이치(理致)를 알(知)았다고 하는 것이다. 편지를 읽고, 전보를 읽고 그것을 보낸 발신인의 캐릭터는 모르겠다고 하면서 이 편지는 내가 쓴 것이라고 하고 내가 지은 것이라고 할 수 있을까? 아니 프로그램을 정말 알았다고 할 수 있을까? 아스팔트 물리학의 허구는 여기에 있는 것이다. 그리고 격물치지(格物致知)에 복(攵)이 두 차례나 나오는 것은 왜일까?

그것은 교신(交信 · communication)을 의미한다. 예컨대 교신이라는 것은 보내는 자(發信人)만으로는 되지 않는다. 반드시 받는 수신인(受信人)이 있게 마련이다. 그래야 교신(交信)이 된다. 오로지님은 캐릭터를 나에게 보내오고 나는 오로지님께로 간다. 전보식으로 말하자면 발신 쪽에서 치면, 수신 쪽에서 알았다고 치는 것이다. 이런 치기(攵)를 계속하는 것이다.

이럴 때, 이런 식(式 · 꾀 식)의 전보교신이 영원히 지속된다고 할 때, 아니 지속할 수밖에 없는 것은 영원한 발신인 오로지님이 전보를 칠 때는 그저 허공에 대고 치는 것이 아닐 것이기 때문이다. 또 그 분의 성격(性格 · 캐릭터)은 치는 것을 그칠 수 없다. 그 분은 치는 분이다. 그래서 하나님을 "더 디바인 빙(The Divine Being)" 한다고 했다. 디바인(Divine)이란 홀리(Holy · 거룩함 · 드부심)와 같은 뜻이다. '신성(神性)이요, 신이 내린(하늘이 내린)'의 뜻이고 '신에 바친다'는 뜻이다. 아니 그리고 무엇보다 디바인(divine)은 '점친다'는 말이고, 우리가 지금 말하고 있는 '점 지팡이(divine rod)'를 뜻하는 것이다. 이것은 정확히 모든 영어사전을 뒤져봐도 알 수 있을 것이다.

이래서 오로지님께서도 계속 치고(攵) 있다고 한 것이다. 이 말은 또 무엇인가? 우리만 하나님을 찾는 것이 아니라, 하나님도 우리를 찾아 두드리고 있다는 말이다.

"하나님은 당신이 사랑하시는 이를 찾고 계시느니라." 이런 말씀은 무수(無數 · 攵)히 많고, 성경, 아니 모든 경전이 오로지님이 쳐서 보내는 전보다!

지금 말하고 있는 만물도 오로지님의 메시지이다. 그러니 전보니 전화니 하는 커뮤니케이션이 예사로운 것이 아니며 갑자기 어디서 불쑥 나온 것도 아니다.

온고지신(溫故知新)에서 격물치지(格物致知)까지 우리가 익히(溫) 알았던 말들을 쳐서 새롬(新)을 알(知)았다.

공자는 이런 말도 한다.

"술이부작(述而不作), 신이호고(信而好古)"(술이)

述而不作! 나는 부쳐 하는 자이지, 작가가 아니다.(I am a transmi-tter, not a writer)

信而好古! 나는 믿을 뿐이고, 예스럼에 오로지한다.(I am trutful in what I say and devoted to ancientness)"

공자는 창조자가 아니다. 탐지자(探知者·detector)요, 레이더(rader)일 뿐이다. 오로지님께 부쳐(transmit)할 뿐이다. 전도체(傳導體·transmitter)는 스스로 전기를 내는 것이 아니라 전선에 '부쳐' 전기를 얻고 그 전기를 전한다.

전도자들은 오로지님께 부치는 자들이다. 오로지님의 캐릭터를 말할 뿐이다.

'오로지하다' 는 것은 전심전력(devoted)하다는 말이다. "그러나 왕에게 선한 일도 있으니 이는 왕이 아세라 목상들을 이 땅에서 없이 하고 마음을 오로지하여 하나님을 찾음이니이다 하였더라."(역대하 19:3)

또한 '오로지하다' 는 단단히 작심하고 채비를 갖추는(prepare) 것이다. 밥상을 차리듯 정신을 차리는 것이다. 프로그램이란 무엇인가. '차림' 이다. 차려 내놓는 것이 프로그램이다. 밥상을 차리지 않고 살 수 있는가? 그처럼 정신을 오로지님께 향하여 오로지하는 것이다. 차렷! 군대에서 늘 하는 명령(命令)이다. 하루에도 몇십 번을 한다. 상관을 보면 차렷을 해야 한다. 오로지님을 부쳐하는 이는 늘 차렷한다. 공자가 그랬다. 늘 도(道)에 부쳐 차렷한 군자(君子)였다. 군자란 무엇인가? 탐지자이다. 탐지봉인 지팡이를 두드리며 수도(水道)를 찾듯 영원한 생명수를 찾는 이가 군자다. 군(君)! 손으로(⺕) 작대기(丿)를 잡고 여기다 저기다 말하는(口) 자를 말한다! 점(占)과 똑같은 글자다. 견강부회가 아니다. 한자를 공부하는 이들에게 물어보라. 군(君)의 뜻이 무엇이냐고. 그러면 내가 군(君)을 말하듯이 대체로 그렇게들 말하리라. 그러면 점(占)을 설명해 주라. 깜짝 놀라리라. 문자는 오로지님의 캐릭터가 도안(圖案)된 것이니 어김이 있을 리 없다. 문자는 에너지를 표상한다! 그런데 그 에너지가 오로지님의 캐릭터임을 알아야 한다. 점(占)치는 자! 그것이 군자다. 요셉은 그래서 자기를 점치는 자인지 알지 못하느냐고 했던 것이다. 늘 하나님을 탐지하는 자라는 말이다. 임금(君)이 그렇게 백성의 길을 안내(案內·impormation)하듯이 하는 것이다. 학(學)도 그래서 군(君)과 점(占)의 뜻이 아니었나? 김군(君), 이군(君) 하면서 그것을 모르면 안 된다. 공자는 점치는 군자였다. 늘 도에 차렷하고 도에 부쳐(transmitt)한 우리의 좋은 모델이다.

우리는 길을 떠나기 전 오로지한다(채비한다). 길이란 무엇인가? 도(道)다! 채비한다는 것은 또 무엇인가? 프로그램에 참여한다는 것이다. 상가집에 가면 상가집에 맞춰(부쳐) 옷을 차려 입고, 잔치집에 가면 잔치집에 맞춰(부쳐) 옷을 차려 입는다.

밥상을 왜 차리나. 밥상이 나를 먹기 위해서인가? 아니다. 내가 밥을 먹기 위해서다. 그러니 차렷한다고 억울해 할 것이 없다. 쌀(米)은 대껴지고 빻아지고 씻겨지고 익혀져 밥이 된다. 그래서 정(精)이다. 신(神)도 그런 것이다. 그것이 정신(精神)이다. 밥을 차려 먹듯 신을 차려 먹어야 한다. 정신 차려 먹어야 한다는 말이다.

매일 몇 번이고 이것을 반복하며 그 이치(理致·프로그램에 부침)를 모르다니 억울하지 않은가? 또 우리는 파전이나 빈대떡을 부쳐 먹는다. 부치미라고 하는 말이 그것이다. 그처럼 도(道)를 부쳐 먹어야 한다. 예수가 당신을 부쳐 먹으라 하지 않았는가? 사업을 차린다. 왜 차리나? 부쳐 먹기 위해서다.

우리는 옷을 맞춘다. 이때 옷이 나를 맞추기에 재단사는 내 몸에 맞춰(부쳐) 자로 재고 하는 것을 볼 것이다. 내가 옷을 입는 것이지 옷이 나를 입는 것이 아니다. 이 메타포에도 진리가 없을까? 없을 수가 있나? 여기서 '나(I)'는 오로지님이요 옷은 아스팔트(겉)의 나(i)다. 그러므로 옷인 나(i)가 오로지님(I)에 맞춰 입혀지니, 옷인 나(i)는 오로지님과 하나 되고 오로지님의 캐릭터와 하나 되는 것이다. 그럴 때 이 옷은 오로지님의 캐릭터다! 왜 그런가? 오로지님에게 맞춘 옷이 아니었나?

당신에 맞춰 입혀진 옷은 당신의 캐릭터이듯이 말이다. 당신은 누가 당신 옷을 자기 것이니 내놓으라고 하면 내놓겠는가? 끝까지 이것은 내 것이라고 할 것이다. 오로지님도 마찬가지이다. 우리를 두고 자기 것이요, 자기와 하나인 것이니 결코 내놓을 수 없다 할 것이다. 오로지님이 누구신데 뺏기겠나? 그러므로 스몰 나(i)는 진짜 나(I)에 꼭맞게 되었으니 이를 일러 참 나(Full-I)를 찾았다 하는 것이다.

이치를 잘 헤아려보라!

명령(命令)은 주문(order · 마춤)이다. 오더를 따왔다(拈 · 摘)고 한다. 주문을 받았다는 말이다. 주문받은 이는 아주 기쁠 것이다. 정말 기쁠 것이다. "1억 달러어치 의류 만 점(點)만 보내주시오" 하면 그도 좋아 어쩔 줄 몰라 할 것이다. 그러면서 "아, 기왕이면 2억 달러어치 주문을 해주시지요?" 하고 싶을 것이다. 그럴 때 주문한 오더가 "그건 안 되겠는데요" 하면서 거절하면 기쁜 중에도 굉장히 섭섭할 것이다. 1억 달러보다 많은 2억 달러로 주문을 늘려 한다는 것은 그 사람이 믿을 만하다고 판단되어서 주문(마춤)을 한 것이기 때문이리라. 그러나 어쨌든 주문을 받은 사람은 이것도 웬 떡이냐 하면서 열심히 오더의 요구에 맞춰 물건을 한점, 두점 채릴 것이다. 믿을 만한 사람일수록 주문량이 많았지겠지만 단 한 점(點)의 오더를 땄다고(拈) 해도 기쁜 일이다. 경전 등에서 한 점의 깨우침이 주어지면 그것이 곧 오더를 딴 것과 같다.

차렷(stand up)! 위를 향해 일어서는 일이다. 또한 그것은 동시에 프로그램을 차렷다는 것을 의미한다. 프로그램(命)을 차렷으니 거기에 맞추라는 것이고, 그 프로그램과 함께 일어서라는 것이다. 맞춤은 '함께함(put together)'이다.

차렷! 멍청하게 졸병이 허공을 쳐다보고 있는데 장군이 지나간다. 그러면 졸병은 황급히 일어나 차렷자세를 취한다. 곧 장군이라는 계급장이나 복장 같은 그 권위의 차림(캐릭터)에 졸병은 단추가 끌러져 있었거나 군모를 삐딱하게 쓰고 있었으면 그것을 재빨리 바로(正)한다. 장군의 바른 차림대로 맞추기 위함이다. 장군이라는 캐릭터에 그런 경의를 드러내는 것이다. 오로지님을 경외(敬畏)하라는 것은 바로 늘 바로 차려 있는 그분의 차림(프로그램)에 대한 맞춤이다! 만약 장군이라는 것이 위엄 있게 그만한 차림을 보여주지 못하고 헤벌레한 차림을 하고 있다면 애초 군대라는 시스템은 갖춰지지 못할 것이다.

그래서 장군 같은 사람은 복장을 그토록 위엄 있게 갖추는 것이다. 이 세상만사가 그렇다. 원인이 없는 결과를 상정할 수 없듯이 말이다.

오더를 줄 수 있는 것은 무엇 때문일까? 어떤 계획이 있으니 그에 맞춰달라는 것이 아니었는가? 계획(프로그램) 없이 오더를 줄 수 없기 때문이다. 명령을 줄 수 없다.

따라서 오로지님의 명령(오더)에 의의가 있을 수 없다.

분명 그러하다. 준비가 있기에 오더를 줄 것이다. 그런데 어떤 경우 오더를 받고 왜 이런 것까지 주문했을까 하는 생각은 할 법은 하다. 그렇다고 오더를 전에도 주었던 오더(주문자)에게 이것은 도무지 이해가 되지 않으니 주문서를 반려하겠습니다 할 수 있을까? 물론 하는 경우도 있을 것이다. 그러나 그런 경우란 거의 드물다. 주문이 너무 밀려 혹 그러는 경우는 있을지라도.

아브라함의 경우에서 우리는 그런 메타포를 본다. 백세가 다 되어 얻은 아들 이삭을 하나님은 불태워 제물로 바쳐라 하는 것이다. 이 오더를 어떻게 보아야 할까?

참으로 해괴한 오더다! 전에도 오더를 주었던 분이기에, 거기서 기쁨을 맛보았었기에 그 오더에 맞췄을 때 부도어음 따위는 주지 않았던 오더이기에 아브라함은 당혹했다. 성경이라는 경전! 사랑을 테마로 하고 있다는 경전에 사랑이라는 낱말이 최초로 이 해괴한 오더를 둘러싼 스토리 속에 등장한다. 이 또한 기이한 일이다. "그 일 후에 하나님이 아브라함을 시험(試驗 · tempt)하시려고 그를 부르시되 아브라함아 하시니 그가 가로되 내가 여기 있나이다 여호와께서 가라사대 네 아들 네 사랑하는 독자(only son) 이삭을 데리고 모리아 땅으로 가서 내가 네게 지시(指示 · tell)한 산 거기서 그를 번제(燔祭 · burnt offering)로 드리라."(창세기 22:1-2)

이런 주문서를 받은 것이다. 시험, 독자 아들, 사랑, 번제….

물론 시험은 감춘 것이고, 아브라함이 아는 것은 독자 아들, 사랑, 번제다.

그런데 하나님은 아브라함이 가장 피하고 싶은 답인 번제를 택하라고 하는 것이다. 아브라함은 독자 아들, 폐륜아도 아닌 사랑하는 그 아들을 택하고 싶을 것임은 인지상정이다. 한 족장을 이끌고 있는 아브라함! 숱한 명령을 내리고 있는 아브라함!

호사가들은 혹 이렇게 말할지도 모르겠다. 그것이 권력이라고. 권력을 정당화시키고 억지 명령도 따르라고 하는 고대식 통치술(꾀 術術)의 한 전형이라고. 또 이렇게 말하여 필명을 얻을지도 모른다. 늘 이런 식(꾀 式式)으로 접근하는 자들이 더욱 사람들을 헷갈리게 하는 트릭을 까는 것이다. 그래서 사지 선다형은 오지 선다형으로….

두렵다! 주의하라!

지시(指示 · tell)한 곳은 점을 찍어둔 곳이라는 말이다. 아브라함은 이 오더를 맞추기로 한다. 그래서 사랑하는 아들에게 자식을 태울 나무를 지우고 자기는 불과 칼을 손에 들고 함께 동행하는 것이다. 눈뜨고 볼 수 없는 처절한 광경이다.

이삭은 불과 나무는 있는데 태워 바칠 양은 어디에 있느냐고 아버지 아브라함에게 묻는다. 그러자 아브라함은 번제할 어린 양은 하나님이 자기를 위하여 친히 준비(차림)하리라고 말한다. 정말 그렇게 생각했던 것일까? 아니면 아들 이삭을 안심시키기 위한 말이었을까? 아브라함은 단을 쌓고 나무를 벌여놓고 아들 이삭을 결박하여 나무 위에 놓고 손을 내밀어 칼을 잡고 아들을 잡으려 한다. 일촉즉발!

아브라함이 하나님이 준비 없이 주문하시지 않는 분이라는 것을 굳게 믿지 않았다면 아브라함의 행위는 오늘 말로 광신(狂信)에 지나지 않을 것이다. 아니면 미쳤던지….

그러나 아브라함은 누가 뭐래도 지각 있는 사람이었으므로 이런 데까지 잡지처럼 상상력을 소진할 건 없다.

칼로 내리치려는 순간 '어명(御命)이오!' 하는 중지 신호가 내린다. 그리고 이런 말씀이 온다. 그 아이에게 손대지 말라시며 네 독자라도 아끼지 않고 내 오더에 맞췄으니 내가 이제야 네가 하나님을 경외(敬畏)하는 줄 알겠다 하신다.

그러면 이것으로 끝인가? 그렇지 않다. 오더를 내렸으니 그대로 하긴 해야 한다. 한 수양이 수풀에 걸려 있는 것이었다. 하나님이 준비한 것이었다. 그것으로 이삭 대신 번제를 하는 것이다. 그래서 '하나님께서 준비(차렸다)하셨다' 는 뜻으로 '여호와 이레' 라고 한다. 여호와의 프로그램이었다. 아브라함은 차렷을 하였다. 그리하여 어떤 상황이라도 거기에 하나님의 차림(프로그램 · 섭리)이 있음을 아브라함과 같은 이는 안다. 그런 하나님의 캐릭터를 믿는 것이다.

생명(生命)!
생명(生命)! 명(命)이라는 글자는 합(合)에 절(卩)이다. 절(卩)은 절(節 · 마디)이다. 비트(bit)다!

대나무 마디요, 관절 마디요, 손가락 마디요… 오장육부 마디마디….

곧 육체로 볼 때 모든 '마디마디(卩)'가 합(合)쳐져야 생명이 된다. 아니 한 생명을 유지하기 위해서는 우주가 맞춰져야 한다. 태양이 맞춰주고 공기가 맞춰주고 물이 맞춰주고 단백질이 맞춰주고 소금이 맞춰주고 탄수화물이 맞춰주고….

식물도 마찬가지다. 물과 태양과 토양과… 우주의 어느 것 하나 생명에 맞춰지지 않는 것은 없다. 이 모든 합(合·맞춤), 그 모든 프로 그램(꾀 計)의 합계(合計)가 우리가 보는 생명(生命)이다. 곧 이런 저런 마디라고 말하여질 모든 캐릭터는 상호 맞추며 생명의 네트워크 (겨레)를 이루고 있는 것이다. 서로 이렇게 연계(連繫·networking) 되어 있는 것이 생명이다. 그러므로 한 종(種)의 멸종은 우리가 상상 못할 심각한 네트워크(겨레)의 재앙을 의미한다.

나비효과(butterfly effect)라는 것을 알 것이다. 가령 나비 한 마리 의 날개짓이 아무것도 아닌 것 같지만 우주의 저 멀리까지 영향을 준 다는….

아프리카 소년이 무심코 흔든 손짓이 미국을 강타하는 허리케인의 한 이펙트를 제공한다는 것도 그렇다. 웃을 일이 아니라, 우주는 그렇 게 되어 있다.

한겨레(the great network)인 것이다. 한민족만 한겨레가 아니다. ('한'은 크다는 뜻)

또 한 절(節)은 말(word)이나 노래, 시 같은 것을 의미한다. 말 한 마디, 노래 한마디, 시 한마디. 그래서 명(命)은 '말씀'이 되는 것이 다. '생명의 말씀(the Word of life)'은 생명이 이미 말씀이라는 것을 말하고 있으면서 특별히 강조하는 것은 우리의 육체를 이룬 말씀(저 울질) 외의 새 생명에 관한 것을 의미한다.

그래서 우리는 이 육신의 마디마디만을 위하여 도(道)가 그 성질을 발현하여 준 말씀을 귀히 여기는 것이고, 그것은 더 위대한 네트워크 (오로지님 나라)를 위한 차림이기도 한 것이다. 그래서 경전 속에 입 력되어 있는 말씀 한절 한절에, 군자(君子)는 그 탐지봉을 두드리며 생명수의 샘을 찾는 것이다.

생명은 춤(dance)이다.

춤은 맞춤이다. 무엇에고 맞추지 않는 것은 그저 동작이지 우리는 춤이라고 하지는 않는다. 모짜르트와 베토벤의 위대성의 비밀은 어디 에 있는 것일까?

그것은 맞춤에 있다. 그들은 유별한 피아노를 쓴 것도 아니요, 악보를 쓴 것도 아니다. 그저 그런 콩나물 대가리들이다. 그런데 이것들이 그저 그런 것이 아닌 것은 서로 어울려 맞추는 그 조화에 있는 것이다. 그 질서(차림)에 있는 것이다. 불협화음을 최초로 음악에 끌어온 베토벤이지만, 그 불협도 묘한 화음을 이루기에 그 거장에게 경의를 표하는 것이다. '다르게 하여 하나로 어울리게' 하는 비술(秘術)을 그들은 갖고 있는 것이다. 또 음악은 그런 것이다. 심장은 심장의 역할이 있고, 간은 간의 역할이 있다. 이들은 다르면서도 한 몸을 이루게 하는 한 작가의 지휘 아래 있는 것이다.

인간이 계획하고 있고 추진하고 있는 것 가운데 가장 큰 프로젝트가 있으니, 그것이 무엇인가? 그렇다! '인간 게놈 프로젝트(Human Genom Project)'이다.

게놈(genom)이란 한마디로 말하여, '생명 정보를 담은 유전 물질'인데, 생물이 일생 동안 살아가는 데 필요한 모든 생명 현상의 정보를 담고 있는 유전자(gene)를 말한다. 이것을 모두 알아내면 이보다 큰 혁명이 어디 있겠는가?

그래서 그런 유전자 지도를 찾기 위해 생명공학은 불을 밝히고 있는 것이 아닌가? 그러나 그것은 자(自 · 尺 · 절로)를 떼어낸 기(몸 · 己)의 연구다. 그 결과는 자명(自明)해진다. 어쨌든 우리는 자(절로 · 自)를 잃었기에, 외톨박이가 되어 깡통을 찬 몸(己) 또한 그 성질을 잃고 끝내는 죽고 만다.

유전자(gene)! 젠(gen.)은 생(生)이며 발(發)이다. 젠(-gen. -gene)은 '…에서 생긴 것, …에서 생기게 하는 것'이다. 제너레이터(generator)는 발전기(發電機)나 발생인자(因子)를 말한다. "하나님이 가라사대 땅은 풀맺는 채소와 각기 종류(genre)대로 씨 가진 열매 맺는 과목을 '내라' 하시매 그대로(自) 되(升)니라."(창세기 1:11) 젠더(gender)는 성(性 · sex)이다.

창세기는 제너시스(genesis · 發生記)이다. 잘 알고들 해야 한다. 그러나 이제 우리는 새로운 주제, 새로운 생명의 주제를 갖게 되었다. 그것을 예루살렘 바이블 버전은 보다 잘 옮겼다.

"태초부터 있는 생명의 말씀(the Word of life)에 관하여는 우리가 들은 바요 눈으로 본 바요 우리 손으로 만진 바라 이 생명이 나타나신 바 된지라 이 영원한 생명을 우리가 보았고 증거하여 너희에게 전하노니 이는 아버지와 함께 계시다가 우리에게 나타내신 바 된 자니라." (요한일서 1:1-2)

"맨 처음 존재하는 것을 / 우리는 들었다 / 우리는 우리 자신의 눈으로 보았다 / 우리는 똑똑히 보았다 / 그리고 우리 손으로 만졌다 / 생명되시는 말씀을(the Word, who is life) / 이것이 우리의 주제다(This is our subject)!" (예루살렘 판) ─ 누구나의 주제다!

알님!

가수는 제 노래를 부르며 산다. '동백 아가씨' 하면 이미자의 캐릭터가 생각난다. '돌아와요 부산항에' 하면 조용필의 캐릭터가 떠오른다.

꾀꼴꾀꼴 소리를 들으면 우리는 그것이 꾀꼬리임을 알고, 까악까악 하는 소리엔 우리는 까마귀 날아왔다 하여 기분 나쁜 성깔이 인다.

가장 많이 부르는 것이 그 이름의 캐릭터다! 가장 많이 쓰는 것이 그의 캐릭터다! 노래를 하며 목을 쓰기에 가수라고 하고, 손재주 많은 엔지니어는 그 기술을 쓰기에 기능공이라고 한다.

그런데 우리는 무엇을 쓰기에 하나님을 '아'버지라고 부르며, 우리는 또 무엇이기에 '아(알 지知)'라는 말을 그토록 쓰며 살까?

이상한 일이다. 쓰고도 우리가 무엇을 쓰는지 모르니, 부르고도 무엇을 부르는지 모르니….

물고기는 물 속에서 살기에 '물'이라는 캐릭터를 떼지 못하건만은….

알(知 : 測) 맞다(錘)!
먼저 알(知)은 측(測)임을 말해 둔다. 계측(計測)하듯이, 저울질하고 재보고 하는 것이다.

그래서 우리는 '알(知)맞게(fit)' 살아야 하는데, 이 말은 어떤 '지(알 지知)'에 맞추어 사는 것이다. 저울과 자에 맞추는 것이다. 이 알(知)들에 맞지 않으면 병이 되고 죽음이 된다. 그러므로 몸은 그저 그런 것이 아니라, 거기엔 반드시 알(知·꾀)이 있는 것이다.

운동도 알맞게 하라는 말이 있듯이, 술도 알맞게 마셔라는 말이 있듯이, 심지어 연애도 알맞게 하라는 말이 있듯이 우리는 우리가 미처 정(定)하지도 않은 알(知)의 캐릭터에 맞추려 하는 것이다. 지식(알知 알識)이란 이 알(知)들을 구체화시켜 꺼내고 집대성한 것이고, 또 우리는 아직 깨우치지 못한 알(知)들을 찾고 있다.

오로지님을 전지(온통 전全 알 지知)하다고 한다. 그래서 온통 알(全知)이라고 하겠는데, 그렇다면 모든 알(知)은 온통님의 캐릭터라고 볼 수밖에 없다.

선악을 알게 하는 나무를, 흔히 지식(知識)의 나무라고 한다. 꾀나무요, 알나무다. 저울나무요, 자(尺)나무다. 그래서 과일이 나무에 달린 것을 보고도 알알이 주렁주렁 달렸다고 한다.

알(知)고 보니 그렇게 생각하지 않나? 알(知)아 보니 그렇드라. 알(知)아서 해…

알(知) 만하군. 알(知) 수 없단 말이야. 알(知)아서 개겨. 알(知)긴 뭘 알(知)아? 알(知)면 뭘해? 알(知) 만하군 알(知) 만해?

모두 달아보고 재보고 하여 나온 말(알)이다.

그야말로 우리도 입에 주렁주렁 알을 달고 다닌다. 마치 식물의 열매가 그 알에 해당되는 씨(seed)를 담뿍 머금고(먹음고) 있듯이, 알은 생물의 알(卵)과 같고 씨와 같고 생명의 씨인 정자 난자와 같은 것이다. 후손을 씨라고 하는 것도 그것이다. '씨올'이 민초를 의미한다고 하는데 그것도 옳은 말이다. 그러나 그 정도로는 약하다. 말에 씨(知·씨·프로그램·캐릭터)가 있다 하여 말씨라고 한다. 말에 에너지가 있다. 씨가 싹을 터(sprout·open) 큰 거목까지를 이루니 말씨를 조심하라는 것이다. 말씨를 다른 말로 구기(口氣)라고 하는 것이 그것이다.

말한 대로 된다. 같은 말을 만 번 하면 그대로 된다 하는 것들은 이를 두고 하는 말이다. 솜씨(知), 맵씨, 마음씨 등이 다 그것이 에너지 프로그램임을 말한다.

솜씨니 맵씨니 마음씨니 하는 것도 다 '달아보고 재보고'를 잘한다는 말이다.

우리는 알(知·測)이요, 저울님(自)의 성질을 받았다. 그러나….

여호와 하나님이 동산 중앙에 생명 나무와 '선악을 알(知·測)게 하는 나무'를 두었다. 알(知)의 타깃(命)이 선악(善惡)이다. 명(命)은 명중(命中·hit·strike)이라는 말처럼 맞출 타깃이요, 타점(打點)이 되는 것이기도 하다. 그런데 왜 하나님을 이 선악을 알(知)게 하는 나무를 먹지 말라고 하셨을까. 그리고 먹으면 죽으리라 하셨을까. 그리고 왜 하필 알(知)의 타깃이 선악에 묶여 있었을까?

다른 알(知)은 다 허용하지만 동산 각종 나무의 실과(알알이)는 따 먹되 그것만은 안 된다는 것이다. "여호와 하나님이 그 사람에게 명(命)하여 동산 각종 나무의 실과는 네가 임의(任意·뜻대로)로 먹되 선악을 알(知)게 하는 나무는 먹지 말라 네가 먹는 날에는 정녕 죽으리라."(창세기 2:16–17)

선악을 알(知)게 하는 나무를 먹지 말라(머금지·마음먹지 말라)한 메타포는 아주 깊은 뜻이 있는 것이다.

모든 알(知)은 '뜻대로 하라(任意)', 따 머금으라. 숱한 아이디어를 따오듯이, 오늘의 문화 문명을 그래서 이루듯이 너희들 뜻대로 하라. 이 아이디어를 따먹고 싶으면 그렇게 하고 저 아이디어를 따먹고 싶으면 그렇게 하라. 그러나 선악을 알(知)겠다는 알(知)은 따 머금지 말라. 마음에 두지 말라. 이런 뜻이다.

왜 그런가? 도대체 우리에게 있어 무엇이 선이고 무엇이 악인가? 무엇이 외설(猥褻)이고 예술(藝術)이고 하는 그 선악의 기준은 어디 있는가? 복제 인간이 어째서 선이고 어째서 악이고 하는 그 기준은 어디에 있는가? 공산주의가 악이고 자본주의가 선이고 하는 그 컴퍼스는 대체 어디에 있는 것인가? 자본가는 악이고 노동자는 선이라는 낭만적 선악은 어디서 기인하는 것인가? 간통은 악이 아니고 지들 뜻대로(任意)라는 그 선의 타깃은 어디에 있는가? 이 사람의 말을 들으면 이 사람의 말이 옳(義)치 같고 저 사람의 말을 들으면 저 사람의 말이 옳은 것 같다.

헷갈린다! 아아, 헛(虛)갈린다!! 허공(虛空)을 가르는 것이 아니냐? 이 알(知)사태를, 이 알(知)의 카오스를 어떻게 누가 수습하랴? "내가 다시 지혜(知慧)를 알(知)고자 하며 미친 것과 미련한 것을 알(知)고자 하여 마음을 썼으나 이것도 바람을 잡으려는('먹으려는' 원어 뜻) 것인 줄을 깨달(알 知)았도다 지혜(知慧)가 많으면 번뇌도 많으니 지식(알알이)을 더하는 자는 근심을 더하느니라."(전도서 1:17-18)

아이쿠! 하나님 아버지, 정말 선악을 알(知)하는 것만은 머금지 말았어야 했나요?! 우리가 그것만은 '달아보고 재보고' 하지 말았어야 했나요?!

다른 알(知)도 그 선악이 헛갈리니, 저울이 흔들리니, 왼통 고뇌요 근심뿐이로구만요.

깨달았다는 말은 알(知)을 깼다(break)라는 말이다. '깨알았다'를 그렇게 발음하는 것이다. 뭐가뭔지 헛갈릴 때 '알쏭달쏭' 하다는 것이 그것이다. 알인지 달인지 말해 놓고 보니, 깨고 보니 그렇다는 말이다.

그럼 어떻게 할 것인가? 아담이, 하와가 머금은 것이 아니라, 우리가 머금은 이 선악 사변을! 선악 사태를! 이마저 뜻대로 멋대로 맛대로 얼렁뚱땅 합의하고 이만큼은 선이고 저만큼은 악이라고 막는 수밖에 달리 다른 알(知 · 꾀)은 없지 않은가? 그런데 설사 누가 그 합의를 깬다고 하여도, 아니 그것이 자기가 깬 알(깨달음)이라고 한다고 해도, 그 궁극적 옳고 그름의 판단은 누가 할 것인가? 우리 가운데 누가 할까? 그렇다! 선악을 알(측량)게 하는 것은 우리의 캐릭터(성질)가 아닌 것이다. 그래서 죽쑤듯 하는 것이요, 그러니 쌀알이 죽이 되듯 죽을 지경이 되는 것이다. 절대 척도, 절대 저울질은 우리의 것이 아니다.

우리가 감당할 만한 에너지가 아니다. 과부화(過負荷)이다. 100볼트용 가전제품 한 대에 원자력 발전소 전 용량이 쏟아져 들어오는 것보다 더 심하다.

절로(自)에 따라 살면 된다. 아이들은 그렇게 산다. 그리고 꾀(知)를 뜻대로 내면서 살면 된다. 그러나 이것은 선이니, 저것은 악이니 하는 것만은 너희들이 감당할 수 있는 성질의 것이 아니다. 이런 말씀이다.

외설이라고 하여, 악이라고 하여 감옥에 보냈더니, 그 지식인(알찬 사람)이 알(知)찬 소리로 너희들이 뭘 모른다고 하고, 너희들이 위선자라고 하고, 자기는 우리들이 모르는 알을 깠다고, 깼다고 하니 속수무책(束手無策·꾀가 묶이고 꾀가 없다)! 아이쿠, 어쩔 것이랴?! 나도 외설이라고 한 편에 섰는데, 보기 좋게 위선자가 돼버렸으니!! 글쎄 그러니까 그렇게 선악을 테마로 하는 곳엔 편 갈라 서는 게 아닌 거야….

나도 머금은 주제가 아닌가?! 나도 그 저울을 멋대로 흔들지 않았는가?!

하나님은 참말로 온통 알(全知)이시고, 온통 그것으로 당신의 캐릭터를 쓰시는 온통씀(全能)이신 분이시니 그저 두 손(꾀)을 들고 맙니다.

그럼, 길은 없는가? 왜 길이 없겠는가? 도(道)가 길인걸! 그래서 도(道)를 길이라고 하는 것을! 그러나 도(道) 앞에는 소월길, 테헤란로, 진달래길 하는 꼭 그리로 찾아가야만 올라타는 길이 아닌 거고 이름이 아닌 거다. 그래서 노자는 길 앞에 이름을 붙이지 않았던 것이다. 그저 길(道)이라고 했다. 아니 그마저 길(道)을 두고 이 길(道)이라고 하면 그것은 영원한 길(道)이 아닌 것이라고 했다(道可道非常道), 이름을 지어 이 이름만을 말하면 영원한 이름이 아니라고 했다(名可名非常名). 어느 때 어느 곳에서도 도(道)는 계시니 길이 없는 것은 없다. 길이 아닌 길이 없다.

길(道)

이 세상을 일체의 형태가 없고, 운동장을 확대한 것처럼 여긴다면, 보인다고 굳이 말할 수 있는 것은 허공(虛空)이다. 그러나 허공도 그저 이름이다. 그래, 일단 허공이라고 하고, 그럼 어디를 길이라고 할까? 가는 길이 길이다. 이름이 없다. 다만 가면서 저가 마음에 떠오르는 이름을 붙일 뿐이다. 누구는 가는 길이 쭉(一)이니 하나(一)님이라 하였을 거고, 누구는 그저 말 못함(YHWH)이라 할 수도 있겠고, 누구는 머리(首)가 가니(달릴 착辶) 道라 하겠고, 누구는 하늘밖에 안 보이니 天이라고 하겠고, 누구는 가는 길이 좋으니(good)이 갓(God)이라고 하겠고, 누구는 온통 길이니 오로지님이라 한다. 그 이름이 이렇게 다른 것은 길이 다르기 때문만은 아니다. 대체 길이 아닌 것이 없는 허공인데 자기가 얼굴 내밀고 가는 길만이 길이라고 할 수는 없다. 자기 말고 가고 있는 사람들이 있는데도 그 사람들의 길은 길이 아니라고 하면 그럼 뭐란 말인가? 자기 뒤만 따라오라고 할 수 있는가? 그럴 수 없다.

그럼 예수는 왜 당신이 길이라고 하였을까? 당신이 허공(?)이요, 당신이 쭉(一)이요, 당신이 도요, 당신이 YHWH요, 당신이 천이요, 당신이 갓이요, 당신이 늘(常)이기에 한 말씀이다.

기왕 말(言)도 말하자. 영어, 우리 말, 일본말, 독일말, 프랑스말… 그 소리가 달라도 뜻이 통하는 것은 왜일까? 그렇게들 다른 소리를 하면서 '뜻'이 통하여 쓴다. 왜 그런가? 말씀(마음을 씀)이기 때문이다.

이 무슨 소린가? 앞서 말한 하나님, 도(道), 천(天), 여호와, 갓, 오로지님… 이것들은 또 무언가? 허공에 붙인 말이요, 그 말을 쓴 것이니 말씀이다. 결국 길을 가며 말을 붙여 쓴 것이다. 허공이 말씀이 된 이치이니 아무것도 없는 허공을 태초라고 한다면 태초는 다른 말로 허공이다. 또 허공은 말씀이다. 그러니 이렇게 말할 수밖에….

"허공에 허공이 계셨느니라." 허공이란 메타포에 속지만 않는다면 그 이치를 깨알음할 수 있을 것이다.

또 이렇게도 생각해 보자. 어떤 우리 나라 사람 중에 한 사람이 5개 국어를 한다고 하자.

그리고 '안녕하세요'를 5개 국어로 말하라면, 쏼라쏼라, 랄라뻴라, 끼르끼리, 또도도또… 했다고 하자. 그러면 나머지 4개 국어를 모르는 사람의 귀에는 그 소리들이 저런 식으로 엉터리로 들릴 것이다. 그러나 그 사람은 '안녕하세요'라는 뜻을 소리만 다르지 정확히 옮겼으리라. 그렇지 않은가? 이것을 500개 국어로 확대한다고 해도 '안녕하세요'라는 뜻은 매 한 가지이다. 왜 그런가? 이렇게 말하는 사람의 "성질(캐릭터)"은 하나(온통)이기 때문이다. '달아보고 재보고' 하여 뜻을 내리는 이는 하나이기 때문이다.

그래도 모르겠다면, 또 하나의 메타포를 끄집어보자. 우리는 길에 대해 착각할 수도 있다. 왜 그런가?

우리는 얼굴을 시작으로 그 앞만을 길이라고 한다. 몸을 뒤로 하여 걷거나 오른쪽으로 하여 걷거나, 왼쪽으로 하여 걷거나, 위로 솟아 걷거나, 아래 빠져 걷거나 하지 않는다. 자기 눈앞에 보이는 것과 가는 것만을 길이라고 한다. 그런데 얼굴이 상하좌우전후 똑같이 있는 사람이 있다고 하자.

그리고 허공이다. 그러면 어디로 가야 하나? 그렇다. 전후좌우상하 어디로 가든 길이다. 마치 이 사람은 생김새가 둥근 모양과 같을 것이다. 허공이 그렇게 보이듯이 둥글게 보일 것이다. 그런데 이런 사람은 없다. 사람은 아니다. 그럼 있다면 누구인가? 그래서 하나님을 둥글다 디자인(圖案)하여 태극(◉)을 그렸다. 허공이니 큰(太) 다함(極)이니 태극(클 태太 다함 극極)이라 불렀다. 다함이란 무엇인가? '큰 됨'이다. 원만(圓滿 · 둥글게참 · perfection)이라고 하는 말이다. 절대 표준이다. 아래로 계속↓.

다님!

우리는 결국 '다' 라는 말을 하고 산 '다'.

잘했습니 '다.' 그렇습니 '다.' 몰랐습니 '다.' 바쁘게 삽니 '다.' 시끄럽습니 '다.' 즐겁습니 '다.' '다' 했습니 '다.' '다' 끝냈습니 '다.' …

새는 제 이름을 부르면 난다. 꾀꼬리는 꾀꼴꾀꼴, 까마귀는 까악까악….

그러면 우리는 '다' 라고 할 것이 '다.'

바로 이 '다' 가 극(極)이요, 다(多)다. 이렇게 많으니 큰 다(太極)요, 많다(多). 그런데 정말 우리가 '큰 다' 일 것인가?

그렇게 끝내기(다)를 정말 다하고 산다고 할까? 그렇게 '되게' 하고 살까?

극(極)은 '끝내기' 라는 말이다. 끝냈다는 것은 더 이상의 부족이 없다는 말이기도 하다. 료(了)이다. 궁구(窮究)나 구경(究竟)을 끝내기 스터디 (ultimatily study)라고 한다. 더 이상 갈 데가 없이 갈 데까지 다 간 것을 극점(極點)이라고 한다.

꼭지(宗)다. 종교는 이런 꼭지 스터디, 끝내기 스터디를 말한다.

그런데 우리는 늘 끝내기 했다고 '다' 를 말한다. 정말 그럴까?

아니라면 이 말은 누구의 캐릭터이기에 '다(極)' 라는 말을 그토록 하는 것일까? 알(知)이 온통 알(全知)이신 분의 캐릭터이기에 우리는 그토록 알(知)를 말하며 알로 사는 것이듯, 혹시 '다(極)' 는 온통극(太極)님의 캐릭터는 아닐까?

온통다(太極)님이 말씀하시는 것인 줄도 모르고 우리는 우리 말이라고 하고 사는 것은 아닐까? 정말 십자가 위의 예수처럼 '다 이루었다!' 할 수 있을까? 이 말은 '다(極)가 이루이루 많다' 는 말이겠고, 그러니 한마디로 하자면 극(極)이라는 말이고, 태극(온통다)이라는 말이 아닌가?

오늘도 우리는 가장 많은 이 '다' 를 말하고 산다.

결국 마침말이니, 이 한마디를 하기 위해 사는 것이나 다름없다.

그런데도 아직 못다한 '다' 가 있는가?

그렇다! '다' 의 원주인은 태극님이다. 우리는 그 '다님' 이 인풋(형상)되어 그렇게 부르며 난다. 부르면서도 원주인을 모를 뿐이다. 우의(寓意)에 담긴 뜻을 모르고 살 듯이….

그리고 '다' 는 '되(升)다' 는 뜻을 반드시 함유한다. '말한다' 도 '말이 된다' 는 말이다. 되(승·升)에 대해선 서언에서 많이 말했다.

독자께서 지금 이 책을 읽거나 혹은 다른 책을 읽거나 할 때, 한 페이지 안에 가장 공통적으로 그 빈도수가 많은 한 자(字)의 글자는 무엇이라 생각하십니까? 그래요, 그것은 '다' 입니다. 아니 반드시 점(點·.)을 함께 찍게 되는 글자이기도 합니 '다.'

그렇게 하여 골라보면 마치 다발(多發)총을 쏘듯이 '다.다.다.다.다.' 가 되겠습니다. 그리고 지금 서재에 갖고 계신 책들을 펼쳐서 그 책들의 가장 끝에 놓여 있는 글자를 보시기 바랍니다. 역시 십중팔구는 '다.' 일 겁니다. 그렇게 본다면 한 권의 책에서 가장 특징지을 수 있는 모습입니다. 그렇다면 왜 그런지 생각해 보십시다. '다.' 란 무엇입니까? 한 구절의 문장을 완성(完成·complete·perfect·finish)했다는 것이지요. '되' 었다는 말입니다.

가령 재단사가 옷을 마춘다고 합시다. 팔길이를 잽니다. 그리곤 이렇게 말합니다. 팔은 다 쟀습니 '다.' 그리곤 또 허리를 잽니다. 그리고 말합니다. 허리도 다 쟀습니 '다.' 이렇게 부분을 재며 마침내 다 재었을 때는 이렇게 말합니다.

"다 마쳤습니다." 혹은 "다 재었습니다."

그 다음은 어떻게 합니까? 그렇습니다. 그 설계도대로 옷을 또 지어가고, 다 지은 다음 비로소(統) 입힐 때 옷은 완성되었다고 할 것입니다.

우리는 이렇게 합니다. 그러나 하나님은 '달아보고 재보고' 할 때 이미 입혀져 있다는 것까지가 다릅니다.

어쨌든 이렇게 해나가면서 '달아보고 재보고' 를 추를 옮겨 바로(正) 맞출 때마다 '다.' 를 말하게 된다는 것입니다. 그렇지요?

아니 '다' 가 역시 무척 많지요? 그래서 다(多)라는 말이 '많다' 라는 의미를 하나 잡습니다. 그렇다고 내가 지금 말하고 있는 '다' 가 한자 '多' 를 바로 말한다는 것은 아닙니다. '多' 가 '도량(度量)이 넓어졌다'는 뜻이므로 측량의 범위가 확대되었다는 것을 '뜻' 합니다.

앞서 태극(太極)을 말했는데 이 '다'가 바로 한자로 극(極)입니다. '다함 極盡(극진)'이라는 말입니다. '큰 됨(卅)' 입니다. 그러니 우선 하나를 짚어놓고 가자면 클 태(太)이니 '다함이 크다'는 것입니다. '완성이 크다'는 뜻입니다. 아니 다(이룸)가 많다는 말입니다. 프로그램이 많다는 말입니다.

한 페이지에서 숱한 문장의 완성이 있고, 또 이것은 한 권의 책으로 완성됩니다. 우리는 어떤 일을 마무리 지으며 '다했다'고 '다'를 두 번씩이나 말합니다. 우물을 예로 들자면 '다 팠다'가 되겠습니다. 이렇게 젊잖게 말할수록 '다'는 더 많아집니다. 내가 젊잖지('젊지 않다'이지만) 않아 그렇지 훨씬 고매한 분이 말씀을 하면 이 '다'는 더욱 많아집니다. 말은 오로지님의 캐릭터를 드러내는 대표(메타포)라고 하였습니다. 새는 제 이름을 부르며 날게 되니, 그렇다면 말씀이신 오로지님은 '다님'이라고 하겠습니다. '극(極)님'인 것입니다. '이루는 님'입니다. '되게 하는 님'입니다. 다시 말하겠습니다. ─ '다시(again)'도 '다'를 물고 또 시작(始作)하겠다는 말입니다. '다음'도 마찬가지이지요. ─ 친구지간에 "나 그 일을 다했어" 할 것도 어른의 캐릭터 앞에는 "다 했습니다"로 바뀝니다. 군대에서 상관 앞에서는 '넷, 다했습니다.' '넷, 마쳤습니다.' 이런 식으로 갑자기 어색할(?) 정도로 '다'가 많아집니다. 왜 그렇습니까? '다님'이 본시 하나님이시기 때문입니다. 'I AM THAT I AM.(나 이다 바로 나 이다)' 극(極)은 마음입니다.

다는, 극(極)은 영원한 다(이룸)입니다.

극(極)은 이룸입니다. 극지(極地)에 도달하려고 하는 탐험가들처럼 결국 그들은 '다(極)'를 찾아가는 것과 같습니다. 극점(極點)에 이르렀을 때 '다 이르렀다!'고 하겠습니다. '다(極)'와 하나(一)가 된 것을 '다 이르렀다'고 하는 겁니다.

다 팠다! 다했다! 이제 모두(무리) 완성했다는 것인데, 완성은 종언(終焉)이 아닙니다. 완(完)에 원(元·으뜸·머리)이 있는 것을 보아도 머리가 시작이라면 완(完 · 이룸)은 꼬리가 아니라, 다시 머리(元)이니 계속입니다.

　한 문장을 완성하고, 다시 완성하고, 다시 완성하고, 책이 됩니다만, 그것은 어디까지나 책으로의 꼬랑지지 종언(終焉)은 아닙니다. 작가의 캐릭터는 다시 책을 쓸 것이니 말입니다. 그러니까 이렇게 극(極 · 다)이 수(數 · 꾀)로 말하여 많다는 것은 다(多)님은 미완성(未完成)일 때가 없다는 뜻입니다. 한없는, 한없는, 한없는…

　도량이 무지무지 큰 것입니다.

　그러니 무한… 한 완성입니다. 영원한 완전자라는 것입니다. 무진장입니다. 그래서 표현할 말이 마땅치 않아 대(大)에 점(點 丶)하나를 더 켜서(켤 점點) '크디 큰 완전, 크디 큰 극', 이렇게 표현할 밖에 없는 것이 태극(太極)의 뜻입니다. '큰 다' 입니다. '큰 됨' 입니다.

　허영호 씨가 하는 말을 들었는데 북극점(北極點)이라는 것이 우리가 어떤 집을 찾듯 '다 왔다(허영호 씨 표현)' 할 뭐가 없다는 거였습니다. 앞서 유클리드 기하학을 언급하며 두께, 부피라 할 게 없는 것이라고 했듯이 허영호 씨는 그런 식의 점(點)을 보지는 못합니다. 산꼭대기는 더 이상 갈 수 없어 그 목적지를 알 수 있지만, 나침반(범어로 '마ma')을 들여다보고 여기가 극점(極點)이다고 한다는 거였습니다. 그리고 다음에 그 극점을 찾아가면 또 다른 곳이라는 겁니다. 그저 허허벌판을 가다가 여기가 극점이야 하고는 돌아오는 겁니다. 사실 하얀 둥근 공을 놓고 볼 때 까만 볼펜으로 극점(極點)을 찍는다고 해보십시다. 그냥 아무데나 찍으면 거기가 극(極 · 다)이요, 거기가 극점(極點)입니다. 갈 때까지 다 간 겁니다. 될 것은 다 된 겁니다. 그러다 보면 어떻게 되겠습니까? 계속하여 찍으면 하얀 공은 점으로 꽉 차게 될 겁니다. 그렇지 않습니까? 그 꽉 참이 태(太)요, 다(多)입니다. 극(다)이 무진장해지는 겁니다.

　사실 허영호 씨가 극점이라고 하여 찾아간 것이 실은 우스운 겁니다. 독자가 서 있는 곳이 지구의 극점이요, 내가 서 있는 곳이 지구의 극점이요, 허영호 씨가 어디에 있든 그곳이 극점입니다. 그런데 사람이 살지 않는 곳, 미지의 그곳 어디를 지구의 극점이라고 사람들이 그냥 붙인 겁니다. 북극점이니 남극점이니 하고 북, 남이라는 이름을 붙여서 말입니다. 백두산을 두고 우리 민족의 영산(靈山 · spirit mountian)이라고 합니다. 그러나 중국 사람이나 일본 사람은 그렇게 말하지 않습니다. 그저 우리네가 그렇게 이름 붙인 것일 뿐입니다. 일본인은 후지산을, 중국인들은 곤륜산을 두고 그렇게 부를 런지 모르겠습니다. 그러나 당신 집 뒷동산이 영산이 될 수도 있는 겁니다. 오로지(다)님은 여기 '다' 저기 '다' 하고 정(定)한 한 곳이나 한 이름만에 있는 것이 아니라는 겁니다. 마음 밖(外)이 아닙니다.

"그때에 사람이 너희에게 말하 '되(달아보고 재보고 하여)' 보라 그리스도가 여기 있다 혹 저기 있다 하여도 믿지 말라 거짓 그리스도들과 거짓 선지자들이 일어나 큰 표적과 기사를 보이어 할 수만 있으면 택하신 자들도 미혹하게 하리라 보라 내가 너희에게 미리 말하였노라 그러면 사람들이 너희에게 말하되 보라 그리스도가 광야에 있다 하여도 나가지 말고 보라 골방에 있다 하여도 믿지 말라 번개가 동편에서 나서 서편까지 번쩍임같이 인자의 임함도 그러하리라."(마태복음 24:23-27)

다시 보세요. 책에도 얼마나 많은 극(極 · 다)이 있는 겁니까? 얼마나 많은 점(點)이 있습니까? 아마도 키보드를 두드리며 가장 많이 쓰게 되는 것도 '다.'를 찍는 일일 겁니다. 어느 페이지의 점만이 다른 점이라고 하겠습니까? 계속 같은 키보드(하나)를 눌러 찍지 않습니까? 그 키보드 하나(一)가 말하자면 하나님입니다. 다만 페이지만 넘어가는 것뿐이지요. 그래서 하나님 나라는 따로 있는 것이 아니라, 지금 너희들 가운데(中) 있다는 겁니다. 점(마음) 하나에 있는 겁니다. 마음에 이미 이룸(極)이 있습니다. 왜냐하면 키보드를 두드리게 하는 것은 마음 하나이기 때문입니다. "바리새인들이 하나님의 나라가 어느 때에 임하나이까 묻거늘 예수께서 대답하여 가라사대 하나님의 나라는 볼 수 있게(在) 임하는 것이 아니요 또는 여기 있다 저기 있다고도 못하리니 하나님의 나라(네트워크)는 너희 안(中 · 存)에 있느니라 또 제자들에게 이르시되 때가 이르리니 너희가 인자의 날 하루를 보고자 하여도 보지 못하리라 사람이 너희에게 말하되 보라 저기 있 '다' 보라 여기 있 '다' 하리라 그러나 너희는 가지도 말고 좇지도 말라." (누가복음 17:20-23) 중(中)이란 도(道)인 것이지요. 화살을 목표물에 맞추면 더는 화살이 아니고 목표물의 일부(?)가 되는 이치입니다. 아니 그 표적과 하나 되는 것입니다. 명(命)이라는 목표물에 맞추어(中)지면 명중(命中) '뒀다 · 命＝中' 하듯이 그렇게 하나 된 겁니다. 그때부터는 그 맞춤으로 하여 명(命)을 얻어 쓰게 되는 것이니, 중용(中庸)은 도용(道庸)이요, 명용(命庸)이 되는 겁니다. 가령 사슴이라는 생명(生命)을 맞춤(中)니다. 그 맞추는 것은 사슴이란 생명을 고기 등으로 얻어 쓰기 위함이니 명중(命中)은 생명을 얻음과 같은 것이라 할 수 있습니다. 그러므로 중(中)은 생명(道)을 얻기 위한, 도(道)를 받기 위한 명(命)에의 점파기인 것이지요. 물길에 딱 맞춰 '점(占)이다!' 하고 그 맞춘 자리를 파서 물을 얻을 때를 완성이라고 한다면, 바로 그것이 점(點)이라고 한다면, 中(占)이라는 지팡이는 물과 하나 된 것과 같습니다. 그래서 문장을 완성하고 마침표(.)를 찍게 되는 것이지요. 허영호 씨가 나침반(마음)을 들여다보고 여기가 극점이야 하고 맞췄(中)듯이, 그래서 '다 왔다!' 하듯이 우리도 마음이 오로지(極點)님이 계신 극점(極點)인 것으로 알(知)고 맞쳐야 합니다. 마음이 천국이요, 큰 이룸(太極)입니다.

허영호 씨는 지구의 극점을 찾아갔지만 실은 찾아간 것이 아니라 나침반을 가져간 겁니다. 그리고 들여다보았어요. 그렇다면 거기까지 가서 들여다볼 것도 없습니다. 그렇지 않습니까? 공연히 북이니 남이니 이름을 부쳐 그 고생(?)을 한 겁니다.

"상고로부터 스스로 크게 열려 쏟아져 나온 성신이 하늘에 줄대어 극(極 · 다 · 點)을 찍으니 도가 통짜 네트워크로 전해짐이 있어 왔다.(蓋自上古 聖神 繼天入極 而道統之傳 有自來矣)"[주자의 중용 서(序)에서 잡아 나름으로 풀음]

뒤로 더 나아가 자세히 말하겠습니다만, '나라' 는 네트워크를 말합니다.

사이버 네트워크의 국적(보통의 나라의 의미로)은 어디입니까? 없어요! 없이 있는 나라가 사이버 네트워크가 아닙니까? 물론 미국이 주도권을 쥐고 있지만 어디까지나 정보 독점인 것이지, 네트워크라는 자체는 국적이 없는 겁니다.

어디서 따든 그 나라에 들어갑니다. 사실 신기한 나라이지요?

하나님 나라는 그런 겁니다. 마음에 통짜(統) 네트워크로 걸쳐 있는 겁니다. 아직도 이해가 안 되십니까? 그럼 또 계속하겠습니다.

이루님!

마침표(.)를 생각해 보십시다. '마침내 이루었다!' 할 때, 마침내는 이룸이자 계속이라고 하였습니다. 마치 완성된 영화가 계속 상영되는 것과 같습니다. 롱 런(long run)이 마침내입니다. 〈마침내〉 우리 영화가 〈롱 런〉 하고 있어!' 라는 말은 종(終)이 아니지요. 마침표를 피어리어드(period)니 풀 스탑(full stop)이니 합니다. 가득 채우길 그쳤다는 말입니다.

피어리어드(period)는 한 바퀴입니다. 원통에서 한 점을 찍은 것입니다. 둥근 캔 어디를 찍어 따나 음료수가 쏟아져 나오듯 그 원통(한 바퀴)에서 한 점을 찍었다는 것입니다. 그런데 그 안이 늘 채워져(full) 있는 것이라면 막을 수 없는 유출(isuue)입니다.

늘길(常道)입니다. 늘상(-常)이라고 하지요. 올웨이즈(always=all+ways)입니다. 가득찬 길 이라는 말입니다. '다ㆍ太極' 은 늘상 있습니다. 책에도, 우리가 하는 말에 늘상 따라다닙니다. 말은 마음에서 나오는 알(知ㆍ測)입니다. 아버지라고 아를 말하는 것도 이것을 말합니다. 아버지는 알(精子)을 주시고 하나님 아버지는 참 알(眞知)를 줍니다.

이루다! 이것이 극(極)이요, '다'입니다. '됨'입니다. 영원한 점(占 =點)입니다. 영원한 잇슈(유출)입니다. 이 이루! 혹은 부사(부치는 말)로도 쓰이는 이루! 그러니 엄청난 완성이지요. 또 그러니 유한한 상상력으로 제한하려 하다 보니 기가 막혀 '없다'는 말을 하게 됩니 다.

100m 땅 밑에 보화가 있는데 파고 파도 그것이 나오지 않으면 그저 '없다'고 말해 버리는 것 같습니다. 그러나 '낫씽(nothing)'의 의미 로서의 없음(無)이 아닙니다. 유(有)의 절망이요, 좌절이요, 기권(棄 權ㆍ추를 버림)에 다름아닙니다.

'어머니의 사랑은 이루 헤아릴 수(計算) 없다'고 합니다. 어머니의 사랑이 없는 것이 아니라, 그 사랑의 프로그램을 도무지 헤아릴 길이 없는 것이지요.

헤아릴 수, 달아보고 재보고 하여 어머니 사랑이 없는 것이 아니듯, 오로지님의 사랑도 헤아릴 수 없는 수가 없는 것이지 '없는 (nothing)' 것이 아닙니다. 여기서 우리는 무(無)를 착각하는 어리석 음에 빠집니다. 물길을 건넌 돼지가 자기는 헤아리지 않고 다른 돼지 만을 헤아리다가 결국 그 수를 채우지 못했다는 우화처럼 무한한(無) 에너지 프로그램이 자기 안에 있는 것은 쏙 빼버리고 눈에 보이는 것 만을 헤아립니다.

무(無)에의, 아니 지(知)적인 자살을 뜻하는 말인 자가당착(自家撞 着)입니다. 그것을 일러 무식(無識)하다고 하고 무지(無知ㆍ無智)하 다고 하는 겁니다. 무(無)를 깨알음(自覺)하지 못한 것이 무식과 무지 의 참뜻입니다. 유식(有識)한 자 중(中)에 무식(無識)한 자가 더 많은 것은 자기를 맞추지(中) 못했기 때문입니다. 중(中)이 안(into)을 뜻 하는 것도 자기 안(마음)으로 들어오라는 것입니다. "네 이웃을 네 몸 과 같이 사랑하라." 자기 집안을 돌보지 않고 사회활동이다 뭐다 하는 사람들도 진짜 프로그램이 무언지 몰라서 하는 무지(無智)입니다. 광 신자들이 천국이 어디 따로 있다고 여기고 안을 팽개치는 것이 무지입니다.

이루! '헤아릴 수 없을 만큼 많은'의 뜻입니다. 이 엄청난 에너지원 (源)을 '이루 에너지'라 하겠고 그런 분을 '이루님'이라 할 것입니다. '거룩'이라는 말입니다.

크게(巨) 이룩하다가 '거룩'이니까 말입니다. 태극입니다! 큰 마음 입니다. 우리는 그 디자인을 거의 매일 봅니다. '하느(큰늘·태극)님 이 보우(保佑·지키며 도우며)하사 우리 나라 만세(萬歲)!', 보자고 하면서 부르자고 하면서도 실상을 모르면 무지(無知)한 겁니다. 나라 사랑노래(愛國歌)의 작사가가 숨어(無)버린 것도, 미상(未詳·unkn -own)인 것도 공교롭습니다.

"하늘에 계신 우리 아버지, 아버지의 이름(캐릭터)을 거룩히 여기도 록 하옵소서… 아버지의 뜻이 하늘에서 '이루'어진 것 같이 땅에서도 '이루'어지소서…"

자세한 것은 다음 기회로 미루고, '이루'에만 불타는 점(焦點)을 맞 추기로 합니다. 하나님 나라, 도(道)의 캐릭터(성질)가 미치는 온통 모든 곳(?), 그 엄청난 이루 에너지 프로그램으로 당신의 캐릭터를 빛 내듯이 이 땅에도 그 도광(道光), 그 이루 빛(光)이, 당신의 캐릭터가 빛나도록 하소서. 이루 헤아릴 수 '없는(無)'그 에너지로!

늘 충만입니다. 퍼서 주고 나면 텅텅 비는 것이 이루 에너지가 아닙 니다. 이루님의 사랑이 아닙니다. 다다다다다다… 자판을 '치는'소 리가 그렇게 들립니다. 이루이루이루이루이루이루이루… 극극극극극 극극극극… 점.점.점.점.점.점.점.점… 다님! 이루님! 극님! 점님! 태 극! 거룩! 큰 마음님!

천지창조! "천지와 만물이 다 이루니라.(Thus the heavens and the earth were finished, and all the host of them)"(창세기 2:1)

이루 에너지가 미친 것은 하늘과 땅, 만물(all)입니다. 하나님이 새 삼 생긴 것은 물론 아니지요. 하나님은 영원한 이룸이요, 큰 완성이니 말입니다. 큰 마음, 그것이 그분의 캐릭터입니다. 그 캐릭터가 이렇게 '하늘과 땅, 만물(them)'에 미친 겁니다. 태극에서 무(無)가 나오고

무(無)에서 유(有)가 나왔다는 말 그대로입니다. 그 모든(all) 것에 호스트(host · 주인)의 캐릭터가 인풋된 겁니다. 사람도 예외는 아닙니다.

그리고는 하나님은 안식(安息)에 드셨다고 합니다. 엄청난 말씀입니다.

그리고 우리는 안식일을 지키라는 말씀을 듣기도 합니다. 안식(安息)이란 무엇입니까? 편안안 숨쉼(安息 · 숨쉴 息)입니다. 우리는 일을 잠시 멈추고 쉰다(休息)고 합니다. 죽은 것이 아니지요. 그 일이 멈춘 것이지요. 사람이 멈춘 것이 아닙니다. 숨을 쉰다고 합니다. 생명은 숨쉬는 일이 일입니다. 쉬는(息)것이 일하는 것입니다.

잠시도 쉬는 것을 그쳐서는 안 됩니다. 왜냐하면 죽음이니 말입니다. 그리고 쉬는 것(息)은 마음(心)이 저절로(自)이게 하는 일입니다. 저절로의 성질이게 하는 겁니다. 무슨 말인고 하면, 저절로(自)의 캐릭터는 하나님을 말합니다. "나는 스스로 있는 자니라.(自存有 · 自有永有)"

자연(自然)은 이 스스로(自)의 캐릭터를 잘 타오르게(然＝燃)합니다. 잘 드러내고 있습니다. 자연이 우리처럼 인위적인 일을 합니까? 안 합니다. "공중의 새를 보라 심지도 않고 거두지도 않고 창고에 모아들이지도 아니하되 너희 천부께서 기르시나니 너희는 이것들보다 귀하지 아니하냐 너희 중에 누가 염려함으로 그 키를 한 자나 더할 수 있느냐 또 너희가 어찌 의복을 위하여 염려하느냐 들의 백합화가 어떻게 자라는가 생각하여 보라 수고도 아니하고 길쌈도 아니하느니라."(마태복음 6:26-28)

자연(내츄럴)의 캐릭터(내츄럴)를 잘 대언해 주시는 말씀이지요.

우리는 천지창조 메타포에서 6일째 천지창조가 끝나버렸고 하나님은 손 딱 떼고 영원한 푹쉼으로 들어가 버리셨다고 생각하기도 합니다. "다 이루었다"는 것은 무엇을 말하는지 이미 말했습니다. 그러나 우리가 말하는 식(쾌)의 끝남이 아닙니다.

안식에 드셨다는 것은 마음(心) 깊숙한 그 안(安 · 案內)에 스스로(自)님이 들어오셨다는 것을 의미합니다. 특히 사람의 마음입니다. 이렇게 말하는 것은 자연의 깊은 마음은 솔직히 나도 모르기 때문입니다. 그러나 거기에 하나님의 캐릭터가 발견되는 것은 누구나 알 수 있습니다. 나는 사람에 초점을 맞출 뿐입니다. '내 마음 나도 몰라!' 하기도 하듯이 정말 마음이란 것이 어떻게 '이루'어졌는지 생각하면 불가사의한 일입니다. 진화론은 마음을 배제한 생물학적 관점(觀點·점칠 관觀)일 뿐이지요. 생물학의 프로그램(點)을 두드리는 것이지 마음을 두드리는 것이 아닙니다. 하나님은 다님이시다는 말은 하나님은 영원히 일하시는 분이시다는 말입니다.

그렇지 않습니까? 그래서 하나(一)를 뜻하는 일(1)과 일(work)을 같은 소리로 하는 것인지도 모릅니다. 워드(word)와 워크(work)가 멀지 않듯이 말입니다. 월드(world)도 멀지 않아요. 한 동네 캐릭터입니다. 탁월한 문장가, 거 뭐시냐, 그래요, 카알라일이 하나님이 인간에게 준 첫 오더(order)가 '일하라!' 라는 거였다고 말하던데 바른 말 한 겁니다. "내 아버지께서 이제까지 일하시니 나도 일한다.(My Father worketh hitherto, and I work)"(요한복음 5:17) 무엇을 일한다는 목적어가 없습니다. 보어도 없어요. 그저 나가 저절로(마음 따라)이게 하는 겁니다. 무위자연(無爲自然)! "나는 스스로 있는 자니라.(I am that I am)"와 같은 문법입니다. 하나님과 같은 캐릭터라는 말이지요. 그러나 유대인은 이 말을 듣고 예수를 죽이고자 합니다. "유대인들이 이를 인하여 더욱 예수를 죽이고자 하니 이는 안식일을 범할 뿐 아니라 하나님을 일러 자기의 친아버지라 하여 자기를 하나님과 동등으로 삼으심이러라."(18절)

우리는 꼭 보어든 목적어든 정(定=點)해 놓고 일을 해야 일을 한다고 합니다. 빈대떡 장사를 하든, 고물장사를 하든 해야 일한다고 해요. 그래서 소크라테스와 같이, 디오게네스와 같이 지혜를 찾는 사람을 두고는 목적어가 보이지 않으니 베짱이족이니, 빈둥족이니 그럽니다. "군자는 불기니라(君子는 不器)"는 공자의 말씀도 그래서 비난의 초점이 되기도 하지요. 지혜의 수맥을 찾는 점치는 자인 군자는 세상이 말하는 깡통(器)을 갖지 않는다는 말이지요. 나도 그런 의미의 깡통을 갖지 않습니다. 그렇다고 공기만 먹고 살란 말이냐는 식으로 따져들 것은 아닙니다. 자(自)를 그런데 맞추어 빼앗기지 않는다는 것이지요. 앞서 서언에서도 말한 바와 같이 우리는 기(器)에 지나치게 기울어져 맞추다 보니 절로(自)로부터는 멀어지게 됩니다. 어느 치과의사가 어느 날 이랬다고 해요. 가만히 자기가 살아가는 모습을 문득 생각해 보니 참, 말이 좋아 의사 선생님이지, 남의 입 속이나 허구한 날 들여다보니 도대체 자기(自)는 뭔가?…, 이랬다는 겁니다. 그래서 '(울먹이는 소리로) 나는 뭐야…, 나는 뭐야…,' 하면서 방바닥을 손으로 쳤다고 그래요. 자(自)의 저울질이 강력하게 느껴진 것이지요. 절로(自)! 그것은 마음입니다. 마음이 그렇게 저울질을 미치는 겁니다. 그것이 절(息)로 숨쉬는 것입니다. 도(道)의 캐릭터를 받는 일에 숨을 쉰다는 말입니다. 안식일은 시계(時計·때맞추는 꾀·타임 프로그램)를 보고 깡통(器)들만을 딱 놓고 쉬자는 것이 아닙니다. 아니 그렇게 하는 것이 안식일을 지키는 의의는 아닙니다. 일(日)은 태양이자 날이기도 해요. 우리는 태양의 주기에 따라서 날을 정(定)하고 삽니다. 우리가 어떤 기(器), 기계(器械) 같은 것을 발명하고 "야, 이것 새로운 것이야! 살 맛 나는 군!" 해보았자 태양은 말할 겁니다. "내 아래 새로운 것은 없다."(전도서) 그러나 우리는 그런 식으로 태양에 맞춰 날을 셉니다. 그러고는 한 날짜를 딱 점찍어 이 날은 지켜야지 합니다. 도대체 뭘 지킨다는 겁니까? 이 날만은 불기(不器)다! 이런 겁니까?

　어째 이상하지 않아요? 6일 동안은 용기(用器)고 7일째 되는 날만이 불기(不器·no vessel)다는 겁니까? 아니라는 편에 서는 게 옳지 않겠습니까? 우리가 그 이상한 불기(不器)의 날만을 고집한다면 불기에 할애한 타임 프로그램이 너무 인색하고 불공평하지 않습니까? 6:1이니 말입니다. 이것을 그때나 오늘이나 고집하는 유대인도 그렇고 오늘의 사람들 의식도 그렇습니다. 철학자 야스퍼스가 진단한 현대병 가운데 하나는 '비합리적인 선전에 지배당하기 쉬운 우둔한 대중의 출현과 종교를 일요일의 한 안식과 휴양의 시간으로 생각하는 것' 이라고 하였습니다.

안식일(sabbath)! 또 에리히 프롬의 말처럼 인류에게, 특히 노동자들에게 끼친 공적은 말할 것도 없습니다. 오늘의 모든 인류가 누리는 일요일이 어쨌든 좋은 것 아닙니까? 그것이 아니었다면 일요일에도 노동자와 많은 사람들은 마음이 숨쉴 프로그램이 없었을지도 모르니 말입니다.

그러나 이런 혜택에도 불구하고 우리가 돌아보아야 할 것은 마음입니다. 마음이 '크게 이루(太極)'어져 있습니다. 마음을 쓰는 일이 안식입니다.

안식일을 리바이벌 데이(rivival day)라 할 수 있습니다. 바이탈(활력)을 재충전하는 날인데, 마음의 리바이벌 데이가 365일이어야지 어디 꼭 한 날이겠느냐는 겁니다. 우리가 안식일이라는 날을 위해 있는 것이 아니라, 안식(自·道)이라는 성질이 우리를 위해 있는 것이고, 바로 그것을 써서 우리를 넓히는 겁니다.

"안식일은 사람을 위해 있는 것이요 사람이 안식일을 위해 있는 것이 아니다."(마가복음 2:27)

"공자가 말하기를, 사람이 오로지님의 성품을 넓히는 것이지 오로지님의 성품이 사람을 넓히는 것이 아니다.(子曰 人能弘道 非道弘人)"(위령공 편)

이렇게 정리합시다. 하나님이 우리들 마음속으로 침입하신 날이다! 그러고는 당신이 숨쉴 테니(安息) 이날을 기념하여 너희도 나를 숨쉬어라! 숨을 멈추면 죽습니다! 마음을 잘 써야 합니다. 맹자는 이렇게 말합니다. 호연지기(浩然之氣·활활 타오르는 에너지)를 키워라!

공손추(公孫丑) : 어르신께선 어떤 일을 잘하십니까?

맹자 : 나는 말을 아는 일을 하고 선을 기르는 일을 (저울질하시는 이를 따라) 활활 타오르게 한다.(我知言 我善養 吾浩然之氣)(공손추 상)

하나님은 말씀이시니, 마음을 쓰시니, 우리는 마음을 이처럼 다 맞춰 저울질 해주시는 이의 성품을 따라 마음을 활활 타오르게 해야 하는 겁니다.

"인자는 안식일의 주인(Lord)이니라 하시니라."(마태복음 12:8)

"너희에게 묻노니 안식일에 선을 행하는 것과 악을 행하는 것, 생명을 구하는 것과 멸하는 것, 어느 것이 옳으냐."(누가복음 6:9)

하나님의 캐릭터를 온마음으로 느껴 숨쉬어라! 이것이 호연지기를 키우는 일입니다. 그런데 똥배 내밀며 허공을 쳐다보면서 입을 쩌억 벌리면 먼지밖에 들어오지 뭐가 들어오겠습니까? 모럴 파워를 선행하지 않는 기(氣)니 기공이니 기철학이니 다 헛소리들입니다.

태극! 완전한 다님이신 하나님이 달아보고 재보고 하여 내시는 마음씀이 기(氣·에너지)입니다. 우리도 그같이 쓰자는 것이 호연지기를 키우자는 것입니다. 그것이 절로(自)요, 안식입니다.

지언(知言)과 선양(善養)을 전제한 호연지기가 아닙니까?

측량(知)된 말씀(言·캐릭터·성질)을 알고, 나(我)를 선(善)으로 기른다(養)!

이것이 이루 에너지인 호연지기입니다. 도사들처럼 폼잡는 것이 호연지기가 아닙니다. 하나는 이루 헤아릴 수 없는 에너지원을 타오르고 뿜어내시는 거룩한 분이시지요. 왜 불기(不器)여야 합니까? 기(器·세상의 자잘한 일)에서 마음을 키우는 에너지를 얻기보단 거기에 너무도 많은 것을 뺏기기 때문입니다! 뻔하지 않습니까요. 헤아릴 수 있는 것들 아닙니까? 성공이니 실패니 하는 것들이 오십보백보(맹자)아닙니까? 대장부(맹자)라면 헤아릴 수 없는 에너지원을 좇아야지요. 이런 뜻입니다.

성격배우(性格俳優 · character actor)

연극(演劇)과 동의로 불리는 셰익스피어는 이런 말을 했다.

"연극의 목적은 옛날이나 오늘이나 소위 자연(nature)을 향하여 거울을 비치는 것과 같다"고….

연극은 성질(自然)을 거울처럼 되비치는 것이다는 말이리라.

단테는 이런 말도 했다. "자연(性質)은 신의 예술(art · 꾀 · 프로그램 · 저울질)이다"고. 물론 괄호 안은 내가 던져 넣은 말이다.

나는 드라마를 즐겨 본다. 그런데 연극은 안 본다. 그것은 이십대 초반의 큰 충격과 실망의 후유증 때문이다. 프란츠 카프카의 '변신(變身)'을 보러 갔었다. 물론 나는 카프카와 함께 뒹굴고 있을 때였다. 그런데, 이런 빌어먹을! 그것을 뭐 코미디처럼 깔깔거리게 하는데, 나는 질려버렸다. 엄청난 모독, 배신감, 이 속물 사회에 넌더리를 느꼈다. 때는 이십대 초반! 무엇인가로 나를 찌르면 폭발할 것 같은 그런 때였으니까 그럴 만도 하였겠지만, 두고 두고 그 배신감의 앙갚음으로 나는 연극을 안 본다. 그러는 게 아니다! 한 천재의 고뇌를 그렇게 마구잡이로 해석하여 난도질하는 게 예의가 아니다. 경의를 표하진 못할망정….

웃을 때가 따로 있지, 펑펑 울어도 시원치 않을 고뇌의 지문들을 그렇게들 지우다니….

어쨌든 나는 배우(俳優)들의 연기술(演技術)을 볼 때마다, 그들의 텔런트에 감탄할 때가 한두 번이 아니다. 또 그들에게서 배우는 바 적지 않다.

그들은 그 드라마 속의 어떤 캐릭터(性格 · 夂)에 맞춰(夂) 원래의 그의 성질은 사라지고 그가 맡은 배역(配役)과 짝(配)하는 역할(役活)을 수행한다. 그래서 그들은 여러 인생을 산다고 하며, 거기에서 말로 다할 수 없는 희열을 느끼는 것 같다. 그것을 끼(氣)라고 하는데, 그들은 그 끼(氣)를 어떻게 맞추어야 하지는 알(知)게 해주는 진리의 교육자이기도 하다. 적어도 내가 보는 관점(觀點 · viewpoint)은 그러하다.

그러나 그들이 대중의 우상(偶像)이라고 하는 것은 그들이 재연(再演)에 보이고 있는 짝(配)이 참 짝이 아니기에 인형을 뜻하기도 하고 짝을 뜻하기도 하는 우(偶)를 부친다. 그런 짝에 부쳐서 그런 짝의 캐릭터를 드러내고 있기 때문이다.

그런데 만일 예수처럼 참 짝에 부쳐 그 캐릭터를 완전하게 드러낸다면, 참의 알(知), 아니 아(知)가 든(into), 참의 아들, 혹은 하나님의 아들이라 불릴 것이다.

외모만 근사한 배우는 이 시대는 그리 환영받지 못한다. 그것은 시대가 질(質)을 선호하는 패러다임으로 바뀌는 추세와 무관하지 않은데, 외모는 특별하지 않아도 그 대본 속의 인물의 속얼굴을 안으로 끌어 '들여' 누가 봐도 감탄할 정도의 캐릭터를 보여줄 때 그 배우(俳優)를 일러 성격배우, 캐릭터 엑터라고 한다. '든다(들인다)'는 것은 실로 많은 뜻이 있다. 그 뜻을 환기(喚起·눈뜸)하기 위해 몇 가지 예를 '든다'면, 먼저 중요한 것이 '산다'는 뜻이다. 그 집에 들었느냐 하는 것은 그 집에서 사느냐는 말이다. 나이가 '든다'고도 한다. 철이 '든다'고도 한다. 얼굴을 '든다(높인다)'고도 한다. 맛이 '든다'고도 한다. 잠이 '든다', 풍년이 '든다', 감기(병)가 '든다', 버릇이 '든다', 물건을 '든다'고도 한다. 또 무엇이 있는가? 그래 음식을 '든다'고도 있다. 염색이 '든다', 힘이 '든다', 돈이 '든다', 장마가 '든다', 그리고 장가를 '든다'….

이렇게 우리는 갖가지 상황을 든다(into)라는 개념으로 말한다. 아들도 예외는 아니다! 말은 성질을 드러내는 것이고, 성질을 그대로 나타내는 것이다. 말은 성질을 직(直·straight·upright)으로 나타낸다. 말을 듣고 정직(正直)을 알 수 있다.

아니 말을 듣고 그 존재의 성질, 캐릭터를 알 수 있는 것이다. "문체는 사람이다"(뷔퐁)는 말도 그래서 설득력을 갖는다.

그러니 아들이라는 말이 아버지의 캐릭터(알 지知·測)를 그대로 들게 한 것임은 두말할 것도 없다. "아버지가 내 안에 사신다(들었다)"는 예수의 말이 그것이다.

그처럼 너희도 아버지가 들기 바란다는 것이다. 그래서 하나님의 아들들이 되라고 한다. 아니 든다는 것이다. 귀신이 들었다는 말도 하듯이 하나님이 들어야 한다.

"내 안에 그리스도가 산다"(바울)는 말도 같은 말이다. 하나님의 캐릭터인 아(測·알)가 든 것이니 아버지가 든 것이다.

그 든 것을 가지고 쓰며 살아(知)가야 하는 것이기에, 그 아(知)를 존중하지 않을 수 없는 것이다. 그것이 존재의 씨앗이요, 삶의 원동력이다.

알(知)이 없이 대체 무엇으로 일이 '이루'어질 것인가? 그 알(知)은 화살(화살 矢)과 같다. 모든 일의 모티브 파워다! 그래서 아(知)는 것을 아(知)가 느는 것이 힘이다고 옮길 수밖에 또 있겠는가? 지식이 많이 든 사람, 지혜가 많이 든 사람….

우리는 그래서 배우려고 하는 것 아닌가? 아(知)를 늘쿠기 위함이다. 그리하여 더더욱 우리는 특히 인생의 전반기에, 그 원동력(原動力)을 비축하고 축적하기 위해서, 거기에 모든 것을 집중한다. 그리고 나아가서 그 알(知)의 '이루…많음'이 전지(全知·온통 알)하신 하나님 아버지로부터 오는 것이라는 것을 어찌 부정할 수 있겠는가?

"여호와를 아(知)는 것이 지식의 근본이거늘 미련한 자는 지혜와 훈계를 멸시하느니라 내 아들아 네 아비의 훈계를 들으며 네 어미의 법(저울질)을 떠나지 말라."(잠언 1:7-8)

아(知)의 근본을 말하며, 아들을 부르고 있다.

차암(참)~

어떤 어처구니없는, 거짓된, 믿을 수 없는 상황이 눈앞에 벌어졌을 때, 이런 실망의 탄식을 한다. 바로 이 순간, 앗 뜨거 하듯이, 우리는 '아참~ 그게 아닌데…―진지(眞知)가 아니라는 뜻―하며 참(眞)을, 진지(眞知)를 부르는 것이다. 급할 때 아버지 하나님을 부르듯이….

그리고 그 아(知)를 씀씀이(能) 하며 산다. 돈이 든다(쓴다)고 하듯이, 아(知)를 쓰며(들이며) 사는 것이다. 아를 비용(cost)으로 치루며 산다.

아부지는 사투리이기도 하지만, 가만히 들어보면 아부지 하고 부르는 사람들이 의외로 많다. 아(知)에 부친다는 말이리라.

알이 아(知)로 발음되는 것은 문법을 볼 것도 없이 발음을 해보면 안다. 알버지가 나은지, 나알가다가 쉬운지….

어쨌든 이것만을 테마로 삼 '아' 말을 해도 끝이 없을 테니 그때 그

때 말하기로 하고, 다시 배우(俳優)로 가보자.

배(俳)는 '광대 배'로서 사람 취급도 하지 않았으니, 사람(人)이 아니다(非)는 말이다. 우(優)는 우울(憂鬱), 우수(憂愁)처럼 '우울한 사람'을 뜻한다.

'사람(人)도 아닌(非) 것이 사람(人)의 우수(憂愁)가 든 것!'

이른바 비극배우다! 사람의 우수를 드러낸다. 물론 희극배우도 있는 것이지만, 그리스 비극이나 셰익스피어 비극처럼 인간의 우수를 드러낸다.

나는 다음의 성경 구절, 이른바 고난의 메시야상을 잘 드러내고 있다는 이사야서를 읽을 때 비극배우의 얼굴이 떠오른다.

우리의 전한 것을 누가 믿었느뇨 여호와의 팔이 누구에게 나타났느뇨 그는 주 앞에 자라기를 연한 순 같고 마른 땅에 나온 줄기 같아서 고운 모양도 없고 풍채도 없은즉 우리의 보기에 흠모할 만한 아름다운 것이 없도다 그는 멸시를 받아서 사람에게 실어버린 바 되었으며 간고(艱苦)를 많이 겪었으며 질고를 아(知)는 자라 마치 사람들에게 얼굴을 가리우고 보지 않음을 받는 자 같아서 멸시를 당하였고 우리도 그를 귀히 여기지('광대처럼?') 아니하였도다 그는 실로 우리의 질고(疾苦)를 지고 우리의 슬픔을 당하였거늘 우리는 생각하기를 그는 징벌을 받아서 하나님에게 맞으며 고난을 당한다 하였노라."
(이사야 53:1-4)

예수처럼 존경의 대상이 되는가 하면 조롱의 대상이 되는 이가 세상에 또 있을까? 예수쟁이들 하며 예수의 캐릭터를 능욕하기는 보통이요, 예수 자체를 공격과 조롱의 대상으로 삼는 알찬 이(지식인)들도 적지 않은 것이다.

왜 그럴까? 광대이기 때문이다!

배우가 조롱을 당했던 것은 그것이 참이 아니기 때문이다. 그들이 하는 일이 순(純) 거짓부렁이기 때문이다. 그네들은 슬프지도 않으면서 울기도 하고, 기쁘지도 않으면서 웃기도 하니 뒤로 돌아서서는 천한 인형 취급을 했던 것이다.

울고도 속이 시원한 기분을 카타르시스라고 하는데, 그리고 돌아서서는 '아참~그것들 잘 놀데' 했을 것이다. 비극을 연기했는데도 논다고 비아냥거렸던 것이다.

예수는 왜 비극배우였나? 그는 정말 우울해도 되었던 캐릭터였을까? 인생을 그렇게 볼 수밖에 없는 슬픔의 캐릭터가 그의 본질 (original character)이었을까?

우리는 이 슬픔을 갖기 위해 진리를, 오로지님을 추구하는 것일까?

마음이 맴(心)이 아닌 것(非)! 그것이 슬픔(悲)이다! 그럼 영원한 생명은 슬픔인가? 하나님의 아들들은 모두 슬픔을 목적으로 하는가? 그것이 아니다. 영원한 기쁨을 목적으로 한다. 왜 그런가? 그것이 진짜 마음의 참 캐릭터이기 때문이다. 알찬 마음인데 슬픔이라니? 그런데 예수는 왠 눈물이요, 우수(憂愁)인가? 마음이 아닌 마음이 흘러 '들었기'(흘러들 연演) 때문이다. "예수께서 눈물을 흘리시더라."(요한복음 11:35) 흘러들었기에 흘리는 것이다.

왜 인간 탐구에 탁월한 집단 텔런트를 가졌던 고대 그리스인들이 비극을 주요 드라마로 했는가가 인간의 캐릭터, 그 마음도 아닌 마음의 정체를 되비춰 보게 하는 인간의 진지한 자기 고백이다. 소포클레스, 아이스퀼로스, 에우리피데스… 오늘날까지 엘렉트라 콤플렉스니 오이디푸스 콤플렉스니 하는 고전적 심리학의 원석(原石)을 제공했던 인물들이다.

나는 베토벤에 대하여 나름의 깊은 캐릭터를 알고 있다. 그는 젊은 날 내 우상이기도 하였으니까….

그에 대한 로망 롤랑의 전기는 거의 외우다시피 할 정도였다. 그래, 그 책은 내 청춘의 바이블이었다. 아이들이 자기들이 좋아하는 배우의 캐릭터에 관련된 모든 것을 수집하려 하듯이, 아니 나는 거의 종교적 열정으로 그에 관한 캐릭터 흔적들을 모을 수 있는 한 모았다. 내 방에는 저 유명한 베토벤의 굳게 다문, 고뇌를 씹을 듯한 그 강인한 초인의 마스크가 흑백사진으로 걸렸다. 나의 베토벤에 대한 존경과 사랑은 지금도 가슴이 울렁거릴 정도다. 태양에도 흑점(黑點 · black spot)이 있듯이 그의 모순까지도 사랑했다. 그것을 사랑이라고 용납하지 않을지라도….

내게 세상에서 '존경과 사랑'이라는 낱말을 처음 알게 하고 일게 한 인물은 베토벤과 그의 전기에 그 낱말을 분연히 올린 로망 롤랑이다. 그는 베토벤을 모든 영웅들의 선두에 둔 이유에 대해 이렇게 말한다. "사상 또는 힘으로 이긴 사람을 나는 영웅이라고 칭하지 않는다. 내가 영웅이라고 칭하는 것은 심정(心情)에 있어서 위대했던 인물들을 말한다." 그리하여 비루하고 비범하지 못한 사고가 유럽을 질식할 것 같이 짓누르는 것을 느낄 그때에, 롤랑은 적지 않은 영웅의 전기를 씀으로써, 창을 열어젖히고 영웅들의 입김을 끌어들임으로써 대기를 충전시키려고 한다. 그리고 그 영웅들 가운데서도 선두에 베토벤을 내세운다.

나는 그 전기를 읽은 이후, 어느 누구도 존경과 사랑을 해보지 못했다. 그것은 나의 비극이다! 동시대에 살아 있는 인물들 가운데는….

학교 선생? 그 찌로탈스페('페스탈로찌' 거꾸로)들?! 캐릭터의 빈곤….

학교는 나에게 성질을 못되게 부르는 썽깔만을 심어주었다. 지금도 오로님의 아들로서 해서는 안 될 독설이 나오는 것은 그 덕분이다. 남의 탓 한다고 하겠지. 그래, 지금은 궐기대회가 아니니 그만두자. 시시한 테마다. 어쨌든 그 책의 입구에는 이렇게 베토벤의 말 한마디가 적혀 있었다.

"할 수 있거든 모든 선을 행하고 비록 왕좌(王座)의 편을 들더라도 무엇보다 진리를 배반해서는 안 된다." 늘 외우고 있는 것을 썼다. 내 서재엔 베토벤의 흔적이 이젠 없다. 다 치워도 된다. 다만 몇 구절 노트에, 그리고 LP와 CD로 몇 장 남았다. 특히 친애하는 교향곡 7번은 여러 지휘자의 아이템을 갖고 있다. 특히 베토벤을 우주적으로 해석했다는 빌헬름 푸르트벵글러는 양보할 수 없다. 종로 2가에 있었던 르네상스 고전음악 감상실에서의 일이다. 거기서 처음 그 곡을 들었다.

그리고 2악장, 조용한 장엄! … 천천히 … 천천히 … 음이 고조된다…. 나는 내 존재가 무언가에 굴복하듯, 아니 자연에 순응한다는 어쩔 수 없는 만유인력 같은 것이었는지도 모른다.—꾸며 말하는 것이 아니다. 그런 짓은 안 한다—무릎을 끓었다. 정말 바닥에 끓어서 '들었다.'

돌이켜보면, 그렇지 않았으면, 그를 모독했던 것이리라. 다행이다!

어쨌든 앞서 인용한 저 말은 선이 무엇인지, 진리가 무엇인지 알 까닭이 없었으나, 무언가 내 멱살을 잡듯 끌어당기는 힘을 느꼈다. 16살 때의 일이다. 추석 무렵… 그 감격은 내 성질에 적지 않는 영향을 남겼다. 그러나 지금에 와서 생각해 보면 너무 포르테가 셌다. 다른 것을 시시해 했으니….

젊은 날,

정열은 포르테!

사랑은 피아니시모…

(forte : 강하게, pianissimo : 아주 여리게)

왜? 음악가를 음악이 아닌 책을 통하여 알게 되었는가? 그래, 나는 음악이 먼저가 아니라 말(言)이 음(音)을 선도했다. 물론 언(言)과 음(音)이 같은 말뿌리임은 이제는 알지만, 그땐 그런 것도 생각할 겨를이 없이 그랬다. 그래서 주변에서 우습다고 하였을 때, 솔직히 변명이 궁했다. 그런데 푸르트벵글러의 글을 읽다가 내가 잘못이 아님을 알았다. '글도 음을 충실히 전달한다.'

어쨌든 적어도 내가 알기로는 경전을 빼놓고, 순수 휴머니즘을 고취한다는 글을 들라 하면 나는 로망 롤랑, 그가 쓴 '베토벤'에 남긴 두 편의 서문을 꼽는 데 내 무지를 부끄러워 하지 않겠다.

도(道)를 알고자 하는 이들은 무엇보다 경전으로 가라! 그것은 생명의 서(書)다! 경전은 명사(名詞)요 동명사(動名詞)사다. 아니 명사(命詞)다. 동명사(動命詞)다! 그런데 인간을 띄우는 휴머니즘이 무엇인지를 알고자 한다면, 이 세상을 살아가는 데 양념이 될 형용사(形容詞)를 알고 싶으면 이 두 편의 서문으로 입문하라! 나는 이렇게 후배들에게 말하곤 했다.

사실 그 책은 그것이 전부다! 책은 그 서문에서 독자의 멱살(?)을 잡아당겨야 한다. 요한복음의 1장 1절만 알(知)아도 리딩 프로그램은 충분하다. 사실 내 글은 앞으로 경전만을 해설하는 글을 남기게 되겠지만, 이 구절의 주석에 지나지 않을 것이다. 왜냐하면 오로지님의 캐릭터를 느끼고 그것을 나름의 말로 남기는 일이기 때문이다. 물론 나의 글엔 잡소리도 없지는 않을 것이다. 옥석을 구별하는 일은 그분께서 알아서 해줄 것을 믿는다. 나에게 작은 지혜를 주시는 것 이상의 은혜를 내 글을 읽는 독자들께도 주시시라 뚜렷이 믿기 때문이다. 나는 위로는 오로지님께 맞추며 또 아래로도 맞출 필요를 느낀다. 감히 이것을 나는 오만한 겸손이라고 하고 싶다.

로맹 롤랑은 이런 말을 남긴다. "…그러나 '베토벤'은 결코 학문을 위해 쓰여진 것이 아니다. 이것은 상처받는 영혼의 노래이며 숨막힌 영혼이 숨을 들이키고 다시 일어서서 생명의 은인에게 감사하며 바치는 영혼의 노래인 것이다. 이 생명의 은인인 그의 모습을 내 나름대로 바꾼 모습으로 바라다보았다는 사실을 나는 알고 있다. 하지만 신앙과 사랑의 증거는 모두 이와 같은 것이다. 그러므로 이 '베토벤'도 그러한 데서 벗어날 수 없다."

어째서 예수가, 아니 사람의 아들이라고 하며 죽어버린 예수가, 하나님이란 말이냐? 예수의 동정녀 탄생이라니? 무덤이 텅 비고 부활이라니? 막달라 마리아 그 천한 것이 한 헛소리를 가지고?

그렇게 접근하면 결코 아무것도 알지 못한다. 진리는 그런 스토리, 이벤트를 전하는 소설(小說·적은 말)이 아니다. 왜 문학평론가 마냥, 연속극을 모니터링 하는 모니터 기자들처럼 접근하려고 하는가? 왜 참을 찾으려 않고 혹 모순이나 거짓은 없을까부터 생각하는가? 태양의 흑점을 보고 태양은 흑점뿐이다 하려는 것과 다를 것이 무언가? 이것이 인문(캐릭터) 교육의 처절한 빈곤상을 보여주는 실례.

캐릭터를 느껴야 한다. 꼬투리를 잡고 전체를 속단하려는 것은 마치 책 한 권을 읽고 그 작가의 모든 것을 말하려는 것보다 어리석음이다.

로망 롤랑이 쓴 '베토벤'을 베토벤이 읽는다면 이렇게 말할지도 모른다. '어? 이건 사실과 다른 부분이 너무도 많은데?' 그렇다고 베토벤이 롤랑에게 꿀밤이라도 때릴까? 마태, 마가, 누가, 요한의 예수 보기도 그러하다. 차이가 있다. 그러나 그것은 사실의 차이일지 몰라도 전체를 보아 화악 잡혀오는 그리스도의 캐릭터에는 아무런 문제될 것이 없다. 아니 오히려 이것이 더 사실(reality)이라는 것이 아닐까?

열 사람이 보고 그야말로 한 자도 틀림없이 똑같이 말한다면, 복사기를 돌리지 왜 사복음이라 하여 남겼겠는가? 우리는 소위 사실보도를 생명으로 한다는 신문사들의 기사가 그야말로 복사판처럼 똑같을 때 뭐라고 했던가? 어떻게 한 사건, 한 인물을 두고 그렇게 복사판을 돌리듯이 똑같고 신문사 간판만 다르게 하고 나올 수 있었던가? 이런 신문들을 두고, 우리는 이렇게 말한다. '사실을 보도하라! 진실을 보도하라!'

사실도 진실도 아니라는 것이 아니더냐?! 왜 그런가? 보도자료라는 거짓 리딩 프로그래머의 손(꾀·저울질)의 조종을 받고 있다고 여겼기 때문이 아닌가? 그럴 수 없다. 같은 사실도 다르게 말할 수 있어야 그것이 사실이고 거기에 진실이 있는 것이다.

왜 그런가? 우리는 국화빵 캐릭터들이 아니기 때문이다. 꽃이라 하는 명사 캐릭터 앞에 모두가 진달래여야만 하는가? 그렇지 않은 것이다. 할미꽃도, 호박꽃도 꽃이랑께 어쩌고 하는 것이 자연, 그 내츄럴이 아닌가? 하나님, 오로지님이라는 꽃 명사 앞에 모두 진달래여만 하는가? 그래야만 그것이 진실이요 사실인 캐릭터일까?

오히려 다른 데가 있어야 그것이 진실한 분의 리딩을 받고 있다는 것을 증명하는 것이다. 그래서 사복음이지, 복사복음(複寫福音)이라고 하지 않는 까닭이 있다. 누구의 지혜가 진실인가? 바로 이런 흥분의 기질이 내게 짙게 남아 있다. 고쳐야겠다. 2악장이 끝나면, 3악장이 오듯이….

"하지만 신앙과 사랑의 증거란 모두 이와 같은 것이다"는 말에서 나는 일찍이 얻은 바 컸다. 나를 화악 나꿔챈 마법이었다.

예수가 골고다에서 정말 죽었는지 고고학자들이 조사하여 아니라고 한다고 해도, 진실은 수정되지 않는다. 당신의 뒷동산에서 예수가 죽었다고 해도 그것 때문에 진실은 결코 훼손되지 않는다. 무대 세트가 아니라, 주인공의 캐릭터다! 마음의 성질이다!

나는 소위 경전을 해설하였다는 책들을 보면 처음부터 잡치고(?) 들어가는 것이 있는데, 가령 노자의 도덕경을 예로 들자.

이 책이 어떻게 이루어졌는가, 노자는 정말 누구인가 하는 별의별 이야기들을 다 끌고와서 사람을 아주 된통 김(氣)새게 한다. 차라리 뒤에다 붙여놓든지 하지, 도대체 내가 그런 것들을 알아서 무엇한다 말인가?

내가 노자라는 사람의 이름이 이(耳)이던, 시호(諡號)가 담(冉)이든 알봐 무엇인가? 그가 똥지개를 졌던, 도서관에 사서를 했던, 그것이 나와 무슨 상관인가? 아니 다른 독자와도 또 무슨 상관인가? 뭐 160세를 살았다느니 200세를 살았다느니 하는 만화 같은 소리들이 대체 무어란 말인가? 1000년을 살던 5000년을 살던 내가 무엇 때문에 그것을 알아야 하는가? 천날 만날 그런 것을 뒤지고 자기 학설이라고 떠들어보아라.

그저 책을 열자마자, 도가도비상도(道可道非常道)! 이렇게 나오게 하여야 하지, 왠 쓰잘 데 없는 소리들로 어지럽히는가?

그런 잔소리가 많은 책일수록 별 볼일이 없는 것이다. 자기 연구를 그런 식으로 과시하는 작태는 아직 경전의 참맛을 모르고 그저 글을 안다는 레벨이다!

요한복음을 보라! "태초에 말씀이 계시니라 이 말씀이 하나님과 함께 계셨으니 이 말씀은 곧 하나님이시니라…"

다 끝내기 한 사람의 글잡는 솜씨요, 그것이 절로절로이다!

그리고 마지막을 보라. "예수의 행하신 일이 이 외에도 많으니 만일 낱낱이 기록된다면 이 세상이라도 이 기록된 책을 두기에 부족할까 하노라."(21장 마침절) 시시콜콜 말하자면 이 세상이 그 한 권을 감당할 수도 없다는 것이다. 그래서 생명의 글이요 책인 것이다! 머리와 꼬랑지만 잡아도 그만이다!

상상력을 쓸 데 없는 데 소진할 것이 무언가? 그 느낀 바 캐릭터를 적으면 되는 것이다. 그리고 독자도 그것을 알면 그만인 것이다. 앞으로 내가 풀어 옮길 경전엔 그 따위 짓거리는 싹도 구경하지 못할 것이다. 그것은 할 일이 그렇게밖에 안 되는 자들이나 알아서들 하라고 하면 그만이다. 절실한 것은 오늘 나에게 오는 말씀이요, 그 말씀에 올올이 빼다박혀 있는 성질! 그 캐릭터다! 심성(心性)이다!

무위(절로)의 책을 유위(낫 절로)로 어지럽히고 들어가니 이거야말로 주객전도를 넘어서는 것이 아닌가?

그렇다! 한두 마디 다른 게 문제가 아니라, 일이관지(一以貫之)하는 그 맥박이요 캐릭터다.

다시 그의 서문의 일부다. "나는 베토벤과 단 둘이 마음에 있는 생각을 고백하고, 그의 고통과 용기와 괴로움, 그리고 환희에 완전히 젖어 무릎을 끓었고 그의 힘센 손은 그러한 나를 다시 일으켜주었다 … 중략 … 거기서 나는 힘을 얻어 삶에 대한 새로운 의욕을 되찾고 병에서 회복기에 있는 자가 성신에게 바치는 감격의 노래를 부르면서 파리로 돌아왔다."

혹 정보가 부족한 독자를 위한 노파심에서 하는 말이지만, 베토벤은 이미 무덤에 있는 지 오래고 롤랑은 그저 그의 표현대로 순례자처럼 찾은 것이다.

모르긴 해도 존경과 사랑이 깊으면 결국 종교 사전에서나 쓰는 말을 끌고 오지 않을 수 없는 모양이다. 어머니의 사랑을 거룩한 사랑이라고 하듯이….

다시 말하지만, 우리는 진리의 경전들을 결코 평면적으로 깔아두고 보려고 해서는 안 된다. 입체적으로 보아야 한다. 나는 입체파다!

솔거가 그렸다는 황룡사의 노송도(老松圖), 그 그림이 얼마나 디테일하게 사실적이었는지 새들이 그 노송이 정말 나무인지 알고 착륙하려다 부딪쳐 많은 사상자를 내었다는 얘기가 전해 온다. 종합생명보험도 안 들었을 텐데….

물론 꾸민 것이겠지만, 그 사실화에 대한 경탄이 그런 형용사를 덧붙쳤으리라. 그런데 왜 이 나무 그림은, 나무가 쉼터로 반드시 필요한 새들에겐 죽음의 지옥화여야 했을까? 천국화가 되지 못한 것은 왜 일까?

그래, 그 디테일한 사실 때문인 거고, 또 그것이 벽이라는 평면 위에 그려진 것이었기 때문이다. 좀 엉성하게 그렸더라면, 아니 그것이 조각과 같은 빈틈이 있는 입체적 소나무였더라면, 새들은 죽지 않았을 것이다. 엉성한 게 생명이요, 입체적인 게 생명이다!

물음 : 당신은 예수 그리스도를 믿습니까?
답 : 예, 믿습니다.
물음 : 그럼, 묻겠습니다. 예수께서 마굿간에서 태어났다는 것을 믿습니까?
답 : 예, 믿습니다.
물음 : 그럼, 예수께서 행하신 기적을 모두 믿습니까?
답 : 물론이지요. 안 믿을 수 있나요.
물음 : 예수께서 빌라도 치하에서 고난을 받다 십자가에 달려 죽은 것은 물론 믿겠지요.
답 : 아, 그러믄요. 그게 핵심인데요.
물었던 사람 : 그럼, 됐습니다. 당신은 정말 믿는군요. 천국은 따논 당상입니다. 꽝!

세상에~! 무슨 종교가 이런가?!

너무도 평면적이고 디테일하지 않는가? 그래서 숨이 막히지 않는가? 이런 물음은, 이런 전도는 죽음이다! 감전사도 아닌, 벽에 치박고 죽는 죽음이다!

김지하(芝河), 필명을 장난삼아 지하(地下)라고 한 것이 저렇게 되었다고 하는데, 이 양반의 얘기인즉 감옥에서 가장 견디기 고통스러웠던 것이 벽이 자기 안으로 도배지 바르듯 들어올 때라고 했다. 자기속에 평면의 벽이 들어와 완전히 이 시인의 상상력을 질식시켰던 것이다. 손을 입에 넣고 나오는 비명에 항복하지 않았다는 것, 또 티브이에 모처럼 나와 하는 얘기를 들으니 한마디, 한마디가 금쪽이더라. 이제는 생명 사상가라고 불러야겠지. 풀잎 하나에서 우주를, 생명을 통찰하였으니….

저 구소련의 수용소 군도! 지식인들을 고문하는 방법이 널따란 운동장에 동그라미를 몇 개 그려놓고 주먹만한 벽돌들을 이리저리 옮기게 하는 고문을 가했다 하던 것! 벽이라도 쌓게 하였다면 그 입체적으로 이루어가는 생명 파워가 그들에게 활기를 주었을 것이지만, 운동장 평면 위에 그들의 상상력을 납작하게 쳐바르라는 것이었으니 그 잔혹한 발상이 소름끼친다.

부시맨이라는 영화에서도 부시맨을 철창에 가두는 장면이 나오는데, 부시맨들을 잘아는 백인이 깜짝 놀라며 어서 풀어주라고 한다. 그런 갇힌 공간의 개념이 없는 그들에게 24시간만 가둬놔도 그들은 죽는다는 것이었다.

피라밋 파워! 어쩌고 하는 것도 입체에 생명이 있음이기 때문이다.

어쨌든, 우리는 예수의 이력서(履歷書)를 알자고, 그것을 받아보자고, 성경을 보는 것이 아니다. 그것은 시체(屍體)를 말할 때 쓰는 죽을 시(尸)에 되풀이 복(復)이다. 되풀이해 죽는 것이 이력이다. 그리고 신발짝(신 리履 · shoes)이다. 구(屨)도 신인데, 샌달(sandal)이나 슬리퍼 같은 것을 말한다. 곧 입사하는 회사에서 이력서를 받는 것은 얼마나 많이 죽어봤느냐고 묻는 것이다. 그러니 여기서도 죽을 수 있겠지요 하고 묻는 것이다. 죽어봤다는 것은 무엇인가? 학교를 나왔으면 학교를 죽여야 하고, 전에 군고구마 장사를 했으면 군고구마 장사를 죽여야 한다. 신발을 신고 집까지 왔으면 신발을 벗어놓아야지 신발짝을 신고, 아니면 들고 들어오는 자는 없다. 방에 들어와 신발을 보이며 이것이 나를 여기까지 끌고온 신발이라고 자랑할 수 있는가?

헌신짝 취급한다는 말이 있듯이 헌신짝 취급해야 새 신발을 신을 사람이 되는 것이다. 아니 맨 발로도 그 좋은 방에서 살 수 있는 것이다. 흔히 폼잡는 사람을 삐까뻔쩍 하다고 하는데, 그런 사람은 대체로 구두를 삐까뻔쩍하게 광내고 다니는 사람이다. 그 옛날 괴나리 봇짐을 매고 짚신을 주렁주렁 달고 한양으로 올 때 쯤이면 짚신은 온데 간데 없다. 지금 어디서 어떻게 되었는지 생각조차 하지 않는다. 그런데 어떤 멍청이가 한양 사람에게 나는 열두 켤레나 신고 왔어요 할 수 있는가? 한양 사람은 한 켤레로도 한양에 있었는데?!….

이런 바보들이 설치는 곳이 우리의 지식인 동네요, 우리의 이력 풍토병 캐릭터다! 책의 앞날개에 요란하게 신발을 전시한다. 집 문을 열고 들어가면 바로 눈앞에 신발장이 있듯이 그렇게 신발장을 놓는다. 아니다. 신발장도 아니고 구두를 자랑할려고 아예 좌악~ 깔아놓는다. 도대체 손님은 신발부터 피해야 하니 이런 집구석이 바로 정리된 사람이 사는 집구석이겠는가? 치워야 한다. 손님을 입구부터 방해해서는 안 된다. 손님은 말할 것이다. 그 어지러운 신발짝들을 보고, 미간이 찌푸려질 것이다. 세례 요한은 예수를 보고 자기는 그분의 신발끈도 맬 수 없다고 한다. 그 엄청난 캐릭터를 마주보고 올려다볼 수 없어 그럼 하찮은 신발(이력)에나 눈을 맞출까조차도 못하겠다는 것이다. 예수는 나사렛이라는 볼 품 없는, 바돌로매의 말 그대로 '무슨 선한 것(good thing · 사람도 아니다)'이 나겠는가 하고 예수를 대수롭게 여겼다가 큰 코 다치고 진짜 임자를 만났다. 모세가 하나님의 불타되 그 불은 옮기지 않는 그런 불, 바로 그런 불이 타오르는 떨기나무 앞에 섰을 때 하나님의 첫 말씀이 무엇이었나? "여호와의 사자(에너지)가 떨기나무 가운데서 나타나시니라 그가 보니 떨기나무에 불이 붙었으나 사라지지 아니하는지라 이에 가로되 내가 돌이켜 가서 이 '큰 광경(great sight)'을 보리라 떨기나무가 어찌하여 타지 아니하는고 하는 동시에 여호와께서 그가 보려고 돌이켜 오는 것을 보신지라 하나님이 떨기나무 가운데서 그를 불러 가라사대 모세야 모세야 하시매 그가 가로되 내가 여기 있나이다 하나님이 가라사대 이리로 가까이 하지 말라 너의 선 곳은 거룩한 땅이니 '네 발에서 신(履)을 벗으라.(Put off thy shoes from off thy feet)'"(출애굽기 3:2-5)

풋 오프(put off)! '신을 벗다'는 뜻과 함께 '불을 *끄다*'는 뜻이다. 풋 오프 더 라잇!(Put off the light!)이 그것이다.

모세는 신비한 불! 보잘 것 없는 떨기나무 정도를 '큰 광경'이라고밖에 묘사할 수 없는 그런 에너지님의 자현(自顯) 앞에 놀라고 있는 것이다.

그래서 모세는 다시 한 번 보기로 하는 것이다. '내가 이제 돌이키리라!(I will now turn aside)" 어사이드(aside)는 '제껴두고'라는 말이다. 제쳐두고 턴하는 것이다. 그래야 다음 말을 받는다.

결국 여기는 거룩한(드부신) 에너지 원천이니 너를 끌고 온 네 불을 *끄라*는 것이다. 아니 지금까지 너를 끌어온 이력은 쓸 데 없다는 것이었다. 여기는 거룩한 방이다! 너의 그 에너지로는 백성을 구할 수도 없고, 너 또한 구할 수 있는 것이 아니다. 그런 따위 신발을 신고 들어올 때가 아니다. 이 세상 어떤 이력, 어떤 경력도 하나님 앞에서는 죽여야 한다. 쓸 데 없다! 여기는 삐까뻔쩍이 통하지 않는 타되 사라지지 않는 불이 불타는 맨 발로 서야 할 거룩한 방이다!

목사님들! 신부님들! 스님들! 그들은 집이라는 신발도 버리고 간 사람들이다. 왜 그런가? 여기는 다른 땅이다. 맨 발의 집이다. 신발 신고 자궁에서 나오는 아기가 없듯이 하나님 나라도 신발 신고 거듭 태어나는 것이 아니다. 신발 신고 나오지 않고 들어가지 못할 곳이 있는 것이다. 우리의 좋은 생활방식 중 신을 벗고 안으로 들어간다는 것이다. 가르쳐주는 바가 많다.

바로 종교는 이런 것부터 가르쳐주어야 한다. 그것이 아니라면 무엇 때문에 거듭 태어나겠다고 하는가? 그냥 신발 신고 살 것이지….

성직자가 이력을 자랑하는 것만큼 엄청난 무지도 달리 없다. 그것은 본말전도를 넘어선 짓이다. 바울을 보라! "그러나 육체를 신뢰할 만하니 만일 누구든지 다른 이가 세속적인 것을 자랑할 것이 있는 줄로 생각하면 나는 더욱 그러하리니…. 그러나 무엇이든지 내게 유익하던 것을 내가 그리스도를 위하여 다 해(害)로 여길 뿐더러 또한 모든 것을 해(재앙)로 여김은 내 주 예수 그리스도를 아는 지식이 가장 고상(高尙)함을 인함이라 내가 그를 위하여 모든 것을 잃어버리고 배설물(排泄物·dung)로 여김은 그리스도를 얻고 그 안에서 발견되려 함이다."(빌립보서 3:4-9)

똥! 덩(dung)! 세상에 이렇게 소리도 같을 수가?!

똥으로 여기겠단다. 배설물은 냄새 커버용 용어일 뿐이다. 똥을 변(便·편하다)이라고 한다고 해도 똥은 똥이다! 엑스크러먼트(excrement)가 대변이다!

재미삼아? 또 똥을 드롭핑(dropping)이라고 한다. 떨어진다?! 그리고 결정판! '뻬지직!' 'feces〔fi:si:z〕' 발음기호를 보면 같은 소리가 나올 것이다. 밑에서 나는 소리가 다르지 않기 때문이다.

어쨌든, 신을 믿어? 내 발의 신(履)을 믿겠다! 는 말도 들었다. 아주 솔직하게는 말한 것이다. 세상은 신발을 신지 않을 수 없으리라. 거친 세상이니 발이 다칠까보아. 또 왜? 종교의 눈으로 보면 죽어들 있다고 하니까! 예수는 극언(極言·다한 말)을 한다. "죽은 자로 저희 죽은 자를 장사하게 하고 나를 따르라."(마태복음 8:22) 이력은 장사(葬事)다! 나도 극언한다. 장례식들 그만 치루라!

그래서 거듭 태어나라고, 영원한 생명을 찾으라고 하는 것이 아닌가? 다다다다…. 언제 끝낼 '주근 다(깨)' 인가?

이것부터 바로 하지 않으면, 종교는 없다. 극(極)은 없다. 태극(太極)은 없다! 그리하여 출가(出家) 정신은 가출(家出)로 바뀐다. 왜 그런가? 야밤에 신발 신고 줄행랑쳤다고 하는 게 가출이 아니던가?

우리의 이력, 경력 문화는 그래서 죽은 문화다. 기풍(氣風)이 없고, 자기 캐릭터를 안에서 꺼내려는 사람이 없다. 마음이 없다. 일류 학교의 캐릭터 뒤에 숨어 그것이 자기의 캐릭터라고 한다. 일류 회사의 그 간판 캐릭터 뒤에 숨어 자기는 성공한 모델 케이스라고 한다. 그러고도 캐릭터(人性) 교육을 외치는 것부터가 허위다!

'열려라 주근깨' 이다. 안 열리게 되어 있다고 동화적부터 배웠다.

엉터리 저울질을 하지 마라.

인간 대 인간, 벌거벗고 만나 부딪쳐 살자는 것부터가 거짓부렁이다!

베토벤! 그는 이렇게 자기를 소개한다. "전에도 앞으로도 없을 나는 베토벤이다!" 이런 기개라도 있어야 한다. 치워라! 벗어라! 허위의 캐릭터, 죽은 캐릭터들을!

나는 자랑할 신발짝 한 켤레도 없지만, 일찍이 그만한 것은 종교가 아니라도 벗어버렸다. 나도 아무개니까….

또 한 사람의 베토벤 매니아가 있다. 물론 그 외에도 많지만… 릴케의 '말테의 수기' 등…

근대 조각의 세 기둥하면 사람들은 반드시 로뎅과 마이욜과 그리고 내가 여기서 말하고자 하는 부르델을 꼽는다. 이 반골(反骨)의 프랑스 조각가는 생의 어느 한 지점(地點)에서 존재에 대한 통찰을 하게 되어 그가 다니던 미술(아름다운 꾀) 학교를 도중 이탈한다. 그리곤 말한다. "저는 학골 그만두겠습니다. 이젠 충분합니다. 상이나 콩쿨 제도는 납득이 가지 않습니다. 30세가 되었으니 저는 제 갈 길을 찾아가겠습니다. 제 자신이 해야 할 일은 거리 속에서 생활 속에서 하지 않으면 안 됩니다." 그의 스승에게 한 이 말은 방식(mode)을 벗어나 존재로의 출가의 말이기도 하다. 사르트르가 말한 대로 "나는 존재에 의해서가 아니라 존재방식에 의해 나를 선택했다"는 말과는 정반대의 말을 하고 있다. 우리는 저가 신은 신발짝 같은 방식을 택해 자기 존재를 말한다. 그래서 사르트르의 실존주의, 아니 실재주의는 존재를 꽈악 채우는 주의가 못 되고, 모드(mode) 붐만을 잔뜩 일으켜놓고는 파이프 연기와 함께 가버렸다. 그가 죽기 얼마 전 그의 계약부인과 나눈 대화를 읽어보니 몰골이 말씀이 아니었다. 너무도 초라한 늙은이 그것이었다. 그의 철학은 나이키 운동화였다! 신발짝을 캐릭터로 하자는 것이었다. 일면 현대를 꿰뚫어 본 통찰력이야 누가 말리겠나?

나이키! 프로스펙스! 리복! 아디다스!….

현대는 이런 광고와 같은 캐릭터, 이런 모드로 자기 존재를 택하고 있지 않은가 말이다. 광고를 빼고 현대를, 이 '죽은 신발의 사회'를 설명할 다른 카피가 있는가?

모든 신화의 메타포는 거대한 마스토돈 상업주의 앞에 여지없이 헌 신짝이 되어버린다. 신의 음료 넥타르는 대중의 음료수가 되었고, 이상향 아카디아는 대우의 고급 자동차가 되었다. 아니 그것을 누구 간섭하랴마는 '나도 왕년에 아카디아에 있었다' 는 존재의 황금기를 뽐내기라도 할 서양의 옛말이라도 찾아 그걸 카피라도 했다면 '그래, 그 뜻이 뭐지?' 하고 엿보려는 방아쇠라도 되었을 일이다. 그러나 이노베이션(innovation · 革新)이라는 말을 아주 좋아한다는 재벌 김 선생께서는 국민의 '큰집(大宇)' 을 혁신하려는 데는 그 말이 들리지 않는다. 이런 나를 두고 이렇게 말할지 모른다. '대우(大宇)!? 순진하시긴 다 카피예요. 카피!'

부르델! 예술에조차 상이니 콩쿨이니 하며 포장된 캐릭터를 입혀야만 그 아름다운 꾀(美術)가 빛을 내는 세상이다. 그 신발짝을 벗어버린 그 반골의 기개가 그립다.

유명한 독설가요 유우머 선생인 버나드 쇼는 이런 말을 해서 나를 웃음짓게 하였다. 자기의 무덤 앞에 이런 묘비명을 써달라고 미리 적어두었는 데 그것이 걸작이다. "우물쭈물 하다가 이렇게 될 줄 알았다!"

하하! 정말 그의 묘비명이 그렇게 씌여 있는지 가보진 못했으나, 이 얼마나 해학(wit · 웃겨주는 꾀)이 넘치는 말인가? 상상해 보라. 그의 묘 앞에 선 사람들의 얼굴 표정을! 무덤 앞에서 박장대소를 터뜨릴 것이 아닌가? 그러나 돌아서 오며 뭔가 뒤를 당기는 것 때문에 생각을 곱씹겠지들….

괴테는 "우리는 똑같은 수준에서 죽는 것이 아니다"는 말을 했는데, 죽음이 끝이 아니다. 정말 죽으면 똑같아 지는 것이 아니다. 메멘토모리(죽음을 기억하라)!

쇼의 한마디 더! 그가 처음 노벨상 수상 제의를 받았을 때 그 거절한 말도 일품이다. "강을 다 건넌 사람에겐 구명정은 필요하지 않다." 설명이 더 필요할까?

평생의 번화(繁華)가 일체 허무요,

오십 평생이 한바탕 꿈인데

후세에 이름을 남기려는 집념이

불가(佛家)의 사리(舍利)와 같이 견고하니

겁화(劫火)가 밀어닥친다 하여도

불살라 버릴 수는 없노라

─장조(張潮)

하나의 티끌도 느껴지지 않는다. 마음의 성사(聖事)다! 이런 에너지는 어디로 갔을까? 이런 캐릭터는 다 어디 갔을까?

부르델! 자꾸 다른 사람에게 빼앗기는구나! 그는 '한때의 허영'이라는 말로 상과 콩쿨대회를 거부한다. 나중에 배가 고파 살롱에 출품하기도 하였지만….

나는 이 세상의 훌륭한 기부자들이 이런 사람들을 찾아 쪼금의 기부금이라도 주기를 바란다.

왜 배터지는 학교재단에 평생 고생한 돈을 불쑥들 맡기는지 그런 뉴스를 들을 때, 오늘도 천재를 학대하며 뒷골목을 헤맬, 그래서 그들의 재능을 자결시키는 적지 않을 천재들이 먼지밖에 안 나올 호주머니를 뒤적이며, 지금 있어선 안 될 자리에 서성일 그들의 뒷 모습이 마음 아프게 어린 거린다. 르네상스는 메디치가(家)라는 기부자의 천재 장학금이 없이는 상상하기 어렵다고들 하지 않는가?

정말이지 무지(無知)는 돈 주고도 해결할 수 없다는 생각이 든다. 기부자의 마인드가 너무도 애처롭다.

그러면서 콩나물, 두부장사 할머니들의 말씀인즉, "못 배워서 한이라고 한다." 그래서 이 돈으로 내 한이나 느그들이 대신 풀어달라고 한다. 한풀이치고는 마지막 셈을 잘못들 하셨다. 그렇게 좋은 의미로 기부했으면 그것이 크게 배운 것이요 크게 깨우친 것이다. 대체 이런 배움을 놓쳐버리고 무엇을 배움이요, 한이라고 하는지….

천재 하나가 천에게, 만에게, 혜택을 끼칠 수도 있는 것이다. 국민

222

의 배를 따뜻하게 하는 것도 무시할 수 없는 것일진댄, 모험사업에 뛰어들어 고전하고 있는 친구들도 좀 많은가? 기부문화가 없는 그 하드웨어의 탓도 있겠고, 무엇보다 그런 것을 자꾸 뉴스에 올리는 언론 엘리트들에게 더 책임이 큰 것이다. 자꾸 그런 쪽으로만 외길을 보도하니 정말 가야 할 곳에 가지 못하는 것이다.

사회의 모든, 그 어떤 책임도 엘리트들에게 있다. 그렇지 않으면 감히 엘리트라 자부하진 못하리라.

부르델! 자꾸 자기를 밀쳐낸다고 입이 부르트겠구나! 그도 베토벤이라는 녹록치 않은 캐릭터에 감전된다. 그리하여 40여 년을 베토벤에게 붙들려 그의 캐릭터를 입체화하는 조각에 몰입한다. 그것은 예술가로서의 엑스타시였다. 자기와 베토벤과의 시공을 넘는 '마음의 친숙(에머슨)'을 갖는 것이다. 이것이 그의 예술혼을 지핀 에너지요, 모델 캐릭터였다.

그가 새긴 베토벤의 조각품의 이름들엔 베토벤, 아니 인간의 캐릭터가 잘 나타나고 있다. '한 손에 뺨을 댄 베토벤', '단발(短髮)의 베토벤', '장발의 베토벤', '넥타이를 맨 베토벤', '스카프를 맨 베토벤', '폭풍우 속의 베토벤', '바위 위에 앉은 베토벤', '눈을 감고 기댄 베토벤'…, 그리고 마침내는 인간의 고뇌를 짊어진 듯한 '비장(悲壯) : 십자가를 맨 베토벤' 등 45종의 상들과 많은 파스텔화 등 위대한 한 영웅의 캐릭터를 끌어내는 데 전 생애를 투입했다. 설혹 연성(軟性)의 제목일지라도 그것은 고뇌하는 모습뿐이다.

"복종, 네 운명에 대한 복종, 너는 이미 너 자신을 위해 존재할 수 있는 것이 아니라, 다른 사람들을 위해서만 존재할 수 있는 것이다. 너를 위한 행복은 오직 예술 속에 있을 뿐이다. 오! 하느님! 저를 이겨나갈 힘을 주십시오."(루디비히 봔 베토벤)

고뇌를 뚫고 환희로! 두르히 라이덴 프로이더(Durch Leiden Freude)! 이것이 베토벤의 인간(고뇌) 바이블 1장 1절이었다.

베토벤은 음악뿐 아니라, 그 얼굴도 예술이다. 괴로움은 인간이 누구나 짊어져야 할 십자가이지만, 또 그러기에 궁극적 환희를 추구해야 한다. 이것이 인간의 가장 순수한 휴머니즘이다. 거짓 선지자(先知者·미리아는놈)들은 이렇게 인간을, 인생을 애매모호(曖昧模糊)하게 호도(糊塗)하는 자들이다. "위 아래 할 것 없이 모두 남을 뜯어먹는 놈들, 예언자 사제 할 것 없이 모두 사기나 치는 것들, 내 백성의 상처를 건성으로 치료해 주면서 '괜찮다' '괜찮다' 하는구나 사실은 괜찮은 것이 아닌데."(예레미야 6:13-14)

뭔 성경이 이런지? 평강하다! 평안하다! 괜찮다! 이렇게만 말하는 자들은 돌팔이들이다. 사실은 괜찮지 않다는데….

애매모호(曖昧模糊)! 호도(糊塗)! 태양을 흐릿하게 가리고, 죽(糊)을 쑤는 것을 말한다. 의사는 진단부터 똑바로 해주어야 한다.

물론 환자에게 정확한 병명을 알리지 않아야 할 때도 있을 것이다. 나의 어머니가 위암으로 돌아가셨는데, 진단 확정 후 돌아가시기까지 14개월을 알리지 않았다. 독실한 가톨릭 신자이셨지만, 마음이 아주 여리셔서 내가 그렇게 하자고 몰아갔다. 돌아가시는 순간까지도 모르셨다. 그만큼 나의 술책이 뛰어났던 게다.

우리 엄마 어린 시절 별명이 '사랑덕이'였다는데, 정말 그런 분이셨다. 생각하면 가슴이 저려온다. 나는 환상이나 환영이나 그런 따위를 신용할 작자가 못 되는데, 입관할 때, 나는 그 모습을 볼 수 없어 평소 종종 들리던 밥 사먹는 집에 가서 맥주 한 병을 주문했다. 그런데 바로 그 맥주병을 건네받는 순간, 마치 커다란 영화의 한 장면처럼 초록의 풀들이(보지 못했던 그런 광경) 온통 넘실대는 곳에서 어머니가 달려가고 있었다. 순간 깜짝 놀랐었다. 아마도 그 순간 관에는 못질이 있었을 거다. 지금도 그 장면을 기억하는데, 어머니가 나에게 마지막 남긴 명화라고 여기고 있다.(평안하소소, 내 어머니!)

그리고 나는 어머니관 앞에서 절을 하는 순간에, 헤르만 헷세의 말을 인정했다.

"의식(세르모니)이 없는 종교는 종교가 아니다"는 것을….

저 발끝에서 머리끝까지, 골수에 사무치도록 감사의 정념이 치밀어 나를 사랑의 곰탕국물 속으로 몰아갔다. 온몸이 떨려왔다. 아! 의식이란, 그런 것인가? 예(禮)란 그런 것인가?

어쨌든, 나는 인간에게 죄가 있다는 말을 그리 좋아하지 않는다. 인간에겐 고뇌가 있을 뿐이다. 죄라면 그것이 죄이겠지. 아니 이것도 말을 애매모호하게 하는 것인지도 모른다. 죄면 죄다!

우리가 진(짊어진) 죄를 용서하게 하옵시고! 죄(罪)란 그물(망·罒)에 걸렸음에도 그것을 아니라(非)고 억지 쓰고 우기는 것을 말한다. 청문회장에서 많이 보지 않는가?

기억이 안 나는데요? 감옥에서 자기는 억울하지 않다고 하는 사람이 하나도 없다는 말을 들었다. 노자(老子)는 이렇게 말한다. "하나님의 넓디 드넓은 네트워크는 놓치는 것이 없다.(天網恢恢疏而不失)" (도덕경 73장) 하늘이 쳐논 그물을 빠져 나갈 놈은 하나도 없다는 말이다. 청문회장은 빠져 나가도 하늘은 그렇게 미꾸라지 마냥 빠져나가지 못한다. 누가 기독교만이 인간을 죄인이라고 기분 나쁘게 하는 오판(誤判)을 내리고 있다고 하는가? 누가 오리지널 진(原罪)이 순엉터리 유전자 조작이라고 하는가?

고뇌! 죄! 이것을 뚫고 오로지님 나라로, 그 환희의 심포니 속으로 들어가야 한다!

'인류에게 그것을 충동하는 거룩한 음의 즐거움을, 그 도취를 귀에 쏟아붓게 할 바쿠스(술의 신)가 나의 사명이다!' 베토벤!

하나님은 그리스도에게 기름을 쏟아부었다! 불타는 물! 양극의 성질이 완벽한 조화, 하모니를 이루는 캐릭터를 쏟아부은 것이다. 하나님과 인간, 하나님 아들과 사람의 아들! 이 두 캐릭터가 그리스도다!

> 하늘의 낙원에서 온 처녀여,
>
> 신들의 불꽃을 맞으면서
>
> 우리들은 그대가 관장하는 신의
>
> 지성소로 들어가리라
>
> 낙원의 케르빔(처녀)이 펼치는 아름다운 날개 아래서
>
> 우리들은 형제가 된다

한 사람의 친구를 얻고, 한 사람의 사랑스러운 여성을 얻은
사람들은
기쁨의 소리를 지르고
그렇지 못한 사람들은 눈물을 흘려가며 우리 곁을 떠나간다
—교향곡 '환희' 중

이 복락원(復樂園) 같은 시에조차 마음이 흡족치 않아, 앞선 전 삼악장의 주제음을 부정이라도 하듯이, 그는 이런 말을 그 앞에 덧붙친다.

"오! 친구여, 이러한 소리가 아니라, 훨씬 더 즐겁고 기쁨에 찬 노랠 불러보자꾸나." 가사가 된 쉴러 시 앞에 천마 페가수스를 매달아 채찍을 휘둘러야 했던, 아니 인간의 목소리를 심포니에 끌고 들어와 하늘에 올리려는 베토벤!

모짜르트는 신이 내렸고, 베토벤은 인간이 신에게 바쳤다는 말은 그래서 나온다. 언젠가 괴테는 그의 음악을 듣고 이런 말을 남겼었다. "그의 음악은 철학 이상(以上)의, 문학 이상의, 하나의 계시(啓示)이다."

동의한다! "불행하고 가난하고 병신인 한 고독한 인간, 고뇌 그 자체인 듯한 인간, 세상에서 환희를 거부당한 그 사람이 손수 환희를 창조하였다."(롤랑)

또한 베토벤의 전기를 썼던 설리번은 이런 말을 남긴다.

"영웅들이 살기에 적합하지 않은 시대에는 삼류 예술가들이 영화를 누릴 수 있겠으나, 위대한 예술가는 그가 다루는 경험들이 굶주림, 성(性), 낮과 밤의 연속과 같이 인류를 위해 근본적인 것이므로 불후성을 성취한다."

그러나, 다시 그러나! 베토벤! 그의 이 환희는 다시 굴러 떨어졌다. 영원한 생명의 환희의 가락을 붙잡지 못한, 아니 역시 너무도 고뇌로만 빚어진 자기 캐릭터의 한계였는지도 모른다. 그가 죽기 한 해 전 '현악 사중주 제16번 F장조 작품 138' 4악장 위에 지금도 비밀스런 자문자답이자, 자기 인생을 총정리한, 잔 잎사귀를 따 뜯어내 버린 말,

226

"그래야만 하는가? 그래야만 하는가? 그래야만 한다!"

무슨 뜻이었을까? 민중의 편에 서는 것이 진리요, 왕좌의 편에 서는 것은 진리가 아니라는 지식인의 강박관념. 그 자기 캐릭터는 몽땅 씻어내 버리는 뇌씻음(세뇌洗腦)! 그래서 민중의 편에 섰다고 하는 이들! 그러나 반드시 그런 것만은 아니다. 민중이 진리의 편이 아닐 수가 있는 때도 적지 않은 것이다. 그때는 왕좌(王座)의 편에 서야 한다. 그러기에 더욱 고독하였던 인간! 중요한 것은 민중이 아니라 진리의 편이다! 그래서 나폴레옹도 환영했던 인간! 그러나 그가 진리를 배반하고 민중을 배반하였다고 여겼을 때, "그도 한낱 범인에 불과하였다"고 하면서 그에게 헌정하려던 에로이카의 악보를 찢었던 베토벤!

저 음악가로서 전도양양 포부를 담던 시절 귀가 들리지 않았다. 할 수만 있다면 내 귀라도 주고 싶었다. 그는 그것을 감추려고 한다. 사람들로부터 음악적으로 타살선고를 받기 두려워서였다. 그래서 그는 말을 하지 않았다. 그런 베토벤을 오만하다고 수군거렸다. 귀없는 음악이라?! "예수께서 길 가실 때에 날 때부터 소경된 사람을 보신지라 제자들이 물어 가로되 랍비여 이 사람이 소경으로 난 것이 뉘 죄로 인함이오니이까 자기오니이까 그 부모이오니이까 예수께서 대답하시되 이 사람이나 그 부모가 죄를 범한 것이 아니라 그에게서 하나님의 하시는 일을 나타내고자 하심이니라."(요한복음 9:1-3)

귀없는 젊은 음악가! 이제는 음악도 캐릭터로만 느껴야 한다! 성질로만 음을 잡아야 한다. 그러나 젊은이!

어쨌든, 그는 죽기로 결심한다. 저 유명한 하일리겐슈타트의 유서가 그래서 씌여진다. 그러나 그는 죽을 수 없었다. 이미 유서를 쓰다 보니 거기에 죽음을 퍼버린 것이다. 그래서 유서(遺書)는 말 그대로 후세에 끼칠(遺) 말이 되는 것이다. 29세의 청년이 그의 동생들에게 남겼던 말이다. "내가 자살로써 목숨을 끊어버리지 않은 것은, 나의 예술 덕분이기도 하지만 또한 미덕(美德) 덕분이기도 하다. 잘 있거라. 그리고 서로 사랑하여라. 만일 좀더 유익한 일에 쓰일 수 있다면, 곧 팔도록(악기) 하여라 무덤 속에서라도 내가 너희들에게 도움이 될 수 있다면 얼마나 행복할지…"

　아니다, 나는 그만 순서를 빠뜨리고 말았다. 이 유서가 너무도 진실하기에 어느 부분을 떼네 읽어도 목구멍에 풋불 같은 것이 꽉하고 막히는 것을 느낀다. 그처럼 진실의 떡은 아무데서나 떼어 먹어도 감동이 있다. 마치 바이블을 아무데서 읽어도 되는 것처럼. "너희들은 아이들에게 미덕을 권장하여라. 인간을 행복하게 할 수 있는 것은 미덕뿐이지, 돈이 아니다. 나는 경험을 통하여 말하고 있는 것이다. 비참 속에서 나 자신을 떠받치고 있었던 것은 미덕이었다."

　맹자는 이런 말을 준다. 이른바 존심(存心)이다. "군자소이이어인자(君子所以異於人者), 이기존심야(以其存心也)"〔맹자 이루(離婁) 편〕

　이 말뜻은 "군자가 보통 사람과 다른 것은 마음을 한 점(點·respect·存)으로 한 때문이다." 이런 뜻이다. 존(存)은 존(尊)과 같다. 존심(存心)은 자존심(自尊心)이다. 천상천하유아독존(天上天下唯我獨尊)이다. 독존(獨尊)은 독존(獨存)이다. 하늘 위에 하늘 아래 오로지 존귀한 것은 사람(我)의 마음이다는 말이다. 오로지님이 온통 오시는 켠 점이다. 그러니 무겁게 여겨 존중(尊重·respect)해야 한다. 이 존(尊＝存)이 리스펙트(respect)이다. 그것이 주목해야 할 주안점(主眼點·the essential point)이요, 기조(基調·keynote)이다. 그래서 숙어(熟語·익힌 말), 인 에브리 리스펙트(in every respect)를 '모든 점(點)에서…' 라고 한다. 마음이 켜지면(켤 점點) 우주가 밝아진다. 마음이 점멸(點滅)하면 우주가 어둡다.

　밤에는 수천의 별이 반짝이지만
　낮에 빛나는 것은 오로지
　태양뿐,
　더욱이 이 태양이 사라지면
　세상에 광명도 꺼진다

　이성(理性)에는 수천의 눈이 반짝이지만

내 마음속에 빛나는 것은

오로지 사랑뿐,

더욱이 이 사랑이 사라질 때

내 마음의 광명도 꺼진다

―보오딜론, '밤은 수천의 눈을 가지고'

밤 하늘의 깜박이는 수천의 별빛도 낮에 빛나는 태양에 비하면 촛불이요, 네온사인이다. 증거를 보여주랴? 태양이 사라지면 세상은 어둡다.

그렇듯, 이 사람 저 사람이 이것이 밝은 프로그램(理)이라고 물리(物理)니 수리(數理)니 철리(哲理)니 문리(文理) 하고 그 성(性·캐릭터)을 빛내지만 그것은 밤 하늘의 별과 같은 것이다. 내 마음, 그리고 빛나는 태양! 사랑! 이것이 사라지면 마음도 어둡다는 말이다.

베토벤! 미덕을 말하고 있다. 오늘날 어떤 예술가가 이런 사전을 뒤적이겠는가? 그들은 반드시 모더니즘이니 포스트 모더니즘이니 민중이니 뭐니 내세운다. 우리는 그들의 진솔한 마음의 캐릭터를 보고 싶다. 모더니즘을 넘어서면(post), 또 무엇을 내세우겠는가? 탈(脫·post) 탈 털고 나서 또 무엇으로 마음을 성가시게 할 것인가? 영원한 님이 오시는 한 점! 시공을 넘어서(post) 오시는 점님! 그 님을 두고, 그 '님의 침묵'의 캐릭터를 두고 시끄럽게 하지 마라.

님은 침묵하고 빛으로 말씀하신다. 빛이기에 소리가 없다. 그래서 침묵이다. 그 무엇에도 마음을 뺏기지 마라. 마음을 기조로 하지 않는 소리는 어지러울 잡(雜)일 뿐이다. 세미한 음성(音聲)을 들어라. 귀머거리도 들을 수 있는 음(音)을!

"여호와께서 가라사대 너는 나가서 여호와의 앞에서 산에 섰으라 하시더니 여호와께서 지나가시는데 여호와의 앞에 크고 강한 바람이 산을 가르고 바위를 부수나 바람 가운데 여호와께서 계시지 아니하며 바람 후에 지진이 있으나 지진 가운데도 여호와께서 계시지 아니하며 또 지진 후에 불이 있으나 불 가운데도 여호와께서 계시지 아니하더니 불 후에 세미(細微)한 소리(still small voice)가 있는지라." (열왕

기상 19:11-12)

스틸 스몰 보이스! 이 소리를 들을 수 있겠는가?

베토벤! 이 사람이 그래야만 하는가? 하고 자문한다.

그래, 그는 시지프스처럼 고뇌의 돌을 환희의 정상(極點)에 올리려고 하였다.

그러나 간발의 차이었나! 완전히 뚫지(뚫을 착鑿) 못했나? 그것을 뚫으면 말 그대로 통쾌(痛快 · great plesure)다! 고통(苦痛), 통한(痛恨), 통념(痛念)의 아픔과 괴로움(痛)을 뚫고 쾌활(快活)하게 웃는 웃음! 그것이 통쾌(痛快)가 아니던가? 쾌활(快活)이다. 따라서 베토벤의 '환희'는 차라리 '통쾌(痛快)!'라고 하는 것이 그 캐릭터에 맞는 말이다.

어쨌든 통쾌인가 싶던 음(音)은 다시 굴러 떨어진다. 험준상봉을 달래듯, 사나운 짐승을 얼리듯 운명과 싸워왔다. 고독한 존심을 지켜왔다. 그러나 다시 굴러 떨어지니 고뇌다! 그래야만 하는가? 그래야만 하는가?

그렇다! 내 인생은 고뇌가 무엇인지, 가장 순수한 고뇌가 무엇인지, 분명히 보여주고 그것이 인간의 영웅적 캐릭터만으로는 뚫을 수 없는 무엇이 있음을 보여주라는 사명이었나 보다. 그렇다면 이것을 이 순수한 인생의 대 리얼리티를 긍정하자!

그래야만 한다!!! 나는 베토벤을 이렇게 졸업했다. 그리고 뚫어야(천착穿鑿)할 것이 있음을 알았다. 나는 베토벤의 이 캐릭터를 받아들였다. 그리고 영원한 캐릭터를 찾아야 했다. 영원한 통쾌(true enjoym-ent)를! 그 영웅도 뚫지 못한 그것을 나는 문제로 받았다. 그는 내 인생에 대문제를 준 스승이었다. 답은 네 자신이 찾아라라는 것이었다.

"하늘은 높기만 하고 별들은 멀기만 하나, 진실을 구하여 맞추고자 한다면 천세의 날이 (새가 至) 날아들 듯할지니, 이를 앉아서도 맞출 수 있다.(天之高也 星辰之遠也 苟求其故 千歲之日至 可坐而致也)"(맹자 이루 편)

"집을 나서지 않고도 천하를 훤히 알 수 있고, 창밖을 엿보지 않아도 하늘의 프로젝트를 엿볼 수 있다.(不出戶知天下 不窺牖見天道)"(노자 47장)

엄청 아름다운 옮김이다! 앉아서도(坐) 맞출 수 있는 새! 마음이다! 마음의 한 점에, 한 점으로 오시는 오로지님이시다! 집을 나서지 않고도, 창밖을 엿보지 않아도 천하와 하늘의 섭리를 알 수 있는 것! 마음이다!

어쨌든 베토벤은 그의 캐릭터를 남겨 많은 사람에 영향을 주었다.

배우(俳優)! 사람이 아니면서 사람의 근심을 캐릭터 하는 자! 비극의 광대!

그리스도는 사람이 아니면서 사람을 끌여들였(演)다. 그의 오리지널 캐릭터는 하나님 아들이요, 이렇게 사람이 아니면서 고뇌하는 사람들 모두의 캐릭터를 끌여들였다. 그래서 그는 자고 이래로 없는 캐릭터, 사람의 아들(人子 · the Son of Man)이라고 자신의 캐릭터의 한 면을 말한다. 사람의 아들이 아닌 사람이 어디 있는가?

그러나 사람은 사람을 모른다. 자기 마음을 모른다. 그러나 근심의 캐릭터 사람의 아들들은 하나님의 아들이 되어야 한다. 그것이 정말 가능한 것인가?

가능한 것이다. 하나님의 아들이 사람의 아들로 캐릭터를 낮췄는데, 사람의 아들을 하나님의 아들로 캐릭터를 못 올릴 리 없다. 그것을 보여준 것이다.

가나 혼인 잔치에서 그이는 물을 포도주로 변케하는 첫 기적을 보여주었다. 첫 기적이다. 같은 물 같지만 무색무취의 물과 유색유취의 포도주가 같은 것이 아니다. 이 기적의 메타포는 무엇인가? 이것이 그의 사명이고 우리의 사명이다.

이 캐릭터를 완전 변화시켜 거듭나는 것이야말로 하이라이트 교육 프로그램, 드높은 가르침, 끝내기 스터디! 종교(宗敎)! 그것임을 뚜렷이 하는 것이다.

　인류의 물질문명은 그 물질의 성질을 여하히 변케하여 거기서 에너지를 얻을까 하는 것이 아니었나? 다른 것이었나? 아톰(atom)에서 원자폭탄을 만들어내기까지 하지 않았나? 숱한 물질을 뒤섞어 황금을 만들자고 한 것이 연금술의 꾀(術)가 아니었나? 과학은 이런 연금술 외에 다른 것이 아니다.
　물질은 그 캐릭터가 바뀌는 것을 눈으로 볼 수 있다. 물이 포도주로 변화하듯이….
　그러나 얼은 그렇게 보이지 않는다? 물론 얼빠졌다 하고 얼빠진 캐릭터를 말하기도 하지만, 눈에 보이지 않는다. 보이지 않기에 무관심한 것이다. 하지만 우주는 장난이 아니다. 무슨 일이 일어났었고 일어나고 있다.
　"숨겨진 것보다도 보이는 것은 없다. 흐릿한 것보다 환하게 나타나는 것은 없다. 그러므로 군자는 삼가 그처럼 이루어야 한다.(莫見乎隱 莫顯乎微 故 君子愼其獨也)"(중용)
　사람은 마음을 눈으로 본 적이 없다. 그러면서도 말하는 것은 마음이다.
　"보이는 것은 보이지 않는 것으로 말미암아 나타난 것이다."(히브리서)
　"하늘이 내린 생명의 캐릭터, 이 캐릭터(性)를 따르는 것이 도(道)다. 도(道)에 맞춰 고치라고(修)하는 것이 가르'침'(맞춤 · 攵)이다.(天命之爲性 率性之爲道 修道之爲敎)"(중용)

　수리(修理)는 프로그램(理)을 고'치는'(修)는 일이다. 자동차를 수리한다고 한다. 그렇다! 참으로 엄청난 일이 일어나고 있는 것이다. 엄청난 일이 맞춰지고 있다.
　파도는 친다, 바람이 몰아친다, 소리친다, 시험을 친다, 뺨을 친다, 심장이 고동친다. 너희들 마음속에 사람(人)이 아니면서 세찬 것이 있다(아니며, 세찬 弗), 그 캐릭터를 불성(佛性)이라고 한다. 너희 마음에 불성이 있느니라.

배우는 캐릭터를 완벽하게 구현할 때, 비로소 명배우로 바뀐다. 캐릭터가 그 배우의 운명을 바꾸는 것이다. 그처럼 캐릭터가 바뀌면 생명이 바뀐다!

한 알의 쌀에서 오로지님 나라를 본다

알음알음(서로 안다는 말)!

이두(吏讀·吏頭)는 한자의 음과 뜻을 빌어서 우리 나라 말을 표기하는 데 쓰이던 문자다. 신라 때 설총이 지었다고는 하나 그것은 확실치 않다.

가령 '알지 못한다'는 말을 '알못질(知不得·지를 얻지 못했다)'이라고 한다.

그렇다면 '못'은 불(不)의 의미임을 알 수 있을 것이다. 잘못(不)했다. 모(不)른다. 이렇게 생각하면 틀리지 않을 것이다. '얼굴이 못(不) 생겼다'는 말은 생긴 게 아니다(不)는 것이 되리라. "진리를 알(知)지(得)니 진리가 너희를 자유롭게 하리라."

이렇게 되리라. 알 속에서 나와 알 속에서 살아(知)가는 것이다. 그렇지 않으면 이렇게까지 알(知)을 거푸 말(맘알)하면서 살아(知)가지는 않치 않겠나?

결국 이런 것은 말을 나오게 하는 마음이 '온통 알'이 아니고는 일어날 수 없는 일이다.

총을 쏘면 총알이 나가듯 우리는 알을 까고 사는 셈인 것이다. 씨(알)를 깐다.

철학자 비트겐슈타인이 언어 게임(language game)을 통하여 진리를 알(知)자고 했는데 나는 그 내용은 자세히 모(不)른다. 그러나 그는 이런 말을 하기도 했다. "하나님이 내게 명확한 이해력을 주시지 않는다면 나는 미치고 말 것이다."

그렇다! 아(知)버지가 주시지 않고 그 입(口)에서 쏘지(矢) 않는다면 대체 무엇을 알(知)았다 할 것인가?

또 생각해 보면 '알못질(知不得)'에서, 불(不)을 빼고 본다면, 알질(知得)이 되겠는데, 알지(知得) 못(不)했다가 될 것이다. 질, 혹은 지가 얻음(得)을 뜻하는 우리 말이었다면, 그럴지(得)도 몰라(不). 많이 벌었을지(得)도 몰라. 어떻할지(得) 모르겠어 등이 된다. 질이나 지는 득(得)의 뜻임을 알 것이다. 어김이 없을 것이다. 리을(ㄹ)은 유음(流音 · liquid / l · r), 굴림 소리다. 또르르, 졸졸졸, 좔좔좔… 어쨌든, 대패질, 선생질, 서방질 하듯이 질은 득(得)이다. 이것은 다시 짓(得)이 된다. 모든 하는 짓(得)은 얻기 위함이기 때문이다. 이런 식으로 글을 쓰려고 하면 거짓(得)말이 아(知)니(不)라 계속할 수(꾀)밖에 또 있겠는가?

그리고 '질'은 얻는다(得)의 '잘'이기도 하다. 잘 나온다. 잘 나가가는군.

'잘'에 해당되는 영어로 웰(well)이 있다.

이 웰(well)은 우물(井)이나 샘을 뜻하는 말이기도 하다. 그러니 분출하다, 솟아나오다는 뜻도 된다. "그녀의 눈에서 눈물이 넘쳐 흘렀다 (Tears wells in her eye)"고 한다. 류영모의 글을 보자. 내가 특히 감탄한 것은 다음이다. 알맞이(哲學), 알짬(精), 살알(細胞), 속알(德), 씨볼맞이(因緣)….

"옛 사람들은 과일이나 곡식의 첫것을 하느님께 드리듯 말의 원초음인 ㅇ(·)를 한아님의 이름씨로 쳤다. 그리하여 ㅇ(·)님인데 땅의 '아'와 구별하기 위해 크다는 뜻의 '한'을 붙여 '한아님'이라고 하였다. 이스라엘의 아베(야웨, 여호와 ; Yah-Weh), 아랍의 '알라(Allah)' 인도의 아트만(Atman)의 '아'도 우연이 아니다. 땅에서도 생명의 원천이 되는 것은 다 ㅇ(아)를 붙였다. 아버지, 어(ㅇ)머니, 아들, 아우, 아-ㄹ(卵, 정신, 영혼), 아담(Adam), 아톰(Atom) 등 수없이 많다. 서구어(西歐語)에 'ㅇ'의 흔적이 그대로 나와 있는 것이 관사(冠詞) a, am이다. 하나라는 뜻을 그대로 지니고 있다. 우리 말 알

(天)에 해당되는 'all'이 전체라는 뜻을 가지고 있음도 이 까닭이다. 하나님, 하느님, 하누님은 한아님이 구개음화환 변형에 지나지 않는 다. 하나님을 기독교 전용어로 아는 것은 잘못이다. 더구나 하나님, 하느님을 갈라서 다르게 생각하는 것도 그릇된 생각이다. 한아님이 다. 'ㄹ'은 미래를 나타냄과 동시에 활동을 나타낸다. 하누님, 하늘님 도 한아님의 변형이다. 일하시는 한아님이다."(생각과 믿음)

앞서 말한 바 있듯이, '아'는 지(知)다, 측(測)이다. 그것은 모티브 파워요, 에너지를 스타트 시키는 씨알맹이 비롯 소리요, 혹은 휴대용 (?) 밧데리와 같은 것이기도 하다. 그 예를 더 들어보면. '살아가다' '나아지다' '밝아지다' '돌아가다' '찾아보다' '좋아지다' '솟아나다' '모아두다' '날아다니다' '높(낮)아지다' '받아두다' '많아지다' '헤아 리다' '같아지다' '쏟아지다' '갈아끼우다' '귀담아듣다' '쌓아두다' '잡아보다' '돌아보다' 등등 아(知)가 없으면 어떻게 되는지 보라. 무 엇보다 에너지와 뜻이 발생하지 않는다.

'돌아보다'는 '돌보다'가 되어 전혀 다른 의미가 된다. 이처럼 앎 (知)이 모든 것의 원동력이요 근원이요 현실진행임을 알 것이다. 이렇 게 아(知)는 돕는 말(助詞)로도 들어와 쓰인다. '아름답다' '아까우 니' '아는 것' '다달아' '북돋아' 등 '아'는 알파요 오메가다!

마음(말)이란 발동기(發動機)가 내보내는 것이다.

다시 생각해 보자. 범어(梵語) 옴(AUM/OM)은 아옴이다. 신성한 소리요, 진언(眞言) 가운데서도 가장 위대한 소리다. "전 우주는 이 음(音)을 본질로 하는 브라마에서 생성되었다"고 한다.

아트만(Atman)은 산스크리스트어(梵語)로 '호흡, 생명의 근원, 영 혼'의 뜻이다. 아베바(amoeba)는 가장 원시적인 동물이다. 어웨이킹 (awaking)은 '눈뜸, 각성, 깸, 지성, 부활'을 의미한다. 에이지(age) 는 '나이'를 말하고, 애드(add)는 '더하다'이다. 앱서루트(absolute)' 는 '절대의, 완전무결한'의 뜻이다. 태극(太極 · the Great Absolute) 이다. 액트(act)는 '행하다'이고, 아가페(agape)는 신적인 사랑을 말 한다. 알파(Alpha))! 알(al)은 올(all)이다. 모든 것이 시작되는 시원

(始原)이다. 제1의 프로젝트이다.

에너머(anima)는 라틴어로 '생명, 영혼, 정신'이고, 에니멀 (animal)은 '동물'이다.

어뉴(anew)는 '다시'이고, 어나운스먼트(announcement)는 '알림'이다. 에인젤(angel)은 천사이고, 엔텀(anthem)은 '찬송가'이다. 아미(army)는 '군대'이고, 어퓨전(affusion)은 새 생명의 용해의 세례인 '관수식(灌水式)'이다. 믿음의 조상 아브라함(Abraham)은 아담처럼 또 다른 의미의 성경의 원조이다. 단군신화의 신시(神市) '아사달'은 하늘 에너지를 땅에 실현하는 것을 의미한다.

아멘(Aman)은 처음에 오면 '참으로, 진실로'이다. '찾다(오롯)'는 말이다. 마지막에 오면 '그렇게 해주십시오(So be it)'이다. 에임 (aim)은 '겨눔, 목적, 마음먹음'이다.

큰아님을 마음먹음이 우리의 목적이다. '아(知)'가 관류(灌流 · flowing running through)하지 않고 될 것이 없을 지경이다.

모두가 '아(知)'의 발현이다! 'ㄹ'은 에드가 앨런 포우의 시 '에너벨 리(Annabel Lee)'를 보면 그것이 어떻게 굴리는 작용을 하는지 알게 된다.

'알, 불, 글, 얼, 일, 쌀(살), 할, 들, 길, 찰, 말' 등등….

에너지가 흐른다…. 생명이 흐른다….

결국 이 모든 이상(以上 · over)은 류영모가 말한 대로 한아님이시다.

어쨌든, 우리는 또 이런 말도 한다. "야, 그 사람 참 알량해." 이 말은 도무지 시시하고 형편이 없다는 말이다. 측량해 보니 그렇다는 말이다. 알(知)이 양껏 차지 못했다는 말이다. 또한 우리는 '어랏차!' 하며 힘을 돋군다. 그것이 과거에는 '알라차!'였던 것이다. 바로 알이 에너지 격발(擊發)어이기에 스타트를 그렇게 한다. 그런데 이 알(知) 이 보일 듯 말 듯 눈에 잡히지 않을 때 '알른거린다'고 한다. 혹은 이 것을 '아른거린다'로 쓰기도 한다.

'알겠니' '아니?' '알아차리다', 우리가 '알리다'고 하는 것은 원래는 ‘알으키다’로 쓰였다. 즉 ‘알(知)’을 일으키는 것이다. 전도란 말씀을 알으키는 일이다.

다시 이것은 ‘알쿠다’이다. 알을 일구는 것이다. 문화(culture)다!

썩 재산이 많은 부자를 알부자라고 하고 그 반대는 알거지라고 한다. 살림을 잘(well)하는 주부를 ‘알뜰한’ 주부라고 하고, ‘알뜰살뜰’하다고 한다. 알과 살이 다르지 않다. 과일(알갱이)을 과육(果肉 · flesh)이라 하고 쌀을 화육(禾肉)이라고 하듯이….

부부를 두고 ‘살을 섞는다(become one flesh)’고 하는 것은 무엇인가?

알을 섞는 것이다. 그러므로 예수의 성육신(聖肉身)은 하나님의 빛 알(성령)이 충만하다는 뜻이다. “말씀이 육신(肉身 · flesh · 빛살 ‘알’)이 되어 우리 안에 거하시매 우리가 그 영광을 보니 아버지의 독생자(獨生子＝自生子＝無爲自然＝절로절로)의 영광이요 은혜와 진리가 충만하더라.”(요한복음 1:14)

어떤가? 이치에 맞지 않는가? 그 바로 앞절을 보면 이렇다. “영접(received)하는 자 곧(則) 그 이름(캐릭터 · 성질)을 믿는 자(받는 자)들에게는 하나님의 자녀(저울질이 미치는)가 되는 권세(權勢 · 저울의 힘 · power)를 주셨으니 이는 혈통(血統 · blood)으로나 육정(肉情 · the will of flesh · 몸의 저울질)으로나, 사람의 뜻(the will of man · 정신의 저울질)으로 나지 아니하고 하나님께로부터 난(生) 자들이니라.(요한복음 1:12)”

이것이 우리가 살(알)의 메타포에서 찾아야 할 드높은 새 생명의 빛(저울질)이다!

햇살이 햇알이 되는 것이다. 쌀알을 보아도 알 수 있으리라. 나잇살 먹는다는 것은 알(知)을 더해 간다는 말이다. 사람은 살람이요 알람이다. 보람찬 할 때처럼 ‘람’은 찼다는 말이다. 아람은 밤이나 상수리 나무의 열매를 말하고 그것이 찼음(full)을 말한다. 알갱이(kernal)는 고갱이처럼 핵심(核心 · 씨 핵)과 열매를 말하고, 알맹이도 같은 뜻이다. 알맹이 있는 지식을 말하고, 알맹이 없는 강의를 말하기도 한다.

또 주역의 괘(卦)를 알괘라고도 한다. 괘(卦)는 꾀요 프로그램이다. 둥근 것은 알이다. 둥근 것은 바퀴처럼 에너지를 최적화(最適化 · best fitted) 시킨다. 극(極)대화(大化)시킨다는 말이다. 태극의 디자인이 둥글 듯이. 그래서 안경알은 보는 것을 높이고, 총알은 그 날아가는 힘을 높이며, 바퀴살은 바퀴가 돌아가는 것을 높인다. 살점(點)이 떨어져 나갔다고 하여 살과 점이 알임을 말한다. 햇알(살)은 에너지의 알을 보내는 것이다. 살다는 말과 알다는 말은 같다. 사는 것은 아는 것이요 아는 것은 사는 것이다.

예수가 내 살(flesh)을 먹으라는 말은 알(知)을 먹으라는 말과 같고, 피(blood)를 마시라는 것은 피게 하라(bloom · 핌 · 꽃)는 말과 같다. 우리 말 피(血)는 생명을 피어나게 한다는 '핌'이다. 예수가 피를 흘렸다는 메타포는 새 생명을 피어나게 했다는 뜻이다.

사람!? 아(知)람이다! 알람이다! 우리 말에 '보람'이니 '바람(기원이나 풍風)'이니 '자람'이니 하는 말들에서 '람'은 무엇을 뜻하는가? 다시 '아람'을 보면 '밤이나 상수리 따위가 나무에 달린 채 저절로 충분히 익은 상태, 또는 그 열매'를 말한다. '보람찬'할 때, 바로 '찬(참) · full'이 '람'인 것이다. 그것을 재탕한 것이다. 그러므로 아람은 아람찬이다. '바람차다'고 한다. 또 바램(바람)은 채워지기를 원하는 것이 아닌가? '자람'도 '생물이 자라서 점점 커짐'을 뜻하듯 에너지가 참(fullness)이다. 또 '아람'은 '아름'이다. '한아름(an armful)'….

다시 보람(fruitful · usefulness)을 보면 '한 일에 대한 좋은 결과, 효력'을 뜻한다. 한살 두살 나이를 먹는다고 한다. 이래저래 사람은 그 무엇에 비견할 수 에너지가 찬, 생령(生靈)이요, 영장(靈長 · supreme creature)이다. 그 에너지의 질적 우위는 대단한 것이다. 얼의 사람은 성령으로 충만하라는 것이 또 그것이다.

소프라노 조수미가 프랑스의 어떤 무대에서 마지막으로 아리랑을 부르고 난 후 나중에 그 뜻이 무엇이냐고 묻는 말에 대답을 못했다는 것을 들었다.

아리랑은 무엇인가? 아랑낭자, 아라수… 등등 설은 의미가 잡히지 않는다.

저 유명한 청산별곡 한 소절을 보자. "♪ 살어리 살어리랏다 청산에 살어리랏다 멀위랑 다래랑 먹고 청산에 살어리랏다♬ 얄리 얄리 얄리 얄라성 얄라리 얄라 ♪"

그야말로 자연의 에너지, 그 성질을 받아 살판내겠다는 것이다.

'랑'은 옛말에 명사에 붙여 '…와' '…하고'의 뜻으로 무엇을 주욱 늘어놓거나 더 보태어감을 의미코자 할 때 쓴다. '멀위랑 다래랑' '엄마랑 누나랑' '쌀이랑 콩이랑 고기랑' '공책이랑 연필이랑 사달랑께요?'

내가 사는 동네엔 '엄마랑 딸이랑 김밥집'이 있는데, 줄여 '엄딸랑 김밥'이라고 간판을 써둔 것을 보았다. 또 옛날에는 어른을 '자랑이'이라고 하였다는데 아마도 저절로 랑랑랑… 할 수 있는 능력자라는 뜻이겠다. 자랑한다, 뽐낸다를 생각하면서…. 어른이 된다는 것은 그런 것이다.

우리의 아리랑 가사들을 보면, 전반부는 다 축 늘어지고 맥빠지는 내용들이다.

'날 버리고 가시는 님' '우리네 살림살이 수심도 많다' 그러다가 갑자기 '♪ 아리~아리랑~아라리가 났네(發·生)~♬' 하면은 그 모든 것은 어떤 마법(magic word)에라도 걸린 듯 일시에 상승의 활기로 얼굴 빛이 바뀐다.

곧(則), 에너지를 돋구어주고 일으키는 아니마토(animato·활기 있게·생기 있게)가 되는 것이다. 그리하여 어떤 힘든 상황(고개)도, 그것을 싸묶어 '아리랑고개'라고 하면 '훌쩍 넘어버리게 되는' 우리 민족의 비밀스런 언어의 주문(呪文)이자, 송주(誦呪)가 되는 것이다. 우리 민족의 에너지 송(energy song)인 것이다.

이것이 언어의 힘이요, 노래의 힘이다. 그 바탕 저울질(에너지)에는 무엇이 있음인가? 하느님의 보우하심이 있음이다. 얼(靈)쑤(쑥)~! 얼씨구~! 어랑어랑~! 어(얼)랏(生)차(full)! 잘들 돌아간다~! (말 좀 바꿔서), 쓰리 쓰리랑~!

나는 사람, 사랑, 아리랑에 대한 어원을 찾지 못하는 우리들에게 그 키 워드를 하나 제시한 셈이다. 받고 안 받고는 알아서 하 '랑' 께?

하나님을 전하려고 하면 '아랑곳' 하지 않는 사람들이 있을 것이다. '알안(不)곳' 을 말한다. 이밖에 '아리송하니' '알 듯 알 듯하다' 느니 등이 있다. 우리는 어쨌든 알이 찬 알람이요 살람인 사람이다. 하나님 이 채울 만큼은 채우셨다. 비록 나중엔 김새게 되지만….

알(知)은 에너지로 바로 말하면 빛이다! 알이 찬 사람은 빛이 찬 사람이다. 우리가 어떤 일을 꾀(計劃)함에 있어 먼저 이 알(知)이 선행되어야 한다. 측(測)이 앞서게 마련이고, 빛이 선행되어야 한다는 말이다. 그렇다! 알(知)이 흔들릴 때 천지가 창조되고 측(測＝知)이 작용하자 만물이 춤을 춘다. 우리가 찾아야 할 것은 이 빛살(알)이다! 생명의 알, 빛의 생명!

이 알(知)들에서 그런 빛을 찾아야 한다.

초원의 빛(알)이여!
꽃의 영광(꽃이 되게 한 알)이여!

그것이 돌아(知)오지 않(知)음을 서러워 말라
그 속에 간직된 오묘한 힘을 찾을지(得)니
초원의 빛(알)이여! 그 빛(알)이 빛(알)날 때
그때 그 영광(꽃이 되게 한 알), 찬란한 빛(知)을 얻으라
                          ―윌리엄 워즈워드

괄호의 말로 하면 된다.

빛은 알(知)의 에너지 백과사전이다! 오늘을 지식의 사회라고 한다. 알의 사회다. 그러나 하나님 아버지의 사회를 말하는 것 같지는 않다. 알찬 사람이 영광을 받으리니 그러나 그 알은 곪은 알인 것 같다. 참 깨가 아닌 주근깨 같다.

하나(一)는 '한나' 다. 나(我)는 아(知)요 알이다. 하나는 '한 알' 이다. 큰 알이요 켠 알이다. 큰 빛이요, 켠 빛이다. 한글은 켠 글이다. 백성의 눈을 켜주는 켠 글이다.

알(知)고(and) 보니(見)! 그렇다! 알고 봐야 한다. 알의 높음을 보아야 한다!

고사(古事)에 나오는 지음(知音)을 알 것이다. 이것은 무엇이던가? 열자(列子)에서, 백아(白牙)가 거문고를 잘(well) 타고 그의 친구 종자기(種子期)는 그 소리를 잘 알았다는 것으로 친하디 친한 벗, 마음과 마음이 이심전심되는 친구를 말한다. 나중에 백아는 종자기가 죽자 그의 거문고 소리를 '알아듣는' 이가 없다 하면서 그 줄을 끊어버렸다는 그 이야기! 바로 소리(音)를 잘 알아(知)들었다는 것으로 지음(知音)의 친구를 알님이라고 한다. 이두에서는 원래 '알림' 이었다. 우리가 무엇인가를 알리고자 할 때, 벽보에 써붙이는 이 '알림!' 이 바로 종자기와 같은 사람의 심정을 찾는 백아의 심정을 말하는 것이다. '알음(知音)' 을 찾는다는 말이 '알림' 이다. 알음알음 물어서 갔다고 하는 그 말이다. 그리고 이 알림은 알님이 된다. 그러므로 내가 이 책의 서언(序言)에서 말한 바와 같이 님은 음(音)이라는 것이 더욱 분명해지는 것이다.

"들을 귀 있는 자는 들어라!" 그야말로 알(知)의 이치를 바로 들어야 한다. 이렇게 들을 귀를 가진 친구 알님! 사도 바울은 말한다. "믿음은 들음에서 나며 들음은 예수 그리스도의 말씀으로 말미암았느니라.(로마서 10:17)"

바로 믿음이란 지음(知音)을 말한다. 또한 우리 말로 '믿' 은 '밑' 이다. 이 말은 다시 '본디 · 근본' 을 말한다. 믿곳은 옛말로 본고장을 말한다. 따라서 믿음은 '본고장의 소리' 다. 고향(故鄕)! 향(鄕)은 향(向)하다와 같다. 본향을 향해 귀기울여 듣는 소리다.

만물을 프로그래밍하는 에너지(저울질, 測),
그 꼭지를 트는 스위치(switch)는 무엇인가?

손뼉을 맞추며 추는 문자의 춤(Dance)

만물을 있게 한 그 바탕, 본디 캐릭터(character)는 무엇인가? 소크라테스가 마음속으로 다이내믹하게 오시는 하느님(다이모니언)을 말하기 전 고대 그리스 철학자는 물(物·matter)의 캐릭터(質)에서 만물을 있게 하는 꼭지 스위치를 찾으려 하였다. 물질을 두드려보았다. 기독(基督·radical acceleration)이 그런 것처럼 어디서(뿌리 기基), 엑셀레이터(督)를 밟아 만물의 성장을 촉진(促進)하고 몰아대는 (urge) 에너지가 오는가?

그들의 눈은 물(物)에, 그 성질(character)에 맞춰졌다. 불 같은 성격(성질)의 사람을 보고 불을 떠올리듯, 그들은 매사 그 초점(焦點·burnning point)을 물(物)에만 맞췄다. 그래서 만물을 이루는 가장 뿌리가 되는 성질을 가진 물질을 그리스어로 아르케(arkhe)라고 한다. '원질(原質)·처음·근원'을 뜻하는 말이다.

베드로 후서에 보면 이런 말이 나온다. "하나님의 날이 임하기를 바라보고 간절히 사모하라. 그날에 하늘이 불에 타서 풀어지고 체질(體質·elements)이 뜨거운 불에 녹아지려니와…."(베드로후서 3:12)

이 체질을 아르케로 보면 된다. 어떤 물질도 싸그리 녹아(melt)버린다는 말이다.

이 말은 물질 사상은 몽땅 쓸어버린다는 위대한 일갈(一喝)이다! 이것을 전제하고….

질(質)의 한자 뜻은 '이룬다·바탕' 이런 말이다. 은(斤)은 도끼와 같은 낱붙이를 가지런히 놓고 돈(패貝)과 바꾸던 원시 시장경제의 말이다. 어떤 에너지(성질)를 돈으로 바꾸는 것! 사실 성질을 돈으로 주고 받는다는 것은 애매하다. 그러나 그렇게 하기로 약속하고 만든 물질의 성질, 그 가치를 돈이라는 것에다 묻었던 것이다.

이러니 캐릭터(質) 그 자체이신 오로지님과 돈은 막상막하(?)의 대결을 보이고 있는 것이 오늘에 이르기까지의 우리들의 황금만능주의다. 만능(萬能)과 전능(全能)이 큰 차이가 없는 말이고 보면, 왜 그토록 우리 인류가 돈에 집착하는지 알 것이다. 아! 그것은 하나님의 아들들도 가장 괴롭히는 것이다!

두 주인을 놓고 어느 성질이 진짜 성질인가를 판가름하고 있는 것이다. 참깨냐 주근깨냐? 자본주의(資本主義)라고 한다. 돈(貝)을 으뜸(本)하는 그런 주인찾기가 올(義)치라는 것인데, 그런데 돈(貝)은 으뜸이 아닌 버금(次)이다. 그것이 자(資)가 아닌가?

두 주인을 섬기지 마라. 먼저(lead) 하나님 나라(network)의 올(義)치를 찾아라! 예수는 자본주의 네트워크에서, 그 선(線)에서 샘(泉)을 따서 채우지(참) 말라 하고는 하나님의 성질, 그 캐릭터로 채워라 하였다. 그것이 참(眞)이다.

패가망신(敗家亡身)이라고 하는데, 실패(失敗)는 돈(貝)을 칠 때(攵) 일어나는 것이다. 도박(賭博)! 돈(貝)에 목숨도 거는 놈(者)이다.

사람(人)이 거꾸로 변화된 것이 화(匕)인데, 문화(文化)는 문(文)을 깨쳐 사람이 완전히 뒤집어지듯 변화되는 것을 말한다. 진(眞)의 대가리 글자도 그런 각도에서 보면 된다.

지금 채우려는 것과는 거꾸로 하여 채우는 것이 진(眞)이다. 어쨌든 천하에서 제일 귀한 사람의 생명, 그 캐릭터(質)를 돈이나 또 정치적 흥정으로 하여 바꾸자고 하는 것을 두고 인질(人質)을 잡는다고 하는데, 사실은 우리가 우리 자신을 인질로 잡고 물질과 바터하자고 하는 것이 우리의 물질만능 캐릭터이다. 그렇지 않은가?

고대 그리스 철학자들도 그런 의미에서 물질만능이었다.

서양 철학서의 입구에 너저분히 널려 있는 것을 보면 안다. 그러나 한 가지 놓치지 말고 배울 것이 있다. 캐릭터(質)의 원질을 찾자는 것, 그 근원을 찾자는 것은 우리가 반드시 배워야 한다. 유치원에서 가르치는 것을 보면 훗날 정말 유치하게 보이지만, 어느 책 제목처럼 그 유치원 교육이 평생을 결정짓는다는 말도 있다. 이런 유치원 철학으로부터 인류는 점차 오로지님의 참 캐릭터를 배워가며 위대한 소크라테스를 비롯한 숱한 현인의 눈(目)을 마주하였다. 그래서 참 진(眞)에 눈이 있는지도 모르겠다.

그러나 보긴 보되 보이지 않는 것을 보는 것이 진짜 눈이다. 눈이 몸뚱아리의 등불이라고 한 그리스도의 말은, 마음의 눈을 보아라는 말이기도 하다. 사실 우리는 다 보아도 제 눈으로 눈을 직접 볼 수는 없다. 얼굴도 볼 수 없다. 뒷통수도 볼 수 없다. 고작 보는 것은 달랑달랑한 것이고 배부른 배고 또 재주 피우는 손뿐이다. 그러나 빛을 되비추는 거울, 혹은 빛의 과학이 발달하면서 사진이나, 혹은 비디오 카메라 같은 것을 통하여 입체적으로 볼 수 있지만 그마저 실상은 아니다. 참빛이 없으면 나(知)를 결코 입체적으로 보지 못할 것이다. 달랑달랑?! 아담과 하와에게 접근한 사탄은 뱀의 형상으로 왔다.

그것은 성기(性器)를 의미하는 우의(寓意)이기도 하다. 그래서 성(性)이 섹스(性)의 의미로도 전환되듯, 하나님의 캐릭터를 그렇게 바꾸기도 하는 것이다.

'차탈레 부인(성기)의 사랑'을 쓴 D.H. 로렌스는 '오르가슴이야말로 종교다!'고 하면서 섹스교의 문을 활짝 열었는데, 하나님의 성(性)을 그렇게 뒤엎은 것이다. 플라톤은 인간을 거꾸로 선 식물이라고 하였는데, 사실 우리가 꽃이 피었다고 하는 그 꽃이 꽃의 성기인 것이다. 그런데 인간은 아랫도리에 꽃이 피니 거꾸로 선 식물이라고 하였던 것이다. 만일 머리 위에 성기가 있었다면 가관(可觀)이었을 것이다. 가관(可觀)은 '볼 만하다'는 뜻과 함께 '꼴불견'이라는 뜻으로 같이 통하니 그랬을 것이다. 헤어 디자이너는 성기 디자이너로 직업 전환을 하여야 할 판이니 왜 안 그렇겠는가? 사실 오늘도 성기 디자이너들이 없는 것이 아니다. 외설이라고 하는 일체의 것들은 성기 디자인이지 다른 것이 아니다.

늘 성(性 · nature)과 성(性 · sex)은 같은 말로 따라다니기에 그 프로그램의 구조도 같다. 말하자면 성리학(性理學) 프로그램이나, 성욕학(性慾學) 프로그램의 작동원리는 같다는 말이다. 누가, 성리학 프로그램을 가지고 거기에 성욕학 프로그램을 대입해 전개한다고 해도 백이면 백 사람들은 다 수긍하게 되어 있다. 그 밑그림이 다를 수 없는 것이다. 사탄이 성기(性器·뱀)의 메타포로, 여인 하와에게 먼저 접근하여 가지고 너희도 하나님처럼 밝을 수 있다고 꼬드겼을 때부터 그랬다. 그것은 정신이나 육체, 그 바탕 프로그램은 같기 때문이다. 예수를 그 몸조차 성육신(聖肉身)이라고 본 것과는 그 대비를 이룬다. 그렇다! 성(性·character)을 성(性·sex)으로 접근하는 경우는 여지없이 맞게 된다. 그래서 밀교(密敎)에서와 같이 혼음(混淫)이 주요하게 은밀히 수작되는 것도, 그 이치를 설명하게 되면 사람들이 모두 끄덕끄덕하게 되어 있기에 그렇게 되는 것이다.

우리 몸의 생명의 중요성을 두고 새 생명이라는 영적 생명을 설명하게 되는 것도 그래서이다.

국문학자 서정범 교수는 여성 성기의 순 우리 말 ??의 어근을 봇(봍)'이라고 말하고 있다. 불두덩, 불알(睾丸)에서 '불'의 조어는 '붇'이라고 할 것인데, '불'은 그 뿌리(根), 씨(種)의 뜻을 지니고 있다 한다. 무속에서 '부리(뿌리)'는 근원, 조상, 혈통의 뜻을 지닌다 한다. 또한 '좆, 자지'라고 하는 어근은 '좃, 잦'인데 모음의 차이뿐이라 한다. ㅈ음은 ㄷ음에서 변한 자음이고, 따라서 '좃, 잦'은 '돋, 닫(男根)'이 조어가 된다고 한다. 씹(女根)이라는 말이 씨(種)와 입(口)의 합성어라고 할 때, 남근을 씨로 볼 개연성이 있다고 한다. 조(祖)가 남성 성기를 형상한 글자라고 하는 것도 그렇다. 말이나 알(知)도 그런 각도에서 테이크 업하여 보면 의미구조는 같다. 결혼의 이슬(정액·淨液)과 새 생명의 씨알이라는 것이 의미상 다르지가 않다. 어쨌든 불알이 추(錘)처럼 달렸으니 함부로 맞추어서는 안 된다. 이 추가 움직임에 따라 생명이 탄생된다. 그리고 희열이 따른다. 오르가슴을 종교라고 하게 되는 논리가 그래서 나온다. 말하자면 거꾸로 남녀의 성교(性交)를 가지고 종교 구조를 그대로 설명할 수가 있다. 삼류 작가들이 거침없이 성(sex)을 말하는 것도, 자기들이 보기엔 종교와 구조가 다를 바 없이 보이기 때문이다. 내가 여기서 길게 말할 수는 없지만, 직접 해본(?) 사람은 알 것이다. 아주 조심해야 한다.

갓(GOD)을 거꾸로 하면 개(dog)가 되고 리브(live)를 거꾸로 하면 이블(evil·악)이 된다. 이렇게 동전의 양면과 같이 하게 되는 것이 진리와 반진리의 함정이기도 하다. 그래서 '마칠 료(了)'는 '깨달을 료(了)'이기도 한데, 이것을 거꾸로 하면 '좆모양 조(亅)'라는 글자가 된다. 물구나무서기는 아주 잠깐이다. 하늘과 땅을 뒤집어놓기는 손을 땅에 딛게 하고 발바닥을 하늘더러 보라고 하면 되는 것이다. 아주 간단한 스위치다. 그렇지 않은가? 대가리를 땅으로 향하게 하는 것은 아주 간단하다는 말이다. 거꾸로 스위치만 틀면 그렇게 된다. 나의 어머니께서 늘 직접화법으로 하시던 말이 남자는 세 가지 뿌리를 조심하라는 것이었다. '입뿌리, 발뿌리, 좆뿌리'….

클린턴은 지금 세번째로 낭패를 겪고 있다. 아마도 아담과 하와도 서로에게서 성(性)의 접촉을 갖다 보니 그 오르가슴의 극치(極致)에서, 하나님의 성(性·nature/attribution·屬性)의 극치를 착각했던 것이 아닌가 한다. 아니 분명하다. 이것은 아담이 홀로 있을 때는 경험하지 못했던 것이다. 이것이 어디에 감추어 있었당가? 아니 하나님은 이런 것을 감추어두고 아무 말쌈도 안 하셨당가? 그러니 하나님은 더 대단한 것을 감추고 있을지 모른당께로?

그렇다! 선악을 알게 하는 나무의 과일을 따먹지 말라고 했으니, 바로 거기다!

충분히 이렇게 생각할 수 있다. 그것이 캐릭터(性)의 극치(極致)에 이르자는 종교(宗敎)의 영문법(靈文法)과 구조상 다를 바 없기 때문이다. 반드시 맞쳐야 한다는 중용과 속칭 떡친다(성교)는 말이 의미상 다르지 않지 않는가? 잘 맞춰야 희열이 있는 것도 마찬가지 구조다. 저 '성(性·sex)의 역사'라든지, '세계 풍속사(風俗史)'라든지 하는 책을 보면 그것이 종교와 불가분의 관계처럼 찰싹 밀착해서 왔음을 볼 수 있다. 생명과 이보다 밀착한 것이 없기 때문이다. 종교의 테마도 생명이요, 섹스의 테마도 생명에 따른 부대효과이다. 그 창조적 희열이다! 지금까지 생명과 관련이 없는 듯한 메타포에서도 엄청난 종교의 진리가 있음으로 보았는데, 하물며 육신의 생명이야?

그 성기(性器)라는 도구(道具)야?! 도(道)님께 의식을 치루며 쓰던 기구(器具)! 그것이 도구(道具)의 원뜻일진대, 생명을 까놓는 성기(性器)야 말해 무엇하겠는가? 여성의 성기를 말하는 노자의 곡신(谷神)! 노자는 여기서 오로지님(道)의 메타포를 보았음이다. 어찌 노자의 이것과 삼류 문사들의 그것과 같을 수가 있겠는가?

함무라비 법전을 새긴 돌을 사진으로 본 것을 기억하는 사람들은 그것이 무엇을 뜻하든가? 광개토대왕의 업적을 새긴 돌은 어떤 모양이던가? 고(睾) 추(錘)다! 매운 고추가 아닌, 대단한 저울과 척도를 상징하는 막대기(rod), 고거다!

인도의 유적지, 사원들, 신전, 거기엔 아주 노골적인 성행위의 묘사 조각과 그림들이 있음도 이와 같은 것이다. 왜 그런가? 그것을 중용이나 열반의 법열이라 여기고 스위치를 틀었기 때문이다. 또 적지 않은 사람들이 단군의 자손이라고 하면 단군의 ?대가리(祖)에서 한민족의 종자들이 우르르 쏟아져 나온 것으로 착각(?)들 하는 것도 그런 것이다. 그래서 한핏줄이라고 말들 하는 것은 아닌가? 그런데 사실이 아니지 않는가? 이런 사고의 바탕엔 정신과 육체를 혼동하는 데 있다. 사탄은 광명의 천사다! 어둠의 유령이 아니다. 섹스는 사랑하는 사람과 둘이서 그것대로 알아서 하면 되는 것이지, 종교와 대입하려고 해서는 결국 도그(dog) 문법과 이블 문법이 된다는 함정을 반드시 명심할 필요가 있다.

"뼈는 약하고 근육은 부드럽지만 쥐면 단단해진다. 암수(牡牝)의 이치를 알지 못하는 '어린아이의 고추도 벌떡 일어선다'(全作＝朘作 · 어린아이 고추 최朘) 정기가 그득하기 때문이다.(骨弱筋柔而握固 未知牡牝之合而全作 精之至也)"(노자 55장)

그렇다! 사내아이들을 보면 놀랍게도 고놈이 벌떡 일어서는 것을 볼 것이다. 그야말로 리틀 강쇠들이다. 그런데 아이가 그런 이치를, 리틀 옹녀를 알아서 그런가? 그렇지가 않다. 그것이 자연(自然)이기 때문이다. 그렇게 절로 정기를 주었기 때문이다. 그러나 아이들은 그것을 더럽게 쓰지 않는다.

내가 끔찍이도 아끼는 애견에게서도 그런 것을 본다. 그것이 자연이다.

아이들은 그 고추를 가지고 역시 놀이를 하기도 한다. 자위(自慰)! 이것도 자연이다. 자연의 섹스 교육이다. 그렇게 하여 그것이 오줌만을 누는 것이 아니구나 하는 짐작들을 해가는 것이다. 나도 그런 교육 과정을 거쳤음이다. 그러다 짝을 만나 때를 맞추게 되는 것이다.

그런데 이것을 가지고 다른 장난(작란作亂)을 '치면' 그때부터 유위의 게임에 빠지는 것이다. 늑대는 정사 장면이 누구에게 들키면 끝까지 좇아가 물어 죽여버린다는 전설이 있다. 아니 그것이 사실인지도 모른다.

그런데 우리는 어떠한가? 그것을 가지고 포르노니 뭐니 열심히 중계방송을 하지 않는가? 그리고 남자가 남자를 여자가 여자를 상대하는 것을 호모니 레즈비언이니 하면서 이것도 자연이라고 한다. 자연이 아니다! 기형이지….

"이를 인하여 하나님께서 저희를 부끄러운 욕심에 내어버려 두었으니 곧(則) 저희 여인들도 순리(順理)대로 쓸 것을 바꾸어 역리(逆理)로 쓰며 이와 같이 남자들도 순리(順理)대로 여인 쓰기를 버리고 서로 향하여 음욕(淫慾)이 불일 듯하매 남자가 남자로 더불어 부끄러운 일을 행하여 저희의 그릇됨에 상당한 보응(報應)을 그 자신에 받았느니라."(로마서 1:26-27)

"나는 너희에게 이르노니 여자를 보고 음욕을 품는 자마다 마음에 이미 간음하였느니라."(마태복음 5:27)

그러나 어찌 음욕을 품지 않을 수 있으며, 그리스도의 간음의 척도(尺度)에서 피할 수 있겠는가? 다만 그 음욕을 절제하고 함부로 굴리지 않기를 컨트롤하는 자기 결단이 부단히 필요한 것이다. 그리스도의 저 말은 너희가 겉으로만 죄없는 모양을 하지 말라는 것이다. 나도 어찌 음욕이 없겠는가? 모든 것이 그것을 자극하는 구조로 되어 있는 세상이기도 하지 않는가? 참으로 여성이 이런 구조를 뚫고 그 순결을 지켜간다는 것은 마치 쏟아지는 총알 세례를 피하는 것보다 어려운 세상이기도 하다. 그런데 이런 구조를 충동하고, 위선자니 뭐니 곤댓질하면서, 마치 그것으로 자신들은 솔직한 지식인인 양 대중에게 최음죄(催淫劑)를 탄 최음술(催淫術)의 주문을 뇌까리는 자들은 사실은 본 게임에서는 별 볼일 없는 친구들인 것이다.

따먹는다! 점(占)! 념(拈)! 적(摘)!

오늘도 여성을 따먹는다고 하는 것을 보면 이렇게 문법이 베끼어지고 있음이다. 원리는 같은 것이다. 그러나 따먹을 것만 따먹어야 한다.

"딱하게도 나는 색을 밝히는 것만큼이라도 오로님의 캐릭터를 사모하는 이를 못 보았다.(已矣乎 吾未見好德, 如好色者也)" (위령공 편)

질문(質問)! 질료(質料)!

어쨌든 그 고대 그리스 철학자들은 물질을 헤아려(料)보는, 질료(質料·matter)에서 만물의 알파 에너지를 찾자는 것이었는데, 그 할아비로는 탈레스가 있다. 그는 물(水)이야말로 만물의 알파(시작) 에너지원이라고 보았다. 그 증거로 만물을 시작게 하는 알맹이, 씨앗과 같은 것에서 물기가 있는 것을 보고 유치원 학생들에게 이런저런 실물을 내보이면서 교육시키는 방법을 계발한 이탈리아 몬테소리 여사의 교육 프로그램처럼 그렇게 철학교육을 시켰던 것이다. "만물은 신들로 가득차 있다"고 하였는데, 그 신이 물이다. 이런 생각은 인류에게 가장 설득력을 줄 수 있는 것이다. 그러나 그 물귀신이 참 하나님이 아님은 말할 것도 없다.

'노자 8장'의 물보기와 비교해 보라!

상선약수(上善若水)

수선이만물이부쟁(水善利萬物而不爭),

처중인지소악(處衆人之所惡),

고기어도(故幾於道).

거처지 심선연 여선인(居處地 心善淵 與善仁),

언선신 정선치(言善信 正善治),

사선능 동선시(事善能 動善時).

부유부쟁 고무우(夫唯不爭 故無尤).

먼저 발상부터가 이미 차원을 극(極)한다. 가장 드높은 웃(上)의 선(善)은 무엇인가? 아니 가장 충만한 착함의 캐릭터는 어떤 것인가? 이것을 설명하는 교육자료로 물을 끌어오고 있다. 상선약수(上善若水)!

노자가 물을 끌어 도(道)의 캐릭터를 말하고자 하는 중요한 스몰라이트(章)이다. 여기서는 선(善)이 8번, ―공교롭게도 8장 이다― 그리고 물(水)이 2번이다. 또 이 모든 것은 '도(道)의 낌새다(고기어도故幾於道)!'는 이 한마디에 맞추기 위한 장치들이다. 무엇보다 물에서 도(道)의 낌새(幾)를 보는 것이다. 곧 물의 캐릭터(性質)를 가만히 들여다보다 그것이 상선(上善) 같다(若·like)는 심증으로 접근하는 것이다. 물은 너를 경쟁 상대로 하는 나가 아니다. 너(you)라는 것은 언제나 경계의 대상이고 상대해서는 재미없는 존재다. 너는 언제나 경계의 대상이요, 부정의 대상이 되기 때문인 것이 '나'의 속성이기 때문이다. 개(個)는 예(古)로부터 에울러 싸고(口) 자기만을 고집(固執)한다. 붙잡는(執)다는 말이다. 고(固)는 옛(古)부터 인간이 폐쇄적(口)이었음을 나타낸다. 대자연의 모든 현상과 무서운 짐승들이 다 공포의 대상이었기 때문이리라. 이런 '나들(사람들)'의 캐릭터가 선할 수 없다. 순전히 진화론의 입장으로 보면 악질(惡質)들이 살아남았다는 얘기가 된다. 경쟁에서 도태되지 않고 살아남아 '나'가 있기까지에는 숱한 세월 엄청난 전투를 치루며 이긴 혁혁한 전승의 훈장을 주렁주렁 달고 나온 인자(因子)가 오늘의 '나'일 것이기 때문이다.

우리를 슬프게 하고 고민케 하는 최대의 고통의 근원은 이런 우리들 자신이며, 그런 사람들이 서로를 경쟁하며 살아가는 세상이다. "사람 속에서 나는 위험을 느낀다"고 니체는 좋지 않은 낌새(幾)를 느꼈다. '타인이 지옥'(사르트르)이라고 기분 나쁜 말을 했다. 사실 마부가 말을 채찍질하는 것을 보고 '때리지 마!' 하며 온몸으로 막아서다 쓰러져 그 길로 정신병원 생활을 해야 했던 니체이고 보면, 그 심성이 동물에까지 미치는 휴머니즘이 물씬물씬 있었음을 알 수 있다.

어쨌든 물이라는 캐릭터의 '나'를 보면 그 차이가 확연히 드러난다. 물은 결코 다투지 않는다. 왜 그런가? '너'가 상대할 대상이 없는 절대(絕對)의 캐릭터이기 때문이다. 절대(絕對)란 무엇인가? you(對)가 뚝 끊어져(絕) 절단(絕斷)돼버린 것을 말한다. 우리는 한겨레(great network)를 말한다. 성질이 넷(net)이라는 실(絲)을 타고 하나가 되었음을 말한다. 성질이 하나이면 다툼이 있을 수 없다. 부부가 이혼하는 것은 성질(성격)이 맞지 않기 때문이듯이, 성질까지 하나가 되어야 일심동체, 하나님으로 말하자면 삼위일체다! 삼위일체를 자꾸 대(對)를 떠올리며 말하기에 세 개의 대(對)가 어찌 하나(一)란 말이냐 하고 도무지 풀어지질 않는 것이다. 죽어라 풀어도 풀어지지 않기에 삼위일체를 설명한 책을 보면 백과사전 두께다. 태극을 설명하며 음과 양이 마치 적대적인 대(對)의 캐릭터인 양 말하는 것을 보는데, 천만의 말씀이다. "주에게는 흑암이 숨기지 못하며 밤이 낮과 같이 비춰나니 주에게는 흑암과 빛이 일반(一般)이니이다."(시편 139:12)

유니버설(一般)하다는 말씀인데, 일반(一般)이란 하나로 빙빙 돈다(般)는 말이다.

상선약수(上善若水)! 물은 하나로 빙빙 돈다. 대서양, 태평양, 인도양이 어디 대(對)인가? 그저 대(對)를 좋아하는 사람들이 갖다 붙인 이름이지? 그래서 저 위대한 불교 경전 반야심경(般若心經)은 마음속에 흐르는 거대한 강물줄기, 그 네트워크(holy network · 經)에 원반(原盤)이 돌며 힘을 내듯이 마음(心)은 그처럼 하나의 네트워크를 휘돌아 도는(般)는 것과 같다(若)는 것을 밝힌 책이다. 반야심(般若心)이라는 말과 상선약수(上善若水), 태극의 음과 양, 삼위일체(三位一體)는 다 같은(若) 말이다. 삼위일체는 삼위일반(三位一般)인 것이다! 이것을 퍼펙트한 선의 캐릭터, 오로지님(道)이라고 한다! 바로 노자는 물에서 이런 오로님의 도(道)의 낌새를 본 것이며, 이것이야말로 최고의 웃선(上善)이라고 하였던 것이다. 그럼으로 선(善)이란 무엇인가? 대(對)가 없는 것이다! 대(對)를 의식하는 한 악질(惡質)들이

되고 그런 캐릭터들만이 나온다. 하나(절대)를 떠나 선악(상대)을 알
게 하는 나무의 과일을 먹고부터 아담과 하와는 책임을 서로에게 전
가하며 사실상 남남(對)으로 되는 것이다. 아니 하나님을 대(對)로 인
식할 때부터 그런 낌새가 농후한 것이다. 그 비극의 씨는 그대로 가인
과 아벨에게 옮겨져 '선의의 경쟁'이라는 희한한 경쟁을 하다가 급기
야 끈끈한 핏줄이라는 줄을 끊어버리는 인류 최초의 살인을 범함으로
써 성경을 전과자의 기록으로 만들고 있음을 볼 것이다. 끊으라는 것
은 안 끊고 엉뚱하게도 동생을 죽이는 형제살인을 낳은 그 캐릭터를
자식들에게 물려준 단초가 되었다. 선(善)이 누가 더 착하냐로 다툼이
되고 있는 것은 선의 원질, 그 캐릭터를 모르기 때문이다. 선은 대(對)
가 없음으로 다투지 않는다. 우리는 깡통 때문에 이 대(對)가 심화되
며 더 악질들이 되어간다. 그러나 물은 오로지 만물을 키워주며 말없
이 흐르는 것이다. 오른손이 할 일을 왼손인 대(對)가 모르게 할 정도
로 하는 것이 선이라고 예수는 가르친다. 부자의 일반적 캐릭터는 대
립자(對立者)다! 카운터(counter · 계산기) 앞에 있게 될 이들은 권투
선수마냥 상대의 수를 읽어야 하고 경쟁해야 하는 카운터-파트
(counter-part · '적대자'라는 뜻)를 반드시 두기 때문이다. 그런데
하나님의 캐릭터인 선(善)을 실천하고 살았다는 부자 청년이 예수를
찾아와서 이렇게 묻는다. "선한 선생님이여 내가 무엇을 하여야 영생
을 얻으리까 예수께서 이르시되 네가 어찌하여 나를 선하다 일컫느냐
하나님 한 분 외에는 선한 이가 없느니라."(누가복음 1:18-19) 예수가
선한 일을 했으니 선한 선생님이라 하였으리라. 이것은 예수에겐 낭
패다! 오른손이 한 일을 왼손이 알아버린 정도 이상이 아닌가? 아니
그것이 아니다. 예수는 상선(上善)이 무엇인지를 말하는 것이다. 이
사람은 부자 청년이다. 재물이 한 곳에 고여 있는 것이다. 고인물은
썩는다. 썩은 고인물은 물 중에 가장 악질(惡質)이다.
　맑은 성질을 상실한 물은 이미 그 성질을 잃어버린 것이다.
　선이란 무엇인가? '하나 외(外)'에 다른 것을 생각지 않는 것이다.
예수가 하나님 외에 선한 이가 없다고 한 것은 네가 선한 일을 물으려

면은 그 하나라는 것 외에 다른 것을 생각지 않는 하나님을 보아라는 교육 프로그램인 것이다. 당신은 쏘옥 빠지지면서 어떻게 하나로 되는가 하는 그 방법까지를 아울러 일러주는 것이다. 자기를 고집(固執)하고 주장하면 거기서부터 이미 대(對)는 생긴다. 대(對)가 생기면 기준도 모호한 선이 있을 뿐, 진실한 선(true goodness), 하이스트 굿 (highest good·上善)은 없다. 아웃(外)은 선의 캐릭터가 아니다. 물은 자기를 고집하지 않고 이(利)를 돌린다. 예수의 일생은 '교육 프로그램' 진행중(…ing)이다. 이것을 가지고 대(對)를 생각하며 예수가 하나님이 아니라고 하지 않았느냐 하는 것은 상선(上善)과 하나(一)와 반야(般若)를 오해하는 것이다. 돌려도 나인 것! 돌린다(般·revolve·turn)는 것은 그런 것이다. 너에게 내 공적을 다 돌리겠다(般), 물처럼 돌겠다는 것이요, 원반처럼 돌겠다는 것이다. 아니 돌릴수록 그 힘이 강해지는 것! 그것이 원반이요, 야구공이듯이, 우리는 대(對)를 끊고 모든 것을 돌려야 하는 것이다. 부자 청년에게 이렇게 말씀하신다. "네 가진 것을 이웃에게 돌려라." 돈은 돌고 돌아 돈이라고 한다지만, 이 부자 청년은 물처럼, 일반(一般)으로 돌리질 못한다. "그 사람이 큰 부자인고로 이 말씀을 듣고 심히 근심하더라."(23절) 남에게 이롭게 돌리지는(般) 못하겠다는 것이다. 선의 좌절이다. 여기서 그 유명한 부자와 낙타, 바늘구멍이 이어진다.

하나님 아버지에게 돌리므로 반야심(般若心)을, 상선약수(上善若水)를, 삼위일체를 당신의 온전한 상선의 캐릭터로 보여준 것이다. 당신밖에 주장할 자가 없오이다고 할 정도가 되는 것이 최고의 선이다. 기회 봐서 내 몫을 돌려주시오 하는 것이 아니다. 야구 투수가 공을 휘감아 힘차게 포수를 향해 던진다. 자, 받아라! 그러면 잠시 후 포수의 뒤에서 심판이 '스트라익!'을 외친다. 포수에게 원반처럼 돌며 날아간 공! 그래서 스트라익으로 정확히 맞춘 공! 이 공은 누구의 것이냐? 이 스트라익으로 누가 영광을 얻는 것이냐? 투수에게 훨씬 많은 영광이 있다! 그러나 포수는 그 하이얀 이를 드러내며 달려나가 얼싸안는다. 작은 반야심(般若心)이다.

"나는 선한 목자라 내가 내 양을 알고 양도 나를 아는 것이 아버지
께서 나를 아시고 내가 아버지를 아는 것 같으니 나는 양을 위하여 목
숨을 버리노라."(요한복음 10:14) 보아라! 당신을 선한 목자(leader)
라 하지 않는가? 지팡이(牧 · 攵)를 든 목자! 아버지의 아(知)와 선이
일반(一般)으로 돌고 도는 목자. 그 선(善)은 양(羊)을 위하여 목숨도
내놓는다. 양에게 목숨을 돌린다(般)! 선(善)? 양(羊)? 그렇다. 양
(羊)은 선(善)이라는 도(道)의 메타포다. 하나님의 어린 양! 나는 善
과 羊이라는 한자를 볼 때 그것이 다른 자가 아니라고 늘 생각한다.
이 책 말고 또 다음 기회(幾回)가 오면 말하리라.

幾回? 낌새가 돌고 돈다? 낌새는 회전(回轉 · turnover)한다? 아니
회전(回傳)한다? 리턴(return)? 생김새를 말한다. 낌새를 알아차려
야 한다. 탈레스처럼 물을 보고 이상한 낌새를 보려 하지 말고, 고기
어도(故幾於道), 물을 보고는 도의 낌새를 보는 그런 눈을 "군자 하학
이상달(君子 下學二上達)"(공자)이라고 하는 것이다. 군자는 아랫것
에서 저 위의 낌새(생김새), 도의 생김생김(캐릭터)을 보고 그리로 달
려가는 것이다.

달(達)은 달린다이자, 알(知)이다. 아래를 배워 상지(上知)에 이르
는 것이다. 그 질주하는(辶 =辵 · 뛰어넘을 착) 자 행(幸 · luck)이 있
으리니. 그것이 진정한 달성(達成)이요, 도달점(到達點)인 것이다.

도(道)―The Original Good Headspring(善의 머리샘)

1. 도자만물지오(道者萬物之奧)

2. 선인지보(善人之寶)

3. 불선인지소보(不善人之所保) ―노자 62장

4. 도은무명 부유도 선대차성(道隱無名 夫唯道 善貸且成)―노자 42장

5. 희언자연(希言自然)―노자 23장

1. 오로지님(道者)은 만물의 심오(深奧)한 (착함을 '감춤奧) 머리샘이시다.

2. 착한 이들의 보석이로다

3. 착하지 않은 사람도 그 착함이 있긴 있는 바다.

4. 오로지님(道)의 성질은 은밀하여서 이름이 없다.

　오로지하게 오로지님은 도울 뿐이고,

　착함을 빌려주어 그렇게 또 이루신다

5. 말씀이 드무셔라 절로님이시여!

　고대의 물(物) 에너지(質)주의 철학자들! 만물의 아르케를 나고 사라짐이 없는 불멸의 물질(apeiron)이라고 하여 희안한 것을 본 아낙시만드로스. 만물에 생김새를 끼친 것이 프쉬케(psyche · 공기 · 호흡)라고 본 아낙시메네스. 아니 어떻게 단 한 개의 물질에서 각기 다른 캐릭터(성질)들이 나올 수 있겠느냐며 불 · 물 · 공기 · 흙의 짬뽕이 그런 다양한 캐릭터를 내는 것이라고 말한 엠페도클레스. 사랑할 때는 뭉치고 미워할 때는 그것들이 나누어져 사랑과 미움을 반복하며 만물이 이루어졌다고 한다. 이렇게 서로 헛소리들을 하다 보니 '야, 이제 그만들 하자! 내가 마감해 줄게!' 하면서 데모크리토스는 우리가 알고 있는 아톰(Atom)을 들고 나왔다. 오리지널 씨드(原子)!

　더 이상 쪼개지지 않으니 '작은 것이 가장 크다'는 생각으로 이것이야말로 만물의 핵심점(核心點), 바로 그 엑셀(excel · 빼어나다) 캐릭터라고 하였다.

　나의 말로 하자면, 거기서 만물을 저울질하고 재는 성질(에너지)이 나온다고 본 것이다.

　아니 헤라이클레토스를 집고 가야겠다. 그는 불(火)이야말로 더 이상 생각할 것도 없는 바탕을 헤아려보게 하는 질료(質料)라고 하였다. 그것만이 인간이 의식하고 그 불이라는 프로그램에서 끄집어낼 수 있는(推理), 생명원리(생명이 되는 바탕 프로그램)라고 보았다. 불이란 성질(캐릭터)만큼 끝없는 유전(流轉 · 돌고 흐름 · transmigration)을 생각게 하는 것은 없기 때문이란다. 중단 없이 타오르는 불꽃, 불꽃들!

　이성(理性)! 사람이 가진 프로그램 캐릭터! 그것을 보면 총명한 사람은 라이타돌 튀듯 아이디어를 내듯이 그 점이 바로 불꽃을 떠오르게 하기 때문이란다.

"만물은 돌고 돈다"는 유명한 말을 남긴 그는, 이런 말을 한 것이 나의 마음엔 든다. "만일 사람들이 언어를 이해하는 정신을 가지고 있지 않다면 그들에게 있어 눈과 귀는 나쁜 증인인 것이다." 볼 것을 못 보고 들을 것을 듣지 못하는 눈과 귀는 쓸모 있는 증인이라는 말이리라. 이렇게 물질의 성질에서, 그들이 말한 물질이 만물을 촉진시키는 원동(原動)의 캐릭터라고 보았던 것이다.

인도에서는 미묘한 에너지(subtle energy)인 기(氣)를 프라크리티(prakrit)라고 하였다. 프라크리티는 영원한 것이며 어떤 것에 의해서도 창조되지 않는 자기원인(自己原因·필수조건)이자 끝없는 창조와 붕괴 상태에 있다고 보았다.

함석헌이 '바가바드 기타'에서 흙(地), 물(水), 불(火), 바람(風), 에테르(空), 마음(識), 이성, 나(我執, 自我意識), 이것이 내 바탈의 여덟 갈래다, 하고 있는 그 바탈이 프라크리티, 자성(自性)을 말한다. 저절로님의 성질이다.

우리는 이것을 알아야 하는데, 천사(天使)라는 것은 우리가 그림에서 보듯이 그렇게 날개 달고 날라다니는 화가 수르바랑의 소녀상 같은 것이 아니다.

그것은 에너지를 그렇게 불렀던 것이다. 꽃을 의인화시켜 말하듯 하는 발상인 것이다. 그래서 착한 사람의 성품을 보고 천사 같다고 하는 것이다. 하나님은 모든 에너지, 당신의 성령(聖靈)이나 덕성(德性)과 같은 에너지뿐 아니라, 물질 에너지를 통하여 당신을 드러낸다. 당신의 저울질과 척도를 드러낸다는 말이다.

모세 앞에 타되 번지지 않는 기이한 불로 나타나신 여호와! 히브리인을 밤에는 불기둥, 낮에는 구름기둥으로 인도하신 여호와, 온 산이 무너질 듯 굉음을 울리며 불이 내려와 십계명을 새겼다는 것!….

그리고 다음을 보자.

"웃시야 왕의 죽던 해에 내가 본즉 주께서 높이 들린 보좌에 앉으셨는데 그 옷자락은 성전에 가득하였고 스랍들은 모셔 섰는데 각기 여섯 날개가 있어 그 둘로는 그 얼굴을 가리었고 그 둘로는 그 발을 가리었고 그 둘로는 날며 서로 창화(唱和)하여 가로되 거룩하다(드부시다) 거룩하다(드부시다) 거룩하다(드부시다) 만군(萬軍)의 여호와여 그 영광이 온 땅에 충만하도다 이같이 창화하는 자의 소리로 인하여 문지방의 터가 요동(搖動)하며 집에 연기(煙氣)가 충만한지라 그때에 내가 말하되 화(禍)로다 나여 망하게 되었도다 나는 입술이 부정한 사람이요 입술이 부정한 백성 중에 거하면서 만군의 여호와이신 왕을 뵈었음이로다. 때에 스랍의 하나가 화저(火箸)로 단에서 취(取)한바 핀 숯을 손에 가지고 내게로 날아와서 그것을 입에 대며 가로되 보라 이것이 네 입에 닿았으니 네 악이 제(除)하여졌고 네 죄가 사(赦)하여 졌느니라 하더라.”(이사야 6:1-7)

이것을 보면 온통 에너지를 말하는 것이다. 스랍(seraphims)은 천사를 말하는데 ‘불타다(burning)’라는 뜻이다. 모든 것은 뜻이 먼저지 그 다음 그것을 어떻게 묘사해도 관계없는 것이다. 연인을 장미라고 하기도 하고 백합이라고 하기도 한다. 중요한 것은 장미나 백합이 아니고, 연인의 캐릭터다!

만군(萬軍)을 지휘할 만한 파워! 온 땅에 충만한 파워! 이것을 느꼈을 때 무력한 자신을 보고 ‘나여 망하게 되었도다!’ 하지 않을 수 있겠는가?

우리 조상들, 아니 나의 어머니만 하더라도 모든 것을 올림 의인화로 불렀던 것을 기억한다. 비가 오시네, 햇님, 달님….

설거지를 하다가도 밥알 한 알갱이가 물에 씻겨 나갈라치면 그날 밤은 온통 공포에 떨어노라 새색시 시절의 멍청했음을 말하던 어머니! 그것이 왜 멍청했으랴? 언젠가 게장을 담그려고 산 게를 사왔겠다. 그런데 잠시 후, 부엌에서 자지러지는 어머니의 비명(?)이 들리지 않는가? 깜짝 놀라 달려나가 보니, 어머니가 부엌칼을 들고 떨고 있었다. 왜 그러냐고 물었더니? 하, 그 녀석들이 칼을 갖다대려고 하니 발을 곰지락곰지락 거리는데, 갑자기 공포가 생기더라는 것이었다. 나는 이 말을 듣고 아주 신이 났다. 이런 어머니를 내가 어머니라고 부르다니? 내가 이런 알함브라 궁전에서 10개월을 있다가 나왔다니?….

나는 어머니에게 "칼 이리 주세요" 한 다음, 신이 나서 그놈들의 다리를 마구 잘랐다! 어머니는 슈바이처가 아니더라도 생명의 외경(畏敬), 그 두려운 공경의 마음이 있었던 것이다. 그날 저녁 나는 어머니에게 노벨 평화상을 드렸다. 아니 생명에의 외경상을 드렸다.

우리는 실로 암스트롱이 달 위에서 탭댄스를 춘 이후, 많은 '님'을 잃어버렸다. 얻은 것보다 잃은 것이 실로 많다. 누구의 시에 요즈음도 연인을 님이라고 부르는가? 신중현의 곡 펄시스터즈의 노래 '님아!'를 신효범이 부르는 것을 보았는데, 나조차 그 소리가 생경하게 들리더라.

그렇다! 에너지는 님이다. 이것을 빼고 에너지 소리를 들으니 하나님을 에너지님이라고 하는 것조차, 불경스럽게 들릴 사람의 귀도 있으리라.

그러나 사실은 사실인 거고, 진실은 진실인 것이다. 에너지가 모든 문명을 달아보고 재보고 하였던 것을, 성령이 불같이 내려왔다는 표현을, 성령을 소멸치 말라고 하는 말들을, 엉뚱한 것으로 생각하는 것이 도리어 이상한 것이다.

우리는 신화를 잃었다. 참뜻(本意)을 많이많이, 죄스럽도록 상실했다. 그래서 에덴 동산의 과일을 리어카 위의 과일과 같은 뜻이 없는 과일만으로 보기에, "아니, 이 따위 과일 하나 따먹은 것이 그렇게 큰 죄란 말이냐?" 하는 소리가 거침없이 나오는 것이다. 모든 것에 하나님과 대화하려는 순수를, 마음속 시인을 잃어버린 우리들이다. 오죽했으면 평론가이자, 시인인 C.D.루이스조차 문학에서의 시인을 두고 이렇게까지 말했겠는가?

"오늘날, 시인의 의무는 우리가 바라는 것보다 더 좁고 복잡한 것이다. 인기인으로서는 벌써 오래 전에 시대에 뒤져버렸으며, 예술가나 평범하고도 순박한 대중 사이의 상호 작용에서 생기는 명랑과 신뢰를, 이것을 시인의 작품으로부터 빼앗아 가버린 것이다. 이제 시인은 지적 엘리트에게 영향을 줄 수 없게 되었으며, 정신적 안정을 구하는 대중에게 영향을 줄 수 없게 되었다. 그리하여 텅 빈 교회 안에서 행복했던 시절의 메아리에 현혹되어 인생에 낙담해 버린 한줌 못 되는 예배자들로 볼는지도 모른다. 그들은 무엇을 해야 좋을지 몰라 당황하고 있는 인간이다.”

어찌 직업적 문학 시인만의 문제랴? 하나님의 뜻을 읽지 못하여 침 뱉듯 나오는 말들을 하는 것이 우리의 당황이요 낙담이며 한숨이 아닌가?

어쨌든, 물질 에너지!

중국에 오면 이것은 이른바 오행설(五行說)이 된다. 다섯 가지 물(物) 캐릭터(質)가 움직이며 서로 살리고(相生), 서로를 누르고(相剋)하며 전 우주 만물을 지배한다고 보는 것이다. 그것은 나무때기(木), 불씨(火), 흙(土), 쇳덩이(金), 그리고 물(水)이다.

이 다섯 성질이 만물을 지배한다는 것이다.

나무가 불을 살리는 상생 프로그램인 목생화(木生火), 흙이 쇠를 토해 내주기에 토생금(土生金), 물이 나무를 살려주기에 수생목(水生木)… 이런 것이 상생의 프로그램이라면….

흙은 물을 빨아 먹어버려 물의 성질을 눌러버리므로 토극수(土克水), 불이 쇠를 달궈 그 성질을 유들유들하게 단단한 성질을 죽이므로 화생금(火生金), 쇠는 나무를 베는 성질을 갖고 있기에 금극목(金克木)…. 이것이 상극(相剋)의 프로그램이다.

어떤 남녀가 점집을 찾으면 그 점쟁이들은 이렇게 말할 것이다. “예, 당신의 성질은 불이고, 또 당신의 성질은 금인께로 저 중국 음양 오행설에 의하면 서로 상극이다, 이 말입니다요. 네, 아시것습니까? 누가 하나 나무의 성질이든지, …인터벌…큰 기침…긴장!…아니면 뭐시당까, 쪼깐 생각해 보십다요,…” 음양 오행설이니 주역의 괘(卦)니 하는 소품 등을 좌악 병풍치듯 해놓고는, 코 위의 안경을 걸치고 올렸다 내렸다 하면, 꼼짝없이 이 인생 우주천리를 꿰뚫고 있는 선상님 앞에 두 남녀는 복(卜) 지팡이를 빌린 채무(債務)를 담당하게 되는데,

그것이 복채(卜債)이다.

그 선생에게 빚지는 거다. 그래서 기독교인들이 이런 식의 점을 치는 것을 죄(罪)라고 하는 까닭이 생긴다. "여호와께서 말씀하셨다고 하는 자들이 허탄(虛誕)한 것과 거짓된 점괘(占卦)를 보며 사람으로 그 말이 굳게 이루기를 바라게 하거니와 여호와가 보낸 자가 아니라 너희가 말하기는 여호와의 말씀이라 하여도 내가 말한 것이 아닌즉 어찌 허탄한 묵시를 보며 거짓된 점괘(占卦)를 말한 것이 아니냐."(에스겔서 13:6-7)

"그러므로 너희가 밤을 만나리니 이상을 보지 못할 것이요 흑암을 만나리니 점치지 못하리라 하셨나니 이 선지자 위에는 해가 져서 낮이 캄캄할 것이라….

그 두령은 뇌물을 위하여 재판하며 그 제사장은 삯을 위하여 교훈하며 그 선지자는 돈을 위하여 점치면서 오히려 여호와를 의뢰하여 이르기를 여호와께서 우리 중에 계시지 아니하냐 재앙이 우리에게 임하지 아니하리라 하는도다."(미가 3:6-11) 선지자는 점치는 자로되 이런 자들도 있다는 말이다.

빛과 빚!

빚이란 무엇인가? 빛이 없어졌다는 말이다.

빛과 빚!

여기 ㅊ과 ㅈ의 점(ㆍ)하나가 당신의 운명을 정말 가른다.

사업이 번성, 그야말로 빛을 내다가 풍비박살나면 그 사람은 빚더미에 깔리고 마는데, 바로 이 점(ㆍ) 하나가 떨어져 나간 것이 그렇게 만드는 것이다.

점(占)을 왜 치는가? 빛을 얻자고 치는 것이다. 광(光)을 내자고 치는 것이다. 그런데 복채부터 내는 것은 빛이 아니라, 빚을 지는 것이다. 기독교인은 이 빚에서 점(丶) 하나가 떨어져 나가는 것이, 정말 무서운거다.

예수를 일러 세상 죄(빚)를 담당했다고 한다. 채무를 대신 졌다는 말이다.

점(丶) 하나! 이것이 빛과 어둠, 생명과 죽음을 가르는 일점일획(一點一劃) 사상! 그 핵심이다! 나는 이 점(丶) 하나를 내 종교사상을 치는 중요한 키 워드(key word)로 삼는다.

빚이냐? 빛이냐? 세상 근심은 빚에 있다! 희망은 빛에 있다! 점(丶) 하나다!!

결국 빛은 점(丶)이다! 이것을 얻고 못 얻고, 이것을 맞추고 못 맞추고다!

우리는 잠깐씩 일별(一瞥·攵)해 보았다. 어쨌든 에너지에서 그 만물을 스위치시키는 제 일 원인이 어디 있는가를 보고자 한 것은 옳았다. 다른 시작이 있을 수 없다. 모든 것은 위에서 내려오는 교육자료들이다. 만물을, 역사를 이러한 관점(觀點)으로 보지 않는다면 대체 인간이란 무엇인가? 흙인가? 불인가? 연기인가? 물인가? 대체 그 캐릭터, 퍼스낼러티가 무엇인가?

'인간의 역사'라는 책으로 널리 알려진 미카일 일리인도 이렇게 말하는 것을 본다. "우리는 이미 때(時)를 말할 때 1년이나 1세기, 또는 몇천 년이라는 식으로 계산하는 것에 익숙해져 있다. 그러나 고대인의 생활을 연구하는 자는 그것과는 동떨어진 역법(曆法)과 시간의 척도(尺度)로 말하여야 한다. 즉 몇천 년 전이라고 하는 대신에 우리는 구석기시대, 신석기시대, 청동기시대, 철기시대라는 식으로 말한다. 이것은 때에 따른 역법이 아니라 일(에너지 성격)에 따른 역법이다. 이 역법에 의하면 인간이 어느 단계에 이르렀는지, 즉 그 기나긴 여행 길에서 어느 지점(地點)에 왔는지를 금세 알 수 있다… 일의 역법과 때의 역법은 일치하지 않는다. 이 지상에는 오늘날에도 석기 연장으로 일하는 인간들이 살고 있는 지방이 있다. 폴리네시아에서는 지금도 말뚝 위에 세워진 수상(水上)마을을 볼 수 있다. 이것은 인간의 일이 어느 곳에서나 모두 똑같은 속도로 그 길을 걸어갔던 것은 아니라는 데 그 이유가 있다… 일의 역법에 따르면, 현대인들은 모두 같은 시대에 속한 것은 아니다. 진보한 민족은 뒤떨어진 민족을 도와주지 않으면 안 된다."

에너지를 어떻게 맞추었느냐에 따라 일은 그 성격이 결정된다. 그러므로 이렇게 불려야 한다. 구석기 에너지 프로그램, 신석기 캐릭터 프로그램, 청동기 에너지 프로그램, 철기 성질 프로그램….

에너지님이 역사를 달아보고 재보고 하여 그 성격(캐릭터)을 결정짓는다.

또 한 사람의 책을 거론하자면, 열역학에 있어서 에너지는 결코 소멸하지 않는다는 제1법칙에 이어 나온 제2에너지 법칙 (일명 '엔트로피 법칙')을 가지고 인류 문명 전반을 예리하게 통찰한 미국의 문명비평가 제레미 리프킨의 저서 '엔트로피(Entropy)'이다. 엔트로피라는 말은, 가령 제1법칙을 보자면, 내가 지금 뜨거운 난로를 켰다. 그리고 얼마 후 열은 더운 곳에서 찬 곳으로 옮겨가는 성질 때문에 점차 식을 수밖에 없는 것을 말하는 열죽음(heat death)에 의해서 사라지고 만다. 그러나 이 열은 영원히 사라진 것이 아니고, 저 허공 어디엔가에 어떤 형식으로든 소멸하지 않고 있다는 것이 우리가 익히 아는 '에너지 불변의 법칙'이다. 에너지는 불변한다.

그런데 이것만이 에너지의 근본적 공통기질인 줄 과학자들이 알았었는데, 이른바 제2법칙이 발견된 것이다. 그것은 에너지는 불변이나 쓸 수 있는 상태에서 쓸 수 없는 상태로 질적인 저하를 가져온다는 것이었다. 그렇지 않은가? 엎지러진 물이 그 좋은 예이다. 엎지러진 물은 에너지의 양과 근본적 물의 성질은 변화하지 않았지만 우리가 쓸 수 없으므로 무질서의 상태로 간 것이라고 볼 수 있다. 무질서(disorder)는 바른(正) 성질이 아니다. 오더(order)라는 말은 명령이다. 오더는 또한 질서다.

아니 質序(질서)다! 이 엔트로피 법칙은 인간에 의해서 일어난다는

데 문제가 있는 것이다. 대기오염 등도 따지고 보면 에너지다. 그러나 그것을 무질서한 에너지, 엎지러진 물과 같은 에너지이다. 그래서 죽음이다! 인류 문명이 이런 식으로 에너지를 소모해 가다가는 필연적으로 무질서 상태에 빠질 것을 경고한 책이기도 하다. 독자들의 일독을 권한다. 문명의 성질을 새로운 시선으로 들여다볼 수 있으리라.

여기에도 진리는 있다. 우리의 마음도, 우리의 정신도, 되는 데로 써먹다가 마는 것이 아니다. 리프킨은 영혼은 이 법칙 해당되지 않을 것이라고 하였지만, 결코 그렇지 않다. 바로 경전은 그것을 경고하고 있지 않은가? 거룩하다는 양적인 표현엔 질적인 순(純 · pure · true)을 반드시 포함하고 있다. 진실(眞實)은 양적으로 꽉참이지만 질적인 완전 순수를 말하고 있는 것이다. 성경의 근본 바탕은 순결은 생명이다는 것이며 한 걸음 더 나아가 순결은 생명보다 귀하다는 것까지를 포함하고 있다. 죄란 다름 아닌 무질서요, 쓸 수 없는 질적인 타락을 말하는 것이다. 엔트로피는 다른 말로 하자면, 모든 일에는, 에너지를 씀에는 질서가 있어야 한다는 뜻이 된다. 또 다른 말로 하자면 우리가 엉터리 저울질과 척도 에너지를 쓰기에 그런 경고가 있는 것이기도 하다. 그런 저울질이 미치고 있는 것이다. 바벨은 말하자면, 엔트로피요, 바벨탑은 엔트로피 탑이었던 것이다.

"하나님은 무질서(엔트로피)의 하나님이 아니시오 평화(平和)의 하나님이시다.(God is not the author of confusion, but of peace)" (고린도전서 14:33)

영어를 직역하면, 하나님은 혼돈의 작가가 아니시고, 그 저울을 질서있고 바르게 응하도록 맞추시는 성질님이시다.

또한 니체는 에너지는 그것이 질적(質的)인 것이라 해도 늘 양적(量的)이며, 또 양적으로 정의되어야 한다고 하였다. 그렇다! 우리는 물의 오염도를 말할 때도 그것을 어디에 비유할 줄을 모른다. 흔히 물처럼 맑다고 하여 오염도를 물에 비유하기도 하지만, 물은 그럼 무엇에 비유할 것인가? 그래서 수(數)와 자(尺)를 이용하여 몇 PPM이니 한다. 정확한 정보에 의한 수치 제시는 아니지만, 1에서 ~까지는 마실 수 있다든다, ~에서 ~, 뭐 그 이상 피피엠은 공업용수니, 그조차도 못 쓰니 어쩌고 하는 것이 그것이다. 또 1억짜리 고려청자라고 하여 그 질적인 가치를 저렇듯 수로 표현하게도 되는 것이다. 그러니 수와 자(尺)도 질적인 것을 가늠해 보는 꾀가 되는 것이다. 다시 니체는 "우리의 지식은 그것이 수(數)와 척도(尺度)를 사용할 수 있는 정도만큼 과학적이 된다"고 한다.

이래서 자기 꾀에 자기가 빠지기도 하는데, 인간은 어떤 한계를 스스로들 정한다. 이 수를 제시하며 이 정도까지는 과학이고 이 정도 이상은 비과학적 영역이다고….

아직도 수에 있어서조차 다 밝혀진 것은 없다고 한다. 특히 소수(素數)의 신비가 그것인데, 숱한 천재들이 계속하여 도전하는 문제라고 한다. 수 7은 매우 특이한 성질을 가지고 있다고 하는데, 나도 계산기로 두드려보니 참으로 흥미있었다. 독자도 한 번 7의 역수를 소수로 전개하는 오락(?)에 참여하여 보라.

1/7을 계산해 보라. 그러면 이렇게 된다. $1/7 = 0.142857\ 142857\ 142857\cdots$

이 142857이라는 수가 무한정 계속 계산기에 뜨는 것을 볼 수 있을 것이다. 그 끝을 잡을 수가 없다. 단지 1을 7로 나누는데도 그것은 무한으로 빠져 나가버리는 것이다. 우리의 유한(有限)을 넘어서 버리고 만다. 놀랍지 않은가?

다시 2/7를 해보라. $2/7 = 0.2857\ 142857\ 142857\cdots$ $3/7 = 0.42857\ 142857\ 142857\cdots$

결국 우리가 말하는 끝은 없다. 그저 점(.)만을 두드릴 수밖에는….

그러니 우리가 과학적 수치라고 제시하는 것이 얼마나 우스운가? 그래서 니체는 그렇게 수와 자로 잰 것을 제시한 '만큼만' 과학적이라고 하였던 것이다. 과학이 생활의 필요를 주는 것은 그 수 안에서만의 제한적인 것이지, 무한을 대하는 종교의 세계까지 제한할 수 있는 것은 아니다. 1을 나누어도 그 끝이 보이지 않는다는 것이거늘… 그리고 7일이라는 수, 안식에 든 수, 그것은 무한으로 뻗은 하나님의 신비 그것이 아닌가? 안식이 죽음이 아니다. 그것은 우리의 마음이 통하여 할 그런 궁극(窮極)이며, 끝내주는 스터디(ultimately study)이다. 구경(究竟·highest look), 연구(研究)! 구(九)라는 숫자를 볼 것이다. 구불구불한 선(線), 실샘(糸＋泉)! 어디를 따도 무한히 나오는 물(水)! 그래서 중국인들은 이 구(九)라는 숫자를 두고 극(極·all·다)이라고 하였다. 곧 무한이다. 여기에 이르는 것이 구경(究竟)이요, 드높은 가르침(The highest teaching)인 종교다! 베토벤의 교향곡이 9번으로 끝난 것, 거기서 환희를 잡은 것! 통쾌(痛快·great pleasure)를 잡은 것! 후대의 음악작가들은 감히 교향곡에서 만큼은 9곡을 넘으려 하지 않았다. 베토벤도 9번을 넘지 않았는데… 하는 예의가 깔려 있었다고도 하는데, 그래서 구스타프 말러는 처음엔 0번이라 하였다가, 다시 10번을 내놓기는 하였다. 십(十)은 상하(｜), 좌우(一)를 보고 꽉 차 있음을 강조한 것일 뿐이다. 그래서 어떤 이야기가 더 이상 덧붙일 것이 없는 알찬 교훈을 줄 때, 이를 고(古)라고 한 것이며 이런 얘기를 고사(古事)라고 한다. 소크라테스의 산파술은 이런 고사에 이르는 지혜를 내는 것이었다. 더 이상의 지혜를 말할 수 없을 때, 그것은 고사처럼, 아니 하느님의 메시지로 받았던 것이다. 그래서 물을 보면서도 노자는 도의 낌새(幾)를 본다고 하였지, 같을 것이라고 하였지, 물을 신이라고 저 고대 그리스 철학자들처럼 말하지 않은 것이다. 야스퍼스의 말대로 메타포, 혹은 기호는 좌절하기 위하여 있는 것이다. 오로지님을 알게 하는 순간, 그것은 좌절하고 본격(本格·full-scale)판 저울질 앞에 머리를 조아린다. 세례 요한처럼….

　우리는 만물에서 하나님의 캐릭터, 그 낌새(생김새, 보임새)를 보는 것뿐이지 그것을 한 둘 택해 이것이 신이다고 할 수 없는 것이다. 저 무한으로 빠져 나가버리는 수를 보라! 그래서 또 플라톤은 그의 아카데미 현판에 기하학(幾何學)을 모르는 자는 들어오지 말라고 하였는데, 이런 낌새가 묻는(何), 아니 낌새를 찾는 정신이 없는 자는 구경(究竟)의 학(學)을 배울 수 없고, 필요도 없다는 것이었다. 그 구경(究竟)이 바로 이데아(Idea)이다. 극치(極致·Ideal), 극(極)을 맞추는(致)는 것이 이데알이다. 그러므로 이상주의(idealism)이라는 말도 함부로 할 것은 아니다. 기하학은 달아보고 재보고 하는 정신이다. 그렇게 하여 우리가 달아보고 재보고 할 수 없는 극에 이르러 그 극점(極點)에서 유한한 나를 벗어버리고 무한의 품에 안기는 것이다. 물을 도라고 하면 물귀신에 빠져 죽는 것이나 다름없다! 도의 낌새를 본다고 하여야 한다. 소(牛)의 성질에서 오로지님의 낌새를 볼 수 있는 것이지, 소를 오로지님처럼 신성하게 받드는 것도 이상하다? 그 캐릭터의 낌새만을 보고 배워 들이면 된다. 그리곤 잡아먹어야 한다!

어쨌든 제레미 리프킨은 이런 말을 한다. "과거 수백 년 동안에 정치 및 경제 철학자들에 의해 쓰인 수많은 논문들을 읽으면 기이한 느낌을 받게 된다. 이들 위대한 사상가들은 자연법칙, 사회계약, 생산방법의 논리, 권력의 속성 등에 대해서만 논의하고 있을 뿐, '에너지의 흐름'이나 '엔트로피 법칙'에 대해서는 전혀 언급하고 있지 않다."

그런데 이 탁월한 문명 비평가조차 이런 말을 한다는 것이 정말 기이하다! 역시 눈은 눈을 볼 수 없어, 보고도 보지 못하는 것, 아니 정말 보아야 할 것을 강조하기 위해 진(眞)에 눈(目)이 있는지 모르지만, 완전히 종교는, 경전은 에너지의 흐름과 그 질적 캐릭터의 순수, 순결, 거룩을 시종하게 강조하는, 아니 그 궁극의 길까지를 분명하게, 일이관지(一以貫之)로 보여주는 것이다. 다른 것이 아니다!

에너지란 말을 사용하면 휘발유나 석유나 전기에만 익숙한 우리들이라 조금 이질적으로 느낄지 모르지만 그럴 것이 아니다. 에너지(energy)의 en-은 만들다(make)의 뜻이고 좀더 크게 그 성질을 확대하는 것을 의미한다. erg(에르그)는 물리학 용어인데 1다인(dyne·힘의 단위)의 힘이 작용하여 물체를 1cm 이동시키는 일의 양을 의미한다고 보면 된다. 작게 말하는 것이 크게 말하는 것 이상이다.

'…의 성질을 내는 힘' 이렇게 보면 된다. 에너지를 우리는 꼭 열량(熱量)으로 표시한다. 1칼로리를 단위로 하여 시작하는 것이다. 먹는 것은 몇 칼로리인가? 일하는 데 드는 비용은 몇 칼로리의 열량이 소모

되는가, 하는 식이다.

계시(啓示)는 라이튼(lighten)에 en-을 더하여 엔라이튼(enlighten)이라고 한다. 다(極) 밝게 하는 보임새! 흔히 엔조이(enjoy)한다고 하는데 기쁨(joy)을 더 크게 하는 것이다. 라지(large)는 더 크게 확대하면 엔라지(enlarge)가 되고, 더 부자가 되고 싶으면 리취(rich)를 엔리취(enrich)하면 된다.

이기일원론(理氣一元論)이니 이원론이니 하는 성리학(性理學), 캐릭터(性) 프로그램(理)을 배우는 학문은 쓸 데 없는 짓으로 세월을 보냈다. 이기(理氣)뿐 아니라, 내 이름도, 당신의 이름도, 아니 모든 글자가 에너지의 낌새다! 그 무한수에서 누가 벗어난 헛소리를 할 것인가? 다 제 학문 캐릭터를 세우려는 소학자들의 글자 다툼에 지나지 않는 것이다. 어쨌든 우리는 물질을 곧 오로지님으로 보는 함정에 빠져서는 안 된다. 하늘(sky)도 땅(earth)도 풀 한 포기처럼 오로지님의 낌새를 보이는 것이지, 오로지님 자체는 아니다. 베드로가 다 녹아버릴 것이라고 했는데, 노자(老子) 선생은 아예 하늘은 종이장처럼 찢어져 버릴 것이라고 한다. 영원한 분은 오로지님이시다.

〈노자 39장〉
석지득일자(昔之得一者)
천득일이청(天得一以淸)
지득일이령(地得一以寧)
신득일이령(神得一以靈)
곡득일이영(谷得一以盈)
만물득일이생(萬物得一以生)
후왕득일이위천하정(侯王得一以爲天下貞)
기치지일야(其致之一也)

오로지님이 캐릭터를 발하는 때(옛적에 오로지님을 잡은 것으로)
하늘은 오로지님을 잡음으로써 맑고

땅은 오로지님을 잡음으로 편안하고
정신은 오로지님을 잡음으로 얼빛을 띠고
골짜기는 오로지님을 얻어 차도다
만물은 오로지님을 잡음으로써 나고
컴퍼스를 잡은 자는 오로지님을 잡아 천하에 곧게 섰다
놀랍도다 오로지님의 부치심이여!

천무이청 장공렬(天無以淸 將恐裂)
지무이령 장공발(地無以寧 將恐發)
신무이영 장공헐(神無以靈 將恐歇)
곡무이영 장공갈(谷無以盈 將恐竭)
만물무이생 장공감(萬物無以生 將恐減)
후왕무이정이귀고(侯王無以貞而貴高)
장공궐(將恐 蹶)
고귀이천위본(故貴以賤爲本)
고위하위기(高以下爲基)
시위후왕자칭(是以侯王自稱)
차비이천위본야비호(此比以賤爲本耶非乎)
고지예무예(故至譽無譽)
불욕녹녹여옥(不慾珞珞如玉)
낙낙여석(珞珞如石)

(풀이)
천무이청 장공렬(天無以淸 將恐裂)!
하늘(天)이 그 맑으신 알파 캐릭터를 본받아 맑지 못하게 되면 천조
각 찢어지고, 나무조각 쪼개지듯 될 것이다. 하늘이 구성된 그 원질을
상실했음이다!
그래서 하늘이 장차(將次) 파열(破裂·bursting)될까 두렵다!
장공렬(將恐裂)!

지무이령 장공발(地無以寧 將恐發)!

땅이 오리지널 캐릭터되로 되지 않을 때, 그 안녕(安寧 · peace)을 잃을 것이니, 장차 지진이나 화산 등으로 폭발(爆發 · expolsion)할까 보아 두렵구나!

장공발(將恐發)!

신무이령 장공헐(神無以寧 將恐歇)!

정신(精神)도 얼(靈)의 낌새여서 그렇게 똑똑한 지혜의 빛을 내거늘 얼빛이 없어지면 그 정신력마저 헐값(歇 · dirty-cheap proice)으로 소모(消耗)될까 두렵다아!

정신을 더럽게 싸구려로, 바겐세일하거나, 개값(dog-cheap)으로 팔아버리고 산다는 것이 그 얼마나 끔찍한 일인가? 잔꾀에만 능하여 거기에 에너지를 소모할 때 영혼은 엔트로피가 되는 것이다. 이것은 대계(大計)이신 하나님의 원하지 않는 꾀라, 공포(恐怖)로다, 헐값!

장공헐(將恐歇)!

곡무이영 장공갈(谷無以寧 將恐渴)!

골짜기(谷)! 그 빈곳에 흐르는 생명수! 여인의 음부와 같은 생산지요, 샘! 이것이 마를까(竭 · dry) 두렵다. 그 황무지! 그 불모(不毛)! 삶의 황무지, 문화의 황무지, 새 얼생명의 메마름! 잔인한 날!

"주 여호와께서 가라사대 보라 날이 이를지라 내가 기근(饑饉)을 땅에 보내리니 양식이 없어 주림이 아니요 물이 없어 갈(竭)함이 아니요 여호와의 말씀을 듣지 못한 기갈(飢渴)이라, 사람이 이 바다에서 저 바다까지, 북에서 동까지 비틀거리며 여호와의 말씀을 구하려고 달려 왕래하되 얻지 못하리니 그날에 아름다운 처녀와 젊은 남자가 다 갈(渴)하여 피곤하리라." (아모스 8:11-13)

장공갈(將恐竭)!

만물무이생 장공감(萬物無以生 將恐滅)!

만물이 저마다 생김생김대로 그 캐릭터를 내지 못할 때는 프로젝터의 프로젝션을 저들이 저버릴 때다. 천지가 마르는 날 백두산 하늘못(天池)도 그 앙상한 돌뿌리만을 드러내리라! 자연, 그 내츄럴 프로그램은 오로지님(道)께서 그 내츄럴을 샘솟듯 퍼주기 때문이다. 만일 이런 냄이 없다면 만물이 사라져 버릴까 두렵다!

장공감 (將恐滅)!

후왕무이정귀고 장공궐(侯王無以貞貴高 將恐蹶)!

권력자가 오로지님을 두려워하지 않고 오로지님의 뜻을 천하에 곧게 펴려고 하지 않을시는, 아니 저들이 오로지님처럼 존귀하다 뽐을 낼 시는 장차 기울어 넘어 쓰러져(蹶) 버릴까 두렵다!

장공궐(將恐蹶)!

고귀이천위본 고이하위기(故貴以天爲本 高以下爲基)!

그러므로 귀한 것은 천한 것을 뿌리로 삼고, 높은 것은 낮은 것을 그루터기(基)로 삼는다. 마치 연꽃이 진흙에 뿌리를 내리고 있는 것과 같다. 낮게 온 그리스도의 모습이 이것이다! 그는 낮추되 죽기까지 낮췄으니 도(道)의 캐릭터를 온전히 드러냄이다. 누가 기독(基督)의 베이스(base · 基)가 높다고만 하는가?(處衆人之所惡)!

물은 높은 데서 늘 낮은 데로 흐른다. 낮은 곳, 천한 곳 찾기를 그 캐릭터로 하는 것이다. 남들이 미간을 찌푸리며 싫다고 하는 곳에 자리 잡기를 즐긴다.

오오! 낮으매 높음이여!

시이후왕자칭 고과불곡(是以侯王自稱 孤寡不穀)!

이래서 오로지님을 알아(知)차린(put) — true program — 임금은 스스로 저울질하기를 고아처럼 고(孤 · 외롭고)라 하고, 과인(寡人 · 충분치 못한 사람)이라고 하고, 불곡(不穀 · 곡알도 아니다 · 껍데기)이라고 자기를 낮추는 것이다.

고과불곡(孤寡不穀)!

차비이천위본야비호(此非以賤爲本耶非乎)!
이것이 낮은 것, 열등한 것, 보잘 것 없는 것으로 모델의 삼는 오로지님의 지극한 역설이다! 오로지님은 이렇게도 오시니 고귀한 것, 우등한 것, 보기 좋은 것에서 오로지님의 캐릭터를 찾으려는 자의 꾀는 낭패를 당하는 것이다. 위대한 파라독스!

"여호와의 말씀에 내 생각은 너희 생각과 다르며 내 길은 너희 길과 달라서 하늘이 땅보다 높음같이 내 길은 너희 길보다 높으며 내 생각은 너희 생각보다 높으니라."(이사야 55:8-9)

종교라는 가르침이 인간의 대갈통 속에서 나온 고관념(高觀念)의 산물이라는 것을 깡그리 부숴버리는 말씀이다.

"지혜 있는 자가 어디 있느뇨 선비가 어디 있느뇨 이 세대에 변사(辯士 · 반론자)가 어디 있느뇨 하나님의 지혜에 있어서는 이 세상이 자기 지혜로 하나님을 알지 못하는 것이 아니드뇨."(고린도전서 1:20-21)

"그러나 하나님께서는 세상의 미련한 것들(foolish things)을 택하사 지혜 있는 자들을 부끄럽게 하려 하시고 세상의 약한 것들(weak things)을 택하사 강한 것들을 부끄럽게 하려 하시며 하나님께서 세상의 천한 것들(base things)과 멸시받는 것들을 택하사 있는 것들을 폐하려 하심이라 이는 아무 육체라도 하나님 앞에서 자랑하지 못하게 하심이라."(고린도전서 1:27-29)

기(基)는 베이스(base)다! 또한 천하다는 뜻도 있으니, 기독(基督)!

고지예무예(故至譽無譽)!
그러므로 지극(至極)한 이름(名)이라고 이 땅에서 그것을 기려(譽) 칭찬할 만한 것은 없다. "인자(人子 · 낮춤)가 온 것은 섬김을 받으려 함이 아니라 도리어 섬기려 하고 자기 목숨을 버려 많은 사람의 대속물(대신 빚갚음)로 주려 함이로다."(마가복음 10:45)
"모든 사람이 너희를 칭찬할 때 너희는 화가 있다."(누가복음 6:26)

불욕녹녹여옥 낙낙여석(不慾琭琭如玉 珞珞如石)!
옥(玉)같이 되기를 바라지 않을 뿐더러, 돌처럼 되기도 바라지 않는다.

노자는 이렇게 읽어야 파워풀하다!

빛(ヽ)이 흔들릴 때, 모든 것이 흔들린다!

얼추 본 바와 같이 서양철학의 머리와 동양철학의 머리에 에너지가 있고 그 성질(캐릭터)이 있다. 이것은 오로지님이 우리에게 주신 유치원 교육이다. 아니 초등교육이다. 비록 오늘도 우리가 물질만능주의에 빠져 그 초등 수준을 벗어나고 있지는 못하지만, 이제 그것은 졸업해야 한다.

"누가 철학과 헛된 속임수로 너희를 사로잡을까 주의하라. 이것이 사람의 유전과 초등학문을 좇음이요 기름님(그리스도)를 좇음이 아니니라."(골로새서 2:8)

초등학문은 우주에 관한 기초적인 지식을 말한다. 그것은 우리의 눈맞춤 대상이 아니다. 돋음판은 그것을 딛고 점프하라고 있는 것이지 땅에서 콩콩 뛰며 놀던 아이들의 놀이기구였던 스카이 콩콩이 아니다. 올랐다 떨어졌다, 올랐다 떨어졌다. 머리만 상한다. 골 때린다!

위대한 점(ヽ) 하나를 찾아내야 한다. 점(ヽ)이 왜 그리 중요한 것인가? 그 좋은 예가 있다. 문맹인(文盲人)이란, 글눈이 어두운 사람을 말한다. 그래서 맹인(盲人)들은 더더욱 글을 볼 수 없었으니, 치명적 이중고(二重苦)를 겪는 셈이다. 그런데 그들에게도 빛이 들어왔다!

그것이 무엇인가? 바로 점자(點字)다! 점(點)이 그들에게 안광(眼光)을 가져다 주었다. 비록 그들의 육신의 눈은 어둡지만, 그들은 그 누구보다도 한점(點) 한점(點)에서 빛을 실감하며 글자의 점(ヽ) 하나를 놓치지 않는다. 이 물맛이 어떤가, 이 음식맛이 어떤가 하고 손가락(맛있을 지旨)으로 찍어먹던 그 손끝은 이제 빛을 가리키는 손가락(손가락 지指)이 되었다.

비(匕)는 숟가락이다. 사(死)는 뼈다귀 알(歹)에 숟가락(匕)이니 죽음을 두고 숟가락 놨다고 하는 것이다.

점자(點字)! 점(點)을 말하는 포인트(point)가 뾰족하다의 뜻도 있고 보면 한점, 한점이 우리 같은 사람은 뭐가 뭔지 모를 정도로 돌출되어 있음을 본다. 우리가 쓰고 있는 지폐(紙幣·攵)에도 이들을 위한 그런 점자식 표시(point)가 있음을 볼 것이다. 그리고 횡단보도(橫斷步道)를 건널 때, 그 보도(步道) 앞에서 우리는 이런 식의 점자(點字)를 하루에도 몇 차례 밟는다. 어쨌거나 도(道)라는 글자로 된 길을 건너기 전, 아니 지하철을 타기에 바로 앞서 우리는 점자(點字)를 본다. 그것은 우리에겐 아무것도 아니지만, 그들에게는 도(道)를 가리키는 글이요, 그들을 목적지에 실어다 줄 입구를 안내하는 빛이다. 그리고 그것은 그들의 생명을 지켜준다. 생명을 옮긴다. 우리가 지하철 역에서 반드시 보게 되는 영어 글자가 있다. 트랜스퍼(transfer)! '옮겨타라, 갈아타라'는 말이다. 이 트랜스(trans-)는 다른 상태로, 초월의 상태로 가는 것을 말한다. 이삿짐 센타가 백마 트랜스니 용마 트랜스니 하고 돌아다니듯, 이삿짐을 싸고 다른 곳으로 가는 것이다. "엿새 후에 예수께서 베드로와 야고보와 그 형제 요한을 데리시고 따로 높은 산에 올라가셨더니 저희 앞에서 변형(變形·transfigured)되사 그 얼굴이 해같이 빛나며 옷이 빛과 같이 희어졌더라."(마태복음 17:1-2)

피겨(figure). 용모, 수(數), 문자를 뜻하는 말이다. 여기서 예수의 변형이 가르쳐주는 것은 모든 것이 그와 같은 초월적 상태로 보따리를 싸야 한다는 점이다.

그러지 않고는 이 기적(?)은 의미가 없는 것이다.

어쨌든, 그 보도 위에, 지하철 승차 입구에서 나는 종종 그것을 밟아보면서, 아득히 먼 먼 옛날 우주가 애초 한 점(點)이었다는 빅뱅 씨어리(Baig Bang theory·대폭발 프로그램)가 생각난다.

한 점(點)의 농축된 에너지(성질)에서 대폭발이 일어나 오늘의 우주가 되었다는 그것 말이다. 점(點)이다! 다시 말해 폭발하여 우산처럼 펼쳐진(展開) 우주를 우산으로 접듯 접으면 그것은 다시 한 점(點)이 되는 것이다! 아마도 창세기의 창조 메타포는 이것을 보다 드라마틱하게 말하고 있는 기술(記述)인지도 모른다.

그렇다면 모든 생성(becoming)은 이런 과정의, 이런 프로그램(理) 속성의 연속이라고 보면 된다. 마음이라는 한 점(點)이, 그 우주알(宇宙卵)이 폭발하여 말이라는 씨알들이 우주의 별처럼 쏟아져 나오듯이, 그렇게 문자(文字)라는 씨알맹이(子)도 그런 연속성, 그런 프로그램 캐릭터의 네트워킹(networking · 연계)이라고 보아 틀림없다. 우리가 점(占)을 치게 되는 그 속성의 잠재의식도 이런 대폭발의 아득한 기억의 빼다박은 빼손(매타포)이라고 아니하긴 어려울 것이다.

나는 한자(漢字)라는 것, 뜻을 컴펙트(compact)로 압축한 문자에서 그것을 뚜렷이 본다.

한자의 길잡이(部首) 구실을 하는 것 가운데 단 한 점(點)을 표현하는 것이 있으니 그것이 무엇인가?

바로 '주(丶)'다! 대(大)자를 보고 태(太)를 보게 되면 바로 이 점(丶) 하나가 대(大)라는 캐릭터를 훨씬 더 큰 뜻의 태(太)로 캐릭터를 스위치시키고 있음을 볼 것이다. 이 '점 주(丶)'는 이런 식으로 문자 속에 들어와 쓰이며 독립적으로는 쓰이지 않는다. 그러나 바로 이런 점(丶) 하나를 생각한 발상이 문자, 더욱이 한자 발상의 모티브였다고 생각하지 않을 수 없다. 그래서 다른 획(劃)들은 이런 사고의 연장선 속에 있는 점(丶)의 각가지 변형이라고 보면 된다.

이 점(丶)에서 한자라는 별들의 빅뱅을 보는 것이다. 한자를 발명했다고 전해지는 창힐(蒼頡)은 눈이 네 개였다고 한다. 정말 네 개였을까? 눈은 빛을 말하는 메타포이고 앎(知)을 말하는 메타포이고 보면 알찬 사람, 그만큼 지혜가 탁월했던 사람이라는 뜻이었으리라. 달아보고 재보고 하는 저울질이 능했음이다. 그런데 어찌 한자를 그 사람 홀로 만들었겠는가? 수많은 세월에 걸쳐 수많은 창힐들에 의해 그 수가 더하여져 갔으리라.

전목(錢穆)이라는 학자는 이런 말을 하고 있다. "중국인들은 2~3천 개에 가까운 자모(字母)를 가지고 그것들을 서로 맞추어 쓰게 되어 응용에 부족을 느끼지 않게 되었다. 이렇게 하다 보니 중국인들은 새로이 문자를 만들 필요가 없었다. 그리하여 3000년 이후의 사람이 약간만 훈련하면 이전의 고서(古書)를 현대 중국 보통 학자들처럼 다 읽어낸다. 이 점(點)은 중국 문화에 있어서 한자의 큰 성공이고 독특한 예술성을, 간단한 것을 가지고 복잡한 것을 조종하고, 잡을 곳 없는 것을 가지고 구체적인 것을 상정하는 예술적 성공을 이룬 것이라고 할 수 있다."

어쨌든 '점 주(丶)'! 주(丶)라고 읽는 것은 주(主 · master) 때문이겠는데, 주(主)라는 머리꼭지에 상투처럼 틀고 있는 것이 바로 점 주(丶 · 主)다. 다시 주(主)는 왕(王)을 뜻하는 말이니, 왕보다 그 머리에 점(丶)을 더 가지면 주(主 · Lord)가 된다. 그러므로 한자의 대빵, 주(lord)는 바로 이 점 주(丶)다!

다시, 이 점 주(丶)는 어떤 뜻을 담고 있는가? '등불 · 심지 · 불똥불 · 점'의 뜻이 있고 이것을 다시 주(主)라고 한다. 이래서 왕대빵인 것이다. 우리 글 아래아(ㅇ)에도 이런 점(丶)이 있으니, 꼭 복(卜)과 같이 생긴 지팡이 같은 'ㅏ'는 이 복(卜), 혹은 점(丶)과 무관한 것일까? 그러니 ㅏ ㅣ ㅜ ㅔ ㅗ … 등이 각기 그 위치와 획을 바꾸거나 더해 가는 것처럼 한자도 그런 과정을 겪었으리라.

시작이 꼬리를 결정한다! 선점(先占)한 자가 나누어준다!

이것이 모든 글자의 심지(wick)요, 등불(lamp)이요, 켤 점(點 · lighting)이라는 말이리라. 그래서 문화(文化)가 되고 문명(文明)의 밝은 빛이 켜진다.

심지?! 심지(心知)?! 마음알(말)?! 그렇다! 문자는 말의 옮김이다. 말이 이삿짐을 싼 것이 문자다! 심지는 또한 뿌리다. 양초불의 심지처럼, 그런 뿌리선(基線)이다. '심지가 올(義)곧은 사람!'이라는 말이 무엇을 뜻하는가?

빛(光)! 사람의 걷는 모양을 상형한 '사람 인(儿)'에 저 불꽃이 빛난다. 램프를 머리 위에 인 사람(儿), 심지를 머리 위에 인(儿) 사람!
인다! 머리 위에 인다! 얹는다는 말이다. 이것이 광(光)이다. 이 점
(ヽ)은 불꽃을 뜻하기도 한다. 장작불을 지필 때 사방팔방으로 튀어
나가는 불꽃(ヽ)! 벼락이 내리쳐 사방으로 퍼지는 불꽃! 스스로(自)
님, 그 머리(首) 위에 인 광채! 도(道)!

　제우스의 신물을 훔친 도둑놈 프로메테우스(prometheus)가 인류
에게 훔쳐다 주었다는 그 불!

　문화의 은인으로 상찬되고, 지식인의 이미지로 오버랩되는 문화 영
웅(culture hero)프로메테우스, 그리고 그가 훔친 불!

　그것은 인(儿)에게 머리를, 마음(심지), 지혜의 불꽃, 그 램프를 주
었다는 그런 상징이리라. 그런데 공교롭게도 프로메테우스는 깊은 어
둠의 고통에 빠진다. 제우스의 성깔을 돋구었기 때문인데, 그의 성깔
을 돋군 사건의 내력은 이러하다. 플라톤의 '프로타고라스(protagora
-s)'에 의하면, 인류가 불을 문명의 모티브 파워(原動力)으로 하게 된
그 내력을 말하기 앞서, 신들이 흙과 불로 모든 생물을 창조하려 했을
때 각자에게 적절한 캐릭터(성질)를 부여하려고 프로메테우스
(Prometheus · 앞서 생각하는 자)와 에피메테우스(Epimetheus ·
나중에 생각하는 자)에게 자문을 구한다. 그런데 늘 '앗차!' 뒤늦게
생각하는 에피메테우스가 사람의 몫을 생각지 않고 동물이나 식물에
게 그 성질을 다 주고 말았다. 그래서 인간에 대해 불쌍한 연민이 발
동한 프로테우스는 바로 이 신물(神物)인 불을 훔쳐 인간에게 주기로
하였다. 그 속성질은 그렇다 하고 인간이 모든 피조물 중에서 이 절도
장물인 불을 잘 다뤄 오늘의 문명까지를 이끌고 오는 것을 보면 이 이
야기의 통찰력이 대단하다고 여겨진다. 어쨌든 프로메테우스는 그 절
도죄의 벌로 간을 독수리에게 파먹히며 오늘도 고통 속에 있다고 한
다. 우리가 알게 된 바와 같이 간은 재생력이 가장 강한 장기다. 그런
데 프로메테우스에게는 그것이 고통의 근원이다. 늘 새로운 생각을
미리 하는 사람, 선지자와 같은 사람은 고통받게 되어 있다는 것이리
라. 사실 그렇다! '대중의 반란'을 쓴 스페인 철학자 오르테가 이 가

세트는 대중의 반란에 의해 지리멸렬하게 된 현대의 캐릭터를 극명하게 보여주는 명저를 남겨 우리의 각성을 촉구하고 있는데, 사실 오늘날은 입체적 고귀함이라고는 없는 통속화된 평면적 의식의 총체인 대중! 바로 그 성질에만 서로를 맞추고 또 그런 서로를 이기려고 혈안이 되어 있는 대중성(性)이란 야만이 모든 분야를 장악하고 있다. 먼저, 우스개로 말하여, '중계방송 철학' 이기도 한 나의 책으로 말하자면, 그는 인간을 두 부류로 나눈다. 제1형의 부류는 '자기에게 많은 것을 부과하고 곤란과 의무를 짊어지려고 하는 사람들.' 단지 지적 그룹을 엘리트라 말하는 것이 아니고, 생을 입체적으로 느끼며 사는 깨어 있기에 고뇌하는 자들이다. 제2형의 부류는 '자기에게 무엇인가 특별한 것을 요구하는 것도 없이, 자기를 넘어서려는 의욕도 느끼지 않고 그대로의 모습으로 날마다 반복해 나가는데 만족하고 있는 사람들' 로서 생을 평면적, 표피적으로 느끼며 사는 사람들, 곧 대중이다. 제1형은 자기 손에 미치지 못하는 곳에 있는 것만이 자기 수준에 맞는다고 생각하고 그것을 취하기 위해 발돋음하는 자, 곧 '탁월자' 라고 한다. 제2형의 인간은 어떤 문제에 직면해 있을 때 머리속에 그저 편안하게 잘 있는 것만을 생각하는 것으로서 만족을 느끼는 인간으로 이런 자들을 대중적 성질을 가지고 있다고 본다. 대중은 좋든 나쁘든간에 무슨 특별한 이유에 의해서 자신을 평가하지 않는 게 상례이며 그보다는 딴 사람들과 자신을 동일하다고 느낀다. 그리고 그런 느낌에 대해 별로 고민하지도 않거니와 오히려 딴 사람들과 동일하다고 느끼는 데서 만족하는 그렇고 그런 사람이라는 것이다. 바로 이 제2형의 대중적 기질을 가진 평면적 인간들이 제1형의 입체적 인간들을 압도적으로 밀어부치면서 전면에 등장하는 것을 시간의 번지수로 말하자면 이미 1929번지(年)에서 '대중의 반란이도다!' 하고 외쳤던 것이다. 그러나 오늘에 와서 보자면 이조차 대중 진단의 임상학 수준이다. 대중의 반란은 이제 페이지를 넘기고 왕좌를 차지해 막강한 권력, 카리스마를 행사하는 왕이며, 황제인가 했더니 이젠 대중이 신이 된 시대가 1999번지 시대의 주소다. 정말 민주주의인가? 아니면 대중주의, 혹은 대중민주의인가? 대중매체, 대중문화, 대중탕, 하물며 종교조차 대중화되어 대중의 눈치와 잣눈에 맞추려고만 하는 설교와 행위가 난무하고 있는 실정이다. 멸망의 조짐을 그리스도가 말하는 마태복음 24장의 음울한 저울 눈금을 읽다 보면, 이상한 구절이 눈에 띤다. "이 천국복음이 모든 민족에게 증거되기 위하여 온 세상에 전파되리니 그제야 끝이 오리라."(14절) 불가사의하다?! 좋은 일이 아닌가? 온 세상에 전파된다는 것이? 그런데 이것이 멸망, 끝의 조짐이라니? 보라! 이런저런 대중매체를 통하여 오늘도 천국 복음은 전해지고 있다. 나는 이 점이 불가사의하다고 여긴다.

풍요 속의 빈곤! 물타듯 다운 로드되어 받아들여지는 천국 복음! 과연 종교는 그 정도의 레벨인가? 확성기로 전파될 성질인 거고, 그렇게 대중적으로 받아들여질 성질의 것이었나? 뭔가 수상하다?

뭔가 눈금이 조작되어 있다는 혐의가 짙다. 신의 눈(眼)금에 맞추는 것이 아닌, 온 세상(대중)의 눈금에 맞추기만 하는 것 같다. 아니다! 신은 신이다.

바로 대중은 신이다! 주권(저울의 주인)은 대중에 있다. 그런데 이 신은 어떻게 생겨먹었는가? 이 신의 파워는 헤브라이즘 신과 같으나 그 모습과 하는 짓은 헬레니즘의 신이다. 곧 이 대중이란 신은 다름아닌 제우스이다. 대중은 너무나 제우스를 닮았다. 제우스는 어떤 신이었는가? 거신족에 속해 있던 크로노스와 레아라는 부부 사이에서 태어난 신인 것이다. 이 말에 주목하라! 거인족에서 태어난 신! 그런데 그의 부모는 바로 카오스로부터 태어났던 것이다. '혼돈'으로부터! 따라서 제우스의 원 조상은 혼돈이며 그의 유전자 속에는 혼돈이 크게 자리하고 있다. 그런나 놀랍게도 제우스라는 이름의 뜻은 '광명'이 아닌가? 혼돈이 낳은, 혼돈을 품은 광명! 오늘의 대중성도 그 찬란함이 광명이 아닌가? 대중은 혼돈을 간직한 광명의 신이다. 제우스는 호머의 '일리아드'에서 말한다. "나는 모든 것 중에서 가장 힘이 세다. 너희들이 알 수 있도록 시도를 해보자. 하늘에 황금 밧줄을 매어 모든 신과 여러 여신들더러 붙잡고 매달려 보라 하라. 너희들은 이 몸을 끌어낼 수 없다. 그러나 나는 너희 모두를 끌어내릴 수 있다. 나는 밧줄로 올림프스의 뾰족한 산 봉우리를 묶어버릴 수 있으며 모든 것을 매달 수가 있다. 물론 대지나 하늘까지도…." 이 완력의 제우스는 자기 말고 신의 위치에 오르려는 대상에는 가혹할 정도로 무자비성을 나타낸다. 어쩌면 이처럼 대중과 닮았는가?! 그 은총에 참여시키는 것보다는 완력만을 자랑하는 그 유치함까지도. 제우스와 그가 낳은 신들은 올림프스에서 신들의 음료인 넥타르와 암브로시아를 마시며 살았다. 앞서 잠시 언급했듯 오늘의 대중도 넥타와 암바사라는 음료를 어김없이 마신다. 오늘의 올림프스는 바로 이 황홀한 도시가 아니고 무엇인가? 올림프스 패밀리(신들)는 도시에 자리를 잡았다. 헬레니즘은 민주주의를 전파한 것만이 아니라 제우스의 파워, 곧 대중주의를 전파했다. 누가 대중을 거스려 무엇을 도모할 수 있겠는가? 대통령도, 재벌도, 하물며 시인도 모두 대중의 안수(按手)를 받지 않고는, 그 신의 눈에 들지 않고는 그 무엇도 불가능하게 되었다. 이 대중이 이제 누구에게, 그 무엇에 반역한다는 말인가? 대중이 신인데….(아니 엘리트조차 '대중에의 반란'을 할 수 없다.)

대중이 신으로 군림하는 오늘, 왠 뚱딴지 같은 엘리트냐 할지 모르지만, 누천 년 이스라엘의 그 엘리트(히브리 '다른 곳에 선다') 의식이 나에게, 당신에게 생명의 경전을 안겨준 것이다. 왜 우리는 이 경전에 물리지 않는가? 그것은 대중의 저울 눈금에 맞추지 않고 목숨 바쳐 하나님의 저울 눈금, 그 캐릭터를 전하려는 그 진실한 마음의 오로지함에 있었던 것이다.

신의 엘리트(God's elite)! 그것은 특권을 누리는 자가 아니라 특질의 고민을 하는 자다. 남이 하지 않는 것을 먼저(프로메테우스) 도맡아 고민하는 자다. 그것이 수난의 그리스도의 캐릭터가 아니던가? 겟세마네에서 땀이 피가 되도록 고민하며 기도할 때, 신의 엘리트로 키우려 데리고 다니던 녀석들은 골아 떨어져 잠이나 자고 있다. 그때 그님이 무어라 하던가? "너희는 나와 함께 한시 동안도 이렇게 깨어 있을 수 없더냐.(마태복음 26:40)" 흐리멍텅해 있어선 안 된다. 독수리의 발톱에 비둘기 날개를 하고 있어야 한다. 아니, 하나님 나라의 프로그램 속으로 침략하도록 선동(?)하여야 한다. "세례 요한 때부터 지금까지 천국은 침노를 당하나니 침노하는 자는 빼앗느니라."(마태복음 11:12) 이런 전투적 자세가 필요하다. 전장에서의 병사처럼 깨어 있어야 한다. 그리고 감히 하나님과 같은 수준으로 맞춰보겠다고 달려드는 것이 종교다. 하나님과 밤새워 씨름한 야곱을 보라. 그는 그 싸움에서 이기고 하나님의 이름(캐릭터)을 받는다. 이스라 '엘' ! 이라는 이름을…. 엘!? 엘로힘! 능력의 하나님의 이름 엘로힘! 이스라엘('하나님과 씨름하는 자')! 이 정도가 되어야 한다. 그저 하나님 앞에서 노예처럼 집 좀 주세요, 취직 좀 시켜주세요, 병 좀 낫게 해주세요, 합격 좀 시켜주세요… 이런 식의 끝(極)은 대체 어디인가? 아예 씨름을 하여 이름을 얻든지, 침략하여 빼앗아 오는 편이 현명한 것이 아닌가? 그래서 그리스도는 저런 격한 전쟁용어를 채택하여 저런 끝내기를 하라고 말하는 것이다. 물론 구하라! 그러나 하나님을 너무 쪼잔하게 보는 건 아닌가? 인색한 영감탱이로 보는 건 아닌가? 줄 것을 가지고 약올리는 동물원 우리 밖의 관람객처럼 보는 건 아닌가? 나는 통성인지 아우성인지를 들을 때, 하늘을 향해 두 팔 벌리고 광란에 가까운 기도인지 웅변인지로 스트레스를 화끈하게 해소하는 오늘의 적지 않은 일부 기독교인들의 집단 카타르시스(?)를 볼 때, 얼굴이 화끈거리는 부끄러움을 숨길 수 없다. 대관절 어디서 굴러 나온 천박한 디오니소스적 축제의식(?)인지 당최 그 정체를 알 수가 없다. 어떻게 하다 이 모양이 되었는지, 누가 그렇게 몰고 가는지, 북 치고 나팔 부는 푸닥거리 종교! 헤비메탈 종교! 아닌가? 그래서 기분이 들뜨고 풀리면 성령 충만이라니? 그래서 열이 오르면 열심(熱心)?! 조용히 씨름하라! 조용히 문 닫고 골방에 들어가 기도하라! "너희가 내 앞에 보이러 오니 그것을 누가 너희에게 요구하였느뇨 내 마당만 밟을 뿐이니라 헛된 제물을 다시 가져오지 말라 분향은 나의 가증히 여기는 바요 월삭과 안식일과 대회(大會)로 모이는 것도 그러하니 성회(聖會)와 아울러 악을 행하는 것을 내가 견디지 못하겠노라 내 마음이 너희의 월삭과 정한 절기를 싫어하나니 그것이 내게 무거운 짐이라 내가 지기에 곤비(困憊)하였느니라 너희가 손을 펼 때에 내가 눈을 가리우고 너희가 많이 기도할지라도 내가 듣지 아니하리니 이는 너희의 손에 피가 가득함이니라 너희는 스스로 씻으며 스스로 깨끗케 하여 내 목전(目前)에서 너희 악업을 버리며 악행을 그치고 선행을 배우며 공의를 구하며 학대받는 자를 도와주며 고아를 위하여 신원하며 과부를 위하여 변호하라 하셨느니라."(이사야 1:12-17)"

대중종교! 대회종교! 싫다 신다.

이 황홀하고 세속적 올림프스인 도시, 요금을 지불하지 않고는 편한하게 앉을 벤취 하나 변변치 않고, 나그네에게 하룻밤 거저 재워주지도 않는 무정한 메타포(기숙) 도시! 대중은 개인들의 공동묘지다. 대중은 영혼이 없는 상업적 집합체이기도 하다.

대중은 '나가 없는 우리' 다. '나(I)' 는 나로서 말하는 것이 아니라, 애매한 '우리(We)' 로서 생각하고 말한다. '나' 는 대중이라는 감옥에 갇혀 수의의 유니폼을 입고 있는 단절자들이다. 우리는 대중 속에 갇혀 서로에게 단절되어 있고 자기에게마저 단절되어 있는 감옥을 만드는 사람들인 동시에 거기에 갇히는 사람들이다. 우리는 철창 안에 있으며 남을 빠져 나가지 못하게 지키는 감시의 눈이기도 하다.

또한 대중은 데릴라다. 그 교태와 매혹적 유혹에 넘어간 삼손(생의 엘리트)은 마침내 그 대중(데릴라)이 감추고 있는 가위에 의해 그 머리칼이 잘리고 만다.

수상한 동질성의 신화에 안주에 버리는 대중성! 아니 더더욱 수상한 평균주의로 자살해 버리는 수많은 익명의 엑스(X)들! 대중에게 수배당하여 쫓기는 존재의 몽타쥬!

단 한 장의 종이감옥 같은 명함(名衜)으로 존재의 이름을 코 꿰는 재갈(衜) 물린 이름(名)들! 말을 이리저리 부리기 위하여 마함(馬衜)으로 재갈 물리듯 우리는 그렇게 간단한 종이쪼각에 '나' 를 재갈 물린다. 그 일사불란함. 카드색션처럼 근사하게도 보이겠지만 아무리 멋진 카드색션도 평면 위에서 펼쳐지는 것이다. 카드색션은 평면을 입체적으로 보이게 착시하는 색과 도형의 마술이다. 북쪽 동네가 그것을 잘하는데, 인민을 그런 평면의 압축기에 넣고는 납작하게 만들어버리는 것이다. 그처럼 대중의 독재는 모든 '나(I)'들을 납작하게 밀어버린다.

나는 왜 인용을 하여 이런저런 말을 끌고 오는가? 나는 왜 그러한 '중계방송 철학'을 하는가? 그것은 내가 고독하기 때문인데, 나와 같은 생각이 그저 나 혼자만의 소리가 아니라는 것을 증거하기 위함이기도 하다. 아니 지금은 전 시대, 전 인류를 껴안고 말을 하는 지휘자가 요구되는 시대지, 깽깽이 소릴내며 자기를 명연주자라 자기 도취에 빠져 있는 쏠리스트를 요구하는 시대가 아니기 때문이다. 이것이 대중에게 셀프 서비스하는 나의 연단(演壇)의 변명이다. 대중을 적(?)으로 여기면 교만하다고 한다. 대중을 높은 데서 내려다보며 깔본다는 것이다. 그러나 연단(기술적 교만)은 연설자를 위하여 있는 것이 아니라, 청중을 위하여 있는 것이다. 보다 잘 말하고, 자기를 뽐내기 위하여 연단 위에 서는 것이 아니라, 보다 잘 들려주기 위하여, 청중을 위하여 말하는 자는 높아지지 않을 수 없다.

우리는 그 수상한 대중(大衆)에 맞춰 밸런스(中庸)를, 저울의 눈금을 찾으려 해서는 안 된다. 따라지(따라한다는 말) 근성! 너도나도! 나만이라도 하는 것은 없는, 아니 '나만이라도' 하고 말하는 자는 매장시켜 버리는 대심판관 대중에 맞춰서는!

톨스토이 : 세상에는 어떤 사람들이 가장 많을까? 어리석은 자일까,
　　　　　 영리한 자일까?

따라지 : 물론 어리석은 자들이 많지요.

톨스토이 : 그렇다면, 그대는 많은 자를 흉내내고 있으니 어리석은
　　　　　 자를 흉내내고 있구나?

로마의 멸망을 논하는 많은 설들 가운데 엘리트들이 그 캐릭터를 잃어버리고 대중 속으로, 대중의 눈높이로 빠져버린 데 있다는 것에 동의한다.

대중을 위한다는 것! "여성을 위한다는 책치고 더욱 여성을 천박하

게 이끌고 있는 책도 달리 보지 못했다."(플로베르) 오늘의 여성잡지를 보면 알 것인데, 아니 대중지들! 그것을 보면 또 알 것이 있다. 더욱이 신문이란 매체는 언론 자유라는 저울 눈금을 찾기 위한 전쟁 과정에서 그 전리품으로 권위를 갖게 되어 오늘도 막강한 권력(저울질 힘)을 행사한다. 그런데 이런 저울질 관성에 한번 기울어버리면 대중은 신문의 논조를 끝내기(極) 기준으로 생각하기 때문에 철학자 소로의 말대로 신문 칼럼을 끝내기로 여기고 더 이상의 지적 비상(知的飛上)을 하지 못하는 소인종(小人種)에 머물고 만다. 깨어 있는 자는 대중의 속성을 살펴야 한다. 무조건 대중에게 부화뇌동(따라지)하는 자가 되어서는 안 된다. 또한 대중을 그렇게 선동해서도, 이용해서도 안 될 것이다. 민의는 이제 조작되기 한다. 언론이 자기들 이익을 위하여 이것이 민심이다고 하며 밀어부치면 그렇게 되는 것을 나는 오늘도 우울한 눈으로 응시한다. 언론 자유보다는 언론 개혁이 요구되는 오늘, 언론은 갑자기 의인들이 되어 대중을 선동하고 있다. 난데없는 의(義)의 유령들이 대낮에도 큰소리로 떠들어대고 있다. 자기들 면죄부를 그런 식으로 숨겨보려고 해서는 안 된다. 유령에 사로잡히지 않도록 할지니, 귀신들리면 미친다. 귀다운 귀 들을지니….

"대중이 싫어하더라도 반드시 살펴야 하고, 대중이 좋아하더라도 반드시 살펴보아야 한다.(衆惡之 必察焉 衆好之 必察焉)"(논어 위령공)

저 유명한 성경의 스크린('간음한 여인')을 보자. "너희 중에 죄 없는 자가 먼저 돌로 치라"는 말로 알려진 그 장면을.

"서기관과 바리새 인들이 간음중에 잡힌 여자를 끌고 와서 가운데 세우고 예수께 말하되 선생이여 이 여자가 간음하다가 현장에서 잡혔나이다 모세는 율법에 이러한 여자를 돌로 치라 명하였거니와 선생은 어떻게 말하겠나이까 저희가 이렇게 말함은 고소할 조건을 얻고자 하여 예수를 시험함이러라 예수께서 몸을 굽히사 손가락으로 땅에 쓰시니 저희가 묻기를 마지 아니하는지라 이에 일어나 가라사대 너희 중에 죄 없는 자가 먼저 돌로 치라 하시고 다시 몸을 굽히사 손가락으로 땅에 쓰시니 저희가 이 말씀을 듣고 양심의 가책을 받아 어른으로 시작하여 젊은이까지 하나씩 하나씩 나가고 오직 예수와 그 가운데 섰는 여자만 남았더라 예수께서 일어나사 여자 외에 아무도 없는 것을 보시고 이르시되 여자여 너를 고소하던 그들이 어디 있느냐 너를 정죄(定罪)한 자가 없느냐 대답하되 주여 없나이다 예수께서 가라사대 나도 너를 정죄하지 아니하노니 가서 다시는 죄를 범치 말라 하시니라.”(요한복음 8:3-11) 종교 기득권 세력은 이 새로운 하나님의 말씀의 혁명적 해석자 예수를 고소할 꼬투리를 잡기에 혈안이 되어 있다. 모세의 저울질(율법)에 의하면 간음한 여인은 돌로 쳐죽여야 한다고 되어 있는데, 이와 다른 해석을 하면 예수는 이단(異端)으로 분명하게 드러나는 것이다. 그들은 군중을 선동하여 여인을 시험문제로 내놓는다. 도덕(道德), 아니 덕(德)이란 ‘하나님 기질’, 혹은 ‘하늘 기질’을 말한다. 이들이 이런 기질로 충만해서가 아니다. 그들에겐 이런 여인을 역이용할 줄 아는 꼼수(음모)가 충만할 뿐이다. 과연 예수는 어떻게 말할 것인가? 돌로 쳐죽이라 하면 예수의 아이덴디티는 별다른 것 아닌 것으로 군중에게 드러날 것이고, 돌로 쳐죽이지 말라 하면 여인을 향한 돌은 모세의 율법을 정면으로 어겼으므로 예수를 향할 것이다. 그야말로 살기 등등, 불 같은 상황이다. 예수는 먼저 이 불 같은 상황을 물로 식힐 필요를 느낀다. 논쟁은 그 속성이 불을 더욱 일으킬 뿐이다. 논리의 싸움이란 늘 지는 쪽이 다치는 것은 이성이 아니라 감정이기에, 그래서 반발이 일기에, 생명을 놓고 벌이는 논쟁은 더욱 신중해야 한다. 핏대 세우고 열을 올릴 것이 없는 것이다. 그것은 현명한 일이 아니다. 예수는 촌철살인(寸鐵殺人) 같은 한마디를 던진다. “너희 중에 죄 없는 자가 먼저 돌로 치라.” 그러나 이 말은 웅변조가 아니다. 조용한 음성이었으리라. 그 다음 동작, “다시 몸을 굽히사 손가락으로 땅에 쓰셨다” 한다. 어떤 저명한 신학자는 예수가 땅에 쓴 글이 거기 모인 군중들이 남 몰래 관계하는 여인들의 이름이었다고 하는데, 유치한 발상이다. “너희 중에… 돌로 치라” 하시고 다시 몸을 굽혀 손가락으로 썼다고 한다. 바로 그 말을 쓴 것이다. 말에 글로 응

전하는 것이다. 불에 대한 물의 응전이다. 분위기를 식히는 것이고, 또 강조하는 것이기도 하다. 여인은 본능적으로 자기 보호를 위해 두 손으로 얼굴을 가리고 부들부들 떨고 있을 것이다. 돌로 치려고 하는데, 얼굴 내밀고 서 있을 수는 없다. 군중은 증오에 의해 잘 뭉친다고 갈파한 이는 스피노자이기도 하다. 사랑하자고 하는데 잘 뭉치는 것이 군중의 속성이 아니다. 예수는 논리에 이기기에 앞서 이 여인을 이 불 같은 살기의 현장에서 구해내야 하겠다는 연민이 먼저 발동한다. 이것이 연민의 예수의 캐릭터다!

자유, 평등, 박애를 외치며 사람 죽이는 것을 예사로 하는 프랑스혁명의 길로틴 남발이 아니다. 연민이다! 어떤 혁명가에서 이런 연민을 보았는가? 부르주아를 쓸어버려야 노동자 세상이 온다는 식의 혁명논리는 예수의 가슴에서 나올 수 없다. 그런데 "너희 중에… 먼저 돌로 치라!" 이 말에 양심의 가책을 느꼈다고 한다. 과연 그럴까? 그래서 하나씩 하나씩 빠져 나갔을까? 그 주관적 심리변화는 믿기 어렵다.

요한의 느낌일 뿐이다. 오히려 '먼저'라는 말 때문이었으리라. 총살형을 집행하는 장면을 보면 여러 사람이 서서 쏜다. 왜 그럴까? 그것은 집행자로 하여금 사람을 죽였다는 죄의식(?)을 갖게 하지 않도록 하기 위해서라고 한다. 누구의 총알에 의해서 사형수가 죽었는지 모르게 하여 책임의식(?)의 소재를 불분명한 무리 속에 묻혀버리는 것이다. 대중이 그렇다. '먼저!' 군중, 혹은 대중은 이 말을 두려워한다. '네가 먼저 해보아라!' 하면 꼼짝 못하는 것이 군중이다. 그저 '따라 하고' '덩달아 묻혀 하는' 것이 군중이다. 나(I)를 앞세우지 못한다. 나는 이런 대중성이 두렵고 징그럽까지 하다.

어쨌든, 나는 고민하는 이들이 있음을 안다. 세상의 고민을 제 일로 여기고 그 아스팔트를 뜯어내 버릴 구극(究極)의 키 워드를 찾기 위해 경전연구로 밤을 꼬박 지새우는 숨은 도반(道伴)들이 있음을!

"모든 것이 번개같이 움직이는 빠른 템포와 격렬한 삶을 위해 다량의 에너지를 소모시켜야만 되는 현대는, 옛날의 천성을 지닌 사람을 이루 말할 수 없는 고뇌에 빠뜨리게 한다."(오르테가 이 가세트)

666!

고민? 그런데 이상한 성질의 고민도 있다. 대중을 구원한다? 나는 요한계시록을 두고 적지 않은 종파가 종말론의 암호를 찾기 위해 애쓰는 걸 본다. 책을 써내기도 하고, 그것이 무엇이냐, 무엇을 뜻하느냐 하면서 한 손엔 성서를, 또 한 손엔 신문을 들고 퍼즐게임 하듯 종말의 오멘(omen · 조짐)을 찾으려고 하는 것을! 맞추라는 것은 안 맞추고… 쯔쯔쯧….

이상한 일이다. 세상이 종말적인 오멘이 없었던 때가 그 언제란 말인가? 그들이 말하는 종말이 와야만 그것이 끝내기 스터디라면, 그럼 그 전에 늘길(常道)의 하나님은 어디 계셨단 말인가? 하나님이 할리우드 감독이신가? 그런 식의 부수는 것으로 끝내기 스터디를 가르쳐 주시기로 하셨다면, 골천 번 부숴버리셨을 것이다. 아니 하늘은 하나님이 작심하시면 당장이라도 천조각 찢듯이, 신문조각 찢어버리듯이 찢을 수 있는 것이다. 다 알고 있다. 베드로도 알고 노자도 알고 요한도 알고, 아니 하나님이 아신다. 불초 나도 안다.

자아~ 예를 들자. 당신은 어두운 영화관에 들어갔다. 그런데 당신은 늘 다닐 수 있는 길로 가야 제대로 영화도 감상하고, 그것을 본 기쁨을 간직할 수 있다. 그런데 영화관에 불이 났다. 그러면 당신은 비상구(非常口)를 찾아야 한다.

비상구(非常口)란 무엇인가? 늘(常) 길(口)이 아니다(非)는 것이다. 물론 이 늘길이 아닌 곳으로 빠져도 당신의 생명은 구할 수는 있을 것이다. 그런데 왜 극장에 불 나기만을 바라고, 큰 늘길을 두고 쓰지 않으면서 촛불같이 그 이름만 깜박이는 비상구(非常口)를 찾으려 하고 또 그것을 전도라고 하는가? 불이 나면 도망갈 비상구를 미리 알려주기 위해서라구? 왜 불이 나면인가? 이미 늘길이 버젓이 크게 뚫려 있는 것을!

왜 불 날 것만을 생각하고, 그런 비상구 전도를 하는가 말이다.

극적 효과? 그래야 사람들이 관심을 가질 것이라구? 그것을 일러 선동주의 효과라 한다. 세상은 오늘이라도 끝장날 수 있다. 이것을 오메가 타임이라고 한다.

그러나 알파 타임도 같이 있는 것이다. 늘길과 비상구는 같이 있다. 우리는 늘길인 알파 타임의 문을 일러주어야 한다. 종교는 선동이 아니다. 이런 것으로 고민하면 안 된다. 물론 오메가 타임! 그런 위기는 나도 늘 느낀다. 그것은 내 개인 속에서도 느낀다. 경전에서 참 생명의 말씀을 찾기 위한 그 시간의 부족, 비록 내 나이 이제 사십 중반에 들어서지만 아직도 요원한 것 같다. 그 기쁨, 그 깊이!

꾀돌이 이솝 우화! 늑대가 왔어요! 이것이, 거짓이라는 것에 익숙해진 마을사람들은 진짜 늑대가 나탔났을 때 소년의 말을 귀담아 듣지 않는다. 당신은 거짓말하는 소년인가? 참말하는 소년인가? 물론 참말이라고 여기고 하는 말일 게다. 소년의 처음 한두 마디 외침은 마을의 일상성을 뒤흔든다. 그리고 그것이 거짓임을 알았을 때, 그들은 다시 긴장을 풀고 먹고 마시고 시집가고 장가도 간다. 이것이 뭐 잘못인가? 자고 이래로 사람 사는 모습이지. 그러나 늑대와 소년은 예언자적 긴장의 방아쇠다. 그렇게 사는 것은 위험하다고 총을 겨누는 오메가 타임이다. 왜 위험한가? 위기가 없기에 위험한 것이다. 생명은, 영혼은 늘 긴장을 요구한다. 왜 그런가? 참 생명과 영혼은 이 세상엔 이질적인, 전혀 성질이 다른 것이기 때문이다. 그래서 세상이나 세상에 있는 것들을 사랑하지 말라고 하는 것이다. 그것들에 길들여져 성질을 버릴까 보아. 나처럼 썽깔 나빠져 버릴까 보아!

"군자는 오로지님의 캐릭터(稱·저울질)에 이르지(名) 못하고 세상에 빠질까 근심한다.(君子 疾沒世而名不稱焉)"(위령공 편) "사야, 오로지님의 성품을 알려하는 이 드물구나!(子曰 由 知德者鮮矣)]"(위령공 편)

"보라 내가 내가 너희를 (세상에) 보냄이 양을 이리 가운데 보냄과 같도다 그러므로 너희는 뱀같이 지혜롭고 비둘기같이 순결하라."(마태복음 10:16)

이 세상이 어째서? 어째서의 그 물음표를 쏘아버리려고 하는 것이다. 쏘긴 왜 쏘아? 하나님이 쏘라고 하니시까, 그이의 성질이 그러니까 쏘는 거지? 그 하나님이 어디 있어? 너 계속 그럴래!? 나 성질낸다?!

성질이 있다!! 그래서 경전은 하나님의 그 드부신 성질을 전하는 것이다. 방금 말을 주고받으며 성질을 내듯이….

알파(주는 성질)요 오메가(거두는 성질)인 그리스도는 이렇게 오메가 성질을 발하여 말한다. "(내가 오메가 성질을 낼 때는) 그때는 많은 사람이 시험에 빠져 서로 잡아주고 서로 미워하겠으며… 불법이 성하므로 많은 사람의 사랑이 식어질 때요… 사람들이 먹고 마시고 장가들고 시집가겠으며… / 이러므로 너희도 예비하고 있으라 생각지 않은 때에 인자(人子·거두는 오메가 성질)가 오리라."(마태복음 24장에서 추림)

우리들의 성질이나 생활이 하찮은 것은 그 원인이 여기에 있는 것이다…. 인간은 어떠한 일에도 젖어버리기 쉬운 것이다. 특히 자기 주위 사람들이 그렇게 하고 있을 때면 더욱 젖기 쉽다. 나는 얼마나 내가 나 자신의 확신을 희생하고 얼마나 쉽사리 말라빠진 제도나 관습에 굴종했던가를 생각할 때 부끄러워하지 않을 수 없다.(사상가 에머슨)

대중이란 생명의 입체파가 아니라, 극히 평면적인 죽음의 기호다! 다음 글의 '여자'를 '대중'으로 바꿔 읽어도 된다.

결혼이란 확실히 인간을 좁힌다. 벽난로 앞의 단란과, 의식주의 안정과, 안락 이외에는 아무 앰비션(ambition)도 안 남기고 만다. 둘만의 평안과 행복… 그 이외에는 아무것도 바라지 않게 된다. 세계가 어떻게 움직이는가, 인류의 미래, 원자(atom), 비행기, 달 로켓, 대만의 앞날, 팝스트(Pabst)의 서거… 이 모든 것이 의식 가장 바깥을 가깝게 스쳐 지나가 버리고 아무것도 안 남고 만다.

적어도 나에게 있어서는… 그리고 나는 그것을 결코 자랑으로는 생각지 않는다. 쿠션 위에 길게 몸을 펴고 누워 있고 싶어하는 고양이의 본능 이외의 무엇이랴! 이기(ego)! —여자의 작고 비소한 이기심, 날카로운 손톱과 교태, 자기 자신에게도 교태와 분장 없이는 허할 수밖에 없는 비본질적인 존재가 여자다. 여자의 생은 모방이지, 참 생은 아니다. 여자는 자기를 잊을 수도, 초월할 수도 없으므로 위대함에는 부적당하다.

커다란 우(愚), 위대한 무심, 부작위가 너무나 여자에게는 결핍되어 있다. 생활에의 작은 기술에 익숙하면 익숙할수록 더욱 참과는 멀어지고 본질을 등지게 되는 것이 여자다. 위대한 사랑조차도 여자에게는 따라서 불가능한 것이다.

자기를 타인 속에 초극하고 또 세계 속에 초극해 가야 하는 것이 참 사랑이라면, 여자는 사랑에는 너무 본능이 앞서는 종족인 것 같다. 나 자신 속에서 발견한 여자가 나를 절망케 한다.(전혜린)

대단한 자기 성찰이다! '내 속의 여자가 나를 절망케 한다!' 오늘의 여성들, 아니 대중은 명심할 말이다.

그럼 나도 요한계시록의 한 절을 맞춰보자. 우리는 늘 오늘의 대중과 같은 그 시대의 풍조, 그 시대의 지배적 패러다임(세상을 보는 관점)에 맞추게 마련이다. 그렇지 않은가?

그래서 누구나 말하는 요한계시록의 바로 저 666이라는 숫자의 의미를 풀어보려고 한다. "누구든지 이 표를 가진 자 외에는 매매를 못하게 하니 이 표는 곧 짐승의 이름이나 그 이름의 수(數)라 지혜가 여기 있으니 총명 있는 자는 그 짐승의 수를 세어보라 그 수는 사람의 수(數)니 육백육십육이니라."(요한계시록 13:17-18) 이 구절은 할리우드 영화에서도 자주 써먹는 구절이요, 종말론자들이 바코드 등이 나올 때 그것을 가지고 666이라 하고 야단들을 하는 거다.

표! 매매! 짐승! 이름! 사람의 수! 666!

이렇게 하여도 감이 안 잡히나? 표(票)는 티켓이다. 쿠폰이다. 그것을 불꽃처럼 튄다(票). 다른 말로 하면 돈이다. 돈이면 매매다. 매매?

우리는 이런 것을 통하여 그 성질이 짐승처럼 되어간다. 이름은 캐릭터다. 그런 성질이다. 수(數)란 꾀다. 이런 성질의 사람이 꾀(生計)를 내며 똑같은 얼굴의 꾀(666)로 살아가는 거다. 이것이 우리가 빠진 대중성이라는 거다! 어떤가? 자꾸 이것을 바코드니 뭐니 하는 것에서 찾으려고 하니 보이나? 성질이 보이나? 성경은 하나님의 거룩한 성질과 우리가 통상 속(俗)이라고 말하는 성질과의 애기다. 다른 주제가 아니다. 총명한 눈이라면 그것을 보아야 한다. 얼굴을 얼굴로 볼 수 없듯이, 우리는 우리가 이 거대한 마스토돈 대중성(흔한 말로 순수 인간 캐릭터 상실)에 빠져 자기 이름을 잊어버린 거다. 나는 이 구절을 볼 때 어린 시절 아이들과 책상머리에서 하고 놀던 언어게임이 생각난다. 데모를 한자로 쓰면 어떻게 쓰게?

그리곤 이렇게 하는 것이었다. 男男男男! 남자들이 어깨동무를 하고 몰려다니는 거라나? 아이들은 정확하게 본다. 이보다 기발하고 총명한 글자가 어디 있는가?

왜 666이라고 하였을까? 대중의 얼굴을 보라. 숫자가 아닌가? 아파트가 몇 평이요, 자동차가 몇 cc 요, 주식을 가진 것이 얼마요, 월급이 얼마며….

이것 말고 대중의 얼굴을 평가할 저 어린아이들과 같은 기발한 표현 방법이 있을까? 사람의 수라 해놓고는 666이라고 한다. 대중을 표현하라고 하면 이것 외엔 달리 없다!

다이너스티냐 티코냐로 그 사람 얼굴이 달라지고 이마가 달라진다. 이마에 크레디트 카드를 새길지 안 새길지 따질 것도 없이 이미 새긴 것 아닌가? 자꾸 경전을 만화 같은 호기심으로 접근하려고 하여서는 세상에! 그게 어디 경전인가?

짐승? 동물을 보다 야만적 관능으로 표현하는 말 같은데, 나는 동물을 사랑하는 터라 그런 비유는 개인적으론 좋아하지 않는다. 동물은 성질이 결코 나쁘지 않다. 짐승보다 못한 놈이란 말도 있지만, 짐승을 모독하는 경우도 된다.

그들은 반드시 먹을 만큼만 먹는다. 그들은 먹고 나선 해치는 일이 없다. 그들은 탐욕스럽지 않다. 그들은 더럽고 추하지도 않다. 사랑을 해보면 안다. 얼마나 아름다운 성질인지를….

니체의 말대로 타락할 줄 아는 동물은 인간뿐인 것이다. 오늘 우리는 대중만능, 아니 대중이라는 말이면 안 통하는 일이 없을 정도가 되었다. 우리의 우상은 다곤이니 아폴로니 제우스니 하는 것이 아니라 우리들 자신이며, 우리들의 타락을 모르는 그 가공할 자기 위무(慰撫)의 성질에 있는 것이다.

성경(聖經)이라고 한다. 이 말은 무슨 말인가? 거룩한 성질이 네트워크(絲)를 타고 크고 넓은 물줄기(경·巠)로 흐른다는 말이다. 책을 살 때 그 제목을 보고, 그 책의 캐릭터를 알 듯이, 아니? 성경이란 주제가 이렇듯 명확한데도 대체 무엇을 찾는다는 말인가? 낫 놓고 기역 자도 모른다더니 이럴 수도 있는 것인가? 왜 그런가? 우리를 보지 못하기에, 무엇이 심각한 테마인지를 모르기에 반대(?) 되는 테마도 보이지 않는 거다. 목이 마른 자는 우물을 찾고 물이 보인다.

성질을 결코 가볍게 보아서는 안 된다. 저 사람 질이 안 좋아! 하면 끝장이다. 그것은 생명 자체를 때리는 평가다! 이를 가볍게 여기는 질이 문제인 것이지….

자아~ 한참 왔다. 독수리에 간을 쪼이는 프로메테우스를 찾아야겠다. 그리스 로마 신화 연구에 있어서는 타의 추종을 불허하는 볼빈치는 이 장면을 이렇게 묘사하고 있다. "프로메테우스는 옛부터 시인들이 즐겨 시제(詩題)로 삼아왔다. 그는 인류의 벗으로서 제우스가 인류에 대하여 분노하였을 때 인류를 위하여 중간에 개입하고, 그들에게 문명과 기술을 가르친 것으로 표현되어 있다. 그러나 그렇게 함으로써 그는 제우스의 의지에 배반했으므로, 신들과 인간의 통치자인 제우스의 분노를 샀다. 그래서 제우스는 그를 카우카스 산상의 바위에 쇠사슬로 묶어놓았다. 독수리가 와서 그의 간장을 먹었는데, 파먹으면 바로 또 생기는 것이었다. 이와 같이 고통스러운 형벌을 어느 때라도 프로메테우스는, 만약 그가 그의 박해자인 제우스의 의지에 복종하려고만 하였더라면 종료시킬 수도 있었을 것이다. 왜냐하면 그는 제우스의 왕위의 안전에 관한 비밀을 알고 있었고, 만약 이 비밀을 그에게 가르쳐주었다면 바로 그의 총애를 받았을 것이기 때문이다. 그러나 그는 이와 같은 짓을 하는 것을 경멸하였다. 따라서 그는 부당한 수난에 대한 영웅적인 인내와, 압제에 반항하는 의지력의 상징이 된다.”

그리스도의 낌새가 얼핏얼핏 보인다. 이렇게 오로지님은 참 빛, 그리스도의 이미지를 여러 모양으로 여러 선지자들의 눈으로 통하여 낌새를 알려왔다.

그리스도는 하나님께 퍼펙트하게 순종하였고, 하나님 아버지의 왕위 운운하는 공갈일랑은 하지 않는 것이 우리가 또 한 번 교육자료로 들 수 있는 그리스도의 캐릭터다! 우리는 세상 모든 만물과 이야기들과 사람들에게서 보임새를 찾는 것이 중요한다. 오로지님의 낌새를 찾는 것이다. 그리하여 오로지님이 어느 한 시대 어느 한 특정한 무대 세트만을 만들어 당신의 캐릭터를 발현하셨다고만 보아서는 안 된다.

사람은 그가 구하고 찾고 두드린 만큼 알게 되고 얻게 된다. 오로지님이 불공평하여 누구에게는 더 은혜를 주고 덜 주고 하는 분이 아니라고 굳게 여긴다.

왜 우리가 주로 유대인들에 의해 쓰여진 성경을 여타의 경전보다 크게 여기는가?

정말 그들의 말대로 그들이 특별히 선택되어서 그런가? 그렇지가 않고, 또한 그렇다. 요한이 자기를 지적하여 ‘주의 사랑하시는 자’ 라고 하였는데 그렇게 느낀 요한에게 복이 있는 것이다. 왜 어떤 이는 꽃을 보고 감탄하여 시라도 쓰는데, 어떤 이들은 꽃을 보고도 심드렁한 것인가? 꽃이 차별을 하고 있나? 꽃을 만든 이가 차별을 했나?

우리는 이스라엘 사람들이 자신들은 여호와 하나님이 특별히 선택했다고 믿는 거의 민족적 열정과 열망으로(그들은 배반할 때조차도 신을 의식하지 않은 것은 아니다), 특히 탁월한 선지자들이 무엇보다 하나님 알기를 생명보다 소중히 여겼던 그 탁월한 소명의식과 민족 캐릭터로 어느 민족보다 오로지님의 캐릭터를 통찰함에 있어 인류를 리드하게 하였다. 우리 조선의 선비들이 탁월한 오로지님의 캐릭터를 통찰한 현인들의 글을 가지고 고작 감투싸움이나 벌이는 신분상승의 돋움판으로 만들었다는 것과는 비교도 할 수 없는 것이다. 그들의 그 오랜 갈망, 오로지님의 완전 현현을 보고 싶다는 열망은 그리스도를 통하여 성취되고 또 이것이 넘쳐 이방에게도 은혜를 끼쳤다. 물을 보고 도의 낌새를 보는 노자와 물을 보고 물질이 만물의 근원이라고 여기는 탈레스가 다를 뿐, 오로지님이 차별을 두실 리 없다.

저 박식하기로 세계동네에 소문난 아놀드 토인비는 그의 '역사의 연구' 제7권 수난의 그리스도 편에서 얼마나 많은 모양으로 그리스도의 메타포(보임새)가 도처에, 많은 전승과 이야기들 속에 깔려 있는가를 보여주는 예를 머리가 빙빙 돌 정도로, 듣도 보도 못한 사람들의 애기까지 끌어와 기술하고 있다. 다만, 그는 그리스도도 그 가운데서 좀더 나은 하나쯤으로 치부하는 상달(上達)을 못하고 있을 뿐이다. 물론 그는 '대화'에서 이런 말은 하고 있다. 자기는 기성 종교에서 말하는 신은 믿지 않지만 우주 밖에 어떤 대영(大靈)이 있어서 그 대영이 말하자면 진공 청소기처럼 모든 영을 빨아들인다고….

나는 이른바 세상에서 말하는 글을 다루는 지식인들에게서 다른 것은 다 배워도 뭐라 할 것은 없으나, 종교에 관한 것만큼은 듣지 말기를 권한다.

그들은 속성상 종교를 알 수 없고, 또 말할 수 없기 때문이다. 왜 그런고 하면 만약 그들이 종교를 참으로 알았다고 한다면, 결코 다른 테마를 말할 수 없을 것이기 때문이다. 말하자면 트레이드 마크를 내세울 것이 없게 된다는 말이다.

더 직접적으로 말하면 필명에 붙을 개성, 캐릭터를 찾기가 어려울 것이라는 것이다. 바흐처럼 종교음악을 다루면서도 예술성까지를 동시에 갖추는 그런 탤런트를 글에서는 발현하기 쉽지 않다. 왜냐하면 글은 아주 직접적인 드러냄이기 때문인데, 어떤 글쓰는 이가 나는 기독교인이다는 것을 만방에 공표한다면, 그것도 치열한 기독교인이라는 것을 공표한다면, 그는 소수의 독자들만을 확보할 것이고, 그의 말은 뻔한 것이 된다. 결국 아멘! 이것으로 끝내지 않을 수 없기에, 독자들도 '뻔해!' 하고 치부해 버리기 때문인데, 만일 그가 종교를 공표한 데서 출발한다면 바울처럼 "나는 날마다 죽노라.(I die daily)" "나는 그리스도와 함께 십자자에서 죽었노라 이제 살아도 내가 사는 것이 아니요 내 속의 그리스도께서 사는 것이다" 하는 데까지 가야 하니 어디 자기 색깔을 가지고 글잡은 지식인 행세를 할 뭐(what)가 있겠는가? 솔직히 말해 나는 내 이름조차도 요즈음은 거추장스럽게 여겨지는데, 말해 무엇할까? 이것은 정말이다.

그저 점(·) 하나만 찍으면 되겠다. 나의 암호, 메타포는, 괄호조차 치워버린 · 이다!

"손에 쟁기를 잡고 뒤를 돌아다보는 자는 하나님 네트워크(나라)에는 합당치 아니하니라"(누가복음 9:62) 하는 말 앞에 이르르면 더더욱 자기 자리는 옹색해질 수밖에 없는 것이다. 쟁기(펜)질을 앞만 보고 해야 한다.

그래서 오십줄에 이르는 톨스토이가 그간 자기가 써왔던 글에 대하여, 아니 자기의 명성이 있게 한 글들에 대하여 병적이라 할 만큼 부끄러워했고, 또 저주를 퍼붓기도 했던 것이다. 그의 참회록 2장을 보면 이런 대목이 나온다.

세상 많은 사람들도 같은 경험이 있을 줄 안다. 나는 선량한 사람이 되겠다고 진심으로 원하고 있었다. 그러나 나는 젊었다. 정열이 넘치고 있었다. 게다가 선한 덕을 탐구하고 있을 땐 나는 외톨박이였다. 철두철미 고독했다. 나의 참된 소망을, 도덕적으로 훌륭한 사람이 되고 싶다는 소망을 말로써 표현하려고 할 때마다 나는 모멸과 조소에 부딪쳤다. 그러나 못된 정열에 빠지기가 무섭게 나는 칭찬을 받고 격려를 받았다. 공명심, 사욕, 애욕, 자만심, 분노, 복수심… 이런 것들이 귀하게 간주되었다… 내 저작의 목적인 명예와 금전을 얻기 위해서는 선을 감추고 악을 드러내야 했다. 나는 추행을 감행했다. 내 생활의 의의를 형성하고 있던 선에 대한 갈망을, 나는 몇 번이나 무관심을 가장하고 조소마저 띠면서 은폐하려고 지혜를 짰던가? 나는 여러 문인들과 교류했다. 나는 친척이나 동지라도 맞이하는 것 같은 환영을 받았으며 추파와 아첨을 소나기로 받았다. 그리하여 나는 주위를 둘러볼 겨를도 없이 이 문인들의 인생에 대한 계급적이고 문인 문객적인 견해에 전염되어 보다 착한 사람이 되겠다는 종래의 모든 시도는 내 내부에서 깨끗이 사라져 버렸다. 그리고 그런 종류의 내 실생활의 방탕의 영향으로 그것을 정당화시키는 이론까지 낳기에 이르른 것이다.

그래서 이후 톨스토이의 글은, 아니 그 사람의 캐릭터는 온통 종교요, 그저 글쓰는 작가가 아닌 성자의 길을 가게 되는 것이다.

나는 작가 최인호 씨의 자세에서 이와 비슷한 것을 발견하고 참 대단한 양반이라고 여겼다. 그러나 '별들의 고향'이라는 이미지 때문에 최근의 최인호 씨의 정신적 배경을 눈치채지 못하고 있는 것 같다. 최인호 씨는 작가로서는 끝났다! 그러나 그것은 위대한 끝내기다! 내가 무슨 말을 하는지는 최인호 씨의 최근 글을 뒤져보면 알 것이다. 그는 큰 것을 잡았다! 작가로서의 자기를 죽이고 영원한 '길 아닌 길'을 찾은 것이다. 이런 식의 자기 장례식를 치르는 용기를 가지기란 쉬운 일이 아니다. 고작해야 종교적 표명이라는 것이 감히 니체를 흉내내어 악을 바락바락 쓰는 방향으로 잡든지, 아니면 모호한 소리를 지껄이든지 할 뿐이다. 들을 것도 없다! 그네들이 뭘 안다고….

차라리 시인 하이네처럼 애교나 부리면 웃기라도 하지. "하느님은 나를 용서하실 것이다. 그게 그가 할 일이니까…."

그러므로 독자는 종교에 관하여는 그 시간과 노력을 톨스토이를 잡든지, 최 선생의 말에서 한마디를 듣든지 하는 것이 훨씬 도움이 될 것이다.

어쨌든 토인비는 구세주, 그리스도는 이런 모습으로 도처에 나타난다고 하고 있다. '칼을 가진 구세주', '타임머신을 가진 구세주', '왕의 가면을 쓴 철학자', '인간으로 화신한 신' 등 네 가지 유형이라고. 사실, 우리가 아는 복음서 속의 그리스도의 스토리는 그 맥락이 비슷한 구성으로 된 것이 적지 않다. 오로지님은 불쑥 무엇을 던지는 것이 아니다. 중국인에게는 노자·공자·맹자·장자와 같은 현인을 통하여, 그리고 많은 민담이나 전승들을 통하여 도(道)의 캐릭터를 드러내시고, 또 유럽 사람들에게는 그들 나름의 문화양식을 통하여 그리스도적 낌새를 여러 모양으로 드러내신다. 여기에 토인비의 분석을 일일이 예거할 수는 없으나, 그는 많은 자료를 들이대며 구세주 이야기의 플롯이 아주 유사하다는 걸 실증적으로 보여주고 있다.

　　1.나이와 기질과의 이중적인 차이에 의해서 구별되는 두 사람의 영웅, 즉 유화한 선배와 폭력적인 후배가 등장한다… 2.영웅은 왕의 혈통에 속한다… 3.영웅의 계보가 서술된다… 4.영웅의 계보에는 문제가 있다… 5.영웅의 어머니가 그를 믿고 격려한다… 6.영웅은 선구자로서 자기보다 뛰어난 후계자로 인정되며 환영받는다… 10.영웅은 그의 소리를 듣는 범위 안에 있는 모든 사람에게 자신을 따르고, 시련을 받음으로써 공적의 보상을 얻도록 호소한다… 11.영웅의 주위에는 꼭 그에게 접근하고, 혹은 그의 모습만이라도 보고 목소리만이라도 듣고 싶어 어마어마하게 모임으로 비상수단을 취해야 할 정도이다… 14.극단적인 금욕주의로 흐르는 것을 거부하고, 더욱이 여러 종류, 여러 신분의 사람과 터놓고 사귐으로 영웅은 항상 물의를 일으킨다… 15.영웅은 자기는 왕이며, 더욱이 신으로부터(어떤 특정한 단수 또는 복수의 신, 혹은 여러 신 일반으로부터) 사명을 받은 왕이라는 놀라운 주장을 한다… 16.친구가 소유자의 반대를 받지 않고, 그 자리에서 징발한 말, 혹은 당나귀를 타고 도시의 대로를 가는 장면… 17.영웅은 사리(私利)를 채우기 위해 불법적으로 공공장소에 침입한 자를 스스로의 힘으로 쫓아낸다… 18.당국은 영웅 파멸을 꾀하지만 많은 인기 때문에 손을 댈 수 없다… 19.당국자는 귀찮은 질문을 하여 영웅을 함정에 빠뜨리려고도 하지만, 영웅의 대답이 거꾸로 질문자를 난처하게 한다… 20.영웅의 친구 한 사람이 그를 배신하고 도피소 밖에 있으면서 그를 사로잡을 수 있는 기회를 주겠다고 당국자에게 약속한다… 23.배반자는 극히 작은 보수 때문에 그 짓을 한다… 24.영웅의 최후의 만찬… 25.식탁에 참석한 자는 13명이다… 27.배반자가 나간다… 28.영웅의 총애를 받고 있던 동지

가 영웅의 가슴에 기대는 장면… 29.영웅이 참석자에게 희생되는 자의 고기를 먹이고 피를 마시우게 하는 종교적 의식… 30.영웅은 식탁에 앉아 있는 친구에게 목전에 임한 그의 죽음이 승리가 된다는 확신을 말한다… 31.영웅은 식탁을 같이 한 그의 친구들에게, 그가 승리했을 때 그들의 우정을 보상할 것을 보증한다… 33.영웅과 그 일행이 밖으로 나가는 장면… 34.영웅의 광적인 친구가 결코 지도자를 버리지 않겠다고 호언한다. 그러나 영웅은 그 말을 부인하고 그대로 실행되지 않을 것이라고 예언한다… 36.죽음의 전야에 영웅이 정신적으로 고민하는 장면… 37.호위가 파수를 보다가 잠자고 있는 장면… 38.배반자는 당국자에게 영웅이 은닉하고 있는 곳에서 밖으로 나올 때 체포할 기회를 주겠다는 약속을 한다… 40.배반자는 냉혹하게도 거짓 애정의 표현으로 영웅을 방심하게 한다… 45.영웅은 그의 부하에게 싸움을 중지하라고 명한다… 46.영웅은 힘에 호소함을 꺼리는 것을 주의(主義)로 한다… 47.영웅의 친구들이 영웅을 버리고 도망한다… 48.영웅은 체포되고 곧 그날 밤에 임시재판을 받는다… 50.적이 영웅의 진실된 말을 고의로 부당하게 왜곡하여 받아들여 그것이 아주 불리한 증거가 되게 한다… 52.발뺌을 하려면 할 수 있는 질문이 나왔을 때도 영웅은 그 기회를 이용하지 않고 오히려 법정을 노하게 하는 대답을 한다… 53.두 가지 질문에 대한 영웅의 대답에 바탕을 두어 법정은 곧 사형선고를 내린다… 54.당국은 영웅을 파멸시키기 위해 외국인 권력자의 힘을 빌리려고 한다… 56.영웅에 대한 동족들 중에 적의 증오심은 아주 강하고 그들은 그들이 가장 중시하는 원칙의 하나를 희생시키면서까지 외국인 권력가의 조력을 얻으려고 한다… 57.영웅은 자신을 뜻대로 처치하는 권력을 갖고 있는 외국인 권력자의 면전에서 자기는 왕이라는 주장을 굽히지 않는다… 59.영웅은 외국인 권력자에게 좋은 인상을 준다… 60.영웅의 운명은 수인은사(囚人恩赦)의 습관에 의해 좌우된다… 61.영웅의 운명을 쥔 권력자는 영웅의 주장이 초래하는 귀찮은 결과를 두려워하여 자기의 양심에 반하는 부당한 형벌을 선고한다… 62.권력자는 부인의 영향을 받아(빌라도의 부인을 상상하라) 미신적인 인간이 된다… 63.두려움 때문에 영웅을 부당한 죽음으로 몰고 간 권력자는 양심의 가책을 없애기 위해 청정식(淸淨式)을 행한다… 64.장시간의 고문에 의한 사형선고에 가담한 직후에, 로마인이 관중들이 지켜보는 가운데 손을 씻는 장면… 65.영웅인 왕의 주장이 냉혹하게 조롱당한다… 66.영웅이 받을 자격이 없는 왕관과 왕의가 비공식으로 입혀지는 장면(예 : 원로원에서 폼페이우스가 일어나 "나는 티베리우스의 이웃 사람이기 때문에 잘 알고 있는데, 페르가메네 왕가의 왕관과 자의(紫衣)를 준 것은, 그가 로마의 왕이 될 것을 예상했기 때문이다"고 말한다.-플루타르쿠스 제14장)… 67.영웅이 왕을 사칭하는 자로서 공중에게 고시(告示)되는 경우… 68.처형장으로 가는 도중, 함께 따라온 사람들이 한탄하는 것을 보고 영웅은 현재 이러한 꼴을 당하고 있으나 그럼에도 불구하고 자기의 운명은 비교적 부러워할 만한 것이라고 단언한다(예 : 아기스는 교수대 쪽으로 나가면서 관리의 한 사람이 눈물을 흘리며 슬퍼하는 것을 보고 말했다. "나 때문에 슬퍼하지 말라. 이처럼 내가 불법적으로 또한 부당하게 피살되면 나는 나를 죽인 자에게 이긴 것이다."-플루타르쿠스 제20장)… 69.영웅이 십자가에 못박힌다… 70.영웅과 같은 방법으로 두 사람이 처형된다… 71.영웅이 죽을 때 입고 있던 하의(下衣)는 솔기가 없는 하나의 천으로 되어 있었다… 72.그곳에 있는 대부분의 사람이 자신이 왕이라고 주장하는 영웅을 비웃지만, 한 사람만이(혹은 몇 명이) 그 주장을 인정하고 영웅이 그 왕국으로 들어갈 때 상기해 주기를 원한다. 이에 영웅은 그 소원을 받아들여 그 충성에 대해 훌륭한 보수를 준다… 73.영웅의 어머니가, 그 시련에 있어 영웅의 총애를 받은 동료(혹은 그의 처)에게 격려받는다… 74.시련의 끝… 75.십자가 위에서 숨이 끊어져 가는 영웅이, 십자가 밑에서 파수를 보다가 이상(異象)을 발견한 병사들로부터 하나님의 아들(혹은 제신의 아들)이라 불린다… 76.영웅의 사후 민중의 감정이 갑자기 변하여 호감을 갖게 된다… 77.영웅과 함께 처형된 다른 두 사람은 영웅이 숨을 거둔 다음에 죽는다… 78.처형된 시체에서 일어나는 일련의 현상들과는 달리 영웅의 시체는 육체적으로 거의 완전한 상태를 유지한다… 79.숨이 완전히 끊어졌는지를 확인하기 위해 병사가 영웅의 몸을 무기 끝으로 찌르니 뜻밖에도 생명의 징조가 나타난다… 80.영웅이 처형될 때, 친하게 지내던 수명의 부인이 바로 현장은 아니나 가까이에 있게 된다… 81.영웅은 죽은 뒤 종교적 숭배를 받게 된다… 84.영웅의 열렬한 동지가, 수난 때는 지키지 못했던 약속을 영웅이 죽은 후에 훌륭히 완수한다… 85.악인은 비참한 최후를 당한다… 87.

　유지 계승자의 전향은 부분적으로, 죽은 영웅의 인물됨에 경도한 순교자와 죽은 영웅의 사상에 공명한 철학자와의 2중의 영향에 의한다.

　자아~그 세세한 콘덴스는 열거하지 않았으나, 줄거리만을 보자. 교회 몇 번 다녔거나 예수의 일대기를 그린 영화를 한 번 보았거나, 나도 왕년에 주일학교 다녔다고 하는 사람들에게! 지금 한 얘기, 예수만의 스토리가 맞지요?
　알 만한 사람들은, 그럼 그게 누구의 일대기냐 할 것이다. 영웅을 예수로만 바꾸면…. 그럼, 이런 식의 스토리를 믿으면 그리스도를 영접한 것인가? 단 몇 분, 영화로 따지면 한두 시간? 그리하여 우리 나라 사람, 누구나가 다 예수를 안다고 한다. 이런 식의 이야기를 들었기 때문이다. "다 알아요!"
　그리스도가 이 땅에 오기 전에 이런 영화를 만들어 그리스나 로마 사람들에게 보여준다면, 이렇게 말할 것이다. 저거 우리 영화 본딴 것 아냐? 많이 듣던 얘기 같은데….
　토인비는 헬레니즘 사회에서 떠돌던 영웅설화들을 모아 그 일치점(一致點)을 찾은 뒤 이렇게 '역사의 연구'라는 제목으로 고등비평이라고 하며 사학자로서의 소명을 다하고 있는 것이다. 그리고 오늘도 많은 사람들이 자신은 예수의 일대기를 줄줄 꿰고 있다고 말한다.
　토인비는 예수를 이렇게 모니터한다. "예수와 이밖의 구세주 전부와는 목적과 견해에 있어 하나의 근본적인 차이가 있다. 미래주의자와 복고주의자는 모두 이 세상에 왕국을 건설하려고 했다. 그리고 그들의 유토피아 탐구는 처음부터 폭력에 의존했고 실패로 돌아갈 수밖에 없는 운명이었다. 이에 반하여 예수는 이 세상 것이 아닌 왕국을 건설하려고 했다. 그래서 칼을 잡는 것을 거부하고 무저항으로 부당한 재판과 비참한 죽음에 승복함으로써 물질적으로는 패배했으나 정신적으로는 최고의 승리를 획득했다."
　토인비는 성경을 텍스트로 하여 이와 유사한 스토리가 없는가 찾아보다가 앞쪽의 예시처럼 비슷한 구성의 얘기가 적지 않음을 보았다.

그리고 그의 눈은 사학자적 관점으로 하여 저런 식의 구세주관, 아니 평론 정도에 머물고 있다. 왜, 홍길동이도 같다 꿰맞추지? 그러므로 모든 스토리텔링은 다 그렇고 그렇게 돌아간다고 보면 된다. 배반과 음모, 자기 권력을 지키고자 상대를 음해하는 음산한 권모술수. 교적은 끝까지 해하고 마는 그런 성질들. 이 사람 저 사람 얘기를 들어보라. 자신이 살아온 얘기는 한 권의 소설로도 부족하다는 사람들이 그 얼마나 많은가를. 맞아! 맞아! 세상사 돌아가는 꼴이 어쩌면 내 개인의 일과도 그렇게 비슷한지. 두 아주머니는 시간 가는 줄 모르고 신세 합창에 수다까지 겸한다.

그리스도는 별천지에 있는 것이 아니다. 비슷한 사건에서 일치점을 찾는 줄거리는 소설가들에게 맡기면 된다. 그러나 소설가가 저 그리스도의 말씀과 같은 것을 그 줄거리 속에 쏟아넣는다면, 하늘이 종이조각처럼 찢어진다 해도 나는 그 소설의 캐릭터에서 온전한 오로지님의 완벽한 캐릭터, 그리스도를 보았다고 하리라. 도대체 천지만물을 하나님이 만들었든 만들지 않았던, 그리스도가 마구간에서 태었낳든 안 났든 그것이 대체 나와 무슨 상관이 있단 말인가? 성령으로 잉태되어 나셨든 말았든 그것이 또 무슨 상관이 있단 말인가? 그것을 믿고 안 믿고가 그리스도의 말씀과 행위 속에 찬연히 비치는 머리에 인 빛(光)과 무슨 상관이 있다는 말인가? 그렇다면 모든 사람은 반드시 성령으로 잉태되어야만 그 빛을 머리에 일 수 있다는 귀납인지 연역인지 하는 골치와 싸움을 해야 한다는 말인가? 그렇게 다투다가는 성령은 보이지 않게 된다. 이(理)냐 기(氣)냐? 같은 말을 가지고 쌈박질하다가 절단난 조선의 얼빠짐, 바늘 위에 천사가 몇이나 올라갈 수 있을가로 날을 새다 날벼락맞은 러시아 정교회, 주어를 뺀 형용사, 부사, 조사, 동사가 무엇인가? 문장도, 문법도 아니니라. 법화경에도 탕자의 얘기가 있고 성경에도 있으니 아마도 행방불명된 예수의 젊은 날은, 인도로 유학간 예수!? 거짓말하지 마라. 그대가 좇아가 보았나? 사진이라도 찍어 왔나? 이솝이 유학갔다 와서 그렇고 그런 우리에게 결코 낯설지 않은 꾀돌이(꾀가 잘 돌아가는 이) 이야기집을 썼나?

불(火)! 내가 불 같은 성격을 낸다고 하여 정말 불이 나오는 것은 아니다. 불과 같다고 할 뿐이다. 너무도 찬란한 성령(하나님의 거룩한 빛)을 보고 그분은 아예 나실 때부터 성령 덩어리로 육신까지도 조직되었다고 하는 것이다. 이 묘사와 스토리에는 거짓이 없다. 거짓의 전제는 진실이 아닌 것에서 출발하는 것들이다. 그러나 진실에서 출발한 것은 어떤 스토리로 말해도 진실이 아니라고 할 수 없다.

나는 너를 하늘만큼 사랑한다고 한다면 '하늘만큼'이 정말인지 아닌지 따지려고 할까? 그것은 그이에게 성령의 캐릭터라고 하지 않을 구석이 티끌만큼도 보이지 않으니, 나라도 성경을 쓰게 될 영광의 사명을 받았다면 이것 말고 다른 필설로 어떻게 표현하랴? 봐라! 유전공학은 에비, 에미 없이도 아이를 만들 수 있다고 하지 않는가? 그런 식으로 따지면 끝나지 않는다. 그러니 그런 것으로 믿음을 혼탁게 하지 말라. 초점을 어긋나게 할 것이 없다.

"만일 누구든지 주 예수를 사랑하지 아니하거든 저주를 받을 것이다."(고린도전서 16:21) 섬뜩한 말이다. 같은 말이라도 이렇게 하는 것이 아니다. 마치 전철 안의 철부지 전도사도 아닌 다음에야.

그런데 주 예수, 사랑…그리고…저주… 이 양립할 수 없는 단어들이 어떻게 한 센텐스를 이루게 되었을까? 이렇게 말한 이의 캐릭터는 전철인가? 그러나 전철 보이의 캐릭터는 아니다. 우리의 아리랑을 보자. 민족의 에너지 송!

"날 버리고 가시는 님은 십 리도 못 가서 발병 난다."

예이츠의 시에서 영향받았음이 분명한 소월의 진달래꽃도 보자.

"나 보기가 싫어 싫어 가실라 하시오면, 진달래꽃 한 아름 따다가 뿌릴 테오니…, … 왜요 왜요, 천근만근 무거울 당신의 그 마음 가벼이 하시고(무거우실 테니) 사뿐히 즈려밟고 가시옵소서(짓밟지 마소서)."

이건 그런데, 나는 아리랑에 대해선 처음엔 의아했다. 아리랑을 들을 때면, 왜 발병(足病) 나라고 하는 노래가 우리 나라의 대표 민요일까???…

그런데 나중에 알고 보니 발병(發病)이란다. 결국 지방에서 전국으로 번진 것뿐인데, 그래도 의아했다. 그런데 나중에서야 심정으로 알게 되었다.

그 심정이 순수할 때, 아니 너무도 진실할 때, 태극의 어디를 뚫어도 태극이듯이, 평소엔 대립의 극과 극(우리 식 표현)을 이루던 낱말로 이 진실이라는 둥근 마음속에선 대립이 사라진다고. 아니 저주니 발병이니 그 어떤 극악의 말도 모두모두 사랑 속에서 용해된다고. 그 대립조차 삼킨 진실의 아픔, 그것이 한(恨)이라는 것이 아닐까? 발병 나라고 정말 즉물적으로 말하는 것은 아니지 않은가? 내 사랑의 진실을 모르고 가시는 님, 그렇다고 좇아가 붙잡지도 않는다. 아아! 그러나 내 마음, 이 사랑으로 병든 마음 아실 때는, 그때야 당신은 내 맘받아 이 병이 도지리라. 이런 것이 아니겠나?

너무도 귀한 진실, 너무도 소중한 사랑을 믿지 않고 모르고 간다면, 그것이 결국 저주가 아니겠나? "아아, 나는 정말 저주받을 뻔했으리, 주 예수 그리스도 사랑 그토록 지나침을 몰랐다면…." 이것의 인칭 바꿈이 아니겠나?

"네 원수가 주리거든 먹이고 목마르거든 마시우라 그러함으로 네가 숯불을 그 머리에 쌓으리라."(로마서 12:20)

光! 이 구절을 해석한 한마디다! 원수의 머리에 숯불을 얹어라. 원수가 배고프다 하면 먹여라. 목 마르다 하면 마실 물을 줘라. 냉정한 그 사람, 북극을 가슴에 담은 그 사람. 너의 사랑, 너의 선행이 숯불처럼 그 사람 머리 위에 쌓여 종내는 그 사람을 덥히리라. 결국은 그 북극을 녹이게 되리라!

한(恨)! 어떤 외국어로도 번역하기 어렵다는 미묘한 감정 상태인 한(恨)! 나는 이것을 볼 때마다 주역(周易)의 제 52계(卦), 그 키 워드가 '간위산(艮爲山)' 혹은 '중산간(重山艮)'인 프로그램(卦)이 떠오른다.

☶ 이것은 간산간하(艮上艮下)라고 하는 것으로 산이 중첩해 있는 에너지 프로그램이다. 밑으로도 강한 것(一)이 막고 있고 위로도 강

한 것(一)이 막고 있으니, 답답하고, 꽉 안팎이 막히는 듯한 형상이다. 어느 것 하나 돌파구가 없다. 간(艮)은 어려울 난(難)인 것이다. 아마도 우리네 조상들은 그 가슴에 우리가 말하는 한(恨)이라는 것을 이 산 위에 산, 산을 넘으면 또 산, 그런 곤란한 동질감을 이 괘에서 느꼈다고 여긴다. 恨! 마음(心)속의 간(艮)이 아닌가? 밑에서 위로 대화를 트려 해도 막아서는 힘이나 세력이 있고(一), 또 위에서 아래로 통할 커뮤니케이션도 닫혀 있다. 세상에 답답한 일은 이것이다! 똑같다! 위아래가!…. 그러나 다음 53 프로그램(卦)은 풍산점(風山漸)이다.

䷴ 산에 바람이 불어온다. 나무가 자란다. 뭔가 점진(漸進)할 기세다! 위에서부터 트려는(一) 힘이 더해진다. 돌파구가 생기는 것이다. 그러면 아래의 강(一)이 주도권을 잡고 위와 한번 대화를 트려고 할 것이다. 위의 기세에 눌린 것도 작용했으리라. 우리 조상은 바로 한(恨)을 품었으나 위에서 어떤 강한 바람이 불어와 주길 기대하였던 것이다. 이것이 괘(卦)라는 에너지 프로그램이 우리들 조상에게 미쳤던 영향이라고 본다. 한(恨)은 늘 희망을 잃지 않았다. 어떤 어려운 곤란(困難) 속에서도 정신(情神·上)의 기풍(氣風)이 들어야만 그 난국을 돌파할 수 있다고 여겼던 것이다. 이런 멘탈 트레이닝이 괘(卦)이다.

　종교적으로 말하면, 하나님의 얼이 들어야 한다는 것이다.

점(ヽ)

　불(火)! 사람(人)에 점 주(ヽ)가 양쪽에 있다. 프로메테우스와 불, 그리고 사람! 사람(人) 곁에서 가장 필수적인 불(ヽ)!

　쌀알(米)! 궁극의 구(九)! 그 나머지(우수리)는 없다 하여 하늘과 땅을 가르치는 십(十)! 완전 식품! 생명의 씨알! 그것을 강조하여 빛을 사방팔방에 넣은 쌀 미(米)!

베토벤의 교향곡이 한 장의 콤팩트(compact · 빽빽한) 원반(disk)에 꽉꽉 담기듯, 쌀알 하나에 오로지님의 캐릭터, 생명의 캐릭터가 빽빽하게 콤팩트된 디스크! 쌀알! 그래서 이 책의 제목이 '한 알의 쌀(米)에서 오로지님의 나라를 본다!' 물론 블레이크의 시를 받음! '모래 한 알에서 천국을 본다!'

기(氣)! 에너지의 보임새, 쌀(米)! 어디서 왔을까를 알려면 어디로 가는지를 보면 된다. 모락모락 김(气 · 기운 기)이 나간다.

구할 구(求)! 왼쪽 귀퉁이 위에 불꽃(丶)이 없다! 그러니 구(求)한다. 채워주소서!

멱(冖)! 발가 벗고 멱감는다. 민갓머리, 민짜머리. 머리는 머리 같은 데 빛나는 얼이 없다. 그래서 얼굴이 아니다. 얼굴을 들 수 없다. 위에 한 점(丶) 올려주어야 얼굴(面)이 되겠다. 하여, 다음!

면(亠)! 불러, 갓쓴 머리! 든 사람, 얼이 든 사람! 그래서 통칭 갓머리라 한다!

종(宗)! 얼이 든 이(宀)가 나타나신다. 보여주신다. 시(示)! 그래서 꼭지 종(宗)! 마루 종(宗)! 그분이 가르치시니 꼭지 가르침, 종교(宗教)!

다시 한 번 광(光)을 생각하니 영광(榮光)! 꽃빛!

주(舟)! 배가 물 위에 뜨다니 그 힘이 신비하다! 그래서 불(丶) 좀 넣어 그 힘을 표현했지! 우주 에너지가 모인다는 옴팔로스(배꼽) 단(丹)!

비(飛)! 비행기(飛行機)! 꼬리에서 불꽃이 나간다! 그 나는 힘이 그렇다. 날 비(飛)!

우주(宇宙)! 독자의 몫!

비밀(秘密)! 안에 빽빽히(密) 꽉찬 것 같은 데 볼 수가 없음! 그러나 반드시(必)가 두 번이나 있으니 반드시(必) 나타남! 이것이 메타포라는 뜻!

심(心)! 빛이 뱅뱅 돈다, 뱅글뱅글 돈다! 이하 동문 낭독 생략!

"빛이 흔들릴 때 모든 것이 흔들린다."(가스통 바슐라르)

점(丶) — 빛(光) — 불(火) — 쌀(米) — 에너지(氣) — 꼭지(宗)!

구(求)함! 구원(救援)! 문화와 문명, 그 모든 근본적인, 알파와 오메가는 이 낱말들에 있다. 물(水·氵·氺)도 구(求)의 아래를 이루고 있으니, 불꽃과 물의 만남!

불타는 물! 기름(油)! 기름의 원래 글자는 유(由)였다. 비롯된다, 말미암는다, 기름, 도(道). 이런 뜻이다. 우주(宇宙)는 이런 기름으로 찬 큰 집과 같은 것이다.

이런 식으로 언어놀이를 하다 보면 재미가 있고 얻는 것이 많다. 완색이유득(玩索而有得·갖고 놀다 보면 얻는 것이 있다—공자)이다.

그러나 쌀(米)에서 이런 오로지님 네트워크(나라)를 보아야지 밥보(바보)처럼 그것을 향해 질주(달릴 착辶=辵=走)하다가는 헤매게(헤맬 미迷) 된다. 향해 달려야(辶) 할 것은 참머리(首)이신 오로지님(道)이시다. 그것이 기-ㄹ(길)=기(氣)이기도 하다. 길고 긴 길! 길이 아닌 길!

비밀(秘密)! 빽빽한 것이 있긴 있는데 감추어 있으나 반드시, 반드시 나타난다고 하였다. 은밀(隱密)과 같은 말이다. 산(山)이 있는 것은 산이란 그처럼 정기(精氣)가 빽빽히 있음이다. 모든 신화는 산에서 비롯된다. 에덴동산, 시나이산, 올림프스산, 백두산… 그것이 밀(密)이다. "감추인 것이 드러나지 않음이 없고 숨은 것이 알려지지 않을 것이 없느니라."(마태복음 10:26)

"너는 구제(救濟)할 때에 오른손의 하는 것을 왼손이 모르게 하라 네 구제함이 은밀(隱密)한 중에 보시는 너희 아버지가 갚으시리라."(마태복음 6:3-4)

참으로 비밀(秘密), 은밀(隱密)의 뜻을 잘 보여주는 오로지님의 캐릭터다!

구제할 때도 알차게, 빽빽하게 하되 그것은 비밀스럽고 은밀하게 하는 것이다. 그 은밀함이 진짜 속이 찬 사람이다. 오로지님 당신도 빽빽하게 가졌으나 그것을 감추고 있다. 그러나 네가 구제하였음으로 네가 가진 점(丶), 빛의 알갱이(丶)가 빠져 나갔을 것이다. 그러니 꽉

차(隱密) 계신 분이 갚겠다는 것이다. 오로지님의 역사(役事)는 이렇게 은밀하게 나타나는 것이고 또 그것은 알차게 나타난다는 말씀이다.

도(道)! 저절로님(自)께서 그 머리 위에 광채(ヽ)를 스스로 이고 있는 것이다! 우리도 그와 같이 되어 오로지님(道)께 달려가자(착辶)는 것이다.

언어를 똑똑히 알게 되는 것을 경(謽)이라고 한다. 시작은 에너지이다! 오로지님은 에너지님이시다. '덮어썼다'는 것을 좋지 않은 뜻으로 쓰기도 하지만, 모자(帽子)를 덮어썼다 하듯이 모조리(모조리 최最) 취(取)하여 덮어씌운(덮었을 모冒) 것이 최초(最初)라는 말이다. 초(初)는 옷(衤＝衣)을 칼(刀)로 재단하는 것이니, 최초(最初)란 이런저런 의미를 덮어씌어 옷을 재단하듯 하였다는 말이다.

똥오줌을 시뇨(屎尿)라고 한다. 죽을 시(尸)에 쌀 미(米)이니 죽은 쌀, 죽은 밥이 똥(屎)이요, 물(水)이 죽은 것(尸)이 오줌(尿)이다. 분뇨(糞尿)! 쌀(米)의 성질이 달라진(異) 것, 쌀의 캐릭터가 달라진 그것이 분(糞), 똥이다! 똥누는 것도 종교 교육이다.

그것이 생김이위배움(形而上學)이다. 형(形ㆍformat) and(而) 위(上)를 배움!

무용(舞踊)! 무(無) 에너지를 쓰는(用)는 무용! 맞춤(中)! 손(扌＝手)을 아래(下)로 하고 손뼉을 착착 치면 불똥이(ヽ) 튀는 것일 것이다. 세계 어느 나라 사람이고 잘한다, 잘됐다 할 때 이 손(扌)을 맞추어 표현한다. 그런데 손뼉에 춤까지 추니 금상첨화, 중용(中庸ㆍ황금춤)의 춤이다. 그것을 변용(抃踊)이라고 한다. 손뼉칠 변(抃)을 보라! 박수갈채(拍手喝采)! 손을 아래로 한 위에 찬란한 불꽃(ヽ)이 있지 않은가? 우리는 수없이 손뼉을 치며 산다. 이 이치를 잘 깨우칠진저! 아래를 배워 위로 내달린다.(下學而上達)(공자)

끗발이 좋다!

점(丶), 점(點), 획(劃)을 우리 말로 '긋'이라고 한다.

성냥을 '긋다(strike)'고 한다. 그러면 불똥이 켜(點)진다. 하늘에서 내리는 획(劃)이다. 금(線)을 '긋다'고 한다. 그러니 그림이나 글씨를 써가는 것은 긋어(그어)가는 것이다. 확확 에너지를 일으키며 캐릭터를 새기며 긋어(그어)져 가는 것이다.

물건을 한점(點) 두점(點) 세는 것, 그 물건, 일을 나타내는 '것(things)'은 '긋'이다. 화투 같은 노름(놀음)을 할 때 첫 끗발이니 개끗발이니 하는 것, 점(쩜) 어쩌고 하는 것(긋), 모두 이 '긋'이다. 긋어가고 긋을 따오고, 긋어가고 긋을 따오고…

끗발(發)이다. 긋은 발(發ㆍ쏨)이다. 프러젝션(projection)이요, 슈팅(shooting)이다. 슈팅을 잘(well)하여 맞추거나 넣을 때, 점수(點數)를 따오는 것(긋).

우리는 온통 에너지를 쓰며, 긋으며 살아간다. 온통긋을 쓰는 것이다. 오로지님, 긋님을 쓰며 사는 것이다. 말이 긋이요, 글이 긋이며, 춤이 긋이다.

긋다를 스트로크(stroke)라고 한다. 타격이요, 치기며, 한 획이요, 수영에서 팔을 힘차게 내젓는 것이요, 일필(一筆)이요, 테니스 등에서 한 번 라켓을 휘두름이요, 춤사위를 말한다. 사위는 것! 불을 사위는 것(burn up)! 춤은 무(無) 에너지를 사위는 것이다. 춤을 덩실덩실 사위여 추며 흥이 고조되듯이 그렇게 춤의 스트로크를 할 때마다 에너지가 솟는다. 스트로크는 '수완(솜씨)ㆍ이익'을 뜻하기도 한다. 천재적 수완(strok of genius)이다. 한긋 한긋이 그러하다.

"아(知)나 이것(긋) 먹어라!" 이렇게들 말한다. 비가 엄청 와 다(極) 왔다(極). 이를 두고 '비가 긋다'고 한다. 긋(그)친 것이다. 긋을 쳤다!

외상을 긋는다고 한다. 왜 긋나? 그 긋음이 돈이요, 에너지이기에 그런 긋(mark)을 해두는 것이다. 긋은 영어의 뜻으로 드로(draw)가 된다. '선을 긋다. 그리다, 끌다. (급료 등을) 타오다'. 깨끗하다는 말은 깨끗하다는 말이다. 집안이 어지러워졌다. 깨끗이 하라는 것은 질서를 잡아라는 것(긋)이다. 차려놓으라는 것(긋)이다. 차례(禮)란 그래서 나온다. 극기복례(克己復禮)! 자기를 이기고 이런 차림(참)으로 돌아가라는 말이다. '그 참 좋지!' '긋 참 좋지'다.

긋이 차면(full) 좋다는 말이다. 오로지님을 그(him)이라고, 그님이라고 부르는 것도 긋님이라는 말이다. 사람 대 사람, 이 상대(相對)를 벗어난 삼자와 같은 '그'는 긋이다. 긋님이다! 우리는 시원한 물을 마시거나, 더운 날 시원한 막걸리를 한 사발 들이킬 때도 '크(거) 씨원하다!'고 한다. 긋(그)의 센소리다. 너무 좋아서 그러겠다.

그렇다! 긋었다!는 말이다. 나도 긋었어! 하는 말이다. 이것이 긍정(肯定)! 올(옳이여길 肯 · 義)이를 그렇게 말한다. 새는 제 이름을 부르며 난다! 꾀꼬리는 꾀꼴꾀꼴! 우리는 오로지님을 부르며 '난다(生 · 飛)'! 온통 알, 온통 긋을 떠날 수(꾀)가 없다.

우리는 우리 자체가 긋이요, 점 지팡이요, 알이다!

그득(full)이란 긋득(得)이다. 설명이 필요하랴? '그것 참 아름답다!' 이 말을 긋으니, 쭈욱(一) '긋 긋 긋 긋긋긋긋'이다. 너무 아름다울 때 '그 그 그 그 그一' 하고 별소리가 필요없다. 아름은 한아름이요, 답다(正)는, 바로되었다는 말이다. 극(極)이다. 결국 긋으니 긋으로 마친다.' 그(긋) 것(긋) 참(긋) 아름(긋)답다(긋)!' 아닌가?

오로지님을 표현하는 말들을 '긋'으로 바꾸면 결국 그 문장은 '긋' 한마디뿐이다. 사실 여기 검은 먹물로 한 획을 긋거나 한 문장을 쓴다고 해도 그것은 결국 먹물이다. 그처럼 긋으면 긋으로 끝나게 되어 있는 것(긋)이다.

선을 긋으면 선이듯이 말도 긋으면, '그 이치를 따지면 다(極) 그렇다!' 자 지금까지 나의 일점일획 사상으로 방금 한 말을 풀어보자. '그(긋) 이치(긋)를 따지면(拈 · 占) 그(긋)었다(極)!' 결국 '긋!'이 한마디를 한 것이다! 아니 경전 그 어떤 문장이고 가져와 보아라. 나는 '긋!'이 한마디로 끝(긋)내겠다!

결국 우리는 점획! = 알! = 극(다)! = 수! = 굿! 이 한(큰)마디
(굿)를 하고 사는 것이다. 뜻은 같다.

'그(굿)것(굿) 참(굿)!' 그렇지 않은가? 굿!

세상에 '그것 참!' 보다 끝내주는 말이 어디 있는가? 언어게임(lang
-uage game)을 하면 이렇게 이치가 오묘해진다.

지(知)! 입(口)에서 나간 시위(矢)는 다른 것이 될 수 없다. 굿발
(發)! 굿을 쏘았으니 끝(굿)가지(得)! 그것은 '굿'이다! 오로지(온통)
님, 굿님은 단 한 굿, 단 한 점, 한 획의 말씀이시다! 귀있는 자는 들을
지라!

내가 허공에 쏜 화살 / 어딘지 모를 곳에 떨어졌다

너무나 빠른 화살이라 / 눈으로 좇을 수 없었다

공중에 노래를 불렀다 / 어딘지 모를 곳에 떨어졌다

제 아무리 눈이 좋다기로 / 나는 노래를 볼 수 있으랴?

하 오래 지난 후 참나무에서 / 꺾이지 않는 채 화살을 찾았다

처음부터 끝까지 노래를 / 벗의 마음에서 다시 찾았다

— H.W. 롱펠로, '화살과 노래'

손뼉을 치며 추는 문자의 골든 댄스(golden dance), 황금춤!

단 한 굿, 하나, 점, 알, 극, 다, 굿…으로 당신을 말씀하시는 분. 아
니 그조차 말씀하심은 아니다. 그러나 그렇게 보자. 획(劃)하고 일필
휘지(一筆揮之 · write with one stroke of a brush) 하시는 것이다!
굿! 쓰다(write)는 빛인 라이트(light)이다.

말과 문자는, 참으로 들으면 들을수록, 보면 볼수록, 생각하면 할수

록 신기(神技 · wonderful performance · 놀라운 솜씨)요, 신기(神奇 · supernature)다. 슈퍼 캐릭터!

그리고 한마디 더 하자면, 신기(神氣 · supermind · 초지능)이다. 그렇지 않은가?

말과 문자는 광명의 오로지님께서 그에게 방향을 틀도록 해둔 스위치요, 점 지팡이이다. 아니 거기에 대한 사람의 놀라운 반응, 그 감동, 고백의 성문(聖紋)이다.

획기적(劃期的 · epoch-making)! 긋(劃)을 만나면(期), 그 긋을 표적(標的)으로 하면 거대한 스위치가, 새로운 시대가 열린다는 말이 아니던가? A.D.와 B.C.의 가름 같은!

계획(計劃)이란 또 무엇인가? 꾀(計)가(로) 긋(劃)을 한다는 말이 아니던가? 그 말이 그 말이다.

도시계획(都市計劃)이란 긋는 것이다. 여기는 동대문, 저기는 서대문, 그 문들은 다 긋으로부터 나온다. 긋으로, 프로젝트(計)로부터 나온다. 대(大)란 무엇인가. 대인(大人)이란 무엇인가? 사람(人)이 하나(一), 긋을 긋으면 그렇게 큰 사람이 된다는 말이다. 컨 사람, 점등인(點燈人)이 된다. 긋은 점획(點劃)이다. 대통령(大統領)을 점(丶) 하나 잘못 찍어 견통령(犬統領)으로 만들어 수난당한 자유당 때 모 신문회사도 있다질 않는가? 긋(點劃)에 흥망이 있다!

점심소견(點心所見)이라는 불가의 용어가 있다. 마음(心)을 켜는(點) 소견(所見 · idea), 마음에 긋(點)을 한 점 긋어주는 것이다. 마음을 황금자(中庸)에 맞춰주는 것이다. 마음으로 하여금 그 중용의 황금 척도(黃金尺度)가 되도록, 오로지님(道)의 캐릭터에 맞추어 생각을 끝없이, 끝없이 갖는 것이다.

생각보다 빠르고 생각보다 엄청난 파워를 가진 라이터돌은 없다!

소견(所見)은 임프레스(impress)다. 안에 도장(圖章 · 印)을 찍듯, 감명을 주는 것이다. 인쇄(印刷)를 말할 때 인(印)이란 '찍는다(점)'는 것이다. 그 인(印)은 그 임자의 캐릭터를 드러내는 데 쓰이고 있질 않는가? '하나님께서 인(印)치신 자' 들이라는 많은 성경구절은 하나님께서 당신의 캐릭터를 점심소견했다는 것이요, 긋었다는 말이고, 도장 찍듯 하셨다는 말씀이다. "너는 나를 인(印)같이 마음에 품고 도장(圖章)같이 팔에 두라 사랑은 죽음같이 강하고 투기는 음부같이 잔혹하며 불같이 일어나니 그 기세가 여호와의 불과 같으니라 이 사랑은 많은 물이 꺼치지 못하겠고 홍수라도 엄몰하지 못하나니 사람이 그 온 가산을 다 주고 사랑과 바꾸려 할지라도 오히려 멸시를 받으리라."(아가서 8:6-7)

하나님의 캐릭터를 아로새긴 사람은 그 어떤 것도 이 사랑과 바꾸지 못한다는 도장 같은 말씀이다. 점심소견이다. 그런데 이것이 중식(中食)으로 점심(lunch)이 되었다. 맞추(中)라는 것을 엉뚱하게 맞췄다. 경전의 한 말씀 한 말씀은 다 점심소견(點心所見)이다. 점철성금(點綴成金)이라는 말도 있지 않나? 점(點)을 파일(file·綴)로 엮은 듯이 하여 이루어진 금쪽 같은 말씀이라는 말이다. 쇠를 달구어서 황금을 만든다는 말인데, 나처럼 옛사람의 글을 따와 말을 이어가는 것이 점철성금이다.

'눈물과 감동으로 점철(點綴)된…' 정말이지 오로지님의 말씀으로 점철되어야 한다.

성경을 두고 시인 하이네는 이렇게 읊었다. "이 얼마나 고귀한 책인가! 세계만큼 크고 넓도다. 조화의 밑둥에 뿌리박고, 저 높은 그곳, 더 깊은 궁전에까지 치솟는도다. 해돋이와 해넘이와 약속과 진실과 삶과 죽음, 오! 인류의 꿈은 이 책 속에 있구나." 인류의 비전, 위대한 프로젝트는 이 성경에 있다.

책(冊)은 책(策)과 같은 말이다. 책은 꾀(策)를 담아 묶어놓은 것이다. 성경은 참 밝은 꾀를 담아 묶어논 'THE BIBLE·온통 꾀·온통 긋'이다. 온통 프로그램이요, 온통 극(極)이요, 온통 다요, 온통 알이요, 온통 긋이다. 바이블이라는 말은 책이란 뜻이다. '그(긋·The) 책(策)'이다. 긋님에 맞추라는 책이다. 긋님으로 획(劃)~ 긋어져라는 책이다.

독자는 화룡점정(畵龍點睛)이란 고사성어를 알 것(긋)이다.

중국 남북조 시대, 양(梁)나라 화가 장승요(張僧繇)는 금릉(金陵) 안락사(安樂寺)에서 용(龍)을 그려달라는 청탁을 받고 벽화로 두 마리의 용을 그렸다. 검은 먹구름을 헤집고 당장이라도 솟구칠 듯한 생생한 그림을, 저 아폴로(Apolo · 占術의 신) 우주선과도 비교될 수 없는 그런 활기찬 그림을 그렸다.

그림 속의 용의 비늘 하나하나마다, 아니 예리한 발톱을 한 용의 빛나는 모습은 모든 감상자들의 탄복을 자아내기에 충분하였다. 그러나 가만히 보니 용의 그림에는 눈동자(睛)가 그려져 있지 않았다. 사람들이 그 연유를 묻자, 장승요는 만약에 용에게 점을 그려넣은 점정(點睛)을 한다면, 바로 그 눈동에 점을 찍어 넣는다면 정말로 용은 승천하게 될 것이라고 말하는 것이었다. 명령어를 치면 프로그램이 실행된다는 말과 같다. 사람들이 이 말을 듣고는 대번에 웃기지 말라고 하자, 머뭇거리던 장승요는 그 중 한 마리의 용에게 점을 찍는다. 점정(點睛)의 순간! 갑자기 벽에서 번개가 번쩍하며 뇌성벽력이 일면서 점이 찍힌 용이 벽을 박차고 하늘로 용솟음(용오름)치는 것이다.

사람들은 이 고사를 마무리(finishing touch)를 잘하라는 것으로들 알고 있다. 그러나 그 정도가 아니다. 장승요는 알고 있었던 것이다. 점(丶), 그것이 무엇을 뜻하는지를! 생명 없는 용이 생명을 얻어 가공할 추진력으로 하늘로 치솟는다. 얼쑤!

얼이 솟구친다! 피니싱 터치! 끝내기 터치! 극(極)! 긋! 알! 점! 다! 하나! 오로지! 획!

구극점(究極點)이다! 이렇게 고사는 바로 읽으면 바이블이 된다!

점(點)은 새 생명으로 거듭나게 하는 스위치 온(switch-on), 그 켤 점(點)이다.

용(龍)이 나왔으니 은총(恩寵)을 보자. 얼님의 얼굴 갓머리(宀)안에 용(龍)이다. 대단하다! 오로지님의 은혜가 괴어 있다(괼 총寵). 화룡점정과 함께 생각하면 큰 유익함이 있으리라.

일점일획(一點一劃)! 한긋 한긋! 한찌 한찌! 그 발원지!

"천지는 없어지겠으나 내 말은 없어지지 아니하리라.(마가복음

13:31)"

"진실로(충만하여) 진실로(충만하여) 너희에게 이르노니 천지가 없어지기 전에는 율법(말씀)의 일점일획(一點一劃)도 반드시 없어지지 아니하고 '다 이루리라(긋)'"(마태복음 5:18)

"For verily I say unto you, Till heaven and earth pass, 'one jot' or 'one tittle' shall in no wise pass from the law, till all be fulfilled."(Matthew 5:18) — 킹 왕 버전(版)

천지(天地)는 없어진다. 그러나 오로지님, 그리스도, 하나님 아버지. 그 '긋(點劃)'은 한점 한점이 진실(truthfulness)이므로 언제나 올(all)이요, 퍼펙트다!

극(極)이요, 태극(太極)이다. 완전하다! 이루리라는 것은 미래적 성격의 말이다. 제임스 왕 버전처럼 그것은 차 있는 상태다! 하나님은, 온통님은, 오로지님(道)은 빈 적이 없다. 부족한 적이 없다. '다 이루어져 있다! (긋)'이다. 충만(진실)함으로 말하니 거짓이 아니다. 거짓은 충만하지 못하기에 하는 것이라고 했다. 충만하면 거짓은 안 나온다. 오로지라는 뜻은 오롯이다. 충만이요, 진실이라는 뜻이다.

이오타(點)! 히브리어 가운데 가장 작은 글자를 요드(ﬧ)라고 하는데, 그만한 한 점 글자에 담긴 뜻도 천지보다 귀한 것이다.

그러나 중요한 것은 뜻이다! 마음에 한 점 요드(ﬧ)로 켜지는 점이다! j나 i처럼 그 점(點) 하나까지도 의미한다. 그 모든 것이 전체를 싸잡아 의미하게 되는 티틀(tittl)이 된다! 세포 하나에 온 생명의 정보가 들어 있듯이 하나님 말씀의 한 점(ﬧ)이 온 티틀이 되는 것이다. 긋(ﬧ)! 극(ﬧ)! 알(ﬧ)! 점(ﬧ)! 다(ﬧ)! 하나(ﬧ)!

수(ﬧ)! 꾀(ﬧ)! … 一(ﬧ)! 이런 뜻이다. 일즉다(一卽多)이다!

이것을 더 설명하기 전에, 저 유명한 '주께서 가르쳐 준 기도(주의 기도)'를 다시 볼 필요가 있다.

"하늘에 계신 아버지 (Our Father who art in heaven)"
이렇게 시작한다. 그러나 우리의 번역은 영어에 떨어지고 있다. 정확한 번역은 "하늘에 계신 꾀 있는(art) 우리 아버지" 이렇게 해야 한다.

아버지를 꾀 있다, 프로그램이 있다고 하고 있다. 이 세상 최고의 부자가 프로그래머인 것도 따지고 보면 그러하다. 꾀는 또한 프로젝트(Project)이다. 저 숱한 경전이 마음부시도록 발(發 · projection)하는 프로젝트! 그리고 저 절묘한 지혜가 마음을 사로잡는 비술(秘術)의 아트(꾀)!

아니 만물과 내 몸을 흐르는 생명력의 신비! 이 얼마나 신묘막측한 프로그램이요, 프로젝트며, 아트일 것이랴?

하늘에 계신 아버지는 아티스트이시다! 그렇게 천국의 네트워크를 펼치신 위대한 아티스트이시다!

말 그대로 마스트 플랜(Master plan)을 낸다. 꾀를 자원(資源 · resource)이라고 하는데, 소스(source · 源泉)로 돌아가는(re-turn) 것이 우리가 쓰는 꾀다! 자원인 것이다. 아트풀(artful · 꾀많음)! 꾀하다(think out)! 생각을 꺼내놓는 것! 생각(生覺)이라는 한자말은 없지만, 그렇게 깨침(覺)을 내는 것(生)이라는 뜻이니, 있으면 놔두고, 없으면 이리 쓰면 되는 것이다. 아트(art)! 예술(藝術)! 예(藝)는 '심을 예' 요, '나눌 예' 며, '재주 예' 이기도 하다.

진실(眞實 · truthfulness)! 찼다(full)! 리(理)는 프로그램을 뜻하니 진리(眞理)는 'the fullness of program' 으로 풀면 될 것이다. 도리(道理)를 셀프 에비던트 트루쓰(Self-evident truth)라고 하니 스스로 진리를 입증한다는 말이다. 따라서 도리를 따른다는 것은 절로 따르도록 훈련(맞춤)이 되어 있어야 한다. 다시, 전지(全知 · All-Knowing)이고 전능(全能 · All-Powerful)이니 하나님이 어떤 분이신가를 우리는 이렇게 말하고 있음이다. 또한 일(一)의 한자 뜻은 '하나 · 오로지 · 온통' 이다. '역전(驛前) 앞', 전(前)이 앞인데 그것을 굳이 다시 앞이라고 하는 민족 주체성(?)이 있듯이, 족(足)발이라고도 하여 역시 주체성을 과시하듯이, 깡(can)통(桶)이라고 하여 역시 말버릇을 끝까지 잃지 않듯이, '하나 가득' 도 마찬가지 동어반복인 것이다. '오롯이' 이라는 말은 '가득(fullness · 가득 참)' 이요, 무량(無量 ·

infinite · 끝없음)이며, 무진장(無盡藏 · inexhaustible supply · 소
모됨 없이 공급함)이요, 감개무량(感慨無量 · the fullness of the heart
· 眞情)이라는 말들이 다 그것이다. '오롯이＝오로지'는 '완전하다
(perfect)'라는 말이요, '온통(entirely)'이며, '모든(all)'이라는 뜻
이니, 하나님 · 오로지님은 온님인 것이다. '한결같음(to be consiste
-nt)'이신 것이다. 또한 '오로지하다'는 말은 준비함(prepare ·
program)이요, 차려 둠(set · put)을 말한다. 우리는 이런 뜻으로 하
나님, 하느님, 여호와, 도(道), 오로지님을 부르고 있다. 알고 불러야
한다. 여호와께서 아담에게 시킨 가장 먼저의 일은 '이름을 어떻게 짓
나' 보시는 것이었음은 큰 깨우침이다. 사람이 가장 먼저 할 일도 이
것이다. "여호와 하나님이 흙으로 각종 들짐승과 공중의 각종 새를 지
으시고 아담이 어떻게 이름을 짓나 보시려고 그것들을 그에게로 이끌
어 이르시니 아담이 각 생물을 일컫는 바가 곧(則) 그 이름이라."(창
세기 3:19) 만물에서 그 캐릭터를 찾아 이름(말)을 골라 짓는 것을 허
락하였을 뿐 아니라, 이것이 가장 으뜸해야 할 일이라고 한 것은 사람
은 뜻을 바로 새길 줄 알(測)아야 한다는 것이다. 모든 말의 뜻을 명
확히 할 때, 그 속에 감춘 뜻이 드러나는 것이다. 이 책의 뒷표지에다
말한 바와 같이 꽃(道)을 불러주기 전에는 단지 한 몸짓(카오스 · 성
질 · 혼돈)에 불과하다. 불러주었을 때 와서 한 점(丶)의 의미가 되는
것이다. 부르지 않는다니? 부르라고 아담에게 이름짓는 일을 무엇보
다 우선하여 시키신 것이다!

켜라(켤 점點)!

왜 어둠 속에 머물려 하는가?! 이런 말씀이다!

일점일획(一點一劃)! 그런데 축자무오설이니 뭐니 하는 것으로 성
경을 따져선 안 된다. 점획은 뜻을 말하는 것이지, 그런 식의 형(形)
을 고집하는 말은 아니다. 어떤 작은 것(긋)이라도 하나님의 뜻은 반
드시 이루어진다는 말이다. 그것이 태극(太極)이 아닌가?

부스러기! 한 여인이 이렇게 그리스도에게 말하였다. 주여 저를 도
우소서! 그러자 예수는 자녀의 떡을 취하여 개들에게 던짐이 마땅치

않다고 물리친다. 엄청난 도발(?)이요, 무정함이다. 그래도 이 여인은 포기하지 않고 성서 가운데 가장(?) 의미있는 말 가운데 하나를 하고 있다.

"옳소이다마는 개들도 제 주인의 상(床)에서 떨어지는 부스러기(crumbs)를 먹나이다."(마태복음 15:27)

그러자 예수는 이렇게 다시 말한다. "네 믿음이 크도다(great is thy faith) 네 소원대로 되리라."(28절)

그 부스러기(丶)가 크(太)다(極)!

니르바나(Nirvana)·열반(涅槃)

"3월 결산을 앞둔 기관 투자가들이 적극적인 매도 공세를 벌이면서 종합 주가지수가 20포인트 이상 급락해 570선대로 떨어졌다."

"우리는 공산독재는 물론 자본가와 부패분자의 독재도 배격하고 진정한 민주주의 체제를 확립하여 책임 있는 혁신정치의 실현을 기한다."

"철조구조 아파트로 수명이 반영구적이고 취향에 따른 공간활용이 가능하며, 스카이 가든, 헬리포트, 전망용 엘리베이터 등 일반 아파트에서는 접할 수 없는 시설을 갖추었습니다."

"승객 2백17명을 태우고 서울을 출발한 대한항공 여객기는 제주공항 활주로에 접근하던 중 갑자기 돌풍이 불면서 뒷바퀴가 활주로 부근 잔디밭에 스치자 곧바로 이륙했다."

"관자재보살(觀自在菩薩) 행심반야바라밀다시(行心般若波羅密多時) 조견오온개공(照見五蘊皆空) 도일체고액(度一切苦厄)…………"(반야심경)

앞서의 글들은 어느 날짜 신문에서 눈에 띄는 대로 집어 적은 것이다.

그리고 그 다음은 잘 아시다시피 반야심경의 시작이다. 반야심경은 내가 세상에 나와 가장 먼저 접한 경전이다. 감기까지 들어가며 외웠고 개인적인 귀띔도 받았었다. 그러나 궁금함이 증폭, 그 책을 옮긴이를 찾아갔었는데 훗날 생각해 보니 잘못 가르쳐주셨기로 인상에 남지 않는다.

앞서 나는 점(點), 알(知), 다(極·多), 굿… 등등이 모두 같은 뜻임을 밝혔다.

반야심경의 그 다음은 훗날 다시 언급하기로 하겠지만, 이 부분이 끝내기 극(極)이다! 이것은 니르바나(Nirvana)를 그대로 말하고 있기 때문이다.

앞서 신문을 일점일획 사상 사전으로 보자면, 건질 것이라고는 다(極), 이 하나다. 실상 우리는 이런 식의 말들을 하며 사는 것이다.

니르바나란 말의 뜻은 무엇인가? '소리가 없다(nir = 없다, vana = 소리)'는 말이다. 그저 하나의 성질이요, 캐릭터다! 말하지 않지만 느껴 말할 뿐이다.

전기등불이 무슨 말을 하든가? 그 환한 빛을 전등을 모르는 깊은 산골 사람에게 전하려면, 그 사람의 주변에 적절한 보기가 있으면 그것을 들어 말하게 된다. 그것이 우의(寓意)라고 나는 누누히 강조했다.

또한 니르바나는 '켜지다(put on)·꺼지다(put off)'는 뜻을 담고 있다.

사실 이것을 말로 전하기는 그렇게 간단한 것이 아니다. 전깃불을 아무리 설명해도 초롱불만을 알고 산 산사람은 듣기는 들어도 이해가 되지는 않는 것과 같다. 그러나 나는, 가장 쉬운 길을 모색하며 이를 설명코자 한다.

저 반야심경은 당나라의 현장법사(玄裝法師)가 옮긴 것이다. 그 권위는 의심할 바 없다. 이렇게 나는 해석한다.

"스스로님을 볼 수 있는 빛(굿·얼.·알), 원반처럼 빙빙 도는 그 마음(알), 빽빽한 빛물결치는 그 네트워크(羅)로 들어가니, 일체의 고통 재앙을 건너버렸어라!"

이때의 나의 경험을 말하라면 죽는 줄 알았다. '죽여주네' 하는 말들을 하는데 나는 정말 죽는 줄 알았느니라!

웃음, 기쁨! 통쾌! 필설로 다할 수 없는 감격이 솟구쳐 오르는데, 그 웃음기(氣)가 헉헉 가슴을 받쳐 오르는 것이, 저절로 입을 크게 벌리고 쉼호흡을 하듯이 내가 온통 빛기쁨 속(?)에, 아니 그 자체가 되어 '아이! 아이! 아이!' 이 소리만을 반복할 뿐이었다. 잠이 다 무엇인가? 밥이 다 무엇인가? 아! 무엇인가? 내가 '웃음' 이었던 그 순간을! 다 태워도 되었으리, 극! 극! 극! 나는 표현할 한마디를 떠올리며 어쩔 줄을 몰라했느니라.

그래도 설명해 보리라. 관자재(觀自在)! "나는 스스로 있는 자니라.(自存有)"!

이는 건너뛴다. 스스로님을 보았다(觀·점칠 관)는 것은 스스로님을 보아야 하는 것이기에….

행심반야(行心般若)! 원반형 UFO가 어디선지 나타났다 사라지곤 한다고 한다. 미확인비행물체! 나도 두 번 본 적이 있다. 중앙청(구 총독부 건물) 상공에서, 그리고 한강 강변도로를 달리다가. 그러나 그것을 말하고자 함이 아니다.

내 마음이 UFO! 바로 그것이었다! 확인해 줄 수는 없다. 그러나 내 마음은 그렇게 빙글빙글 돌며 빛물결(波·wave)치는 네트워크(그물 라羅), 빽빽한 빛이 있는 그 네트워크(密多)에 맞춰(때맞춰 시時)졌으니, 그 순간 UFO는 건너버렸다(渡)!

일체(一切·everything)의 고액(苦厄·쓴 괴로움과 액)을!

그것이 '나' 였던가? 언제 내가 그것이었나? 있긴(?) 있었고 가긴(?) 갔었다! 큰 느낌에 빠져 있었으니 말이다. 알(知)을 부셨다(break)! 신비주의자의 몽환이 아니니라. 난 격하긴 하여도 서툰 소린 안 한다.

다시, 밀다(密多)! 밀(密)은 앞서 내가 설명했다. 다밀(多密)! 다밀 학급! 이렇게 바꾸면 금방 들어오리라. 도(渡)! 부도수표(不渡手票)! 돈으로 건너(渡)오지 못하는 엉터리 종이조각! 부도난 공장! 어떤 장

벽을 건널 수 없어 파산되는 것을 말한다. 우리도 건너지 못하면 우리 생명은 파산된다! 부도(不渡)!

부도를 영어로 디스아너(dishonor)라고 한다. 망신(亡身)이다! 몸뚱아리(身)조차 망(亡)하는 것이요, 불명예(不名譽)! 그 이름(名), 그 캐릭터를 기림(譽)받을 수 없다(不)는 말이다! 말이 먼저가 아니다. 그 느낌을 전하려니 말을 한다.

그러면 나는 신비(?)한 힘이라도 생겼는가? 차력사들처럼 그런 힘이라도 생겼는가? 내 몸뚱이는 그대로이다. 아무것도 달라진 것이 없다. 다시 평상으로 돌아와 그저 살 뿐이다. 밥 먹고 똥 싸고! 그리고 말을 한다. 말을 한다!

돈오(頓悟 · sudden enlightenment)! 갑자기(sudden) 빛으로 밝아진 것이다!

돈(頓)! 깨졌다(break)는 말이요, 조아렸다(bow)는 말이다. 오(吾)! 오등(吾等)은 자(玆)에… 그 오(吾 · 우리)다! 우리 집, 우리 나라 할 때의 우리(나)의 개념이다. 마음(忄=心)으로 우리(나)가 되는 것! 참 나! 글을 읽다 보면 글과 내가 하나(우리)가 된다. 그래서 오(吾)를 '글 읽는 소리'라고도 한다.

니르바나(Nirvana)! 바라밀다(波羅密多)! 오로지님(道) 네트워크!

저 앞서 열거했던 신문 말! 우리의 일상어들! 거기 어떤 명사에서도 오로지님의 낌새를 찾아보긴 쉽지 않다. 결산, 기관 투자자, 매도, 종합주가지수 20포인트!

공산독재, 자본가, 부패분자, 배격, 민주주의 확립! 철제구조 아파트, 반영구적, 취향, 공간 활용, 스카이 가든, 헬리포트, 전망용 엘리베이터, 승객, 대한항공 여객기, 활주로, 갑자기 돌풍, 사고!

더 인용하면 책이 안 된다. 아니 그런 것들이, 이런 잡소리들이 일체 없다! 소리가 없다! 몽땅 니르바나에선 소멸된다! 마음만 켜지고

(switch-on), 다 싸그리 꺼져버린다(swich-off).

　이 구극(究極)이, 끝내기 스터디가 니르바나다!!!

　오로지님이 천지를 박살내지 않아도, 마음이 오로지님 나라(네트워크)로 들어가면 다 소멸이다! 왜 그런가? 저것들은 어느 것 하나도 극(끝내기)이 아니기 때문이다. '다(極)'라고 말들은 했는데 진짜 극이 아니었다. 참깨가 아닌 주근깨였다.

　그저 그리로 들어가면 그만인 것을, 무엇 때문에 종말을 기다리나?

　적광(寂光), 적멸(寂滅)! 니르바나를 이렇게도 옮긴다!

　당신의 방에 갑자기 전깃불이 나갔다. 당신은 급히 양초를 찾는다. 잠시 후 다시 환한 전깃불이 들어온다. 그러면 당신은 어떻게 하는가? '훅!' 하고 입바람을 내어 촛불을 '꺼버릴' 것이다. 그것이 적멸(寂滅·deat)이다!

　큰 빛이 들어왔으니 그런 따위 아마추어 빛은 빛도 아니다. 맥을 못 쓴다. 꺼질 수밖에 없다. 세상이 그 촛불이다! 훅~!

　아니 전깃불이 들어왔으니 그 빛을 먼저 본다. 그래서 적광(寂光)이다. 빛(光)은 소리가 없음으로 적(寂)을 붙인 것이다. 정적(靜寂·stillness)!

　적멸(寂滅)을 어나이어레이트(annihilate)라고 한다. 절멸(絶滅)시키다, 무효화(無效化)시키다는 말이다. 무효화(無效化)란 무(無) 에너지가 효력이 되었다는 말이다. 그러니 꼼짝 못하는 거지.

　성경도, 모든 경전도 사라진다.

　텔레비전에서 일 주일 후에 월드컵 결승전 중계방송을 할 것이라고 수없이 예고방송을 해댄다. 그러면 축구팬의 마음은 그 예고방송에 이미 그 결승전 경기장에 가 있다. 마침내 결승전이 열렸다. 휘슬과 함께 '킥(kick) 오프(off)' 차자(치자·kick), 예고는 끝난다(off)!

　성경이 예고뿐이라는 것은 아니다. 그러나 오로지님을 만나기까지 그것은 예고다! 결승전이 열리면 다시는 예고방송을 하지 않는다. 만약 그런 일이 있으면 방송 사고요, 시청자들은 미친 놈들 할 것이다.

그래서 공자는 말한다. "말은 뜻을 얻으면 그만이다."(공자)

"우리가 이제는 거울로 보는 것같이 희미하나 그때에는 얼굴과 얼굴을 대하여 볼 것이요 이제는 내가 부분적으로 아나 그때에는 주께서 나를 아신 것 같이 내가 온전히 알리라."(고린도전서 13:12)

그럼, 니르바나에 들었으니, 오로지님 네트워크에 들었으니 만사 형통이요, 그만인가? 아니다. 영원한 빛을 찾았으니 이제 목표는 뚜렷해진 것이다. 자기를 점점 닦아 점수(漸修)하는 일이요, 자기를 그 빛에 맞춰 절차탁마하는 일이다. 그 캐릭터대로 빚어가는 거다. "나는 날마다 죽노라.(I die daily)"(고린도전서 15:31) 이것은 닦아가는 소리다! 혹! 불어가는 소리다! 황금의 빛(中)을 받아 쓰는 일(庸)이다!

그리스도는 니르바나다! 완전한 그 네트워크요, 그 빛의 캐릭터다!

"나는 세상의 빛(LUX MUNDI)이니 나를 따르는 자는 어둠에 다니지 아니하리라."(요한복음 8:12) 국제 조명도를 나타내는 룩스(lux)! 그런 잣대의 빛으로는 안 된다. 룩스 문디! 세상의 빛(저울질하는 성질)! 세상에 그 하나님의 빛을 발광(發光·radiation)하는 그리스도! 니르바나!

"우리는 혁신정치의 실현을 기한다." 기하긴 뭘 기해?

"설비를 갖추었습니다." 갖추긴 뭘 갖춰?

미국 대통령! 성경에 손을 얹고 선서를 한다. "저는 미합중국 대통령으로서 헌법을 준수하고… 할 것을 엄숙히 맹세합니다."

더 바이블! 한 긋! 큰 긋! 그처럼 긋겠다는 것이다!

이렇게 우리는 장담들을 하며 하나님처럼, 이룰 수 있다고 끝에 가서는 '다(極)'를 말하며 점도 찍는다. 거짓말들두….

극(極)! 참극! 구극! 거기에 이르지 못하면, 그야말로 앞에 그 어떤 말들도 소멸한다. '극(多)'! 그것에만 이르면 그것이 끝내기인 것이다!

부처님이나 이룬 구극을 우리가?

천만에 말씀이다. 하나님을, 니르바나님을 뭘로 보는가? 뭘 안다고 그런 말을 하는가? 가장 고도화된 것은 가장 쉽게 들어갈 수 있다!

이 말은 무슨 말인가? 자아~ 텔레비전 수상기를 예로 들자. 과거엔 어떻게 틀(open)었나? 채널(통로)을 바꿀 때마다 수십 번이고 일어나서 그 앞으로 다가가 산 닭 목 비틀듯이, 장작개비 때려고 비틀어 넣듯이 우두득, 우드득 하며 돌렸(般)다.

그러나 그것이 고도화된 지금은 어떠한가? 리모트(remote) 컨트롤(control)만 있으면 그만이다. 나는 장난삼아 텔레비전이 마주하고 있는 벽에다 대고 누르는데 그래도 파악! 하고 수상기는 켜진다. 적외선(赤外線)! 그 보이지 않는 선(線)이 그렇게 쉽게(easy) 텔레비전을 틀게(open) 시키는 것이다. 하나님은 극도화(極度化)이신 분이시다. 리모트 컨트롤도 필요없다. 마음의 생각! 그것으로, 거기서 크게 켜지시는 것이다. 계시(啓示)라는 말이 튼다(open · 啓)는 뜻이다. 전화를 '걸 듯' 네트워크에 거는 것이다.

"하늘은 높기만 하고 별들은 멀기만 하나, 진실을 구하여 맞추고자 한다면 천세의 날이 새처럼 날아들 듯할지니 이를 앉아서도 맞출 수 있다."(맹자)

"집을 나서지 않고도 천하를 훤히 알 수 있고, 창밖을 엿보지 않아도 하늘의 프로젝트를 엿볼 수 있다."(노자)

맹자와 노자의 이 말을 이처럼 아름답게 옮긴 글을 보았는가?

이것은 내 자랑이 아니라, 오로지님의 빛을 본 경험 때문이다.

지금껏 내가 경전을 옮긴 것은 내 뜻을 담아 옮기는 것이지 문자대로 풀고 있는 것은 아니다. 문자대로 그대로 옮기는 것은 다른 전문가들이 열심히 하고 있으니 나는 그렇게는 안 한다. 그러니 시비할 것도 없다. 경전은 그렇게 읽어야 한다고 나는 여긴다. 내 경험이 없는 그 문자의 정확이란 게 다 무어란 말인가? 독자는 그것을 알고 보아야 한다.

그렇다! 이제는 말로만 해도 모든 가전제품 등을 작동하는 시대가 바로 코앞에 이르렀다. 지식이 발전할수록 그렇게 되는 것이다. 아니

뇌파를 이용하여 생각하는 것만으로도 자동차나 비행기를 조종할 수 있다는 것이 이미 입증되었다.

이 모든 것을 가벼이 보지 말아야 한다.

리모트 컨트롤, 마음! 이것은 극에 이를 리모트 컨트롤 스위치다!

종(宗)은 그 뜻이 스위치(swich)라는 뜻이다. 마루라는 것은 그 스위치를 말한다.

대청마루는 방으로 들어가고 나가는 자리인 스위치고, 용마루는 처마 끝에서 이쪽저쪽으로 방향을 트는 스위치 자리에 있기에 용마루라고 한다. 꼭지(꼭대기)라는 뜻이기도 한데, 수도꼭지는 수도를 열고 잠그는 스위치다.

비 내리는 고모령! 내가 좋아하는 노래인데, 그 가사 중에 이런 것이 있다.

"어머님의 손을 놓고 돌아설 때엔 부엉새도 울었다오오오~ 나도 울었소오오…… 가랑잎이 흩날리는 산~마루~ 턱~을~넘어오던 그 날 밤이 그리웁구나~."

어머니를 뵙기 위해서 어머님이 계시는 그곳, 그곳이 마악 눈에 들어오는 스위치(change), 그것이 산마루다! 그 스위치하던 밤이 그립다는 것이다.

식물의 꼭지눈을 마루눈이라고도 한다. 식물의 싹이나 가지나 열매가 바로 움트는(open) 자리를 이르는 말이다. 변증법이 일어나는 자리다. 正—反—合—正—…

이렇게 스위치를 틀면서 지양(止揚)을 계속하는 것이 헤겔의 변증법 스위치론이요, 그 스위치가 프롤레타리아의 혁명(프로그램 스위치)에서 끝나 공산주의가 극지복락(極地福樂) 된다는 것이 마르크스의 공산주의 이론이다. 거짓 극이다.

개혁이나 혁명은 다 스위치를 말하는 것이다.

종(highest swich · 宗)! 우리 존재(i)가 하나님(I)께로 스위치되는 바로 그 점(ヽ)을 말하고 이 스위치를 가르쳐주는 것이 하이라이트 스위치 가르침! 종교라는 뜻이다. 탁! 하면 완전히 거듭나는 스위치!
이 세상 하늘 아래 위에 이만한 스위치가 또 있겠는가? 최고의 꼭지가
되는 스위치다! 그래서 가장 변화가 쉽다!

마하트마 간디는 진리파지(眞理把持·사타그라하)를 외쳤다.

파지(把持)란 무엇인가? 잡고(把) 쥐라(持)는 말이다. 파악(把握)
과 같다. 야구 투수는 공의 성질을 쥐고 파지한다. 파악하는 것이다.

진리를 잡아채는 것이 진리파지다! 빼앗아 오듯이 해야 하는 것이다.

그리스도가 하나님 나라는 침노당하고 있다고 한 말 그대로이다.

그런데 스위치(switch)가 바로 '잡아챔'의 뜻도 같이하고 있다. 예
컨대, "히 스위치드 더 머니 아우롭 마이 핸드(He switched the
money out of my hand)" 하면 "그는 내 손에서 돈을 잡아챘다"는
말이 된다.

진리파지! 진리로 스위치하라!

온 천지가 모두 약인데	盡大地是藥
예나 지금이나 얼마나 크게 착각하였을꼬	古今何太錯
마차를 어디서 어떻게 만들지라도	閉門不造車
길은 절로 환히 트여 있는 것을	通途自寥廓
착각이로다, 착각이로다	錯, 錯
하늘 멀리 뚫은 콧대 역시 꿰어 있던 것을	鼻孔遼天亦穿

— '벽암록(碧巖錄)' 제87칙(則) 송(頌)

(참고)

약초화원의 울타리, 거만 떨지 말지니	花藥欄 莫顢頇
저울대에 눈금 있고, 접시에는 없다	星在枰兮不在盤
그렇게 생각하면 되겠냐고? 진실에서 크게 멀다	便恁麼太無端
황금사자는 그대들이 스스로 보아야 할 것이다	金毛獅子大家看

—벽암록 제39칙(則) 송(頌·기림)

어떤 중이 운문화상(雲門和尙)에게 청정법신(淸淨法身)이란 어떤 것이냐고 물은 데 대하여 약초꽃밭의 울타리(花藥欄)라고 답하자, 그 중이 그렇게만 생각하고 있으면 되느냐고 하자, 다시 황금털사자(金毛獅子)라고 답하는 본칙(本則)에 대한 기림(頌)이다.

무슨 뜻?! 성(星)은 저울대에 붙어 있는 눈금을 말한다. 오곡(五穀) 위에 뭇별의 정광(精光·晶光)이 비치고 있는 것! 별빛(光), 아니 성(星)은 그 하나하나가 태양(日)의 솟음(生)이다. 빛살(알·精光) 하나에 태양을 볼 눈금(星)이 통짜로 있는 것이다. 쌀알 한 알에 우주와 천국이 들어 있고, 오로지님의 네트워크(나라)가 이어(承) 있듯이….

시(是·옳다, 바로잡혔다)의 본자(本字)는 하(昰)이다. 태양(日)에 바로(正) 맞춘 것! 그러므로 저울대 눈금이 100이 있다고 하자. 진리(淸淨法身)는 100만을 말할 뿐 아니라, 1도, 1.01도. 1.001도…, 2도, 2.01도, 2.001도…, 3도, 3.01…, 3.001…,

모두 다 진리인 것이다. 저울을 보려 하면 그 눈금을 보아서 따(拈·摘)야 하지 저울에 무엇이 올라가 있는가를 볼 필요는 없다. 무엇을 올려놓든 눈금은 그 무게를 가리킬 것이기 때문이다. 이 세상 그 어떤 것에도 불성(佛性)이 있고 부처가 된다. 그렇게 진리가, 청정무구(淸淨無垢)한 진리의 영원불멸한 저울질(法身)이 미치고 있는 것이다. 약초꽃밭이라고 하면 그 꽃에만 진리가 있는 것이 아니고, 아무렇게나 쳐논 그 울타리까지에도 있는 것이다. 그런데 그것까지를 알았다고 하여 잘난 체 얼굴 크게 하지 말라는 것이다.

점성술(占星術)은 별에 미치는 진리의 빛, 별을 저울의 눈금으로 보는 꾀(術)를 말한다. 이것이 점성술의 의의다! 예수가 태어났을 때 별의 눈금을 따라 온 동방박사(占星術師)들이 그것을 보여준다. 이 세상 그 어느 것에도 진리의 눈금(저울질)이 미치고 있음을 알아야 한다. 모두가 진리의 별(星)이다. 결정체(結晶體·빛 정晶－日을 세 개나 강조)들이다! 빛은 진리의 눈금이다! 눈(目)이요, 그 밝은 지혜가 흐르는 점선(點線)이다! 다시, 평(枰)은 저울대를 말하고, 반(盤)은 저울에 달 때 물건을 담는 그릇을 말한다. 바둑판(罫線)을 반상(盤床)이라고 하는 것도, 그것이 그런 그릇과 같은 것이기 때문이다. 그래서 달아보고 재보고 하여 바둑알들을 놓는다. 한점, 한점이 집(네트워크)

이요, 우주도(宇宙圖)이다! 결정(結晶)이요, 결정(決定)이다!

눈금을 보라! 바둑판은 돌의 생김새를 보지 않는다. 옥돌이든 돌멩이든 그것에 상관할 바는 아니다. 어떻게 눈금(罫線)을 잘 맞추는가에 바둑의 묘안(妙案 / 혹은, 妙眼)이 있고 진리가 있듯이, 마찬가지이다. 그런데 저울접시에 올라가 있는 물건에 집착하여서는, '화약란이라고만 하면 되는 겁니까(便恁麼去時如何?)' 하는 소리 따위는 '진실의 끝, 극(진실·끝·端)'에서는 크게 멀다(太無端)!

황금사자(金毛獅子)! 황금사자(진리)의 털(毛) 하나하나가 황금사자를 말한다. 그것은 그대들(大家)이 절로(손수) 간취(看取·움켜잡음·터득·grasp·see through)해야 한다. 이런 뜻이다.

달아보고 재본 말(則=測), 벽암록(碧巖錄)은 이런 칙(則)이, 100칙으로 되어 있다. 그것은 화두(話頭)이며, 다른 말로 공안(公案·program)이다. 이 이상의 덧붙일 말이 필요없다. 촉각(觸角·觸覺)으로 맞추면(대면) 빛이 '파악!' 하고 들어오듯이 '파악(把握·switch)' 하면 되는 것이다. 전기를 예로 들자. 더 이상의 설명이 필요하지 않다. 그저 전도체(傳導體)의 끝(角·point)을 갖다 대면(觸·touch) 짜르릇 하고 그 전기를 느끼고 받는다. 바로 그만한 볼트의 전압, 아니 영압(靈壓)이 담겨 있는 것이다.

그 제1칙(則)은 이렇게 시작된다.

"수시운(垂示云) 격산견연(隔山見煙) 조지시화(早知是火) 격장견각(隔牆見角) 변지시우(便知是牛) 거일명삼(擧一明三) 목기수량(目機銖兩) 시납승가심상다반(是納僧家尋常茶飯) 지어절단중류(至於絶斷衆流) 동용서몰(東涌西沒) 역순종횡(逆順縱橫) 여탈자재(與奪自在) 정당임마시(正當恁麼時) 차도(且道) 시십마인행리처(是什麼人行履處) 간취설두갈등(看取雪竇葛藤)"

"풀어옮김 : 원오(圓悟) 스님이 프로그램을 보이기를, 산 너머에 연기가 오르는 것을 보면, 곧 거기에 불이 붙은 것을 재고(測·知), 담 너머로 뿔(角·horn·point)이 보이며는, 곧 담 너머에 소가 있음을 제깍(便) 통박(知)으로 안다. 하나를 들어(擧一) 보이면 셋까지 밝히 알고, 눈대충으로 무게(銖)의 양(兩)을 정확히 알기란 속인들이야 어렵겠지만, 선승들에겐 보통 밥 먹는 쯤의 일이다.(茶飯事!)

선승(禪僧)들이 지극(至極 · highest idea)에 이르는고자 하는 것은 그런 식의 달아보고 재보는 정도의 세계에 있자는 것이 아니다. 대중의 경향(衆流)을 절단(絶斷)하고 동에 솟듯, 서에 숨듯, 상대적인 옳고(順) 그름(逆)을 초월하며, 종횡(縱橫)을 초월하고, 주고 뺏는(與奪) 계산된 세계를 초월하여 자유자재(自由自在 · 절로절로)의 경지에 드는 것이다. 바로 된 균형(正當)에 맞출 이러할 때(恁麼時)를 잘 쓰는 자가 있는가?

자아, 절로 달아보고 재보라(且道)! 사람이 그렇게 행할 수 있었는가?

난마(亂麻 · 葛藤)를 쾌도(快刀)하는 예를 설두(雪竇)에게서 주목(注目 · 看取)하여 보자!"

나는 이렇게 촉각(觸角 · 觸覺)한다! 절로(自 · 道)의 각(角 · 覺)으로 대면 벽암록 읽기는 끝난다(極 · 了)!

예수에게 혈루병 걸린 여인이 어떻게 촉각(觸角 · 觸覺 · a sence of touch)하는지를 보자.

"예수께서 돌아오시매 무리(衆流)가 환영하니 이는 다 기다렸음이러라. 이에 회당장인 야이로라 하는 사람이 와서 예수의 발 아래 엎드려 자기 집에 오시기를 간구하니, 이는 자기에게 열두 살 먹은 외딸이 있어 죽어감이러라. 예수께서 가실 때에 무리가 옹위(擁衛 · 에워쌈)하더라. 이에 열두 해를 혈루증(血漏症)으로 앓는 중에 아무에게도 고침을 받지 못하던 여자가, 예수의 뒤로 와서 그 옷가(衣垂 · 衣端)에 손을 대니 혈루증이 즉시 그쳤더라. 예수께서 가라사대 내게 손을 댄(touched the boder his garment) 자가 누구냐(恁麼時 · 是什麼 · who touched me)? 다 아니라 할 때에 베드로가 가로되 주여 무리(衆流)가 에워싸(擁衛) 미니(press)이다. 예수께서 가라사대 내게 손을 댄 자(Somebody touched me)가 있도다. 이는 내게서 능력(virtue · 德)이 나간 줄(gone out of me) 앎이로다 하신대, 여자가 스스로(自) 숨기지 못한 줄을 알고 떨며 나아와 엎드리어 그 손댄 연고(cause)와 곧(則… 하면) 나은 것을 모든 사람 앞에서 고하니 예수께서 이르시되 딸아 네 믿음이 너를 구원하였으니 평안(平安)히 가라(go in peace)." (누가복음 8:40-48)

놀라울 일이다! 무리가 에워싸고 예수를 밀치고 있다. 그런 가운데서 예수는 아주 특별한 터치(觸)를 잡아내는 것이다. 촉(觸=角+蜀)을 느낀다. 그리고 도(道)의 능력인 덕(virtue)이 당신에게서 빠져 나갔다(out of me)고 한다.

그녀는 절대 저울질(道·自)에 절로(自)된 마음으로 맞추어 평안(平安· even peace)를 얻었다! 중류(衆流·무리들의 경향)는 무엇을 계산하며 예수를 기다리고 있었던가? 귀 있는 자는 그 촉각(觸角)을 세워 촉각(觸覺)할지라!

제59則

"수시운(垂示云) 해천괄지(該天括地) 월성초범(越聖超凡) 백초두상(百草頭上) 지출열반묘심(指出涅槃妙心) 간과총리(干戈叢裏) 점정납승명맥(點定衲僧命脈) 차도(且道) 승개십마임은력(承箇什麼恁恩力) 변득임마(便得恁麼) 시거간(試擧看)"

"풀어옮김 : 천지(天地)는 그 모든 것을 갖추고(該) 포괄(包括)하고 있다. 평범함과 성스러운 선입견을 초월(超越)하면 백 가지 풀(百草)에서도 진리의 머리(頭上)를 볼 수 있다. 그 모든 것에서 소리없이 계시는 님(니르바나·열반)을 가리킴(指·點)이 나오는(出) 것을, 그 묘심(妙心)을 볼 수 있는 것이다. 진리가 오고가는 치열한 병참(兵站·干戈) 속에도 그 충심(衷心·裏)이 가득(叢)하다.

점정(點定)! 점검(點檢)! 시험(試驗)! 점정(點睛)! 염출(捻出)! 拈出(염출)! 염득(拈得)! 진리를 추구하는 납승(衲僧)들의 생명선의 맥박(命脈·the tread of life)이 여기에 있다. 그것을 따라, 켜라(點)!

자아, 말해 보시지(且道)! 그 하나하나(箇) 이어짐(承)에서 '이 뭐꼬?(是恁麼?)' 물어 은력(恩力·恩惠·加護)을 받아본 자 있으면!

그 진지한 물음(恁麼)에서 편안(제 때)을 얻은 자(便得), 그런 경지를 마음껏 누릴 수 있는 자 있다면! 이런 물음(試)을 들어(擧) 간취(看取)한 자 누구인지 보자."

제19則

"수시운(垂示云) 일거진(一擧塵) 대지수(大地收) 일화개(一花開) 세계기

(世界起)…중략…"

"풀어옮김 : 한 점 티끌을 들어도 대지를 거둔 것 같고, 한 송이 꽃이 열림에서 세계가 일어남을 본다! ─하나의 저울질, 힘이 미치고 있다.─"

제5則

"거(擧) 설봉시중운(雪峰示衆云) 진대지촬래(盡大地撮來) 여속미립대(如粟米粒大) 포향면전(抛向面前) 칠통불회(漆桶不會) 타고보청간(打鼓普請看)"

"풀어옮김 : 예를 들어, 설봉은 좌중에게 운을 뗀다. 극진(極盡 · 헌신적 사랑이 담긴 · utter devotion)한 우주(盡大地)는, 손끝으로 집어보면(撮來 · 拈來) 미립자(微粒子 · electron) 하나 크기(大)와 같다(如)! 그것이 우리를 향해 얼굴 앞에 던져져(抛) 있는데, 까만 칠(漆)을 한 통(桶)처럼 그 속내를 이해(會)하지 못하고 있다.

보청고(普請鼓 · 경내에서 이 북을 신호로 하여 일함 · 두루 청하자)를 두드리고 진짜 일(진리)을 간취(看取)토록 해보자."─한 알의 쌀(米粒)에서 오로지님 네트워크를 본다.─

제76則

"수시운(垂示云) 세여미말(細如米末) 냉사빙상(冷似氷霜) 핍색건곤(逼塞乾坤) 이명절암(離明絶暗) 저저처(低低處) 관지유여(觀之有餘) 고고처(高高處) 평지부족(平之不足) 파주방행(把住放行) 총재저리허(總在這裏許) 환유출신처야무(還有出身處也無) 시거간(試擧看)"

"풀어옮김 : 우주의 밑둥마음은 쌀끝(米末)과 같이 작은 것이고, 얼음이나 서리와 같이(似) 차갑다(氷). 그러나 하늘과 땅(乾坤)에 막힘(塞)이 없이 두루두루 긴장되게 닥친다(逼)!─긴박(緊迫)이요, 급박(急迫)한 것이 마치 하늘과 땅을 핍박(逼迫)이라도 하듯이 나타난다.─

참 밝음(明)에서는 떨어지고, 참 밝은 소리(暗)에서는 끊어진, 낮고 낮은 곳(低低處)! 절로(스스로 저울질)를 통찰할 수 있고도 남음이 있는(有餘) 높디높은 차원(高高處)! 그곳 이곳도 이 저울질과 수평(水平 · 均衡 · 하나)을 이루기엔 부족(不足)하다!

마음속 기억의 보유력(把住 · retention)도, 내키는 대로 행함도(放行), 모두 다 낱낱이(這) 우주의 밑둥 속(裏 · 주머니 속의 꾀 낭囊)의 허락(許諾)없이는 될 수 없다. '참새 두 마리가 한 앗사리온에 팔리는 것이 아니냐? 그러나 너희 아버지께서 허락(許諾)지 아니하시면 그 하나라도 땅에 떨어지지 아니하리라(하나님 앞에는 그 하나라도 잊어버리시는바 되지 아니하는도다.(누가복음 12장) 너희에게는 머리털까지 다 세신 바 되었나니, 두려워하지 말라(간섭하심이 그 정도라니 오히려 핍박(strees)받듯 무섭다?) 너희는 많은 참새보다 귀하니라.(마태복음 10:29-31)' ― '청년이여 네 어린 때를 즐거워하며 네 청년의 날을 마음에 기뻐하여 마음에 원하는 길과 네 눈이 보는 데로 좇아 행하라, 그러나 하나님이 이 모든 일로 인하여 너를 심판하실 줄 알라.(전도서 11:9)' ―

돌이켜(還)보면 모든 출신처(出身處)가 무한(無限)에 있음(有)이로다!
들어(擧) 딴 자(試 · 點檢)가 있는지 간파(看破 · 꿰뚫음)하여 보자!"

줄 · 선(線)! 실(絲 · 糸)! (오로지님은 실꾸러미)

우리는 생각한다는 말을 사색(思索)한다고도 한다. 그대로 풀면 동아 '줄(索)'을 생각(思)한다는 뜻이 된다. 이상하지 않은가? 또 우리는 계속(繼續)한다고 한다. 줄, 곧 실(絲)이 이어짐이다. 여기에 분명 심오한 정보(情報)가 있을 것이다.

우리는 이 실(絲)과 같은 줄(cord)에서 또한 말로 다할 수 없는 진리를 얻는다. 레코드(record)라는 줄에 음악이 들어 있는 것을 생각해 보라. 그러니 줄에서 우리는 하나님 나라, 그 오로지님 네트워크를 알게 된다.

"내가 사람의 줄(with cords of a man) 곧 사랑의 줄(with bands of love)로 저희를 이끌었고 저희에게 대하여 그 목에서 멍에를 벗기는 자 같이 되었으며 저희 앞에 먹을 것(meat)을 두었노라."(호세아

11:4)

　우리는 곧잘 '줄'을 대고 산다고 말한다. 줄댈 데가 없어서 해결할 방법이 없다고 한다. 줄서기를 잘해야 한다고도 한다. 핏줄(血緣), 지연(地緣), 학연(學緣)을 말하며 역시 줄(絲)을 말한다. 스펠(spell·철자·綴字) 역시 줄(絲)이다. 스펠은 또한 주문, 마법의 뜻도 있다. 마법을 '건다(spell-bind)', 주문을 '건다'고도 한다. 주문에 걸린 사람을 스펠 바운드(spell-bound)라고 한다. 어떤 줄에 걸려, 묶여 있는 것이다. 아니 줄에 거는 것이다. 바인드 북이 줄로 묶은 책을 말하듯이….

　자동차의 시동(始動)을 건다고 한다, 건다는 건은 줄을 전제한 말이다. 빨래는 줄을 전제하고 건다고 하는 말이다. 우리가 글을 쓰며 읽으며 중요한 대목에 줄을 치는 것도 예삿일은 아니다. 뭔가 있기 때문이다. 어떤 유명 학원강사가 '밑줄 긋고 쫘악~' 하여 인기를 얻어 지금은 국회의원을 하고 있는데, 참 밑줄은 잘 긋었는지 알지 못하겠다. 아니 그 양반 이름도 '한샘'이니 이 선(線)의 이치를 아는 것도 같다.

　앞서 선(線)을 얘기했다. 실샘(糸＋泉)이라고 했다. 이런 얘기는 들어본 바가 없을 것이다. 경(經)은 줄에 큰 물줄기(경·巠)가 흐르는 것이라고도 했다.

　종(終)이 끝남으로 쓰이는 것은 그 실(糸)에 흐르는 물이 겨울(冬)을 만나 꽁꽁 얼어버린 이치다. 통(統)은 실(糸)이 가득(充) 펼쳐 있음이다. 통일(統一)을 말하는 것은 이 끊어진(斷絶·糸) 실을 다시 하나(一)로 잇자는 것에 다름아니다.

　'줄을 친다', '점(占)을 친다' 역시 줄에 잘 맞추어야 하는 것이다. 수선(水線)에 점 지팡이를 잘 걸친 것과도 같다.

　'줄' 달음 친다고 한다. 달음박질은 줄을 따라가는 것이요, 줄을 남기며 가는 이치다.

　길(道)은 선(線)이다, 줄이다! "오직 여호와를 앙망하는 자는 새 힘을 얻으리니 독수리의 날개치며 올라감 같을 것이요 달음박질하여도 곤비치 아니하겠고 걸어가도 피곤치 아니하리로다."(이사야 41:30)

허공(虛空)이란 무엇인가? 그저 황무지처럼 빈 것인가? 결코 그렇지가 않다.

달리기 선수는 허공이 없으면 제아무리 빠른 실력을 가지고 있다고 해도 쓸모가 없다. 그를 꽉 끼인 상자 속에 가둬 두어보라! 무슨 힘을 쓸 수 있는가를!

결국 그의 힘은 허공을 받아 허공을 쓰는 것이다. 엄밀하게 말하여 허공이 아니라 충실(充實)이다! 그래서 공기(空氣)를 말하지 않는가? 에너지(氣)가 비었다(空)는 말인가? 그게 아니다. 작은 새가 대륙을 횡단하고, 저 태평양을 횡단할 수 있는 것은 허공 때문이다!

아니 어떤 줄에 걸기 때문이다. 줄달음치는 것은 러닝(running)이다. 흐른다는 말이다. 강물은 줄달음쳐 바다에 이른다. 그 줄달음침이 길이기도 하다. 도(道)의 캐릭터다!

산스크리트어(梵語)로 경(經)을 수트라(sutra)라고 한다. '진리의 실(絲), 진리의 줄'을 말함이다.

바늘 가는 데 실간다는 말이 있다. 지금 대우자동차의 '누비라'가 도시를 '누비고' 다니는데 바로 바늘에 꿴 실이 옷감을 '누비고' 다니는 데서 온 말이다. 거리를 누비고 다닌다는 것이 바로 그것이다. 그 바늘이 니들(needle)인데, 나침(羅針)을 말하기도 한다. 나침반(羅針盤·compass)이다. 나침은 그물(그물 라羅)을 짜는 바늘(針)이다. 그리고 저울에도 바늘이 있음이다.

앞서 컴퍼스에 대해서는 말해 온 바다. 중용과 뗄려야 뗄 수 없는 것. 마음이 컴퍼스요 나침반이다. 진리의 그물, 진리의 실을 찾는 그런 나침 원반(原盤)이 마음이다.

실(實)! 오로지님을 캐릭터한 갓머리(宀)에 꿸 관(貫)이다. 뚫고 적중하는 것이 관(貫)이기도 하다. 실(實)은 '바늘과 실'을 통칭하는 말이다. 갓머리(宀)는 실이며 꿰야 할 참 마음의 침이나 바늘과 같은 컴퍼스이다. 그렇게 꿸(貫) 때 완전한 진실(眞實)이 되는 것이리라. 그것이 황금맞춤 중용(中庸)이기도 하다.

"낙타가 바늘귀로 들어가는 것이 부자가 하나님의 나라에 들어가는 것보다 쉬우니라.”(누가복음 18:25) 바늘귀와 하나님 나라! 부자는 이것을 맞추지 못한다. 이미 다른 것에 맞추고 있기 때문이다. 하나님 나라는 진리의 실, 수트라로 짜여진 그물(net · 羅), 그런 네트워크(Network · 連繫)이다. 연계(連繫 · link)와 관계(關係)가 다 실(糸)로 꿰여 있음이다. ‘꿰다’를 영어로는 그저 실(tread)로 쓰고 있음이다.

올(義)치! 올은 한올 두올 하듯이 실을 말하는 것이다. 너희는 먼저 하나님 나라(network)의 올(義)치를 찾아라는 말은 하나님의 실(올)을 찾으라는 말과도 같다.

올(ply · 가닥)은 어프라이(apply · 대다 · 꼭 맞추다)가 그 두음(頭音)을 소실한 말로서 같은 말이다.

어프라이(apply), 혹은 프라이(ply · 올)의 뜻은 ‘…에 붙이다. 딱 맞추다, 원리를 적용하여 쓰다’ 이런 뜻이다.

하나님의 네트워크(실이 일함)에 맞춰 그것을 원리(原理)로, 이유(理由)로 하여 살아야 한다는 것이다. 이 세상 모든 일에는 다 이유(理由), 까닭이 있다. 가난은 돈이 없는 까닭이요, 돈이 없는 것은 또 까닭이 있다. 이런 식으로 우리는 어떤 문제를 ‘풀어간다’고 하는데(理解), 그래서 단서(端緒 · 진실 단 · 실마리 단)를 잡았을 때 까닭을 알았다고 한다. 그 까닭이 가닥(올 · ply)이다. 가닥을 된소리로 까닭이라고 하는 것이다. 가닥, 올, 실을 잡은 것이고, 그것을 풀어 풀어 진실에 이르게 된 것이다.

그러므로 원리(原理)니, 까닭을 말하는 이유(理由)니, 진리(眞理)니 수리(數理)니 문리(文理)니 철리(哲理)니 하는 이 · 리(理)는 이러한 올(ply · 가닥)을 말하는 올(理)의 뜻이다. 의리(義理)!! 지식(知識)이 같은 ‘알’의 뜻이었듯이 ‘의리(義理)’는 이런 실가닥을 말하는 ‘올’이다! 가닥을 잡았을 때 ‘올(義)치!’ 하는 것이다.

참 올(眞理)! 그 실을 찾아야 한다. 그것에 맞추어야 한다. 관계(關係 · 糸)가 단절(斷絶 · 糸)되는 일이 생겼을 때 뭐라고들 하는가? ‘의리(義理)도 없는 녀석!’ 이런 말을 한다. 올이, 가닥이 끊어졌다는 말이다. 올이 없어진 것이다!

헝클어져 난마(亂麻)처럼 얽히고 설켜 뭉치가 된 골디우스의 매듭(knot)을 푸는 자는 천하를 얻을 수 있다는 전설이 있었다. 많은 사람이 달려들어 풀려고 하였지만, 풀 수가 없었다. 이때 약관의 알렉산더가 칼을 빼어 단칼로 내리치자 그 골디우스의 매듭은 일거에 풀어지고 말았다! 쾌도난마(快刀亂麻)! 이 말은 이래서 나온 것이다. 어려운 일은 때론 이렇듯 과감한 결단이 있어야 한다는 뜻이면서 가닥을 잡아야 한다는 것을 암시하는 말이기도 하다. 그 올(理)을 풀어(解)가는 것이 이해(理解)이다. 돈오(頓悟)는 쾌도난마와 같은 것이다!

예수는 베드로에게 천국 열쇠를 주면서 네가 땅에서 무엇이든지 매면(bind) 하늘에서도 묶일(bound) 것이요, 네가 땅에서 무엇이든지 풀면(loose) 하늘에서도 풀릴(loosed) 것이라 하였다. 이 말은 또 무엇인가? 우선 여기서 중요한 것은 베드로의 행위는 현재형이요, 하늘에서는 이미 과거형으로 되어 있다는 점(點)이다.

베드로야! 천국의 열쇠를 준다! 그러나 그 모든 것이 너의 뜻으로 이루어졌다고는 생각지 말아라. 아니 이 일은 묶여 왜 이리 안 되지? 그것은 하늘에서 묶을 만하기에 이미 묶어놓은 것이고, 이 일은 왜 이리 잘 풀리지? 그것도 하늘에서 풀어놓을 만한 것이기에 이미 풀어놓은 것이다. 이런 말이다! 안 된다고 절망할 것도 잘 풀린다고 교만할 것도 없다! 모든 올(가닥)은 하나님 아버지에게 있다! 이런 말이다! 그렇다고 서투른 운명론에 빠질 것은 없다. 진리(참 올)이신 하나님 아버지께서 묶지 않아야 할 것을 묶을 리(올) 없으며, 풀어선 안 될 것을 풀을 리(올)도 없다! 담대히, 과감히 쾌도난마의 정신으로 나아가라!

올(義)다고 믿는 것은 하나님이 그리하고 있으니 올(義)다고 하라! 올치가 아니면 하나님이 그렇게 하시니 올치가 아니라고 하라! 이 올은 누구도 끊을 수 없다!

"또 옛사람에게 말한바 헛맹세를 하지 말고 네 맹세한 것을 주께 지키라 하였다는 것을 너희가 들었으나 나는 너희에게 이르노니 도무지 맹세하지 말지니 하늘로도 말라 이는 하나님의 보좌임이요 땅으로도 말라 이는 하나님의 발등상임이요 예루살렘으로도 말라 이는 큰 임금의 성임이요 네 머리로도 말라 이는 네가 한 터럭(올)도 희고 검게 할 수 없음이라 오직 너희 말은 올(義)다 옳다 아니라 아니라 하라 이에서 지나는 것은 악으로 좇아 나느니라."(마태복음 5:33-37)

너희는 먼저 하나님 나라의 올(義)치를 구하라! 이것이다. 무엇이 선이고 무엇이 악인가? 그 권위는 어디서 오는가? 이런 이론(올) 저런 이론(올), 그것이 바티칸에서 나온 것이냐, 어떤 사상가의 머리에서 나온 것이냐? 어떤 작가의 소갈(속알)통에서 나온 것이냐? 그런 것으로 올치의 근거를 삼지 말라! 그 올의 한 터럭도 희고 검게 너희들이 할 수 있는 것이 아니다. 절대 올치의 주권(마스타 저울질)은 하나님께 있다. 그러므로 이론(올)을 만들려 하지 말고 하나님의 올치라고 올치 하든지 그것은 올치가 아니라 하든지 하라는 말씀이다!

의인(義人)은 올사람이다. 이렇게 하나님의 올치를 잡아 목을 칼로 친다고 해도 치라고 하는 사람들이다. 누가 하나님의 올(義)을 끊을 수 있단 말인가?

그리하여 세례자 요한은 그 목이 잘려 속인들의 잔칫상 우스개가 되었을지라도 그는 하나님의 올(義)치를 놓지 않은 고로 속인들이 자른 목은 자른 것이 아니다. 그들은 헛칼질을 한 것이다!

줄을 댈 곳이 없다!?

하나님께 줄을 대라! 삼성에 줄을 대다간 용도폐기 당하여 밥줄이 끊길 수도 있을지 모른다. 현대에 줄을 대다간 목줄이 끊겨 같은 신세가 될는지도 모른다. 하나님께 줄을 대라! 그것은 자고 이래로 끊기지 않는, 끊지 않는 줄이다! 올이다!

줄, 선(線)을 라인(line)이라고도 한다.

기차는 라인을 타고 달린다. 고속도로라는 라인을 타고 숱한 차들이 왕래한다. 라인은 이밖에도 수많은 뜻을 담고 있다. 줄이 그렇게 많듯이…

'줄 · 행(行) · 열(列) · 끈 · 밧줄 · 직업 · 취미 · 동족 · 윤곽(outline)

·방침(方針)·주의(主義)·정보·이념·일필(一筆)·시 한 구절·
전선(戰線)·운명(lines)…'
　자본주의는 자본에 줄을 대었다는 말이고, 공산주의는 공산(共産)
에 줄을 대었다는 말이다. 아니 그것을 마스터(主) 올(義)로 여긴다는
말이다.
　공중질서(차림) 하면 먼저 떠오르는 것이 '줄서기' 이다. 줄에 서는
(stand) 것이다.
　복수로 라인스(lines)는 운명이나 운(運)이다. 내 운명은 왜 이럴
까? 아! 왜 이럴까? 다른 좋은 운명은 왜 내겐 없을까, 왜 다른 좋은
운은 없을까?
　그래서 운명의 줄은 단수가 아닌 복수(lines)다! 당신은 당신의 운
명을 단 하나뿐인 단수로 생각하지 말라. 줄은 엄청나게 많다. 어떤
점쟁이가 이 줄이 당신 줄이요 하는 것은 거짓말이다. 운명이란 복수
는 여러 사람의 것을 뭉뚱그려 하는 말이 아니다. 공산주의가 한 사람
의 것인가? 자본주의가 한 사람의 것인가? 그래서 단수인가? 그런 것
이 아니다. 운명의 올은 갈래가 무지무지 많다. 점쟁이 그네들이 어떻
게 아나? 쾌도난마! 운명의 실이 형클어져 어떤 것이 자기 줄인지 찾
을 수 없을 뿐이다! 중요한 것은 그 형클어져 보이는 줄을 풀 수 있는
빛나는 칼과 같은 마음이다. 마음을 칼처럼 예리하게 하라! 그러면 형
클어져 보이는 줄이 일거에 풀릴 것이다. 아니 당신의 줄을 하나님의
마음 바늘귀에 꿰여라. 부자는 그 바늘귀로 빠져나갈 수 없으리만치
살이 쪘다. 줄을 잡아라! 바늘이 되라! 아니 줄이거든 바늘을 찾아라.
바늘 가는 데 실 가고 실 가는 데 바늘 간다!
　줄은 금이다. 그래서 제 운명금(선)을 보려고 손(꾀)을 들여다본다.
이치야 그럴싸하다. 생명선이니 명예선이니 수명선이니 부귀선이니…
그러나 어리석은 것들!
　늘 참 올(眞理)의 이치를 돼지우리에 넣는 자들! 왜 손금만 보나?
항문에도 금이 많던데? 불운을 하드 라인(hard line)이라고 한다. 불
운을 말하며 복수를 쓰지 않는 것은 그만큼 그것은 한 줄에 불과한 것

이기 때문이다. 얼마든지 스위치할 수 있다. 불운한 운명과 싸운 베토벤! 속인의 눈에는 그것이 불운이었다고 하겠지.

세례 요한도 불운이라고 하겠지. 귀가 멀었으니 건강운도 없고, 혼인을 못했으니 결혼운도 없고, 물론 그랬으니 자식운도 없고, 가난했으니 재물운도 없고, 또 무슨 운이 없다고 할 텐가? 세례 요한! 여러 말 할 것 없이 젊은 나이에 목이 잘려 죽었으니, 뭐라고 할까? 자연사(自然死)나 안락사(安樂死)한 운도 아닌 불운. 횡사(橫死)도 아니고, 역사(轢死)도 아니고, 교살(矯殺)도 아니고, 설사(泄瀉)는 장난 말이고, 그래 비참한 참살(慘殺)이다!

일설에 우리의 사랑스런 요한님은 절벽 낭떠러지에 밀쳐져 죽임을 당했다는 얘기가 들려오고, 바울은 그 머리가 돌 위에 얹혀져 칼로 목이 동강나 버렸다. 아니 베드로는 십자가에 거꾸로 달려 스승 예수보다고 더 비참한 최후를 맞았다. 오늘의 바티칸 성당이 그이의 무덤 위에 세웠다고 한다.

점치개(점장이)들은 무어라고 할까? 예수쟁이들은 하나같이 그래요, 할 텐가?

나도 그런 차원으로 말하자면 별 볼일 없는 사람이다. 대체 그깟것들이 뭘 안다고 남의 운명이 어떻고 한단 말인가? 운명이란 이런 것이다!

명(命)은 프로그램이다. 운(運)이라는 것은 드라이빙(driving)이다. 운전(運轉)한다고 하지 않는가? 자동차를 몰고가는 운전수(運轉手)는 길이라는 또 하나의 프로그램에 잘 맞춰야 하는 것이다. 중앙선(中央線)을 넘으면 그 따위 점을 안 봐도 죽을 가능성이 농후하다는 것은 삼척동자가 아니라도 다 안다. 붉은 신호등이 나오면 거기에 맞추어 서야 하고, 녹색등이 나오면 엑셀러레이터를 밟으면 되는 것이다.

자동차 조작이 서툰 이들은 더욱 조심하여야 하겠지. 길을 가는데 누구는 그랜저를 타고 누구는 10년 된 고물 엑셀을 타고 다닐 수도 있다. 그네들은 그랜저가 복이라고 하겠지. 그러나 중앙선을 넘으면, 선(線)을 잘못 맞추면… 사(死)!…

이것까지 그네들이 맞춘다면 교통부장관을 시킬 것이다. 한국, 세계

교통 프로그램의 입안자들로 위촉할 일이다. 운(運)은 군대(軍隊)가
파워 있게 달려가듯(辶), 그렇게 추진력 있게 과감하게, 그러나 길의
프로그램을 지키며, 나가라는 말이다.

　군인은 죽을 수도 있고 살 수도 있고, 질 수도 있고 이길 수도 있는
것이다. 그러나 이기고 살기 위해 그렇게 땀흘리며 트레이닝을 하는
것이다.

　아닌 말로 나무 밑에 앉아 감아 입에 떨어져라 한다고 했을 때, 이
사람이 운(運)이 좋아 그렇게 되었기로 그 사람은 팔자 좋게 산다고
한다면 이게 말이 되는 소린가? 운(運)이란, 군인 같은 그런 숱한 각고
의 노력을 하라는 뜻이 담겨 있는 말이다. 누구는 애비 잘 만나 고생도
안 하고 잘살고 있다고도 하겠지. 그러나 따지고 보면 그것도 다 까닭
(가닥)을 잡을 수 있는 것이다. 그 애비의 각고의 노력이라는 올(가닥)
을 잡을 수 있는 것이다. 이것이 뭐가 그리 배가 아프단 말인가?

　나는 유산도 좀 물려주는 것이 좋다고 여기는 사람이다. 그야말로
자수성가하는 것도 의의가 없다고 할 수는 없으나, 어떤 발판을 구축
하기까지엔 참으로 지난한 젊음의 감가상각(가치하락)이 더 많다는
생각에서이다. 그건 그렇고….

　군대 얘기가 나왔으니 한마디 더하자. 제갈공명! 강태공(姜太公) 여
상(呂尙)! 그리고 한고조 유방의 꾀돌이 장량, 일명 장자방! 이들은
일급 모사(謀士)다. 천기(天氣)의 흐름을 알고 지리(地理)를 터득했
고, 무엇보다 사람들을 꿰뚫어보는 눈들이 있었다.

　나는 강태공의 육도(六韜)를 읽어보았는데, 도(韜)란 '감춘다'는 뜻
이다. 정보는, 전략의 핵심은 감추는데 있는 것이다. 하나님의 섭리가
감추어 오듯이….

　그래서 하나님을 도광(韜光)이라고도 하고 장자는 보광(葆光·감출
보)이라고 하고 천광(天光)이라고도 한다. 제갈량이나 강태공이나 할
것 없이 그저 부채나 들고 다니고, 낚시질이나 하고 있었다고 생각하
면 대단한 오산이다. 오늘날로 말하자면 인간 CIA요, 펜타곤이라고
할 수 있는 사람들이다. 수많은 정보와 지략을 공부하고, 천기의 흐름

을 통찰하고, 지리(地理)의 성질(캐릭터)를 익혀두고, 사람의 심리를 공부하고….

이런 사람이니 유비가 그 베이스(基·꾀)를 알아 삼고초려를 할 수 있었던 것이고, 문왕이 이 낚시광을 찾을 수 있었던 것이다. 소문이 그저 나나?

미국이 그저 미국인가? 수많은 인공인성이 날고, 하루에도 수십 수백 번 모의 시나리오 전쟁을 치르고 하며… 등등… 오늘의 미국의 파워(運)를 끌고 가는 것이다.

그런데 하룻강아지들도 아닌 자들에게 자기 운(運)을 묻는다니? 그들이 당신 앞날에 인공위성이라도 띄우고 있고, 당신 앞날에 대해 모의 시나리오라도 수없이 작성하고 이래도 생각해 보고 저래도 생각해 보고 했단 말인가?

바로 그런 이래도 저래도 과정을 겪어 통계(統計)를 잡아 가장 가능성 있는 지혜의 길을 모색(摸索·糸)하여 그 가운데 그 줄을 잡은 것이다. 그러나 이조차 백발백중은 아니다. 왜? 온통 올이신 하나님이 아니기 때문이다.

왜 인생감독 중의 감독이요, 기독(基督)이신 그리스도의 올(義)은 외면하면서 그런 우스꽝스런 줄들을 잡으려 한단 말인가? 통계(統計)?! 뭐 점이 통계학이라구?

물론 통계학이지. 주역?! 누가 그것으로 그런 장난을 하라고 했나?

주역이란 무엇인가? 에너지 프로그램(energy program)이다.

그것을 괘(卦)라고 하는 것은, 거 뭐시냐 학교 같은 데서 괘도(掛圖)라고 걸며 어떤 프로그램을 그려 이러쿵저러쿵하는 것이 이런 괘(걸 괘卦)에서 나온 흔적이다.

참으로 인생과 천문지리의 에너지의 움직임을 간파한 현인들이 이렇게도 생각하고 저렇게도 생각하여 64프로그램(卦)을 만들어본 것이다. 그러나 그 한 괘(卦)엔 또한 숱한 변화의 프로그램이 내장되어 있는 소프트웨어로 이루어져 있다.

그것은 많은 가능성의 모음인 것이지 그조차 절대적인 것은 아니다.

어쨌든 우리가 태극기에서 보는 바와 같은 괘들을 8×8씩 짝하여 64프로그램(꾀)를 만든 것이니, 옛 중국 사람들은 그 그림을 걸어두고 마음의 멘탈 트레이닝, 아니 모럴 트레이닝(修身)의 도구로 삼았던 것이다. 지금의 나의 상황은 어떠한가? 그렇다면 나는 어떤 마음가짐으로 처신해야 할까? 그렇게 수양의 프로그램으로 삼았던 것이라는 말이다. 마음을 움(運)직에게 하는 그런 마음 운동 프로그램이 괘다!

그러나 그것으로 끝은 아니다. 그것은 오로지님(道)을 찾아가는 철학의 방편(line)으로 나아가게 되는 중국 철학, 그 에너지 프로그램의 알파를 제공하게 된다. 이야기를 해나가면 그때, 그때 이것은 언급하겠다. 그렇게들 하는 것이 아니다.

중요한 것은 사람의 마음이 646464646464………괘인 리브웨어(liveware)라는 사실이다. 마음이 무한한 괘(卦)이다! 꾀가 무한히 나오듯이….

그래서 괘(卦)를 가지고 헛소리하는 자들이 있기에, 괘념(掛念)치 말라, 괘의(掛意)치 말라는 말도 나온 것이다. 그것은 성질이 변화하는 이치를 여러 모로 생각한 것이다. 성질이 바뀌어야 운명이 바뀐다! 이 말은 틀림없다!

그리스도는 모사(謀士 · 꾀많은 선비) 중의 모사(謀士)다!

"이는 한 아이가 우리에게 났고 한 아들을 우리에게 주신 바 되었는데 그 어깨에는 정사(政事)를 메었고 그 이름은 기묘자(奇妙者)라 모사(謀士)라 영존하시는 아버지라 평강의 왕이라 할 것임이라."(이사야 예언 9:6)

기묘자는 원더풀(wonderful)이다. 신동(神童)을 일러 원더(wonder)라고 한다. 놀라움(wonder)의 찼다(full)는 말이다. 오로지님이시다!

모사(謀士)는 카운셀러(counsellor)이다. 모든 문제를 상의할 수 있는 카운셀러!

책의 부피가 많아지니 다음으로 가야겠다.

멈추어라, 너 한 점(點)이여!

'도처에, 남김없이 두루두루'를 올 어롱 더 라인(all along the line)이라고 한다.

에너지를 공급하고, 프로그램을 공급하는 선(線·에너지 프로그램)은 도처에 있다는 뜻이다. 빛은 광선(光線)이다. 그 선을 따면 빛을 얻을 수 있다. 빛은 무엇엔가에 부딪쳐야만 터져(open) 빛이 된다. 대기권 밖으로 나가면 어두운 것은 태양광선이 부딪치는 것이 없기 때문이다. 하나님은 어둠(玄)이시다. 어두운 빛이시다! 왜 어두운 빛인가? 마음이 그 하나님의 광선에 부딪치지 않았기에 어두운 것이다.

빛은 파동(波動·wave motion)이다. 물결을 파(波)라고 하듯이 그런 파동이다.

하나님의 광선은 그런 파동으로 빽빽이(오로지) 가득한 그런 빛의 물결이요, 그 광선으로 짜여진 네트워크(羅)이다. 바라밀다(波羅密多)! 거기에 때맞춰(時) 맞추어야 한다. 그때를 놓치면 안 된다. "가라사대 내가 은혜 베풀 때(時)에 너를 듣고 구원의 날에 너를 도왔다(保佑하사) 하셨으니 보라 지금은 은혜받을 만한 때(時)요 보라 지금은 구원의 날(時)이로다."(고린도후서 6:2)

'중용'에서 말하는 시중(時中)이다! …괴테는 파우스트에서 이런 말을 남긴다. "멈추어라 너 아름다운 순간이여!" 물론 파우스트가 악마 메피스토펠레스와 계약을 맺는 말이지만, 바로 너가 시중(時中)이다. 눈깜박(瞬)을 놓치면 안 된다. 노자는 '동선시(動善時)'라고 하고 있다. 움직임, 카오스, 몸짓을 잘(善·well) 때맞춰 맞추어야 한다는 뜻이다. 시점(時點), 시점(視點)도 다 같은 말이다.

나는 우리 '나라(羅)'라는 말을 그물 라(羅)로 본다. 이 말은 네트워크(겨레)라는 뜻이다. 그래서 '나'는 '우리'가 된다. 우리가 되는 네트워크가 나라다! 그리하여 하나님 나라는 하나님 네트워크가 된다. 맥루한이 "텔레비전이 세계를 하나(네트워크)로 만든다"는 예언을 하기 훨씬 전 하나(네트워크)님은 이미 그 나라를 하늘에 이룩해

놓고 계셨다. 거룩한 네트워크! 홀리 네트워크(Holy Network)! 이 것이 하나님 나라요 천국이다! 그것을 분명히 보여주는 것이 경(經 · the great network)이다. 그래서 여러분은 보다시피 도덕경, 공자, 맹자 등등의 경이 하나의 네트워크로 되어 있음을 보지 않는가? 이미 하나님이 "빛이 있으라"(창세기 1:3) 하신 것은 그 네트워크를 어둠 속에까지 미치게 하겠다는 마그나 카르타(대헌장)이었다!

실마리(beginning)이다. 창세기는 이 실마리(머리)의 책이다! 삼라 만상(森羅萬象)이 네트워크(羅)가 아니더냐? 그런데 '나라'가, 네트 워크(그물쳐짐)가 아니라면 그것이 이상한 것이다! 이 네트워크라는 낱말도 새로 나온 말이 아니다. 이미 16세기에 나온 킹 제임스 판 성 경에 네트워크라는 말이 있어 왔다.

"솔로몬이 자기의 궁을 십삼 년 동안 건축하여 그 전부를 준공(竣工)하니 라 저가 레바논 나무로 궁을 지었으니 장이 일백 규빗이요 광이 오십 규빗이 라 백향목 기둥이 네 줄이요 기둥 위에 백향목 들보(beam)가 있으며 기둥 위 에 있는 사십오 개 들보를 백향목으로 덮었는데 들보는 한 줄에 열다섯이요 또 창틀이 세 줄로 있는데 창과 창이 서로 대하였고 모든 문과 문설주를 다 큰 나무로 네모지게 만들었는데 창과 창이 세 층으로 서로 대하였으며… 또 놋을 녹여 부어서 기둥머리를 만들어 기둥 꼭대기에 두었으니 이 머리의 고도 다섯 규빗이요 저 머리의 고도 다섯 규빗이며 기둥 꼭대기에 있는 머리를 위 하여 바둑판(罫) 모양으로 얽은 그물(network)과 사슬 모양의 땋은 것을 만 들었으니 이 머리에 일곱이요 저 머리에 일곱이라 기둥을 이렇게 만들었고 또 두 줄 석류를 한 그물(network)에 있는 머리에 두르게 하였고 다른 기둥 머 리에도 그렇게 하였으며…"(열왕기상 7:1-18)

이렇게 계속 설계도를 자세하게 묘사하고 있다. 왜 그런가? 아니 기 둥 꼭대기에 바둑판 모양의 그물을 사슬 모양으로 땋은 것은 무엇을 의미하는가?

하나님 나라(network)를 의미한다.

우리는 구약성경을 읽다가 보면 조금은 황당한(?) 설계도들에 아주 지루해 한다. 하나님이 노아에게 방주를 만들라고 하시며, 이렇게 지시한다.

"너는 잣나무로 너를 위하여 방주를 짓되 그 안에 간들을 막고 역청으로 그 안팎에 칠하라 그 방주의 제도는 이러하니 장이 삼백 규빗, 광이 오십 규빗, 고가 삼십 규빗이여 거기 창을 내되 위로부터 한 규빗에 내고 그 문은 옆으로 내고 상중하 삼 층으로 할지니라…"(창세기 6:14-16)

또한 모세에게 이르시되, "내가 그들 중에 거할 성소를 그들을 시켜 나를 위하여 짓되 무릇 내가 네게 보이는 대로 장막의 식양(式樣)과 그 기구의 식양을 따라 지을지니라 그들은 조각목으로 궤를 짓되 장이 이 규빗 반, 광이 일 규빗 반, 고가 일 규빗 반이 되게 하고…… 너는 조각목으로 상을 만들되 장이 이 규빗, 광이 일 규빗, 고가 일규 빗 반이 되게 하고… 너는 성막을 만들되 앙장 열 폭을 가늘게 꼰 베실과 청색 자색 홍색실로 그룹을 공교(工巧)히 수놓아 만들지니 매 폭의 장은 이십팔 규빗, 광은 사 규빗으로 각 폭의 장단(長短)을 같게 하고 그 앙장(仰帳) 다섯 폭을 서로 연하며 다른 다섯 폭도 서로 연하고…"(출애굽기 25장 8절 이하 쭈욱쭈욱…) 그리고 레위기, 백성의 머리수를 세는 민수기(民數記)…

정신이 없다. 컴퓨터를 다 동원해도 정신없을 거다.

이것은 무엇인가? 이런 캐릭터는 무엇인가? 그렇다! 여호와 하나님에게 저울질과 척도의 모든 것이, 시시콜콜(?)한 것까지 다 있음을 말하려는 것이다.

절대 주권(主權·마스터 플랜·저울)이 하나님에게 있음이다!

네트워크! 킹 제임스 판에만 해도 이밖에 출애굽기(27장, 38장), 열왕기 상에 4번, 예레미야가 인용한 것도 2번(52장) 등 8번이나 네트워크라는 말이 나오니 그것이 오늘날의 단어라고 하는 이들은 놀랄 것이다. 현대어 성경을 보면 더하다!

천망회회소이부실(天網恢恢疏而不失)! 하늘의 네트워크(天網)! 노자는 도(道)를 네트워크로 보았음이다. 거기에 엄청난 덕(德·캐릭터)이 충만함이다! 바라밀다(波羅密多)!

바둑판의 줄을 괘(罫)라고 한다. 앞서 64괘(Hexagram)를 이야기했는데, 그 말도 64네트워크라는 말이다. 그물을 뜻하는 한자엔 망(網·罒·罔·网＝㓁＝四) 등이 있다. 이것은 다 같은 뜻의 그물(net)이다! 파장(罷場)은 네트워크를 거둠이다! 바둑판은 그물이요, 네트워크다. 거기에 점(點)도 그려져 있고 또 바둑 '알' 을 한점 한점 둔다. 놀라운 프로그램의 일치요 교육자료가 아닌가?

그 한점 한점을 놓을 때마다 괘(罫)는 집이 지어지고 무너지며 일진광풍이 불고, 환희가 터지며….

알(知)고서 함께(com-) 두어야(put) 한다. 컴퓨터(compute) 머리! 고수(高手·높은 꾀)를 그렇게 부르더라! "태초에 컴퓨트(로고스)가 있었다!"

인터넷(internet)! 정확히는 인터내셔널 네트워크다! 이것이 '정보를 실어날라' 또 하나(network)의 세계를 구축하고 있다. 보이지 않지만 있다! 그래서 가상(cybernatural) 세계라 하지 않는가? 가상 캐릭터의 세계다! 이것은 컴퓨터에 의해 컨트롤되는 사이버네이션(cybernation)이다!

오! 하나(network)님! 당신은 truenation이십니다! 오로지님 네트워크(나라)!

모든 것은 그냥 이루어지고 인간의 꾀로 새로이 창작되는 게 아니다. 보이지 않는 손(꾀)이 있음이다. "해 아래 새로운 것은 없다!"(전도서)

道生一, 一生二, 二生三……

네트워크(一)는 그렇게 다양하게도 전개된다. 도에서 음양이 나오고, 이런 식은 옳지 않다. 그럼 3은 음음양이냐. 양양음이냐? 모든 것이 오로지님(道)에게 비롯된다는 그 운동성을 표현한 것이다. 오로지님(道)은 이런 네트워크를 누비고 다니시는 실꾸러미(bundle·다발)

이시다. 워크(work)는 '(계획 등을) 짜고 · 궁리(窮理)하다' 는 뜻이다. 네트를, 그 궁극(窮極)의 올(理)을 풀어 짜는 것이 오로지님 네트워크다!

또한 복수로 Works는 '신이 하신 일' 을 뜻한다. 복수다! 부처님 손(꾀)바닥 위에서 재주부리고 있는 손오공이 바로 우리들의 일이다.

순리(純理)! 실(糸)이 진치듯(屯)이 올(理)의 프로그램을 만들었다는 말이다. 순수(純粹)니 순정(純情)이니 순정(純正)이니 순미(純味)니 순무루 상속(純無漏 相續 · 불가 용어로 새는 것이 없는 순수의 실)이니 하는 것이 다 진치듯 실을 친, 실꾸러미 오로지님으로부터 오는 올(純)이다. 그래서 순결(純潔)을 생명보다 귀히 여기는 까닭이다.

진리(眞理)! 참 올이다. 실꾸러미다! 예수가 "나와 하나님은 하나(network)다" 한 이유(理由 · 올의 비롯)를 알 것이다. 일면식도 없는 나다니엘을 보고 예수는 이렇게 말한다. "보라 이는 참 이스라엘 사람이라 그 속에 간사한 것이 없도다." 나다니엘의 캐릭터가 순수하다는 말이다. 공자는 이렇게 말하였다. "시삼백(詩三百) 일언이폐지(一言以蔽之) 왈(曰), 사무사(思無邪)" (위정) 시경(詩經)의 시를 한마디 보따리로 싸잡아 말하면 '생각함에 간사(奸邪)함이 없다' 는 말이다. 사무사(思無邪)!

예수는 나다니엘이라는 캐릭터를 그렇게 불렀으니 대단한 친구가 아닌가?

이것은 독심술(讀心術) 때문만은 아니다. 그 실이 가는 길, 곳을 알기에 하는 말이다. 네트워크는 어디로 정보가 가고 어디에 정보가 닿았는지 알 수 있을 때까지 인터넷도 발전해 갈 것이다. 예수는 그 정보를 담은 실이 나다니엘에게 가 있음을 보았던 것이다. 그러자 나다니엘이 놀라서 "당신은 하나님의 아들이시오 이스라엘의 임금이로소이다" 한다. 얼마나 놀랐으면 이런 말을 다 할까? 예수는 다시 말한다. "내가 너를 무화과나무 아래서 보았다 하므로 믿느냐 이보다 더 큰 일(works)을 보리라 가라사대 진실로 진실로 너희에게 이르노니 하늘이 열리고 하나님의 사자(순정보)들이 인자의 위에 오르락내리락

하는 것을 보리라."(요한복음 1:51)

두려울 정도의 완벽한 네트워크가 아닌가? 모든 실(올)은 하나님으로부터 온다!

인터넷! 그것은 그저 볼 수 없는 사이버 세계다! 반드시 컴퓨터 앞에 앉아 때맞춰 스위치를 켜고 자판을 두드릴 때(時)만이 볼 수 있는 세계다. 동선시(動善時)! 이 펀더멘틀(fundamental · 근본) 원리(바탕 올)엔 예외가 있을 수 없다

인드라 네트워크(Indra Network)라고 하는 것이 있다.

제석천(帝釋天)이라고도 한다. 하나님(帝)께서 그 네트워크(罒)를 풀어 하늘(天)을 짜셨다는 말이다. 해석(解釋)한다고 하질 않는가?

실을 푼다! 인드라는 천둥과 번개를 주관하는 인도 신화 속, 베다(Veda)교의 으뜸 신이다. 후일 불교를 수호하는 신으로 자리매김된다. 인타라(因陀羅)가 바로 그것이다!

우리는 곧잘 '여기 이것저것 다 망라(網羅)하여 모았다' '온갖 계층의 사람이 다 망라(網羅)된 대회' 하는 말을 한다. 그 망라(網羅 · 그물)가 네트워크다! 인터넷이 정보를 망라(網羅)한 것이듯 말이다. 나는 예수가 주로 어부 출신들을 모아 사람을 낚는(그물쳐) 어부가 되게 하리라 하였다는 것도 예사롭게 보지 않는다. 그물을 다루는 이들을! 망(網)은 '큰 그물 · 규칙'이요, 라(羅)는 '작은 그물 · 지남철(指南鐵)'을 뜻한다. 끌어당기는 것이 지남철이다. 장자의 대붕(大鵬)은 남쪽에 끌려 저 하늘을 뒤덮는 날개를 편다. 연작(燕雀)들의 비웃음에 "나는 대붕(大鵬)이기 때문이다!" 호호탕탕(浩浩蕩蕩 · endless) 하면서!…

남쪽을 가리키는(指), 아니 남쪽으로 당기는 힘! 지남철(magnet)! 마그네트! 지남철과 끌려가는 철 사이에는 파워 네트(net)가 있다. 마(ma)!

마그네티즘(magnetism)은 자성(磁性)이요, 자기(磁氣)며, (지적 · 도덕적)매력을 뜻하는 말이다…

매그니(magni)는 '크다(great·large)'는 말이고 매그니피슨트
(magnificent)는 '장엄한·숭고한·엄청난'의 뜻이다. 자장(磁場),
자속(磁束)을 일러 매그넥틱 프럭스(magnetic flux)라고 한다. 프럭
스(flux)란 '흐름'이다. 거침없이 흘러나오는 달변을 가리키기도 한
다. 그렇다! 한 알의 쌀, 한 송이 들꽃! 이 속에서도 오묘한 신의 힘과
네트워크를 느낀다. 우리는 지남철에서 힘이 흐르는 네트워크를 실험
적으로 본다.

이것을 확대하여 보라! 대붕이 그 거대한 날개를 펴고 날 수 있는,
아니 대붕을 당기는 그런 힘이다. 하나님 아버지가 막대자석(Bar
Magnet)하고 한다면 이 네트워크엔 성령의 하나님이, 덕성의 하나님
이 얼사람을 끌어올리고 있음이다.

인드라 네트워크를 제망(帝網·하느님 네트워크)이라고도 하는데,
제(帝)는 중국어 성경에 하느님을 상제(上帝)라고 옮기듯이 그런 연
속에서 보면 된다.

이 인드라는 화엄사상(華嚴思想)의 핵을 이루는 것이다.

"인드라의 하늘에는 그 하나(네트워크)를 볼지라도 여타 모든 보석
의 영상(映像)이 온통 보이도록 되어 있는 진주 그물(the pearl net)
이 있나니, 다시 말하여 천지 어떤 사물이라도 그 자체만으로서 따로
이 되어 있는 것이 아니라 그 나머지 모든 것들과 관련되어 있으며,
그 사물이 곧 다른 온갖 사물임을 의미함이다."(화엄경)

네트워크, 진리(참 올)의 네트워크를 이렇듯 아름답게 묘사할 수 있
을까? 어떤 것도 진주와 같은 것이고, 그것은 하나의 네트워크에 달
려 있는 보석이다!

그럼, 이런 것이 시인의 레이더엔 어떻게 포착되는지를 보자. 헤밍
웨이의 '누구를 위하여 종은 울리나', 이것은 인류는 한겨레라는 그
네트워크를 잘 보여주는 제목이다. 물론 이 제목의 원작자는 영국 시
인 '존 던'이다.

어느 누구도 저만 떨어져 온전한 섬은 아니다

스스로가 완전한 섬은

사람은 모두가 대지의 한 조각이자

이 땅의 한 부분이다

한 덩이 흙이 파도에 씻기면 유럽은

그만큼 줄어든다

모래펄이 줄어들 듯, 친구의 땅

그대의 땅도 마찬가지이다

그렇듯 어떤 사람의 죽음이건 나의 생명을

줄이는 것이다

나는 인류의 하나이기 때문이다 (끼어듦 : 이 부분에서 나는 눈물을 흘렸다)

그러므로 묻지 말 것은

누구를 위하여 종은 울리냐고

종은 그대를 위하여 울리기 때문이다

'모든 것이 제멋대로 구르는 듯해도 사실은 하나로 얽혀 있다네

우주의 힘이 황금종(黃金鐘)을 만들어 이들을 껴안고 있구나

하늘 향기 은은히 퍼져나가니 그 품에 지구가 휘감기누나

모든 것이 향기를 좇아 조화로이 시공을 채우누나

휘몰아치는 생명의 회오리 속에서 나도 파도도 함께 춤춘다

삶과 죽음이 있건만 영원의 바다는 끊임없이 출렁이누나

변동하고 진동하는 저 힘이 바로 내 생명의 원천

오늘도 먼동이 트는 아침에 거룩한 생명이 옷을 짜고 있도다' (괴테)

　네트워크는 생명망(生命網)이다! 생물학을 떠올리지 않고 말 그대로 하여 신경망(神經網)이다! 사실 생물학적인 우리 몸의 신경망도 신(神)의 생명력이, 경(經)이 흐르는 네트워크(網)다! 이것을 모르는 이는 인술(仁術)을 말할 수 없다! 이것을 아는 의사만이 인(仁)의 꾀(術)를 펼 수 있는 것이다. 아니면 그것은 사술(邪術)이요 사술(詐術)

이다!

히포크라테스의 선서란 게 다 무엇인가? 신경망(神經網)! 이 한마디에 맞추면 황금의 춤, 중용(中庸)이다! 아닌가?

오늘도 어디선가 조종(弔鐘)이 슬프게 울릴 것이다. 가난하고 마음 아픈 이들의 가슴이 종소리처럼 댕~댕~댕~ 울릴 것이다. 아니 울리고 있다.

누구를 위한 종소리냐고 남의 일 묻듯 하지 말라고 한다.

"온 마음을 극(다)하고 온 목숨을 극(다)하고 온 뜻을 극(다)하고 온 힘을 극(다)하여 네 하나(Network)님을 사랑하라 하신 것이요, 둘째는 이것이 네 이웃(network)을 네 몸과 같이 사랑하라 하신 것이라 이에서 더 큰 계명(誡命·중용)이 없느니라."(마가복음 12:30)

온통 올은 이 말씀에 집중점(集中點)이 된다! 온 극은 여기 이 말씀이 태극(太極)이다! '큰 됨'이다!

태극은 둥근 네크워크다! 태극은 둥근 생명이다. 태극은 다른 말 필요 없는 끝내기 둥근 사랑! 네모나 삼각이나 마름모꼴의 편협한 사랑이 아니다. 모든 이가 온 몸과 온 마음과 온 목숨과 온 뜻이 극(多)으로 만나는, 아니 하나님의 캐릭터와 일체되어 함께 맞추는 골든 댄스, 중용이다! 이보다 더 큰 둥근 네크워크는 없다. 진리는 없다! 내 책의 모든 페이지를 뜯어버려도 된다! 내 일점일획은 여기에 다(極) 왔다!

사랑의 빛이 넘치는 바라밀다(波羅密多)는 이 한 말에 다(極)있다. 바라밀다(波羅密多)는 신비주의자의 몽환이 아니다.

그것은 이렇게 말씀으로 되어 나와 우리를 복되게 한다. 그래서 복음이라고 한다. 그래서 말씀이라고 한다!

"아제아제(揭帝揭帝) 바라아제(波羅揭帝) 바라승아제(波羅僧揭帝)!"

'아'는 게(揭·hang)다! 국기 게양(揭揚)! 제석천(帝釋天)!

"걸자(揭) 오로지님 네트워크(帝)로 걸자(揭), 오로지님 네트워크(帝)로! 빛물결치는(波羅密多) 오로지님 네트워크로 걸자(揭帝)! 빛물결치는 마음 편한(僧) 그 오로지님 네트워크로 걸자(揭帝)!"

"추어올리세 오로지님 네트워크로, 오로지님 네트워크로 추어올리

세 ! 빛물결치는 오로지님 네트워크로 추어올려 마음 환해지세 그 오
로지님 네트워크로 추어올려!"

불교 역사상 이런 옮김은 없었을 것이다!! 반야심경은 다(極) 해석
(解釋)되었다!

승(僧)＝승객(乘客)＝진리의 네트워크 탑승객(搭乘客·걸搭)! 승
(承·繼承·잇다·받들다·永·들다)! 승(昇·오르다)! 승(升·되
다)! 승(繩·줄)! 승(勝·낫다·이기다)! 승(乘·타다·오르다)! 승
(陞·오르다)! 승(抍·들어올리다)! 승(舼·오르다)! 승(譝·기리
다)! 승승(乘勝)! 승승장구(乘勝長驅)!

아닌가?! 이것을 목적으로 하는 것이 승(僧)이 아닌가? 아니면
(↓)←이것?

사실 승(承-昇-升-繩-乘)! 이 가운데 한 자를 택하여 옮겼더라면
더 명확했을 것이다.

(노자 14장)

오로지님 네트워크(한겨레)를 찬양함!

눈 밝혀 보려도 볼 수 없는 빠른 활시위라 할거나	視之不見名曰夷
귀 열어도 들리지 않는 실낱의 떨림이라 할거나	聽之不聞名曰希
두루 퍼졌으나 감추인 실밭이라 할거나	博之不得名曰微
이 세 성질 왜 그러나 따질 수 없으리	此三者不可致詰
이미 한데 어울려 온통 떨림이여,	故混而爲一
그 위 차마 또렷이 안다곤 못 하겠네	其上不
그 아래도 차마 어둡단 못 하겠네	其下不昧
끝없이 이어졌음에 말문이 막혀라	繩繩(兮)
이름지어 부를 수 없음이로다	不可名
다시 아무것 없는데 돌아감이라	復歸於無物
이를 일러 아찔하다 하리라	是謂無狀之狀

350

형체 없는 조짐(이미지)이여,	無物之象
황홀타, 황홀타,	是謂恍惚
반기려 내달리나 볼 수 없는 그 높음이여,	迎之不見其首
따라 붙으려 하지만 사라진 뒤이니	隨之不見其後
늘 오시는 오로지님 꽈악 붙잡아	執古之道
그로써 유한을 이때 제어(制御)하리라	以御今之有
옛부터 시작됨을 능히 알지니	能知古始
이를 일러 오로지님 머리힘줄이라 하리라	是謂道紀

화살처럼 오시는 오로지님! 맥궁(貊弓) 하면 맥이(貊夷)라는 것이 떠오르듯이 활 잘 쏘는 종족을 의미한다. 이(夷)는 활(弓), 그 시위와 올가미 같은 것을 상형한 글자다.

네트워크! 눈에 보이진 않지만 그 얼마나 활시위처럼 팽팽한 것이랴?

시지불견명왈이(視之不見名曰夷)! 마치 오로지님(道)이 활시위 같은 데, 그것을 보려고 해도 볼 수 없다.

천지도, 기유장궁여(天之道, 其猶張弓與)(노자 77장)! 하느님의 가득찬 힘줄(네트워크)은 그 활을 당기는 것 같다는 말이다.

청지불문명왈희(聽之不聞名曰希)! 希(희)! 爻(효)＋布(포)이다. 실낱 같은 희망이라는 말이 있다. 효(爻)는 운동성을 받는다는 것이다. "효야자(爻也者), 효천하지동자야(爻天下之動者也)"(주역 계사전) 효(爻)라는 것은 천하의 운동성을 본받는(效)다는 것이다. 또한 포(布)는 포교(布敎)라고 하듯이 그 운동성을 펼친다는 뜻이다.

그러므로 희(希), 실낱 같은 희망, 오로지님을 들을 수 있다는 희망에 들뜬다. 그러나 들으려 하지만 들릴 듯 말 듯 실낱 같은 떨림이여! 또 그러나 엄청난 조짐을 캐취함이기도 하다. 작은 떨림이지만 우주의 소리보다 크다. 세미한 음성(still small voice)! 방송망(放送網)이란 그런 이치가 아닌가? 인터넷도 그런 연장이 아닌가?

박지부득명왈미(博之不得名曰微)! 미세(微細)하다는 말이 있다. 미세한 실(絲)! 미세한 신경망! 미세한 떨림! 미세한 움직임! 미세한 조짐! 세포(細布)! 세(細)는 세포(細胞)에서처럼 그 실(絲)이 기름진 (月) 밭(田)을 이루고 있는 것이다. 그것이 세포라는 실꾸러미, 실겨레, 실의 네트워크다! 이것이 생명을 이룬다. 만일 신경망이 크게 요동치면 감당못할 유한한 사람은 고혈압이든지 하여 터져 사(死)! 그러므로 작은 떨림이 생명의 박동인 것이다. 50억의 심장박동소리가 소음이 되지 않는 것을 감사하게 여기자. 참 박동이요, 참 박자이다. 그래서 '두루 퍼졌으나 감추인 실밭이라 할거나' 하고 옮겼다. 이 네트워크가 승승(繩繩 · 줄 · 법도), 면면(綿綿)이 이어졌다! 아찔한 현상(現狀)이요, 황홀한(恍惚)한 광경이로다! 예로부터 오시는 이 오로지님의 힘줄(네트워크), 무한한 힘! 영원한 생명력을 잡아, 오늘(今)의 유한(有限), 유위(有爲)를 제어(制御)하고, 그 무한, 그 무궁, 그 영원으로 올라타야 한다. 이를 일러 오로지님의 기강(紀綱 · moral fiber), 절대적 생명 질서, 머리힘줄이라고 한다. 시위도기(是謂道紀)!

탑승객(搭乘客)이라고 하듯이, 탑(塔)이란, 그렇게 '걸어' 올라타(搭)겠다는 뜻으로 세우는 것이다. 사찰의 탑(塔)은 비행기 탑승장(搭乘場)과도 같은 것이고, 또 오로지님의 네트워크로 '걸어(搭)' 타(搭)야 할 것이기도 하다.

그렇게 될 때, 반야심경의 말처럼 시무등등주(是無等等呪) 하게 된다. 우리는 어떤 글을 쓰다가, 여러 것을 죽 들어 말할 때, 등등…(等等… · etc. · and so on) 하면서 끝 아닌 끝을 낸다.

무진장(無盡藏)한 등등(等等)…, 무한한 등등(等等)…. 다른 어떤 유한한 것이 낄 '줄'이 없고, 탈 '줄'이 없다. 그렇게만 윔(呪)이다! 욈(呪) 뿐이다. 무한과 나란히 한다.

실(絲)은 하나를 의미한다. 모두가 하나로 묶여 있음을 의미한다. 그런 의미에서 하나님은 실꾸러미이다. 실을 풀어 하나 되게 한다. 하나 되지 않고는, 선(善)도 사랑도 결국은 헛소리에 불과하다. 결국 다투게 될 뿐이다. 이 실을 잡고서 다음 줄(行 · line)로 가보자.

다시 계속(繼續)이다!

'줄곧(傳統)', 우리는 이런 '줄기찬(傳統·큰 줄기 통)' 네트워크를 생각하며 살아왔다.

그것은 하늘(天)이라는 말 속에 이미 내장된 사상이었다. 그 줄곧과 줄기찬을 우리가 잃어버린 것뿐이다. 은택(恩澤)이니 광택(光澤)이니 성택(聖澤)이니 고택(膏澤)이니 하는 말 속에 이미 네트워크(罒) 사상이 들어 있다.

육달월(月)은 기름(月)이라고 하였다. 연고(軟膏)라는 것이 기름약이다. 이명래 고약(膏藥)이라는 것이 유명했었다. 종기(腫氣)가 나거나 할 때 이 검은 고약을 붙이면 누런 고름이 터졌던 것을 지금도 기억한다. 지금은 연고(軟膏)나 반창고(絆瘡膏) 같은 것이 그런 것을 대용한다. 그런데 이 고(膏)자를 보자. 높을 고(高)가 자리한다.

이 말은 이런 신비한 기름(月)은 높은 데서 온다는 말이다. 유(由)가 원래 기름(油)을 뜻하는 말이기도 했듯이 말이다. 고택(膏澤)은 기름진 은혜다. 기름진 옥토, 기름진 전답하듯이. 기자들이 가뭄 끝에 종종 단비가 내렸다고 하는 데, 고우(膏雨)가 있다. 기름진 비이다. 또한 고황(膏肓)이라는 말은 기름(月)이 망(亡)한 것, 곧 손쓸 수 없이 깊은 병을 말한다.

우리는 말을 가벼이 보아서는 안 된다. 그래서 나는 "사상은 사전이다!"는 말을 하는데, 일점일획 사상도 그런 각도로 보면 된다.

종교사가(宗敎史家) 마르치아 일리아데는 그의 '종교사 개요'에서 이런 의미있는 말을 남긴다. "인간은 '문자'나 '음(音)' 속에 잠재된 힘을 흡수함으로써, 우주 에너지의 어떤 중심 속에 위치하게 되며, 그 자신과 전체 사이의 완벽한 조화를 실현한다. '문자'나 '음'은 명상이나 주술에 의해서 우주의 여러 차원으로의 이행을 가능하게 하는 영상(映像)의 역할을 한다."

"언어에서 힘을 받아 인간은 사물을 식별하고, 입증하고 진술한다. 간략히 말하여, 사물을 이름 지어줌으로써 다시 그 사물을 정신의 영역으로 끌어들인다. 말과 글을 사용함으로써 정신은 물질과 마음 사이에서 계속하여 방전(放電·sparking)을 일으키는데, 다시 말해서 정신이 그 탁월한 작명 능력과 함께 놀이를 하고 있는 셈이다."(호이징가)

우리는 지금 그 시범의 영상을 보고 있는 것이다. 석탄에서 열을 얻듯이 문자나 음 속에서 저 오로지님 네트워크, 그 끝내주는 스터디에까지 이르는 에너지를 얻는 것이다. 입(口)에서 내쉬는 숨이 불과 같다 하여 날숨을 화(呋)라고 한다.

입(口)에 말이 잘(well) 나오는 것이 빛(光)과 같다 하여 '말 잘함'을 굉(咣)이라고 한다. 이렇게 불이나 빛을 문자에 영상으로 남기듯 이런 패러다임으로 모든 문자는 이루어져 갔던 그 실마리(beginning)를 우리는 볼 수 있다. 그러니 문자에서 이런 에너지를 얻으면 바라밀다(波羅密多)의 세계도 들어갈 수 있는 것이다.

우리는 지금 그런 좋은 때를 맞춰(時) 살고 있는 것이다. 동선시(動善時)! 그러니 어찌 이를 고택(膏澤)이라 하지 않을 수 있으랴? 은택(恩澤)이라 하지 않을 수 있겠는가?

이런 문자나 말을 가지고 대중을 선동한다든지, 자기 꾀를 과시하는 에너지로 삼는 것은 혼 '쭐(줄)' 날 일이다. 은택(恩澤)을 저버리는 일이다.

무슨 일을 하느냐? "나는 말을 아는 일을 한다.(我, 知言)"(맹자)

논어의 마지막 구절은 이렇게 끝난다. "말을 알지 못하면 사람을 알지 못한다.(不知言 無以知人也)"

아니 오로지님(天命)의 생명의 프로그램을 알지 못하면 군자(君子)라 할 수 없다 하였다.(不知命 無以爲君子也).

하나님 나라의 백성! 이것을 네트워크의 각도에서 살펴보자.

네트워크를 따서 KBS를 보면 KBS 시청자이듯이 그 시청자의 눈과 귀가 거기에 맞추어져 있음이다. 성(聖)이란 귀(耳)를 위로 올림(드릴 정로)을 말하니 이것을 생각하면 의미있겠다.

실과 빛!

천체 천문학자 칼 세이건의 흥미진진한 책 '코스모스(cosmos)'를 보면 이런 구절이 들어온다. "만약 우리가 세포(細胞·糸)의 핵 속에 관을 꽂아 속을 들여다본다면 마치 폭발 사고를 일으킨 스파게티 공장과도 같은 광경을 보게 될 것이다. 태엽이나 종이로 꼰 끈과 같은 것이 엉클어진 채 수없이 많이 꽉 차 있는 것이다. 그것은 두 종류의 핵산이다. 하나는 DNA인데, 그는 자기가 무슨 일('프로그램')을 해야 하는가를 알고 있다. 또 하나는 RNA인데, DNA가 발하는 지시를 세포의 다른 부분에 전달한다… 중략… 인간의 DNA에 포함되어 있는 정보를 보통 쓰는 말로 적는다면 1백 권의 두꺼운 책이 될 것이다. 뿐만 아니라 DNA는 극소수의 예외를 제외하고는 어떻게 하면 자기와 똑같은 복제를 만들 수 있는가도 알고 있다. DNA는 무수히 많은 것을 알고 있는 셈이다. DNA는 이중 나선(螺旋) 모양을 하고 있다. 그것은 서로 얽혀 있는 두 개의 나선형 계단 같은 것이다. 두 개의 끈(cord)에 누크레오타드가 순서대로 연결(連結)되어 그것이 '생명의 말'이 되고 있는 것이다."

실(끈)과 정보와 생명의 말!

이것이 세포(細胞)다! 이 세포라는 말 속에 실(糸)과 기름(月)이 기름진 밭(田)처럼 포함(包含)되고 있음을 보여주고 있으니 그저 옛 현인들의 눈이 놀랍기만 하다. 그리고 다시 '스펙트럼의 마술'이라는 곳을 읽어보자.

압축하여 내가 설명하면 이렇다. 백색 광선(white light)을 좁은 틈으로 프리즘이나 회절격자(回折格子·평면상에 일정한 간격으로 직선을 몇 줄 그은 것)에 쪼이면 광선은 폭을 넓혀 일곱 가지 무지개 빛이 된다고 한다. 그것이 스펙트럼이다. 스펙트럼은 가시광선(可視光線)의 주파수(빛의 파동)가 높은 보라색으로부터 차츰 낮은 남색, 청색, 녹색, 황색, 오렌지색, 붉은 색의 순서로 나타나게 된다고 한다. 우리가 볼 수 있는 광색이므로 가시광선의 스펙트럼이라고 한다. 그런데 우리가 볼 수 있는 것은 긴 스펙트럼의 극히 일부분에 지나지 않는다는 것이다. 주파수가 가장 높은 바이올렛 보라색보다 더 높은 스펙트럼 분을 자외선(紫外線·ultraviolet)이라 한다. 울트라(ultra)는 초(超·넘어섬)이다. 이 역시도 광선이며 미생물을 죽이는 힘을 갖고 있다. 그런데 이것은 우리가 볼 수 없는 광선이다. 세이건은 우리가 볼 수 없는 것들이 더 많이 있다고 강조한다. 그리고 주파수가 가장 낮은 붉은 색 광선보다 더 낮은 적외선(赤外線·infrared rays)이 있다고 한다. 인프라(infra)는 '아래'를 뜻하는 말이다. 방울뱀과 반도체(半導體)는 적외선을 어김없이 감지한다고 한다. 그래서 우리는 리모트 컨트롤을 일상적으로 사용하는 것이다. 그는 적외선 끝에는 보다 넓은 전파 영역이 있다고 말한다. 이런 것이 천문학에서 아주 훌륭한 구실을 한다는 것이다.

질문 : 어떤 구실을 천문학에서 한다는 겁니까?

줄이어, 철학자 어거스트 꽁트가 인간이 알 수 없는 지식으로 별들의 조성(組成)을 들었는데, 이 경험주의 철학자가 생각하기에는 저 먼 별나라를 인간이 가서 경험할 수 없기에 거기에 관한 지식은 영원히 알 수도, 손에 넣을 수 없다고 보았다 하면서 그는 꽁트를 끌어오며 반격을 준비한다. 경험주의 사상의 꽁생원다운 말이겠는데, 꽁트는 경험으로는 알 수 없는 그 지식을 '거부된 지식(denied knowledge)'이라고 했다는데, 그러나 그 말은 꽁생원이 죽은 지 3년 만에 박살나고 만다. 물질의 조성을 알기 위해서는 빛(스펙트럼)을 이용할 수 있다는 것을 알게 되었기 때문이란다. 그 가닥(까닭)은 물질은 저마다 스펙트럼의 지문(spectral signature)을 갖고 있다는 것이다. 빛이 닿아 지문을 찍는 것이고 사인을 하는 것이다. 그렇게 하여 빛의 속도를 계산하면 거리를 알 수 있다는 결론이고 그 광선이 되비친 물질색에 의해서 물질의 성질(캐릭터)도 알 수 있는 것이 된다. 우리가 많은 색을 본다는 것은 기실은 광선을 보는 것이다. 빛을 흡수해 버리면 검은 색이 되는 것이듯이…. 다크 라인(暗線·dark line)인 것이다. 어쨌든 6천만 km 떨어진 금성의 대기도, 그 이상의 화성도 지구에서 조사할 수 있게 되는 것이다.

광선(光線), 빛줄 때문이다! 뿐만 아니라, 태양에서 오는 선을 조사하여 태양의 조성을 알 수도 있다는 것이다. 머나먼 저편 은하에 대해서도 이를 구성하고 있는 1천억 개 가량의 별빛의 광선을 모아 그 스펙트럼을 조사할 수도 있다는 것이다.

칼 세이건은, "스펙트럼을 이용한 분광 천문학(分光 天文學)은 마법에 가까운 기술을 구사한다. 나는 지금도 눈을 둥그렇게 뜰 수밖에 없다. 결국 꽁트는 민망할 정도로 운이 나쁜 실례를 든 것이었다"고 말했다.

세이건은 눈을 똥그랗게 뜨고 꽁선생을 민망하게 여긴다고 하였지만, 나는 세이건도 민망하게 여겨지는 것이 있다. 차차 그 가닥을 잡을 수 있으리라.

이제 전파 망원경으로 하여 그간 알지 못했던 별들의 신비가 드러나고 있다. 나 같은 아마추어가 읽기 좋게 요리하여 우주의 이야기를 들려주는 세이건이 고맙기에 그 은혜에 답할겸 조금 더 인용해 보자.

"우리는 라디오나 TV국의 사람들이 발산하고 있는 전파신호에만 익숙해져 있다. 그러나 자연계의 물체도 갖가지 원인으로 전파를 발생한다. 그 한 가지 원인은 그 물체가 뜨겁다는 점(點)이다…. 나는 친구를 만났을 때, 태양이나 전등의 가시광선이 그 전구를 비춘 뒤 반사해 오는 것을 본다. 광선은 친구에게 부딪쳐 반사되어 나의 눈으로 들어온다. 그러나 유클리드와 같은 인물들까지도 포함해서 옛날 사람들은 '우리가 물체를 볼 수 있는 까닭(가닥)은 우리 눈에서 빛이 나와 보는 대상에게 적극적으로 접하기 때문'이라고 생각했었다. 이것은 퍽 자연스러운 생각이었다. 지금도 그렇게 생각하는 사람들이 있다. 그러나 이러한 생각은 컴컴한 방 속에서 물체가 잘 보이지 않는다는 사실을 설명할 수 없다. 그러나 오늘날 우리는 레이저 광선(光線)과 광성소자(光線素子), 또는 레이더 전파의 발신기와 전파 망원경을 연결하여 먼 곳의 물체라도 광선으로 더듬어 볼 수 있게 되었다.'

잠시 이런 생각을 해보자.

여기 작은 씨앗 한 알이 있다. 이것이 자라 키작은 나무가 될 수 있고 우람한 아름드리 나무도 될 수도 있다. 그런데 그 작은 씨앗 속에 과연 그런 큰 나무가 온통 들어 있는 것일까? 그 씨앗 속엔 거대한 나무의 정보가 들어 있는 것은 분명하다. 그러나 그것만으로 되겠느냐는 것이다. 땅 속의 갖가지 양분과 물, 그리고 무엇보다 태양빛이 필요하다. 태양빛을 받아들여 광합성(光合成·빛에光 맞춰合 이룸成) 작용을 하지 않는다면 아름드리 나무의 성취는 불가능하다. 어찌 씨앗이요 나무뿐이겠는가? 모든 생명은 태양빛에 맞추지 않고는 큰 이룸에 이르를 수 없다. 존재다운 존재가 될 수 없다는 말이다. 그렇다면 씨앗에 불과한 나무를 존재다운 존재(참 존재)로 만들어주는 참(진짜·眞字) 존재 정보(프로젝트)는 태양에 있는 것이 아니겠는가 하는 것이다. 아니 태양은 나무뿐 아니라, 모든 생명을 생명답게 이루는 꾀(pure project)와 캐릭터가 있는 것이다.

영화관에 들어가면 영사실(映寫室·projection room)에서 스크린에 쏘아지는 빛다발을 볼 것이다. 그것이 사람이 되고 집이 되고 꽃과 나무가 되고 바위가 되고 강아지나 말이 되기도 하고 비행기, 자동차가 되기 한다. 곧 스크린에 나타난 영사(빛의 베낌)의 원 존재가 광선(光線)에 실려 그 속에 있음을 알 수 있다. 실과 같은 선(線)을 따면 샘(泉)이 나오더라 하였다. 전선(電線)을 따오니 전기가 나오더라 하였다. 그처럼 광선(光線)을 따면 빛이 샘처럼 솟구친다. 빛은 가장 순수한 꾀(프로그램)를 말하고 그 에너지의 성질을 말한다고 하였다. 이것을 스크린에서 영사실 쪽으로 거꾸로 보면 영사실(태양의 비유)에서 나오는 빛의 실(줄)로 만물이 묶여 있음을 볼 것이다. 빛이 단절된다면 스크린 위에 그림(圖)은 나타나지 않을 것이다. 고대 인도의 경전 우파니샤드엔 이런 말이 있다.

"당신은 아는가, 이 세계와 저 세계, 존재하는 일체의 것을 연결하는 실이 있음을… 그 실을 아는 자, 그 내제자(內制者), 그는 브라흐만을 알고 저 세계를 알고 아트만(참 자아)을 알고 일체를 안다."(브리하트 아라냐카 우파니샤드)

"실은 생명의 실, 인간의 운명, 신적 존재에 의해서 자아지고 짜이
는 운명, 통일, 지속, 우주를 묶어서 우주를 짜냄, 만물이 '의존하며'
모든 생물을 꿰고 있는 태양을 나타낸다. 사물들을 하나로 합치는 실
의 상징은 대우주와 인간이 살아가면서 만나게 되는 여러 가지의 사
건들에도 이용된다. 진주나 둥근 보석들을 통과하여 그것들을 엮는
실은 '우주축(宇宙軸)'이며, 구슬의 둥근 모양은 현현(顯現) 세계의
순환을 의미한다. '우주축'으로서의 실의 상징 중에서 가장 흔한 모양
은 염주, 로사리오, 화환이다.

　힌두교 : 실은 인간의 '내부의 지배자'로서의 아트만을 상징한다.
　　　　　'여러 개의 진주가 실에 꿰여 있는 것처럼 나에게는 전세계
　　　　　가 연결(連結)되어 있다.'(바가바드 기타 : '성스런 노래'
　　　　　라는 뜻)

　불교 : 설법이나 설교의 실은 수트라(經)나 '탄트라'에 포함되며,
　　　　　성전(聖典)의 처음부터 끝까지 나오는 지혜의 실이다.

　　　　: 실은 또한 바람, 즉 생명의 호흡이다. '그 실은… 진짜로 바
　　　　　람과 같다(이 실인 바람에 의해서… 이 세계와 또 다른 세계
　　　　　와 이 세상에 존재하는 모든 사물은 서로 연결(連結)되어 있
　　　　　다.'(브리하트 아라니야카 우파니샤드)

　　　　: 브라마의 실은 우주축이며 메루 산의 상징이다. 그리고 그것
　　　　　은 인간이라는 소우주에게는 혈관이다.(진쿠퍼, 세계문화상
　　　　　징사전)"

와인드 업(wind up)! 감아서 푼다!

존재하는 모든 것은 그 본성상 어떤 최고 원리(The highest origin
-al project)에서 방사(放射)된 것이며 직물(織物)로 짜여진 것이라고
인도인들은 소프트웨어에 생각을 담았다. 이런 생각과 플라톤의 생각
이 다르지 않다. 우주와 세계가 어떻게 존재하는가 하는 프로젝션을
보여주는 이런 사상(꾀)은 플라톤에게서도 나타난다. 하늘 전체와 대
지 전체를 비출 수 있는 빛인데, 그 빛은 다양한 여러 부분을 통일체
로 연결하는 실 같은 것을 염두에 두고 표현하고 있다. 아니 태양조차

영사실과 같은 이데아의 카피에 불과한 것이라면 이데아에서 방사(projection)되는 빛의 실에 의해 참 존재가 이루어진다고 하겠다. 오로지님의 영으로 말미암아 거듭나는 존재가 되어야 한다는 사상과 어쩌면 이렇게 일치를 이루는 것인가?

이것은 오늘날 전파를 생각해 보아도 더욱 분명히 알 수 있는 것이다. 그 전파망이 미치지 않는 곳과 전기가 이르지 않는 곳에 화면(圖)인 프로젝션이 미치지 않고마는 것과 같다.

어느 스님이 산적들을 만났다. 가진 것 내놓아라? 없다! 하나도? 진리밖에는! 그건 어디 있어? 묻기 전에 그 칼로 나무를 베어보라. 그래? 그럼 해보지. 그럼, 거기서 열매가 나오더냐 꽃이 나오더냐? ……, 진리도 그와 같은 것이다!…, 아이고, 스님~….

다음은 성경이다. 아마도 이 구절은 누구도 깊이 생각하며 보지 않았을 것이다. 마르틴 루터가 바로 이 하박국서에 나오는 "의인은 믿음으로 말미암아 살리라.(The just shall live by his faith)"(하박국 2:4)로 혁명되었다.

이 한마디가 유럽의 종교 프로그램을 바꾼 빛으로 되었음은, 고작 3장으로 이루어진 이 책이 30000장의 무게를 갚하고도 남음이 있음을 알 수 있을 것이다.

"하나님이 데만에서부터 오시며 거룩한 자가 바란 산에서부터 오시도다(셀라) 그 영광(榮光)이 하늘을 덮었고 그 찬송이 세계에 가득하도다 그 광명(光明)이 햇빛 같고 그 광선(光線)이 그 손에서 나오니 그 권능(權能)이 그 속에 감취었도다."(하박국 3:4)

광선이 그 손(꾀)에서 나오니 꾀쓺(權能)이 그 광선 속에 감추어 있다는 말이다. 성경에선 하나님을 태양에 비유(God is sun)하고 있는 곳이 적지 않다.

우리는 열선(熱線)이니, 감마선(線)이니, 베타선(線)이니 복사선(輻射線)이니, 역선(力線)이니, 무선(無線)이니, 그리고 방사선(放射線)이니….

이름을 못 붙여서 그렇고 발견하지 못하여 그렇지 그 얼마나 많은 선(rays)이 있는 '줄' 모른다. 글 '쭐' 깨나 쓴다고 하고, 말 '쭐' 깨나 한다고 하고, 돈 '쭐' 깨나 쓴다고 한다. 힘쭐깨나 쓴다고 한다. 이름쭐 깨나 있다고 으시댄다고 한다. 권부에 줄을 대 사기를 '치기'도 한다. 왜 줄인가? 이것이 공연히 나오는 말이라고 여기는가? 생명줄(명줄), 숨줄, 밥줄, 핏줄, 고생줄….

생명은 줄에 있음이다! 그 정보와 에너지가 줄에 있음이다! 줄을 잘 서야 성공할 수 있다는 말은 수상한 소리만은 아니다. 정말 줄을 잘 잡아야 한다. 애오라지 마음의 실을 잘 잡아야 한다는 말이다.

태양의 광선이 일체의 만물을 그 줄로 붙잡고 정보와 에너지를 주는 것과 마찬가지로 오로지님께서는 그 태양을 포함 일체의 것들을 붙잡고 있다. 실꾸러미에서, 마치 영사실에서 빛이 쏘아(projection)져 나오는 것과도 같다 하겠다. 장엄한 광경이다!

화엄(華嚴), 그것이다! 봄햇살이 대지를 일깨우는 것을 보고 엘리어트는 잔인하다고 표현했던가? 아! 꽃(華)이 피어나기까지 이 모든 위대한 프로젝트의 우주적 빛의 드라마가 있는 것이다. 혹독(嚴)하리만치, 가혹(嚴)하리만치 잔인한 오로지님의 숨은 손길이여! 그토록 깊고 그토록 먼 사랑이 있음이여!

"벌하라! 벌하라! 나의 사랑이 너무 지나친 것이라면!"(스탕달) 너무 지나쳐 엄격(嚴格)하고 엄(嚴)하게 보이게까지 하는 오로지님의 캐릭터여! 금방이라도 산 위에서 바위가 굴러 떨어지려는 듯 쏟아지는 하나님의 사랑이여!

감탄사의 남발은 글의 수준을 떨어뜨린다고 하였겠다?! 산산이 부서진 이름이여! 허공중에 흩어진 이름이여! 이런 식으로?….

그러나 어찌 그런 습작법 따위를 이런 때 의식하랴!? 이렇게 하지 않을 수가 없는 것이 오로지님의 캐릭터를 보았을 때의 일이다. 보면 안다. 감탄사가 아니라, 내 존재가 '!' 바로 이런 것으로 되지 않는가 말이다.

수레바퀴살에서 나온 말, 빛을 뜻하는 레이(ray)!

우리에겐 X-Ray로 불려지는 그 광선! 그것은 속까지 뚫어 사진을 찍어내기도 한다. 방사선 치료법은 빛의 치료법이다. 하학이상달(下學而上達)! 아래를 배워 위로 내달린다! 이런 태도가 없이는 우리는 손에 제 뼈다귀만을 찍어낸 흑백 사진만을 볼 뿐이다. '만세(萬歲)!'를 코큰 동네 사람들은 '허레이(hurray)!' 한다. 빛(ray)을 급하게 (hurry) 받기 위해 저 새해 아침에 동해로 달려나가는 사람들을 생각하면 된다. 그들은 나가서 만세를 부를 것이다. 만세~! 만세~! 만만세~! 우리 집 허레이! 우리 나라 허레이! 또 밀레니엄의 새 천년이 열리면 지구촌 사람들은 그 새 빛을 받기 위해 그 얼마나 '허레이!'를 외칠까? 얼마나 많은 감탄사를 불꽃놀이처럼 떠뜨릴까? 빛이 치료를 하고 있다. 아니 빛이 새 생명(new being)의 참 올이 되리라.

"내 이름(캐릭터)을 경외하는 자들은 의(올)로운 해(올꾸러미)가 떠올라서 치료(治療)하는 광선(光線)을 발(發·projection)하리니 너희가 나가서 외양간에서 나온 송아지같이 뛰리라."(말라기 4:2)

광선! 그 권능이 그 속에 감춰었도다!

선(線)에서 벗어남을 탈선(脫線)이라고 한다. 도(道)에서 벗어났음이다. 기차가 궤도(軌道)를 탈선하면 기자들은 내달린다. 카메라카 터진다. 그러나 사람이 도(道)를 벗어나 탈선하면 오로지님의 속이 터진다. 그러니 빛의 사람들은 그 빛을 내뿜어야 한다. 살림의 빛, 올(義)의 네트워크를 빛내야 한다.

"누구든지 등불을 켜서 움 속에나 말 아래 두지 아니하고 등경(燈檠·文) 위에 두나니 이는 들어가는 자로 그 빛을 보게 하려함이니라 네 몸의 등불은 눈이라 네 눈이 성하면 온몸이 밝을 것이요 만일 나쁘면 네 몸도 어두우리라 그러므로 네 속에 있는 빛이 어둡지 아니한가 보라 네 온몸이 밝아 조금도 어두운 데가 없으면 등불의 광선(光線)이 너를 비출 때(時)와 같이 온전히 밝으리라 하시니라."(누가복음 11:33-36)

실로 모든,것은 체계(體系·糸)다! 하나님께서 뱃(腹·안)속 깊이 감춘 프로그램(案). 그 복안(腹案)을, 그 실을 벗어날 수 없음이다. 그

래서 우리는 그 복안을 알 때 우리의 영혼의 뱃속도 영생의 샘이 터진
다. "나를 믿는 자는 성경에 이름과 같이 그 배에서 생수의 강이 흘러
나리라."(요한복음 8:38)

또한 교회(敎會)라는 체계(體系)를 그리스도의 몸이라고 한 것은
그리스도와 함께 그 네트워크를 하고 있음에서이다. 그러므로 교회는
눈으로 드러난 오로지님의 네트워크라 할 수 있다. 아니 네트워크를
연 컴퓨터 마당이라고 할까? 이 세상에 있으되 이 세상에 그 네트워크
를 두지 않으셨던 그리스도! 그이는 교회를 통해 천국의 네트워크를
잇고 있음이다. 아니 보이려 하고 있음이다.

"교회는 그의 몸이니 만물 안에서 만물을 충만케 하시는 자의 충만
이니라."(에베소서 1:23)

교회가 많다고 한다. 교회가 많은 것이 아니라, 그 그리스도의 캐릭
터가 부족함이다. 건물로 따져도 술집 하나가 없어지는 것이 낫지 교
회가 늘어남을 탓할 것이 아니다. 그러나 충만케 하라. 욕을 당하고
비난 받는 일이 없도록 하라. 빛과 소금(鹽光)이 그 캐릭터를 잃으면
버려져 짓밟히게 될 뿐이다.

네트워크를 짠다. 그물을 친다. 프로그램을 짠다.

"…그가 하늘을 차일같이 펴셨으며 거할 천막(天幕)같이 베푸셨
고…"(이사야 42:22)

천막(天幕), 장막(帳幕)을 뜻하는 텐트(tent)는 라틴어 텐데레
(tendere), 곧 뻗치다(stretch · 팽팽하게 하다)에서 온 말이다.

천명(天命)! 하늘의 프로그램, 그 네트워크는 이렇듯 천막처럼 뻗치
고 있음이다.

다윗이 양치는 자였고 현악기를 잘 '켜는'는 자였다는 것은 의미가
있다.

짠다는 것은 조직(組織 · 糸)한다는 것인데, 소리를 듣는 것이 직
(職)이다. 하늘의 소리를 듣는 직! 성직은 누구나 으뜸으로 해야 할
일이다. 이 말은 누구나 특정한 목사님이나 신부님이나 스님같이 되

라는 것은 아니다. 누구나 하늘의 소리를 들으려고 하는 것을 으뜸 구실(職)로 해야 한다는 말이다. 감리(監理)교가 내 해석이 옳다면 '올(理)을 찾게 한다(監 · search)'는 것이겠는데, 그들은 어떤 뜻으로 그렇게 좋은 이름을 갖게 되었는지 궁금하다.

그렇다! 참 올을 찾고, 참 올을 비추게 하여야 한다. 리(理)는 두 가지로 해석할 수 있겠는데 옥(玉)을 바루어 나타나는 줄무늬를 뜻하는 것도 같도, 옥(玉)과 왕(王)은 같은 것이니 마을(里)을 구획하여 극진히 하는 것을 생각해 볼 수도 있겠다. 그러나 어느 것이든 올(ply)을 푼다는 뜻과, 그래서 짜여지는 네트워크(프로그램)라는 점은 마찬가지이다. 밭(田)을 나눠 정해 주는 엘리트(士)!

"하늘(삼라만상, 그 모든 피조물)이 하나님의 영광을 선포(宣布 · 베를 펴다)하고 궁창(sky)이 그 손(꾀)으로 하신 일(프로그램)을 나타내는도다.(1절)

날은 날에게 말하고 밤은 밤에게 지식(정보)을 전하니(2절) 언어가 없고 들리는 소리도 없으나(3절) 그 소리가 온 땅에 통하고 그 말씀(마음씀)이 이 세계 끝까지 이르도다 하나님이 해를 위하여 하늘에 장막(tent)을 베푸셨도다(4절) 해는 그 방에서 나오는 신랑과 같고 그 길을 달리기 기뻐하는 장사 같아서 하늘 이 끝에서 나와서 하늘 저 끝까지 운행(운행 · service)함이여, 그 온기(溫氣)에서 피하여 숨은 자가 없도다."(시편 19:1-6)

여기 1절에서 말하는 하늘은 다만 스카이(sky)로서의 하늘만을 의미하는 것은 아니다. 히브어로 '리키아'라고 하는데 '넓히다 · 뻗치다 · 펼치다 · 확대하다'는 뜻이다. 삼라만상(森羅萬象), 나무가 빽빽하듯(森), 네트워크(羅) 치듯 엄청난(萬) 당신의 캐릭터(象)를 빼다 박아 놓았다(빼쏜). 만상(萬象)은 온갖 종류의 현상(all kinds of phe-nomenon)이며, 우주 안의 모든 일, 모든 것(all in the universe)이다.

그러므로 이 리키아(하나님의 빛이 뻗쳐진 네트워크)가 하나님의 꽃빛(영광)을 선포(propagation)한다는 말이다. 선포는 베(布)를 펼친다(宣)는 것이다. 의(宜)는 의(義)와 같은 '올'이다. 시의적절(時宜適切)은 그 올(宜=義)에 때맞추(時)는 것이 적절(適切·至福)하다는 것이니, 그렇게 맞추면 거칠 것이 없다. 아니 그것이 적절하다는 말은 지복에 이른다는 말이기도 하다. 프로퍼게이션(propagation)은 '늘리는' 것이요, '불리는(精)'는 것이다. 동식물의 번식도 프로퍼게이션이요, 포교(布敎) 활동이 프로퍼갠더(propaganda)이다. 궁창(穹蒼)은 소우러 시스템(solar system·태양계)을 말한다. 방송 네트워크를 보자. 소리가 들리든가 그림이 보이든가? 채널을 맞추고 사이클을 맞추지 아니하면, 또 때맞춰 시의적절하지 못하면, 안 되는 것이다.

그 맞춤 하는 것을 수신기(受信機)라고 한다. 믿음(信)은 받는(受)다는 것이다. 믿어라 하는 것은 이처럼 맞춰 받아라 하는 말이다.

4절, 그 소리는 온 땅에 통하고 있고 그 말씀은 세계 끝까지 이르고 있다고 한다. 누구인가? 이스라엘에만 여호와가 있다고 하는 지역주의자들은!?

구술(口述)이나 구수(口授)를 딕테이션(dictation)이라고 한다. 받아쓰기를 말하고 받아쓰는 사람까지를 말한다. 왜 같은가? 말이 그대로 옮겨지고 있으니 마음이 하나 된 것이기 때문이다. 예언이나 예보를 프리딕트(predict)라고 한다. 라틴어 디케레(decere)에서 비롯된 말로 스피크(speak·말하다=speech)를 말한다. sp-는 spirit(스피릿·얼)처럼 튀어 나가는 것을 쓸 때 많이 쓴다. 스파크(spark·불꽃·광채), 스포츠(sports), 스파우트(spout·분출·용솟음), 스피크(speak·말하다), 스프래쉬(splash·튀기다), 스폰(spawn·알, 알을 낳다), 스피드(speed), 스프라우트(sprout·싹을 트다·돋), 스파키(sparky·활발한), 스프링클(sprinkel·흩뿌리다), 스페이스(space·우주)다!….

팍팍 에너지를 발산하는 의태어이다!

그런데 구술자의 말을 잘못 받아쓰는 학생은 빵점(0點)이다. 떨어져(落)버린다! 하나님은 그런 의미에서 절대 독재자(dictator)이시다. 독재자란 말하는 대로 하라는 딕테이터가 아닌가? 스스로(獨·

따) 모든 것을 재단(裁斷)하시는 분! 이의 있겠는가?

그래서 말들을 모아논 사전을 딕셔너리(dictionary)라고 한다. '사상은 사전이다!' 우리는 받아쓰고 있는 것이다. 모든 것을 받아(信) 쓴다. 믿음에 말(言)이 있는 것도 그렇다. 그런데 사실 공부 못하는 학생일수록 열심히 받아쓰기를 한다. 꽃은 햇빛을 그런 식으로 받아 쓰는 것이 아니다. 순간 순간 감탄으로 자라는 것이다. 노트에 잔뜩 설교문을 받아쓰는 신학생! 그것이 아니다.

돈을 쓰고, 물을 쓰고, 마음을 쓰고, 기름을 쓰고 하듯이 뭔가 에너지가 일어나야 한다. 그것이 쓰는 것이다! 그것이 받아쓰는 믿음이다!

5절, 해는 그 방에서 나오는 신랑과 같다고 한다. 아니 그 길을 달리는 장사(storng man)와 같다고 한다. 참으로 활활 타오르는 호연지기(浩然之氣) 네트워킹를 말씀하심이 아니신가? 신부를 맞으러 달려나가는 신랑은 얼굴이 환해가지고 촬촬 웃음이 넘치는 얼굴을 할 것이다. 해를 그렇게 표현한 이 견줘법이 놀랍지 아니한가?

견준다는 말은 눈(見)길(道)을 준다는 말이다. 하나님 나라를 설명하려 함에 어떻게 전할 수가 없다. 그래서 예수는 그 눈길을 견줘물(비유물·譬喩物)에게 주었다. "비유가 아니면 말씀하시지 않았다"는 말이 그것이다. 신부를 맞으러 나가는 신랑에게 눈길을 주어 해를 말하는 높은 솜씨. 형이상학(形而上學)이다!

비유물(形),… 여기서 끝나는 것이 아니다. … and(而·그리고) 위(上)를 배우는 것(學)! 하학이상달(下學而上達)!(공자)

어떤 아랫 것에 눈길을 주고(견줘), 거기에서 위를 가르치는 것이다. 그냥 그 물(形·format)에 머물고 마는 것이 형이하학(形而下學)이다. 과학과 같은 것이 그렇고, 또 경전을 말하면서 헛소리하는 것이 그렇다. 이것을 분명하게 하지 못하면 상학(上學)은 영원히 없다! 상달(上達)도 못한다! 그래서 내가 이렇게 가며 가며 강조하는 것이다. 형이상학을 나는 생김(형)이(而)위(上)배움(學), '생김이위배움'이라고 하고, 그 반대는 생김이아래배움이라고 풀어보았다. 우리는 생김이위배움을 하는 것이다. 그러므로 아래에서 별 쓸데가 없는 것이기도 하다. 그 쓸데없음이 무용(舞踊)이요, 무용(無用)이며, 무위(無爲) 자연이다. 무위자연도 형이상학이라는 말과 크게 다를 바 없다. 웃다, 웃음은 위(上)로 가는 극(다)에 이르렀을 때 나오는 것이다. 환희가 그런 것이다. 통쾌(痛快)가 그것이다. 나는 통쾌함을 느꼈다. 몇 번이고 경험한다. 실실 배꼽 잡고 웃는 웃음이 아니다. 진짜 배꼽을 옴팔로스라고 한다. 우주축(宇宙軸)이다. 단(丹)! 옴나아(기둥·믿음의 히브리어)이다. 믿음은 웃음이다! 염화미소(拈華微笑)다! "가득하여(진실로) 그득하여(진실로) 네게 이르노니 우리 아는 것을 말하고 본 것을 증거하노라 그러나 너희가 우리 증거를 받지(信) 아니하는도다 내가 땅(下)의 일을 말하여도 너희가 믿지(받지) 아니하거든 하물며 하늘(上) 일을 말하면 어떻게 믿(받)겠느냐."(요한복음 3:11-12)

6절, 버스의 운행, 택시의 운행은 서비스(service)이다. 그래서 서비스엔 '운행'의 뜻이 있음이다. 우주의 별들이 운행하는 것은 생명을 위한 서비스다! "하늘 저 끝에서 나와서 하늘 저 끝까지 운행(circuit·service)함이여, 그 온기에서 피하여 숨은 자 없도다." 싫든 좋든 이 서비스 네트워크에서 벗어날 수 없다는 말씀이다. 다시 4절로 리턴!, "그 소리가 온 땅에 통하고 그 말씀이 온 세계에 이른다.(Their line is gone through all the earth, and their words the end of the world"고 하고 있다. '데어 라인(Their line)'! 한마디로 '굿!'이다! 네트워크는 '굿!'이다.

그 굿의 어디라도 한 점을 따면 그것이 또 굿이다. 극(極)이다! 큰 굿(太極)이다!

"사랑한다는 것이 그렇게 행복한 '줄(line)' 몰랐다"고 한다. 숨을 데가 없다! 네크워크에서!

장막(tabernacle)! 태버내클은 성전을 의미하고 영혼이 머무는 곳을 의미한다.

"나는 여호와라 나 외에 다른 이가 없나니 나밖에 신이 없느니라 너는 나를 알지 못하였을지라도 나는 네 '띠'를 동일 것이요 해뜨는 곳에서든지 지는 곳에서든지 나밖에 다른 이가 없는 '줄'을 알게 하리라

나는 여호와라 다른 이가 없느니라 나는 빛도 짓고 어둠도 창조하며
나는 평안도 짓고 환난도 창조하나니 나는 여호와라 이 모든 일(프로
그램)을 행하는 자니라 하였노라."(이사야 45:5-7)

속광(束光)이라고 한다. 빛을 묶은 다발(bunch)을 말한다. 영어 사
전을 보면 번치 라이트(bunch-light)라고 되어 있을 것이다. 빛다발
이다. 그런 성질(fiber)의 것이다. 구약과 신약은 그런 번치 라이트이
다. 나는 광섬유(光纖維 · optical fiber)의 발명을 보고 놀랐다. 눈은
보는 힘, 빛의 힘이다. 안광(眼光)이다. 정신의 혜안(慧眼)이기도 하
다. 옵틱(optic)은 광학(光學)이다. 빛을 배운다는 말인데, 또한 옵틱
은 시력(視力)을 말하기도 한다. 머리칼보다 가는 유리섬유(fiber)로
빛다발을 통과시키는 것이다. 파이버는 섬유, 성질, 근성, 정신력의
뜻도 있다. 수많은 정보 프로그램이 이 광섬유를 통해 대량으로 신속
하게 전달된다. 통신 수단의 혁명이다! 케이블(cable)은 굵은 밧줄을
말한다. 빛(저울질)이 없이는 오늘의 광학 정보 통신은 상상할 수 없
다! 이제 우리는 빛의 시대를 살고 있는 것이다. 광학 시대요, 빛의
전성시대가 왔다. 모든 것이 빛처럼 빠르고 보다 뚜렷한 앎을 최고로
여기게 된 그런 시대다. 빛은 정보화 사회를 심화시킨다. 빛이 앎이
다! 빛은 저울질하는 성질이다! 하(下)는 상(上)과 비교할 수 없을 정
도로 느리다. 이미 상은 "태초에 빛이 있으라"(창세기 1:3)에서 보듯
이 광학을 말하고 있었던 것이다. 하(下)는 이것이 최신이라고 할지
모르지만, 해는 웃(上)는다! 물이 위에서 아래로 흐른다는 것을 알고
있는 이상(以上 · over)의 큰 진리가 있는 것이다. 모든 것은 위에서
온다! 그것을 알라는 것이다. 물에서 상선(上善)을 본 노자의 형이상
학이야말로 극치의 배움인 것이고, 광학(光學)인 것이다. "빛이 흔들
릴 때, 모든 것이 흔들린다."(바슐라르) 이것을 잊어선 어둠이다.

또 연기(煙氣)가 피어오르는 것을 보고 아지랑이라고 한다. 아리랑
과 어째 비슷해 우습기도 하지만, 아지랑이를 한자로는 유사(遊絲)라
고 한다. 실이 놀고 있는 것이다. 그리고 과거 시계(時計)의 태엽(胎
葉)도 유사(遊絲)라고 했다. 결국 실이 노는 것이 태엽이기 때문이다.

헤어 스프링(hair-spiring)이다. 우리가 용수철을 스프링 스프링 하는데 도약이요, 솟아오름이다. 봄에 벌레(虫)들이 준동(蠢動)한다고 하듯이 스프링은 봄이기도 하다. 실이 노는 계절이다.

그래서 삼손의 머리칼에서 그런 힘이 나왔다는 것도 이런 실과 관련한 메타포로 보면 흥미있을 것이다. 삼손의 머리칼은 여호와의 태엽, 유사(遊絲)였던 것이다. 삼손이란 거인을 움직인 스프링이었다. 이렇게도 교육하신다.

씨오스(Theos)는 신을 말하는 그리스어다. 우리가 제우스라고 하는 바로 그것. 이론(理論)은 씨어리(theory)이다. 성찰을 뜻하니 마찬가지이다.

어쨌든 프로그램은 약속(約束·糸)의 형태로 나타난다. 구약(舊約), 신약(新約)! 손가락을 걸고 약속을 하듯이 그렇게 걸어오는 것이다. 프로그램은 프로미스(promise·約束)의 체계(體系)다. 국가간의 조약안(條約案)을 프로토콜(protocol)이라고 한다. 프로토(proto)는 '제일의·주요한·최초의'라는 뜻인데 조어(祖語)를 프로토 랭귀지라고 한다. 공통기어(共通基語), 모든 언어는 하나로 뚫렸다는 말이기도 하다.

아담과 하와가 신과의 프로토콜을 저버리고 줄을 끊었을 때 그들이 가장 먼저 행한 일이 옷을 짜는 것이었다. 나뭇잎 옷! 이것은 무엇을 전하는 정보(code)인가? 오늘의 인터넷에 이르기까지 우리는 순수한 올(純)의 네트워크를 잃어버리고 우리들이 네트워크를 구축하기 시작했음을 의미한다.

카일라일이 그의 의상철학(衣裳哲學)에서 지적한 바와 같이 문명이란 말하자면 패션쇼와 같은 모드(mode·유행·방식)의 연속이다. 인류는 이런 의상과도 같은 패션쇼를 하며 오늘에 이른 것이다. 늘 유행(mode)을 선도하는 것에 의상이 자리함도 그렇다.

그래서 파스칼은 이런 모드식 올을 두고, "피레네 산 이쪽에서는 참 올(眞理)인 것도 그 너머에서는 오류가 될 수 있다"고 하였던 것이다.

우리는 다양한 올로 짜여진 그런 문화와 사상과 견해와 유행 등을 접하며 산다. 그러나 옷을 벗겨버리면 발가벗은, 부끄러워할 몸뚱이만 드러나는 것은 앙드레 김 의상을 입었든 남대문시장에서 5천짜리 옷을 입었든 마찬가지이다. 이 옷을 벗겨버리면 문명이라는 것은 이처럼 수치스러운 것이다. 아담 부부가 부끄러워 옷을 해입었다는 것이 또한 그렇다. 무엇을 부끄러워했던 것일까? 그래도 여전히 프로토올에 대한 흔적이 남아 있기에 부끄러워했던 것이다. 그러나 우리는 이런 부끄러움조차도 잃어버린 것이다. 그렇게 오늘도 모드의 행진은 계속되고 있다.

아담 부부가 나뭇잎옷을 해 입었을 때 하나님은 그 옷을 벗기고 가죽옷을 해입히는 장면을 볼 수 있다. 이 코드에서 우리가 또 알 수 있는 것은, 느그들이 어떤 네트워크를 짜도 결국 너희들이 입어야 하고 살아가야 할 것은 당신의 네트워크임을 말하려는 것이다. 그리고 이 가죽옷은 생명의 죽음을 전제한 것이니 그리스도를 암시하는 메타포가 되기도 한다.

그리고 우리는 지금 경(經)이라는 참 올, 참 의상, 참 네트워크를 대하고 있으니, 수많은 세월, 이런저런 모드들이 이 네트워크를 끊으려 하였지만 결국 창피를 당하고 먼지만 쌓이는 꼴이 되었던 것도 기억한다.

"우리가 육체에 있어 행하나 육체대로 싸우지 아니하노니 우리의 병기(兵器)는 육체에 속한 것이 아니요 오직 하나님 앞에서 견고한 진(陣)을 파(破)하는 강력이라 모든 올(理論)을 파하며 하나님 아는 것을 대적하여 높아진 것을 다 파(破)하고 모든 생각을 사로잡아 그리스도에게 복종게 하니 너희의 복종이 온전히 될 때에 모든 복종치 않는 것을 벌하려고 예비하고 있는 중에 있노라."(고린도후서 10:4-6)

성현을 능욕하고 하나님을 능욕하여 자기 필명을 높이려는 것을 능범존귀(凌犯尊貴)라고 한다. 이런 짓은 글쓰는 이들이 특히 주의하여야 한다.

숯불을 쬐는 베드로

베드로는 그리스도를 배반하였다. 어쩌면 그것은 인간(人間)으로서 피하기 어려운 틈(間)이었으리라. 그것은 그가 스승 예수 앞에서 어디든 따라가겠다고 장담을 하고선 막상 위기의 순간이 닥치자 허무하게 무너져 버린 일이다. 그런데 요한복음은 이런 베드로의 상황을 비교적 상세히 그리고 있다. 요한복음은 성경 66권 가운데서 가장 그 올이 길고 깊고 높은 책이다. 그야말로 일점일획이라도 아껴야 할 그런 성질의 책임에도 이 부분을 디테일하게 묘사하고 있다. 마치 현장중계라도 하는 것처럼 보여주는 것이다. 제자간의 암투? 그런 차원으로 보면 안 된다.

요한은 이 책의 에필로그를 이렇게 맺고 있다. "예수의 행하신 일이 이외에도 많으니 낱낱이(올올이) 기록된다면 이 세상이라도 이 기록된 책을 두기에 부족할까 하노라."(마침절)

그가 이렇게 밝혀듯이 참으로 심혈과 정성을 다하여 쓴 글임엔 의심할 여지가 없다. 어쨌든 예수는 결박되어 안에 잡혀 있고 베드로는 안절부절하며 밖을 서성이고 있다. 이때, "문 지키는 여종이 베드로에게 말하되 너도 이 사람(예수)의 제자 중 하나가 아니냐 하니 그가 말하되 나는 아니라 하고 그때가 추운고로 종과 하속들이 '숯불'을 피우고 서서 쬐니 베드로도 함께 서서 쬐더라."(요한복음 18:17-18)

다시 말하지만 이 책은 천지는 없어지더라도 없어지지 않을 그런 책이다. 일점일획이 하늘보다 무겁고 땅보다 크다. 소설들처럼 거리를 스케치하여야 할 성질의 것도 아니다. 뜻이 대설(大說)이요, 감동이 다설(多說)인 그런 책이다.

그런데 숯불을 쬐고 있는 베드로를 찍어 묘사한 그 경전됨의 까닭은 무엇일까?

그렇다! 기름님! 기름왕! 저 찰찰 넘치는 무진장 에너지의 근원되시는 네트워크를 벗어나 베드로가 한 일이라곤 고작 숯불을 찾는 일이 었다는 점을 지적코자 함이다. 어찌 추워서였겠는가? 아무리 시베리아라도 그렇지, 툰드라의 삭풍이 몰아친다고 해도 그렇지, 스승이 잡혀 있는데 추위를 느낄 상황은 아닌 것이다. 도리어 열받치지….

어쩌면 이것은 틈(間) 있는 우리 사람(人)의 자화상일 수도 있다. 그렇듯 하나님을 떠난 자들이 아무리 뜨거운 소리를 한다 해도 그것은 한낱 숯불에 불과함을 지적코자 함이었음이다. 숯불을 쬐는 베드로! 나의 반성이기도 하였다.

또 하나, 저 유명한 탕자의 얘기를 보자.

죄(罪)란 참 올로 짜여진 네트워크(罒)를 아니라(非) 부정하는 데서 시작되고 끝난다. 하나님께서 각자에게 부여한 달란트를 허랑방탕하게 쓰는 것이 또한 그것이다.

인류는 이제 그 물적 에너지 위기를 맞고 있기도 하다. 그러나 이것은 벗어날 것이다. 이런 것으로 인류가 멸망하지는 않는다. 인류는 정신으로 살 수 있듯이 정신으로 멸망한다. 물론 정신이 물질에까지 영향을 미쳐 공해라든가, 에너지 고갈이라든가 하는 것의 원인이 되기도 하는 것이지만, 어쨌든 하나님은 물질로 멸망시키지는 않는다. 하나님은 물질을 중요시하는 신이 아니시기 때문이다. 그래서 방탕한 부자도 그냥 두고 보시는 것이다. 이 탕아(蕩兒) 이야기는 너무도 잘 알려진 것이라 여기에 옮기지 않고, 그대신 앙드레 지드가 이 이야기를 가지고 나름대로 각색하여 단편소설 '탕아 돌아오다'로 남긴 것의 일부를 인용할까 한다.

먼저, 혹시 모를 독자를 위해 약술한다.

"어떤 사람이 두 아들을 두었는데 작은 아들이 아버지에게 제 몫으로 돌아올 재산을 청하고 있었다. 며칠 뒤 아들은 자기 재산을 가지고 먼 고장으로 떠나갔다. 그는 거기서 재산을 마구 뿌리며 방탕한 생활을 하였다. 그러다가 돈이 떨어지게 되었는데, 겹친 데 내린 서리는 그 고장에 심한 흉년이 들어 마침내 그는 '알' 거지가 되었다. 이러지도 저러지도 못하던 그는 어떤 집에 들어가서 돼지치기를 하며 더부살이를 하는 신세가 되었다. 그러던 중 하도 배가 고파서 돼지밥, 그러니까 옥수수와 같은 꼬투리나 껍질로 된 그런 찌꺼기쯤에라도 배를 채워보려고 했으나 그마저 선뜻 주는 이가 없었다. 그제서야 번쩍 제 정신이든 그는 모놀로그 극처럼 독백하였다. '아! 아버지의 집에서는 양식이 많아서 그 많은 일꾼들이 먹고도 남는데 나는 여기서 굶어죽게 되었구나. 어서 아버지께로 돌아가, 하늘과 아버지께 죄를 지었습니다 하리라. 아니 아니지, 아들이라 할 수도 없는 낯짝이 되었으니 저를 품꾼으로라도 써주십시오. 이렇게 하는 것이 마땅하겠지. 그래 그렇게 청해 보리라.' 그리고 그는 아버지 집으로 향한다."

프란츠 카프카의 '성(城)'에서 측량기사인 주인공 K가 성주의 초청을 받고서도 들어가지 못하고 마는 데, 자꾸 그를 붙잡는 작은 일들이 결국 K를 성밖 마을에 눌러 앉히고 만다. 실로 아무것도 아닌 하찮은 일상적인 일들이 그를 붙잡고 내일이면, 내일이면 하다가 만다. 이것도 이 탕아 얘기를 거꾸로 보고 현대인, 아니 인간을 통찰하였다. 이 탕아처럼 모두 돌아가는 것은 아니기 때문이다. 측량기사라고 천재 카프카가 한 것은 인간은 모두 제각각 저울질과 잣대를 가지고 달아보고 재보고 하다가 영원한 성에 들어가지 못한다는 것을 암유한 것이다. 현대인, 아니 인간은 모두 이런 측량기사들이다. 참 캐릭터를 상실한 익명(匿名)의 K로서!

어쨌든, '좁은 문'의 작가이자 경건한 가톨릭 신자이기도 했던 앙드레 지드는 여기 스토리에서 '재산'을 '마음(말)'으로 바꾸어 소설을 전개한다. 그것이 옳다!

아들 : "아버지, 제가 아버지 집을 떠나면서 저의 재물 가운데서 지니고 갈 수 있는 모두를 지니고 갔다는 것을 아시지요? 제 몸에 지니고 갈 수 없는 재산이 무슨 소용이겠습니까?"

아버지 : "너는 네가 가지고 간 재산을 함부로 낭비해 버렸지?"

아들 : "그랬습니다, 아버지, 저는 아버지의 황금을 쾌락으로, 아버지의 교훈을 환상으로 바꾸었으며, 또한 순결함을 시로 바꾸었고, 그리고 저의 엄격한 면을 욕망으로 바꾸었습니다.

아버지 : "내가 너에게 가르쳐주고자 한 사랑은 갈증을 식혀주는 사

랑이다. 길지도 않은 시간이 지난 지금 방탕한 아들아, 너에게 남은
것은 무엇이란 말이더냐?"
　아 들 : "쾌락의 추억입니다."
　아버지 : "그리고 쾌락 뒤에 따라오는 것은 빈곤이지?"
　아 들 : "아버지, 저는 빈곤 가운데서야말로 제가 아버지 곁에 있다
는 것을 느꼈습니다."
　아버지 : "네가 내 곁으로 다시 돌아오게 하는 데는 빈곤이 필요했
다는 말이로구나?"
　아들 : "모르겠습니다. 모르겠어요. 제가 아버지를 사랑했던 것은
황야의 메마름 속에서였습니다."

　황야의 메마름! 그리고 아버지에 대한 사랑!
　아들은 참 올의 네트워크(집)를 떠나 새로운 모드로 짜여진 세상에
들어왔다. 입향순속(入鄕循俗)! 말 그대로 이곳에 들어왔으니 이곳의
풍습에 따라야 했다. 순결한 올의 알파 사전을 문학이나 철학이나 예
술이나 상업적 언어나 욕설이나 음탕한 음담패설이나 저주나 증오의
대상을 만드는 이념 등으로 질탕하게 써버렸다.
　저 인류사에 뿌려진 수많은 언어들! 얼마나 많은 사람을 취하게 하
였고 또 괴로운 숙취를 주었던가? 참 올의 말을 버리고 모드의 언어
로, 참 올을 바벨어('왁자지껄'의 뜻)가 되게 흩트려 뜨렸다! 혼잡!
아들은 말을 더욱 요령 있게 쓸 양으로 여러 학(學)의 프로그램을 만
들어 꾀를 내기 시작했다. 철학, 신학, 정치학, 과학, 미학, 생물학, 전
자공학, 미생물학, 고분자학, 법학, 문학, 신문방송학, 의상학….
　모드의 학(學)들! 그러자 아들의 언어는 점차, 알파적 활력을 잃어
갔다. 시라는 것이 그나마 그 알파적 순(純·올)을 지켜주기도 하였으
나, 그마저 모드를 좇다 보니 괴테의 말대로 잉크에 너무 많은 물을
섞어버렸다. 그리고 도색 문학이 어떻고 하는 것에서 보듯이 언어는
사창가 '노는 계집 창'의 노리개가 되기도 하였다. 수많은 사람을 도
탄에 빠뜨리는 투쟁의 이데올로기 말이 되기도 하였다.

인간은 언어를 앞세우며 모든 에너지를 쓰게 되어 있다. 이렇게 하자, 땅! 하나님이 말씀이시듯이… 그 모뜸은 죽어도 어딜 가지 못하는 것이다.

타인을 죽이고 찌르기도 하는 칼이 되는 언어! ‘타인이 지옥’ (사르트르)인 이 모드의 세상에서 최초의 여류시인 사포처럼 말할 수 없고, 하얀 달(素月)처럼 임을 부를 수만도 없는 것이다. 아니 돌아보라. 우리가 이십세기라도 잊기 위해, 성난 얼굴을 하고 뒤돌아보면 자유라는 광열적 낱말에 취해 모든 세기, 모든 장소에 걸쳐 본향어에서 멀리 떠난 뒤 어두운 뒷골목에다 그 순수 언어를 탕진해 버리지 않았는지를.

연예인의 우스꽝스런 잡담이 공자를 누르고 셰익스피어를 압도하는 대중어의 환경 문화. 그처럼 많은 소비적 말들과 그 엄청난 언어의 허무주의와 향락, 그리고 대량의 도살을 고취하던 사상이, 언어를 앞세우고 인류를 지배해 오던 탕아의 세월!

주어가 없는 보어, 형용사를 난발하며 모드의 유니폼들을 저마다 뽐내며 도회를 배회하며 쥐엄나무 열매와 돼지밥의 언어로 배를 채워야 하는 자유라는 레텔이 붙여진 꽤나 독한 술의 언어! 10도의 자유를! 아니 20도! 30도, 50도! 약해, 더 쎈 것 없어! 좆 같은 새끼들!!!

나도 너도 여기까지 왔다!

나의 경험담이다! 자괴감이다! 그러다 잔뜩 숙취를 느끼고는 멍한 눈으로 언어의 슬럼가를 쏴돌아다니며 개보다 못한 소리로 커뮤니케이션을 주고받아야 했다. 후회로다!

멍! 멍! 멍! 이것은 개의 바른 말이다. 맞춤법도 정확하다. 나는 그것을 배웠다. 우리 집 애견 ‘아딩’ 이에게서….

이제 해장국 언어도 바닥난 것 같다. 육체의 병기를 다 써버렸다. 욕설과 음담패설도 바닥이 났다. 어디로 갈 것인가?

알파적 동기, 그리로 돌아가야 할 시점(時點)인가? 아니 그리움은 돌아갈 동기는 될지언정 돌아간 것은 아니다. 나는 빛을 잃고 빚만 남았다!

누가 내 말의 빚을 갚아줄 것인가? 누가 대속의 언어를 가지고 있는가? 기름진 마음, 기름진 언어를 가지고! 기름님 그리스도! 대속의 마음 그리스도!

대속의 사전 바이블! 이러니 대속 사상이 없어선 안 된다. 잃어버린 올(純)의 마음, 그 언어를 대신 갚아주고 되찾게 해줄 언어가 절실하다.

대속! 기름을 팔아버렸는데, 남은 것이 있는가? 생활할 에너지가 있는가?

"그 여인이 사람에게 나아가서 고한대 저가 가로되 너는 가서 기름을 팔아 빚을 갚고 남은 것으로 생활하라 하였더라."(열왕기 하 4:7) 여인은 그리스도의 메타포다. 남은 것! 없다! 황야의 메마름뿐! 그럼 돌아가야지…. 품꾼으로라도 써달라고….

니체! 장자(莊子) 이후, 인간이 구사할 언어를 다 써버린 듯한 사람.

얼마나 짜라투스트라를 애독했던가? "피로 글을 써라!" "글은 잠언이지 않으면 안 된다!" 배우는 바 컸다. 그는 진지하다. 그는 용감하다. 그는 정열이 있다.

그러나 돌아서면 제로 섬이다! 가끔 이런 글을 쓸 때 건지는 것이야 있지만. 어떤 여류시인이 아직도 짜라투스트라를 읽고 있지 않다니 하였는데, 아직도 읽고 있다니?

그렇다. 나는 내가 어디서 왔는지 알고 있다.
마치 불꽃처럼 그칠 줄 모르는 욕망을 안고
나는 나를 달구어 불사르고 있다
내가 붙잡은 모든 것은 빛이 되리라
내가 버리는 모든 것은 어둠이 되리라
그렇다. 나는 불꽃이다.
　　　　　　　　　　　　—이 사람을 보라

젊은이들의 아폴로라 할 만하다. 저 그리스도적 언어구사! 붙잡는 모든 것을 빛으로! 알파!, 버리는 모든 것은 어둠으로! 오메가!…

이런 초인(overman)을 에너쥬먼(energuman)이라고 한다. '귀신들린 자·열뜬 자·광신자', 에너지를 가지고, 에너지를 말하기는 하는 데, 겁잡을 수가 없는 것이다. 에고마니아(自己狂·egomania)! 그래? 너는 불꽃이다! 타라, 타라, 타! 짜라투스트라는 '그렇게' 말하였다!

에너지 코드(energy code)

생의 철학! 생의 한가운데! 생! 생! 생!

생은 '낸다'는 말이다. 무엇을 내는가? 우리에게 주어진 이 생이라는 것이 에너지를 내는 모멘텀이 되니 이 생을 소중히 하여 마음껏 생의 환희를 구가해 보자는 것이다. 생 자체가 종교가 되는 것이다.

그러니 살아 있다는 것이 이미 중요한 것이요, 그것이 엑시타시(황홀경)가 되는 것이다. 종교라니, 제도라니, 역사라니? 중요한 것은 지금, 여기다(now and here)! 이것이 잘못 나가면 먹고 마시자가 된다.

생! 바로 싯달타는 이것을 고민했다. 생이란 무엇인가? 그것이 완전한 환희요 열락인가? 완전한 것이라면 왜 병이 있고 늙음이 있고 죽음이 있는가?

생이 완전하다면 이런 고뇌가 있어선 안 되는 것이 아닌가? 그래서 그는 범인이 아닌 것이다. 범인은 평범한 것을 고민하지 않는다. 오직 비범한 이만이 평범한 것을 비범하게 고민하는 법이다.

나고(生) 늙고(老) 병들고(病) 죽는(死) 것! 그것은 에너지의 질적, 양적 변화 외엔 아무것도 아니다. 낸다(生)는 것은 에너지다. 낸다는 것은 병든 중에도 계속은 된다. 그러나 병은 에너지의 질적, 양적인 문제다. 에너지를 내기는 하는데 급속히 딸림이다. 허(虛)하다는 것!

기력(氣力)이 없다는 것! 기운이 없다는 것! 맥이 빠진다는 것! 그것은 에너지가 딸림을 의미하는 병이다. 그래서 기운을 돋군다, 기력을 돋군다 하며 보약을 먹고 산삼녹용을 먹고 한다. 아아! 구(죽은ㄷ 것을 구求해 달라고 · 자지 구屎)해 달라고 비아그라를 찾기도 한다. 늙음은 누구에게나 찾아오는 것. 그러나 누구나 에너지가 딸리고 줄어든다. 그래서 줄고 준다고 하여 주름(줄음)이 생긴다고 하는 것이다. 그러나 생(냄)은 계속된다. 늙어도 냄은 냄이요, 병들어도 냄은 냄이다. 그러다가 이윽고 줄고 줄고 줄고 하다가 어느 순간 뚝! 하고 냄이 끊길 때 '줄'은 그 생명의, 냄의 굴림소리인 ㄹ을 버리고 꺾여버리는 ㄱ이 된다. 줄음—뚝!—죽음!

그렇다! 여기엔 분명 문제가 있다! 아니 생(生)이라는 것 자체가 불완전하고 이 모든 문제의 근원을 이루는 것이다. 그것이 완전하다면 어찌 병들고 늙고 죽는 것이 있겠는가? 생! 그것은 고해(苦海)다! 고해의 원인이요, 동기다. 결코 환희가 아니다! 완전한 것이 아니다! 그럼 그것을 끊어버리면 모든 고뇌도 사라지지 않겠는가? 병든 몸을 끌고 가는 생, 늙음을 업고 가는 생. 이윽고 죽음 앞에 내려놓고는 아무런 말도 없이 사라져 버리는 생!

아! 생이여, 너의 정체는 무엇인가? 싯달타의 출가는 이래서 시작된다. 그 정체를 알아볼 양으로! 결국 에너지가 문제였다는 것을 안다. 그리하여 빽빽한 에너지가 물결치는 바라밀다(波羅密多)! 그 영원한 영생(everlasting life)의 바다를, 생명의 빛을 발견한다!

영원한 에너지님! 그 에너지 네트워크를! 그것은 생이 아니다! 병들고 늙고 죽게 하는 그런 불안한 생이 아니다. 영원한 생이요, 완전한 생이다! 영생이다. 이것을 깨달았을 때, 고뇌도 번뇌도 다 넘어버렸다! 생의 뿌리가 빠져버렸다!

"죽음아! 너의 이김이 어디 있느냐! 죽음아! 너의 쏨(shooting)이 어디 있느냐?"(고린도전서 15:55)

가인의 점(스위치)과 아벨의 점!

이 둘은 바로 에너지관의 차이 때문에 비극을 초래한다. 아니 가인의 비극이 초래되는 것이다. '기름(oil)'이라는 말이 성경에 최초로 등장하는 것도 바로 이들에게서이다. 인류는 그간 많은 씨름을 해왔다. 왜 여호와 하나님은 아벨의 제사는 기쁘게 받아들이시고 가인의 제사는 홀대하였는가?

여호와가 유목민의 신이라서 양과 기름을 바친 아벨의 제사는 받았다 하고, 땅의 소산(所産)을 바친 가인은 그것이 농경민적이어서 받아들이지 않았다는 그 문화 기호의 차이를 말하고 있다. 그런데 우습지 않은가? 형제가 같이 제사지내는데 하나는 유목문화요 또 하나는 농경문화라니? 그것이 아니다. 그런 것이 아니다.

제물(祭物 · offering)! 그리고 기쁘게 받음, 열납(悅納 · respect · 點)!

자아~, 아벨의 오퍼링은 '양의 첫 새끼와 그 기름(the firstling of his flock and of the fat thereof)'이다. 그리고 가인의 오퍼링은 '땅의 소산(所産 · the fruit of the ground)'이다. 대번에 에너지의 차이가 화악 들어오지 않는가?

여기서 가인의 오퍼링을 땅으로부터(of the ground)라고 한 것은 그저 땅이 준 것이라는 생각에의 강조를 하기 위해서이다. 이것은 자기 노력의 결실이다는 강조도 된다. 정주영이나 김우중이가 자기들 실력을 과시하듯이… 그것은 소 팔아 이룬 것이다. 그것은 자기 노력의 결과이다. 여기엔 그 소산의 근원 에너지님에 대한 충심으로부터 경외와 감사가 없다. 에너지관이 그릇되었다!

그러나 아벨! 그는 이 생명, 그 에너지의 근원이 여호와께 있음을 안다. 그리하여 그 감사의 뜻으로 그분을 표현하는 캐릭터는 무엇일까를 생각한다.

청소년들이 자기들이 열광하는 연예인이 나타나면 그들의 얼굴이 캐릭커쳐된 것을 그려 흔들기도 하고, 그 이름을 열광적으로 연호하기도 한다. 아니 그들의 전신 모습이 담긴 브로마이드 사진을 흔들기도 한다. 어쨌든 그 연예인을 가장 가깝게 나타내는, 상징물을 만들거나 가지고 와 흔들고 보여주려고 할 것이다. 캐릭터다!

아벨은 양의 첫 새끼와 기름을 따로 모아 그것으로 하나님의 캐릭터를 대신하여 바치는 것이다! 여호와 하나님이 태극과 같은, 니르바나와 같은 에너지의 근원님임을 깊이 인식하는 것이다. 양의 첫 새끼! 이것은 순전히 당신의 작품이옵니다. 그리고 당신은 무엇보다 이런 생명의 에너지원, 우리에게 삶의 활력을 주는 기름을 주시는, 당신의 성질은 기름과 같은 것이옵니다. 이런 것이다. 여기서 그리스도의 예고를 본다는 것도 말리지는 않겠다.

무엇보다 뚜렷한 에너지관에 있는 것이다! 종교란 무엇인가? 살게 하는, 살리게 하는 에너지가 어디서 오는가를 뚜렷이(pure) 하는 것이다.

그러면 어떻게 되는가? 감사함이 생길 것이다. 오만함이 없어질 것이다. 아니 무엇보다 영원한 님을 알게 될 것이다.

가인의 한 점! 아벨의 한 점! 가인의 스위치! 아벨의 스위치! 가인은 참 에너지 네트워크를 몰랐다. 아벨은 참 에너지 네트워크를 잘 탔다. 그리하여 그들의 네트워크를 대하는 키 워드는 저토록 달랐던 것이다.

몽골로이드의 루트를 추적하는 SBS의 프로그램 중에서 오늘도 저 툰트라 지대에서 아득한 옛날의 삶의 방식을 그대로 하고 있는 고(古)아시아인들, 어쩌면 우리의 뿌리일 사람들이 나오던데, 그들은 짐승을 잡은 다음 고기와 기름을 따로 떼어 고수레식으로 바치는 장면이 나와 상당히 충격적(?)이었다. 완전히 아벨의 재연이었다.

가인은 졸장부(拙丈夫) 문화의 원조격이다. 졸(拙)이란 제 손(扌＝手)으로 낸(出) 것이라고 저를 어른(丈)인 양 우쭐대는 사내(夫)를 말한다. 대장부(大丈夫)는 하나(一)의 네트워크를 잘 잡아 그 하나를 가슴에 품은, 하늘을 가슴에 담은 사람(人)을 말한다. 가인과 아벨은 졸장부와 대장부 문화다! 살리에르가 모짜르트를 죽이듯(영화) 늘 졸장부들이 대장부를 해코지 하는 것도 이 세상이다.

동박박사들의 에너지관

기름왕 예수! 오래 전부터 줄곧(傳統) 저 하나님, 기름왕이 오신다는 예언의 실현 현장을 좇아왔던 동방박사(占星學者·천문학자) 세 사람이 찾아와 무엇을 바치는가? 그 오퍼링(offering)은 황금(黃金)과 유향(乳香)과 몰약(沒藥)이었다.

예물(禮物·차림물)은 그것을 베풀어주신 이의 캐릭터를 그대로 재현하여 그것을 되돌림하는 것이다. 공자가 예로 돌아가라는 것은 하느님(天)이 차리신 대로 그대로 돌아가라는 말이다. 풍성(豊盛)함에 대한 예(禮)이다. 오늘의 문명도 그것을 알아야 한다.

예배(禮拜)란 그런 것이다. 하나님의 차림에서 멀리 벗어나지는 않았는지, 그 하나님의 차림에 차렷해 보는 것이 예배다.

동박박사, 그들은 먼저 이렇게 묻는 것으로 되어 있다. "유대인의 왕으로 나신 이가 어디 계시뇨 우리가 동방(빛이 비롯되는 곳)에서 그의 별(사인)을 보고 그에게 경배하러 왔노라."(마태복음 2:2)

유대인의 왕이 났다는데 유대인이 먼저 찾은 것이 아니라, 이방인이 먼저 찾았다. 누구인가? 예수를 유대문화 속에 가두려 하는 자들은?!

빛이 비롯된다는 오리엔트! 그들은 그 빛의 근원을 알고 있었던 것이다. 참 빛을 찾아왔다. 오리엔테이션(orientation)이란 무엇인가? 방향 설정이다. 신입생이나 신입사원에게 앞으로 나아갈 프로그램, 그 방향을 설정해 주는 것을 말한다.

오리엔트에서 온 이들 박사님들은 그런 방향을 설정해 주는 좋은 보기이다. 오리엔테이션! 그것은 '빛은 동방에서!' 처럼 빛나는 태양이 뜨는 곳, 진리(참 올)의 광선이 비추는 그곳이다. 오리엔티어링(orien-teering)은 지도와 나침반으로 목적지를 찾아가는 크로스컨트리 경기를 말하기도 한다.

어쨌든, 이들 동방의 박사들이 내놓은 것은 황금(빛)과 유향(젖기름)과 몰약이다. 몰약은 장사지낼 때 시신에 바르는 것으로 재생을 염원하며 재생하도록 하는 에너지여라 하고 바램을 담은 그런 기름이다.

실로 이런 예물의 캐릭터는 오일킹(Oil King)의 캐릭터에 적합하지 않은가?

이들이 내민 토큰(token · 기념물)은 양의 첫 새끼와 그 기름을 바친 아벨적 스위치와 전혀 다를 바 없다. 그들은 이런 캐릭터를 통하여 종교적 스위치 온(on)을 하였던 것이다. 그런데 한편 이 오일킹, 참빛의 출현 소식에 헤롯왕과 온 예루살렘이 소동이 났다는 것이 계속되는 3절이다.

그리고 이 빛을 끄려고(off), 켬의 의미들인 아기들을 무참히 도륙한다. 켜려는 자와 끄려자 자가 이 오일킹을 두고 이렇게 빛과 어둠으로 갈라진다. 흥하는 자와 망하는 자가 뒤섞인 이놈의 세상 캐릭터를 어쩌면 이토록 극명하게 보여준단 말인가?

기름을 부은 이 여인을 기념하라

"예수께서 베다니 문둥이 시몬의 집에서 식사하실 때에 한 여자가 매우 값진 향유(香油 · ointment), 곧 순전(純全)한 나드 한 옥합을 깨뜨리고 예수의 머리에 부으니 어떤 사람들이 분(憤)내어 서로 말하되 무슨 의사(意思)로 이 향유(香油)를 허비하였는가 이 향유(香油)를 삼백 데나리온 이상에 팔아 가난한 사람들에게 줄 수도 있겠도다 하여 그 여자를 책망하는지라 예수께서 가라사대 가만두어라 너희가 어찌하여 저를 괴롭게 하느냐 저가 내게 좋은 일을 하였느니라 저가 힘을 다(極)하여 내게 향유를 부어 내 장사(葬事)를 미리 준비하였느니라 내가 진실로 너희에게 이르노니 온 천하에 어디서든지 복음이 전파되는 곳에는 이 여자의 행한 일도 말하여 저를 기념(記念)하라 하시니라." (마가복음 14:3-9)

놀라운 여인이다! 어디서 이런 통찰력이 생겼단 말인가? 이름이 없다. 그러나 그 여인은 복음서와 함께 만고에 빛을 낼, 기념될 여인이 되었다. 누구인가? 종교를 아주 대단한 학식을 갖춘 박사들만의 전문 신학이라고 하는 이들은?

이 짧은 예(禮)를 통하여 그녀는 오늘의 말로 종교의 본질을 통찰하고 있었던 셈이다. 예수가 기름님이라는 것을 알아서 그랬을까? 아니다. 그것은 몰랐을지도 모른다. 그러나 그녀는 기름이 생명의 에너지원이라는 것은 알고 있었을 것이다. 향유는 오늘의 말로 연고(軟膏)다. 액체 기름약! 기름을 바르면 병이 났는다. 재생의 캐릭터다. 기름의 성질에서 그녀는 신앙할 캐릭터를 읽었으리라. 이처럼 참 기름이 계시다면 영원한 생명도 주어질 것이라고 평소 생각했을 것이다. 그러니 만큼 주변 사람(제자들)들이 분내는 것처럼 귀했던 것이다. 그것을 예수에게 부은 것은 예수라는 캐릭터에서 그녀가 염원하고 그린 하나님의 캐릭터를 보았음이다. 그리하여 그녀는 그것을 부음으로써 예(禮)를 차렸다. 반드시 예수의 장사를 위한 것은 아니었으나, 예수는 또한 이 행위에서 더 앞을 내다보는 예언도 하고 있는 것이다.

이 여인은 스위치(宗)를 잘 찾았다! 우리는 이렇게 말한다. 종교 교육에 바칠 돈이 있으면 가난한 자들의 먹을 것, 입을 것을 하나 더 주는 데 쓰자고.

말이야 그럴싸하다. 그러다 보면 그 끝은 어디인가? 늘 먼저를 생각해야 한다. 가난한 자들을 위한다는 명분으로 그들에게 영원한 것을 보지 못하게 하는 우를 범하게 해선 안 된다. 교육만큼 위대한 서비스는 없다. 영원한 님을 알리는 것만큼 극진한 서비스(禮)도 달리 없다. 배고픈 소크라테스이길 바라지 배부른 돼지이길 바라지 않는다는 J.S.밀의 말은 가난한 자라고 하여 예외는 아니다. 가난은 종교가 아니다. 가난은 종교를 더욱 갈망게 하는 일으키는 방아쇠요, 동기일 뿐이다. 가난하다고 하여 하나님을 알고자 함에 수동적이 되어서는 안 된다.

무(無)와 유(有)의 에너지 코드

무(無)가 에너지를 곧바로 나타내는 글자임은 無의 밑변(발)에 있는 '灬'가 '火'와 같은 글자이기 때문이다. 이렇게 한자의 발로 火가 갈 때 저렇듯 하기로 한 것이다. 그래서 연(燃)을 '탈 연(burn)'이라고 한다.

연(然)도 같은 '사를 연'이다. 초(焦)는 '그스릴 초'이다. 그래서 초점(焦點)을 버닝 포인트(burnning point)라고 한다. '비칠 조(照)', '빛날 희(熙＝熙 · shine)', '익을 숙(熟)', '열(熱 · heat)'이다.

흑(黑)은 불에 그슬러 검어진 색을 말함이니 그렇고, 새 조(鳥)는 사람들이 말하듯 새의 발이나 발자국이 아니고, 이 새의 나는 힘을 불로 표현한 것이다. 날 비(飛)를 생각해 보라. 뭔 새 발이 네 개나 되나? 발자국? 왜 네 개여야 하나? 제비 연(燕)도 그렇다. 사실 새에게 상징할 것이 있다면 날개이지 발은 아닌 것이다. 하늘을 나는 종이 연(鳶)을 보면 명확해진다. 연이 무슨 발이 있더냐?

그래서 '할 위(爲) · doing · action'도 불똥이 주(丶)를 생각하며 불(灬)을 생각하여야 그 액션의 파워를 알 수 있는 것이다.

따라서 무위(無爲)란 가공한 파워다! 셀프 액션(self action)은 다른 것을 가지고 힘을 발하려는 인위적인 파워가 아니라는 것으로 새겨야하지 '어떤 일도 하지 않는' 맥없는 것으로 보아서는 정말 맥빠지는 것이 된다. 유위(有爲)는 인위적 액션이다. 반드시 물질 같은 것을 가지고서 힘을 낸다. 손에 잡은 것이 없으면 맥 못쓰는 것이 유위다. 위정(爲政)이란 '정치를 행함'이다. 행위(行爲)인 것이다. 위시(爲始)는 '시작함 · 비롯함'이다.

물고기는 구어먹어야 비로소 고기라 할 것이기에 '물고기 魚'인 것이요, 토사구팽(兎死狗烹 · 토깽이 사냥을 끝낸 후 그 개를 잡순다)으로 널리 알려진 烹(삶을 팽)은 불을 떠날 수 없다. 煎(달일 전), 뜸을 들인다?!

으뜸(the first-rate)! 최고, 최상급을 말한다. '으'는 영어로 하자면 스타트요, 프롬(from …으로부터)이다. 하나님 '으'로부터이다. '…으(첫)로부터'이다. '으로서'도 그렇다. 으름장이라는 말은 남을 위협하고 놀래게 하는 힘의 시위를 말한다. '저 닭을 잡으리까?' 한다. '으'를 빼면 '닭이 잡리까?' 하여 자느냐고 묻는 소리로 들릴 것이다. '으'를 써야 힘이 비롯된다. 호랑이의 울음을 으르렁댄다고 하여 그 힘의 위세를 말하고, 기운이 넘칠 때 어깨를 으쓱한다고 한다. 아기의 첫 울음소리는 으앙이요, 전라도 사투리로 의사(意思)는 으사이니 이것이 옳겠다. 무언가 단단한 것이 부스러질 때 으스러지다, 으지직 하니, 으깨느니 한다. 아랫것의 말을 듣고 어른이 긍정할 때는 '으음'이다. 옴(om), 음(唵)이란 그것이 아닐까? 경상도에서는 어른을 으른이라고 하니 더 옳겠고, 윽박지르는 사람은 나쁜 사람이다. 그럼, 최고의 으른은 누구이신가?

'…으로부터' 비롯되는 프롬님은 누구일까? 오로지님은 으뜸님이시다.

다시, 점(點)은 '켤 점'이라고 했다. 점등(點燈), 점등인(點燈人).

호연지기(浩然之氣·a vast-flowing spirit·광활하게 흐르는 스피릿)! 위대한 모럴(a great moral)이다. 혼연일치(渾然一致·one perfect harmony)는 대단한 힘이다. 하나(one)는 그런 것이다.

곰(熊)! 단군신화를 생각해 보자. 이 신화의 메타포 글자는 무엇을 뜻하는가? 신화의 구조란 다름 아닌 에너지 구조다. 제우스의 파워, 아폴론의 파워, 아테네의 파워, 포세이돈의 파워, 헤라클레스의 파워….

인류의 신화는 에너지를 메타포한 것이다. 테마가 에너지다! 누구 말대로 인간 육체의 에너지를 그렇게 신적인 것으로 드러냈다고 하는 눈도 있을 것이다. 그러나 그것은 첫 출발을 크게 잘못 잡은 것이다. 그리스 신화 같은 것이 인간 육체의 힘을 극대화한 파트(part) 신들을 만들어낸 구조다. 그래서 맥을 못 쓰는 것이다.

"네 발의 신(履)을 벗어라!" 하면서 인간의 힘을 완전히 무력화시키는 데서 여호와의 에너지관은 전혀 그 방향을 달리한다. "메타포는 좌절해야 한다."(야스퍼스) 영원한 뜻(본의) 앞에 좌절하기 위해 있는 것이다. 키에르케고르는 미학적 실존은 권태를 느끼고 철학적 실존으로 간다고 했다. 다시 철학적 실존은 종교적 실존 앞에 절망을 느껴야 한다고 한 것도 그와 같은 것이다. '죽음에 이른 질병'은 절망인가? 틀렸다! 키에르케고르를 그렇게 가르치는 철학 교수들은 잘못 본 것이다. 절망할 줄 모르는 절망이 죽음에 이르는 질병이다.

절망하라! 절망하라! 절망하라! 시인 이상은 뭘 알았는지 이런 소리도 했다.

어쨌든 감히 도(道)를 이름 붙일 수 없다는 노자(老子) 어른의 말은 인간의 육체적 힘의 반영이 종교라는 헛소리를 일거에 침묵게 한다.

이래서 잘 모르는 이들도 도덕경이 성경과 가장 가깝다는 소리들도 하게 되는 것이다. 인간의 그림자는 그 씨도 없다. 성경이 다이내믹한 것은 그 출발이 이토록 다르기 때문이다.

시인은 해를 보고 감탄의 시를 쓸지 모르지만, 태양은 그저 직발로 쏘아버린다. 그래서 태양시를 읽고도 태양의 캐릭터를 알 수 있는 것이지만, 태양을 한번 보고 눈이 캄캄해지는 것과 어찌 비교 할 수 있으랴?

그렇게 깊은 종교적 성찰이라고는 볼 수는 없지만, 임어당이 그의 종교적 역정을 기술한 '이교도에서 기독교도로'란 책에서, "예수의 세계 속에는 공자의 자기한정(自己限定)이나 불타의 지적인 분석, 장자의 신비주의 같은 것이 없는 권능과 절대적으로 밝은 광명이 모두 함유되어 있는 것이다. 다른 사람들이 추리(推理·'올을 가려냄')한 것을 예수는 가르쳤고, 다른 사람들이 가르친 것을 예수는 명령하였다. 그는 지식의 완전함과 하나님에 대한 사랑을 근거로 말하였다…. 무위로 돌아가고마는 도가사상의 영원한 변전(變轉)과도 달랐다. 무한하고 조건없는 데로 도망하려는 희망을 지닌 지각하는 마음을 정복하려는 불타의 영웅적인 노력과 그 위대한 주지주의(主知主義)와도 달랐다…. 유가사상은 두드러지게 실제적이고, 비추상적이며, 따르고 이해하기에 쉬운 것이지만, 그러나 그것은 생명과 우주에 관한 진실한 본성에 대한 어떠한 면밀(綿密)한 연구에도 실패하고 만다. 도가사상과 불교사상은 한편 정신의 자유를 최종 목표로 하여 가르치고 있다. 두 가지 중에서 선(禪)을 떠나서라도 불교의 방법은 신비적이기보다는 지성적이다. 진실로 장자의 도교사상은 정신의 해방에 대하여 가장 직접적으로 공헌을 하였다. 이성을 주장하는 보다 중요하지 못한 철학자들에게서는 보기 드문 이해력에 있어서의 위대함을 지니고 있다…. 노자는 한때 사랑과 겸손의 힘에 대한 그의 신념과, 사람들에게 평화를 이룩해 주기 위하여 정부와 처벌과 전쟁과 같은 인간적인 모든 조치들을 경멸하는 데 있어서 굉장한 고도의 성취를 이룩했었다…. 예수에게는 교리도 없고 강령도 없고 관례도 없고 의식(儀式)도 없다. 예수는 원리를 가르쳤는데, 그것은 하나로 합쳐지는 두 가지 원리였다. 곧 하나님 나라는 네 자신 안에 있다는 것과, 또 거의 같은 속삭임은 온유하고 겸손한 사람이 이 땅을 상속(相續)받으리라는 것이었다. 첫번째 원리는 사람의 정신의 내면적인 자유를 가르치고 있고, 두번째 원리는 '가장 작은 내 형제들'의 진가를 가르치는 것이었다.…"

다시 말한다! 오로지님(道)은 메타포로서 물과 같은 성질(캐릭터)이다! 물은 그릇에 따라 그 모양을 변하기는 하지만, 성질은 같다! 또한 그 그릇에 크기에 따라 물론 양도 달라진다. '달아보고 재보고' 하여 주신다. 그럼 점(點)에서 이스라엘은 인류사에 있어서 누구도 상상 못할 완전한 크기의 그릇(메시야)을 준비했다. 하나님은 여기에 온전히 응(應 · reply)하셨다. 그가 예수 그리스도다! 중국인의 그릇은 공자와 노자와 장자만한 크기였다. 오로지님은 또 그만큼만 당신을 담아주셨다. 인도인의 바램의 총합은 불타다! 또 오로지님은 불타에게 그만한만큼을 담아주셨다.

우리는 어디에서나 오로지님의 캐릭터(성질)를 보지만, 임어당식으로 말하게 되는 것은 그릇을 보기 때문이다. 물론 그 때문에 저렇듯 성질도 차이(?)가 있는 듯 보이는 것이다. 그러나 분명한 것은, 한편 예수나 불타나 노자나 장자 등은 문화적 그릇의 산물이라는 것이다.

그 준비하고 바랜 만큼이다! 하나님이 무엇이 부족하다는 것이 아니다. 그러나 그 하나님을 대하는 태도(그릇)는 예수와 노자와 불타와 장자가 문화적 성질처럼 다른 바가 있다. 예수처럼, 그 민족적 성질만큼이나 열열히 하나님을 아바 아버지라고 부르는 거룩한 정열은 없었던 것이다. 니르바나니, 부를까 말까 도니, 하늘(天)이니 하는 무언가 문화적 장치를 한번 깐 말이 아닌 것이다. 그저 다이렉트로 아버지요, 나와 아버지는 하나라는 것이다. 이런 예수의 직접성과 완전성은 그들에게서 쉽게 찾을 수 있는 것이 아니다. 류영모 등이 예수는 하나님이 아니라고 펄쩍 뛰는 것은 미치지 못한 구석이 있다. 예수는 하나님이시다! 누천 년 그렇게 아바 아버지를 눈으로라도 보고 싶다는 이 가공한 주문에 하나님이 퍼펙트하게 응하신 것이다. "태초부터 있는(카오스) 생명의 말씀에 관(볼 관觀)하여는 우리가 들은 바요 눈으로 본 바요 주목하고 우리 손으로 만진 바라 이 생명이 나타내신 바 된(升)지라 이 영원한 생명을 우리가 보았고 증거하여 너희에게 전하노니 이는 아버지와 함께 계시다가 우리에게 나타내신 바 된 자니라 우리가 보고 들은 바를 너희에게도 전함은 너희로 우리와 사귐이 있게 하려 함이니 우리의 사귐은 아버지와 그 아들 예수 그리스와 함께 함이라 우리가 이것을 씀은 우리의 기쁨이 충만케 하려 함이로라."(요한일서 1:1-4)

보라! 이것이 기이하고, 놀랍고, 경천동지할 사건이 아니고 무엇이겠는가? 어떻게 무한한 성질이신 하나님이 저렇게 오실 수 있단 말인가?

요한이 누구인가? 하늘 아래 그 예를 찾기 쉽지 않은 최고의 형이상학을 구축한 이다! 이런 이가 말씀이 육신이 되었다는 해괴한(?) 발언을 그 복음서 모두에 내세울 수밖에 없었던 저간의 배경은, 우리 같은 이방인은 쉽게 이해할 성질이 아니다. 하나님이 당신을 낮췄다는 것! 물은 아래로 낮추기에 바다를 이룰 수 있다는 노자! 단지 우리는 물에서만, 바다에서만 이런 하나님의 성질을 찾으려고 한 문화적 그릇(배경)을 넘어서지 못하는 것이지만, 그들은 사람에게서, 사람으로 오신

분으로 하여금, 완전한 바다! 하나님을 보고자 했던 그릇이 있었다.

사람을 높이자는 것이 아니라, 그 하나님의 온전하심을 이런 사람의 그릇을 통여서 찾고자 했다는 말이다. 여기에 하나님이 응하신 것이다.

우리는 문화재(도자기 같은)를 아무렇게나 굴렸다. 그래서 미군들이 와서 길거리에서 그야말로 헐값에 사갔던 것을 이제사 씁쓸한 마음으로 본다.

그리고 그것이 귀중한 것이라는 '가치'를 그들로부터 문화전도를 받았을 때, 그제야 허겁지겁 챙기기 시작했다. 마찬가지로, 나와 류영모 같은 이들이 도(道)나 니르바나에서 하나님을 새삼(?) 발견한 것도 이와 다를 바 없다.

기독교가 아니었다면, 정말 하나님을 이처럼 절절하게 도(道)나 니르바나에서도 찾을 수 있었을까? 그들은 어쩔지 몰라도, 그 가치(하나님)를 기독교가 알려주었기에 적어도 나는 도나 니르바나에서도 하나님을 보았던 것이다.

알다시피, 보다시피, 여전히 니르바나나 도를 하나님으로 부르지 않으면서 그것을 찾는 이들이 거의 부지기수가 아닌가 말이다? 이것은 무엇을 말하는가? 그 그릇을 말한다. 불타에겐 모호한 점이 없는가? 있다! 노자에게는 모호한 점이 없는가? 있다. 공자에게는 모호한 점이 없는가? 있다! 장자에게는 모호한 점이 없는가? 있다. 예수에게 모호한 점이 있는가? 나는 못 봤다! 가공할 하나님을 볼 뿐이다! 그럼에도 나는 왜 예수만을 말하지 않는가? 예수가 다 보라고 일러주기 때문이다! 그렇게 돌들이 귀한 보석으로 보이는 것을 어찌 침묵할 수 있겠는가? 그래서 우리는 경전을 대하면서도 그 쏘는 방향이 다름을 볼 수 있다. '성경 ↓ ↑ 다른 경전' 이런 포맷이다. 어떤 경전이고 위에서 오시는 얼님이 주지 않는 것이 있을까마는, 그럼에도 저런 것이 크게 느껴짐은 왜일까? 아니 성경이 유독 계시의 책임을 강조하는 소이는 무엇일까? 다시, 계시가 아닌 경(經)이 어디 있겠느냐 생각들지만, 그 오로지님을 대하는 캐릭터 읽기가 이렇게 달랐던 것이다. 불교의 사변 많음은 무엇을 의미하는가? 그만큼 시인류가 많았다는 말이다.

직접 연애하기보다는 멀찍이 두고 마음으로 연모하는 짝사랑류가 많았다는 말이다. 사랑의 시를 백편 만편 쓰면 무엇하나? 손잡고 걸어도 보고 입맞춤도 해보아야지….

"나는 오늘, 산촌의 양지 바른 작은 길가에서 한 시간 동안 너를 사랑한다. 나만큼 너를 사랑한 자는 없다. 나만큼 자기를 지배한 힘을, 절대의 힘을 너에게 인정한 자는 일찍이 없었다. 그러나 나는 불성실한 인간이라는 선언을 받고 있다. 나는 여자가 아닌, 사랑만을 사랑한 바람둥이의 하나다."(헤르만 헷세)

멋진 플라토닉 러브다! 누가 말리나? 나도 많이 그래 봤는데….

그러나 플라토닉 러브는 불성실하다. 책임도 없다. 언제든지, 아니 한 시간 동안만 사랑하면 그만이다. 절대적, 누구와도 비견할 수 없는 힘으로! 그러나 바람둥이다. 또 누군가를 보고는 절대적으로, 한 시간 동안만 사랑하게 될 터이니까….

그녀들은 모른다. 모르는 것은 교감이 없는 것이다. 교감이 없는 것은 한 시간짜리 에너지다! 가서 알려야 한다. 아니 나꿔채야 한다.

어쨌든 타되 사라지지 않는, 여호와의 캐릭터 앞에서의 모세의 완전 소멸은 그후 이스라엘 선지자들의 여호와관을 결정짓는 모티브로서 중요한 의미를 갖는다. 아브라함의 절대 복종도 무시할 수 없으나, 시내산에서 여호와가 불로 새겼다는 돌판을 들고 내려오는 장면은 압권이다. 사실 하나님께서 무슨 전각을 새기듯 했을까마는(새겨도 모세가 새겼겠지), 이런 식의 장치(?)는 사기가 아니라, 늘 그렇게 절대적으로 하나님을 대하는 이스라엘의 신관의 타의추종을 불허하는 계시의 문학을 올올이 남길 수 있었던 기폭이 된다. 경건한 욥의 회의성 발언도 여호와의 절대성을 강조하는 컨트라스트에 지나지 않는다. 극에 이르렀으면 그들의 물음은 그것으로 소멸해 버리고 그 극의 캐릭터(말씀)에 완전 복종해 버리는 것이다.

알쏭달쏭한 것을 선문답(禪門答)이라고 하듯이 이렇게도 저렇게도 생각할 꽁무니를 남기지 않는 그 포복의 태도! 그래서 향후 그 어떤 생각도 저 성경을 뛰어넘을 수 없게 만드는 우주적 옴나아('신앙'의 뜻으로서 히브리어로 '기둥')를 세우는 것이다.

그래서 그것은 믿을 것이지 회의할 성질의 캐릭터가 되지 못한다. 여기에 이제 회의하고 묻기 좋아하는 이들이 이런 이스라엘식 계시의 옴나아를 좋아할 리(올)가 없는 것이다. 묻지 말라고 입을 틀어막는데, 좋아할 사람이 누구겠는가? 그래서 무릎은 꿇기 자존심 상하고 하여, 성경을 두고 결국 히스테릭한 신경질을 내뱉고 마는 것이다. "하나님의 말씀은 살았고(성질을 활활 내고) 운동력(군대처럼 막강한 파워가 있어서)이 있어서 좌우의 날선 어떤 검(劍)보다 예리하여 혼(魂)과 영(靈)과 관절과 골수를 찔러 쪼개기까지 하며 또 마음의 뜻을 감찰하나니 지으신 것이 하나라도 그 앞에 나타나지 않음이 없고 오직 만물이 우리를 상관하시는 자의 눈앞에 벌거벗은 것같이 드러나느니라."(히브리서 4:12-13)

이런 것이다! 사실 이것은 경험으로 온다. 그저 뻥이 아닌 것이다. 일본의 일급 크리스챤 사상가 우찌무라 간조우(內村鑑三)가 "신앙은 실험이다!"는 멋진 말을 남겼는데, 사실 실험이다! 누가 성경을 뛰어넘을 수 있는가? 내가 증거가 될 수야 없겠지만, 적어도 나는 넘지 못했다! 또 넘었다는 이들의 말을 그들도 모르게 내가 넘을 수 있었다. 그러므로 그것은 높은 성질의 것이 되지 못한다. 자신 있으면 나를 넘어서지 못하게 해보라! 까짓 점프력을 한번 보여주지…

어허! 겸손하여야지!…. 그럼 그만!….

곰(熊)! 단군신화를 생각하여 보자. 왜 단군은 웅녀(熊女), 곧 곰(熊)의 아들이라는 캐릭터가 필요하였던 것일까? 뭐, 시베리아 일대의 동물숭배 사상 어쩌고는 여기서 논하지 않는다….

하여튼 곰이라는 동물의 파워는 누구나 이심전심할 수 있는 그런 신비한 파워였을 것이다. 거기다가 하늘이 등장한다. 동원할 수 있는 최고의 파워는 다 등장되는 것이다. 하느님 뻘인 환인(桓因)과 그의 아들 환웅(桓雄)이 비선생(雨師), 바람의 왕초(風伯), 구름 스승(雲師)을 몰고 태백산(太白山) 신단수(神檀樹) 아래 신시(神市)를 폈다는 것! 거기서 환웅과 오랜 인내를 견뎌 여인이 된 곰 사이에서 단군이 나왔다는 것! 이만하면 고대의 파워는 총동원된 셈이 된다. 박달나무 단(檀)과 백산(白山)은 '밝다' 는 것이다. 이 말은 음운변화로 하여 배달이 된다.

자아~! 신화적 에너지 장치는 다 갖추어진 셈이다. 이것은 로마를 세운 로물루스 형제가 늑대의 젖을 먹고 자랐다는 것쯤을 애숭이로 만들어 버리게 하는 것이다. 그래서 로마는 줄곧(傳統) 늑대의 캐릭터 (성질)대로 세계를 공격한다. 아마도 이런 정복 이데올로기를 세우기 위한 발전소 장치가 늑대의 캐릭터였을 것이다. 만일 우리 민족이 웅녀(熊女) 대신 호녀(虎女)를 등장시켰다면 우리 민족성 캐릭터도 달라졌을 것이다. 일본을 한 번쯤은 물었을 테지….

그러나 저 신화를 보면 우리 민족성의 캐릭터가 고스란히 드러난다. 무엇보다 경천(敬天)사상이 있고, 그 손익계산서야 어찌했던간에 곰 같은 강인한 인내로 오천 년을 견뎌오게 한 에너지원이 되었던 것이다.

다시, 신화의 권력 장치로 돌아가서, 단군이 제정일치의 카리스마를 가진 단굴이라는 무당이었든 무엇이었든 간에 초점은 곰(熊)이라는 글자다.

온통 잘씀(全能)에서 볼 수 있는 것과 같이 능(能)은 그런 파워 캐릭터다. 거기에 불(灬)을 더할 것이니, 막강 난공불락의 카리스마적 언어가 된다.

단군의 카리스마를 알게 하는 것일 뿐 아니라, 한 나라를 개국함에 있어 이만한 에너지는 있어야 한다는 것을 보여준다. 신화에서 이야기가 먼저냐 문자가 먼저냐는 의미없다. 이야기가 먼저일지라도 그 정신을 그대로 옮겨 담을 바구니는 문자일 것이기 때문이다. 곰(熊)의 문자 코드엔 이런 파워풀한 뜻이 담겨 있는 것이다. 널리 사람을 이롭게 하여 밝은 세상, 밝은 사람을 만들어보자는 것으로 그 제(祭)가 미치었을 것이니 우리 민족은 결코 시시한 신화를 가진 것은 아니다.

그리스의 파트별 에너지 캐릭터들이 결국 민주주의를 낳게 한 자궁의 캐릭터가 되었지만, 그것이 종교로까지 나아갈 수 없었던 것은 그 모든 권능을 여호와께 집중시킨 이스라엘 신관과 큰 대조를 이룬다.

나 외에 다른 신을 두지 말라는 계명 1조는 여타의 것에 그 권위와 권력을 빼앗기지 않으려는 권력의 속성질을 보여주는 것이면서, 바로 또 이것으로 하여 우리는 전능한 하나님의 캐릭터를 얻을 수 있게 되었으니, 헛귀신이나 우상에 대고 복 좀 달라 비는 인간의 존엄을 망가뜨리는 짓을 하지 않게도 되었다.

귀신들에게 저울을 빼앗기는 신을 섬길 수야 없지 않겠는가?

결국 그럼, 이런 것들은 사람의 머리에서 나온 것들이 아니냐 할 것이다. 사람의 머리에서 나왔다. 그런데 그 머리 위엔 하나님이 계시다. 그럼에도 차이가 있는 것은, 머리를 향한 만큼 주시기 때문이다. 각도(角度)를 잘 맞추라는 것이 중용(中庸)이다! 正正覺(정정각)! 답게답게 깨달음! 그만큼 깨달아지는 것이다!

그래서 이 세상을 구원하려면 남자의 씨에서 나온 것으로는 안 된다. 곰 정도도 안 된다. 성령의 잉태가 있어야 한다! 이것을 사실이냐 아니냐 따지는 것은 정신의 사전을 모르기에 하는 말이다. 부활까지도 하나님의 새 생명 사상을 백성들에게 교육시키기 위한 몬테소리식 교육 프로그램이다.

그런데 간혹 전봇대에 성령 폭발이니 성령 은사니 하고 교회인지 병원인지를 차려놓고 떠드는 찌라시 쪽지들이 붙은 것을 보는데, 전봇대는 전기를 전하라고 있고 강아지들이 실례쯤 해도 된다고 세운 것이다. 성령은 전봇대로 오지 않는다.

유(有)는 그럼 무엇인가? 앞서도 언급했지만, 고기, 기름을 오른손(又)으로 들고 있는 형상이다. '가지다(have)' '있다(be)' 라는 뜻이 그래서 혼재한다.

푸줏간에서 고기를 사들고 오는 아버지! 그 가짐이 아버지란 존재의 세움이다!

육(肉)달 월(月)로 고기(肉＝月)와 같은 자이다. 아마도 달(moon)도 그런 토실토실한 고기와 기름을 연상했을지도 모를 일이다.

어린 시절 그랬던 것으로 기억하지만, 오늘 기름끼(氣) 좀 채우자 하는 것은 고기를 먹자는 뜻이었고, 콜레스테롤 어쩌고 하기 전에는 그것이 진짜 고기요 에너지인 줄 알았다. 사실 기름을 빼면 고기랄 게 무얼까? 또 그것은 유별한 명절이나 생일 같은 경우가 아니면 안 되었다. 부자집은 이런 빨간 날이 많았기로 '있는(有) 집' 하였는데, 우리는 '없는 집'에 속하였다. 그래도 없는 것이란 생각을 못했으니 부모님의 무한(無限)한 사랑이 있었음이다. 나는 거의 삼십이 다 되도록 불고기와 갈비를 구별 못했다. 우스운 얘기지만, 이것으로 큰 싸움을 식당에서 일으킨 적이 있는데, 나는 불고기 하면 불에 구운, 다시 말해서 숯불갈비라고 여기고 어머니에게 갖다 드릴 양으로 싸달라고 했는데, 집에 가서 풀어보니 이것, 집에서 자주 해먹던 것이 아닌가? 일순 머리속 평화가 깨졌다. 그래서 비호같이 좇아가서는 누구를 기만하느냐 일갈했으니 지금 생각하면 황당한 일이다. 사실 돼지갈비 신드롬이 인 것은 그리 오래지 않다. 고기를 즐기지 않은 식성탓도 있었고, 그만큼 세상물정을 모른 탓도 있었으나, 고기를 먹을 때면 이 이야기는 주변에서 개그가 되는 소재다.

존재(存在)! 역시 오른손(又)으로 아들(子)과 토지(土)를 잡고 있는 형상이다.

이것이 완전한 있음이고 됨이다. '소유(所有)냐 존재(存在)'냐 하고 에리히 프롬이 자문자답하고 있는데, 소유를 통하여 존재를 입증하려고 하는 것은 예나 지금이나 마찬가지인가 보다.

오른손은 왼손보다 힘이 더 있음을 상징한다. 볕이 더 든 것이다. 그래서 바른쪽 하는데, 양지 바른 곳 하듯이 에너지가 잘 들어온 쪽이다.

하나님의 아들이 하나님의 오른쪽에 있다는 것도 이와 무관하지 않다. 무등등(無等等)! 하나의 파워를 가진다는 뜻이다.

우익이니 좌익이니 하는 것, 물론 프랑스 정치판에서 나온 것이라고 하는데, 우익편에 서는 것이 늘 더 파워풀한 세력의 선점을 의미하게 되었다.

우(右)는 '위·숭상·권세 셈·도움' 이런 뜻으로 쓰이고, 좌(左)는 '아래·멀리 할·옳지 않음'의 뜻이니 이래저래 왼손잡이들을 보면 놀래서 고쳐주려 하던 어른들이 생각난다. 이런 것이 좌우익 대결을 극단으로 치닫게 등을 떠미는 역할도 했던 것이리라. 에너지를 떠나서는 아무것도 생각할 수 없다.

어쨌든, 사람의 몸(體)을 왜 몸이라고 하는가? 그것은 기름을 풍성히 '모음'의 뜻이다. 사람이란 글자를 알찼다고 풀었는데, 결국 같은 것이다. 그럼 얼마나 기름이 찼는지를 보기 바란다. 월(月)은 기름(고기)이다.

사지(四肢), 허파 폐(肺), 어깨 견(肩), 턱밑살 호(胡), 밥통 위(胃), 등 배(背), 큰 창자 동(胴), 가슴 흉(胸), 맥 맥(脈), 옆구리 협(脅, 脇), 무릎 슬(膝), 넓적다리 퇴(腿), 쓸개 담(膽/膽力), 콩팥 신(腎), 등골뼈 척(脊), 다리 각(脚), 입술 순(脣), 팔 완(腕/手腕), 배 복(腹), 살갗 부(膚), 뼈 골(骨), 머릿골 뇌(腦) 등등….

완전히 기름공장이다! 이것이 시스템(體)이요, 기름으로 이루어진 빌딩(building)이다. 소유(所有)한다는 것은 기름을 갖는다는 말이요, '기름이 할 바' 라는 뜻이다.

"여호와 하나님이 아담을 깊이 잠들게 하시니 잠들매 그가 그 갈빗대(脅) 하나를 취(取)하고 살로 대신 채우시고 여호와 하나님이 아담에게서 취(取)하신 그 갈빗대로 여자를 만드시고 그를 아담에게 이끌어 오시니 아담이 가로되 이는 내 뼈 중의 뼈요 살 중의 살이로다 이것을 남자에게서 취하였은즉 여자라 하리라." (창세기 2:21-23)

순전히 기름이다. 살이요 뼈다. '창세기의 비밀' 이라는 두 중국인 (?) 목사(?)의 책을 오래 전 읽어본 적이 있는데, 한자를 가지고 창세기와 퍼즐하는 것이었다. 노아의 후손이 중국에 들어와 중국 문자를 이뤘다는 것이었는데, 믿거나 말거나이다.

선(船)을 두고서, 배(舟)를 탄 노아네 여덟(八) 식구(口)가 홍수를 피한 방주를 뜻하는 것이 틀림없다든가 하는 것이었는데, 그런 식으로 성서 정복사를 기술하려는 패권적 발상은 도움이 되지 않는다. 홍

미거리는 될지 모르지만….

배필(配匹)은 옆구리가 터지고 사람 인(儿)이 걸어나온 것으로 보아 하와가 틀림없다고 한다면 누가 웃지 않을 것인가? 이런 것은 진리를 희극화시키는 우를 범한다. 하기사 메소포타미아 문명의 흔적, 그 유적이 중국에서 발굴중이라는 소식도 있고 보면 그들의 사기가 충천하겠으나, 그래서? 중국으로 가서 어쨌다는 것인가? 꼭 그런 식으로 뿌리를 맞춰야 여호와 하나님의 권능이 올라간다고 여긴다면, 그것이야말로 하나님을 일개 에덴 동산에 가두는 것이요, 부족신으로 가두는 것이다. 하나님은 전우주에 걸쳐 다양한 정보(메타포)로 당신의 캐릭터를 드러내시는 분이시다. 반드시 우리가 말하는 성서의 매타포만을 가지고 꿰맞추고 다 맞아야 하는 당위를 만들려고 한다면 말이 안 되는 것이다. 공자의 마음속에, 노자의 마음속에 이런 언어로 비춰졌는데 놀랍게도 성서에서의 하나님의 캐릭터와 일치한다! 이래야 하는 것이지, 마치 거기서(장소와 사람)의 하나님만이 수출된 것이라는 발상은 그럼, 아프리카는 어떻게 할 것이고 남미는 또 어떻게 할 것인가?

오늘도 기독교인들의 이런 종교 패권적 발상은 옳지 않다. 물론 우리는 '성경'에서 더없는 하나님의 캐릭터를 대한다. 그러나 남미에 가도 그에 미치지는 못하지만 하나님의 캐릭터를 접할 수 있는 서적과 증거들이 부지기수라는 것을 믿어 의심치 않는 것이다. 예컨데 화성에서 물이 발견된다고 한다면 노아의 후손 중에 누가 물을 떠가지고 갖다 놓았단 말인가? 이 무슨 우스꽝스런 자가당착일 것이랴? 성서 숭배사상을 버려야 한다. 일점일획이라고 하여 성서에 전혀 오류가 없을까? 아니 설사 오류가 있다고 해도 그것이 또 문제일까? 그것이 독신(瀆神)이요 이단(異端)일까? 우리는 성서 퀴즈대회를 하는 신학생이 아니다. 그럼, 성서가 공동번역이 다르고 새 번역이 다르고…, 요즈음 다양한 성서 번역이 나오던데, 자구(字句) 하나에 목숨을 건다면 이것 난리가 아닌가?

독자들에게 도움이 안 될 것이기에 그만 그친다. 글은 사상으로 읽는 것이지, 발로 읽는 것이 아니다! 그리고 걸어서 가야만 사상이 전해지는 것도 아니다.

한 올(一絲)을 잡으면 된다. 면전일사(面前一絲)!

"성전일구(聲前一句), 천성부전(千聖不傳). 면전일사(面前一絲), 장시무간(長時無間)."(벽암록 제90칙)

"절대의 소리 한마디는 천만의 성인이라도 다 전할 수 없다. 눈앞의 네트워크(一絲)에 때맞춰 늘 친밀할 뿐."

"유천하지성(維天下至誠) 위능경륜천하지대경(爲能經綸天下之大經) 입천하지대본(立天下之大本) 지천지지화육(知天地之化育) 부언유소의(夫焉有所倚)"(중용)

"오로지 천하에 지극한 마음이라야 능히 네트워크(經綸)를 풀어 천하에 큰 줄을 이르게 할 수 있고, 천하에 서야 그 근본이 되어 하늘과 땅을 길러 컨트롤(知)할 것이니, 어찌 그것에 빗댈(倚) 것이 있으랴."

무간(無間)은 틈(間)이 없음을 말한다. 친밀함(intimate), 가까움(close)이다. 간(間)은 간(閒·한)의 속자다. 문(門) 틈=사이로 달(月)빛이 보인다는 것은 틈이 있음이다. 간(間)도 햇빛(日)이 보이니 마찬가지이다. 간(閒)은 월(月) 말고도 외(外)를 쓰기도 하였다. 달(月)을 기름으로 보았을 때도 기름이 샌다는 것이다. 간(間)은 간극(間隙·creak)이요, 간격(間隔)이다. 그럼 인간(人間), 공간(空間), 시간(時間)은 무엇인가? 다 깨진 쪽박이라는 얘기다. 이런 통찰은 일찍이 없었을 것이다. 차차 글을 진행하며 그 정체를 벗긴다. 필라멘트 전구가 깜빡깜빡하더니 꺼져버린다. 아니 어느 때는 예고도 없이 캄캄 천지다. 틈(間)이 있었기 때문이다. 오로지님의 네트워크(一絲)는 그런 것이 아니다. 바라밀다(波羅密多)는 그런 것이 아니다. 생이라는 줄은 그렇게 깜빡거리며 병을 났고 늙음을 났고 어둠(죽음)이 되지만, 영생의 한 올은 그런 것이 아니다. 무간(無間)이다. 그래서 그것을 잡자는 것이다.

경이란 말은 네트워크를 낸다(짠다)는 뜻이다. 지성(至誠·perfect sincerity)이면 감천(感天)이라고들 한다. 지성(至誠) 같은 마음이 깨진 쪽박인 인간에게 있을 수 없다. 지성은 오로지님이시다. 지성님이시다. 이 지성님을 감천시킬 만큼 마음을 다(極)하고 뜻을 극(多)하고 목숨을 극(多)한다면 반드시 그 울림이 있을 것이라는 말이다. 바로 그 지성님이 올을 풀어 네트워크를 짠다는 말이 경륜(經綸)이다. 깨진 쪽박들이 경륜을 편다는 것은 가당치 않다. 중용은 지성님께 맞추자는 애기의 시종이다. 맞춰 감천하여 우리도 그같이 되자는 것이다. 최고의 형이상학이다! 알짜 쌀알(純粹)이요, 올짜(純粹) 철학이다! 얼굴을 닦아 빛낼 것으로 항문을 닦아서는 안 된다.

"오로지님의 탐지자는 황금춤을 추고, 소인은 거꾸로 맞춰 논다.(君子 中庸 小人 反中庸)"(중용)

경제(經濟)! 제(濟)는 많이많이 불어난다는 뜻이다. 오늘의 경제는 아시다시피, 네트워크를 떠나서 말할 수 없게 되었다. 모든 것이 이치에 따라 컨트롤 되고 있음이다. 환란(換亂)! 환(換)은 '바꿀 환'으로 스위치를 말한다. 체인지를 말한다. 외국과 네트워크로 맺어진 경제에서 아무것도 스위치할 수 없다면 이거야말로 우리가 경험한 이상이다. 경로(經路)! 체널이다. 네트워크로 들어가는 통로이다. 스위치를 딸각하면 KBS에서 MBC로, 또 SBS로….

우리도 이처럼 스위치할 수 있다.

어쨌든, 창세기의 갈빗대로 돌아가서, 취(取)하다는 말은 '가지다' 외에 '돕다' 라는 뜻이 있다. 갈빗대 협(脅=脇)을 보면 협력(協力)이라는 말이 떠오른다. 이 남녀 협력의 캐릭터! 오로지님께서 어디고 명하신 성질이다.

몇 가지 추가하여 보자면, 태연자약(泰然自若)! 큰 에너지를 보니 느늦해질 수 있다는 말이다. 돌연(突然)! 돌(突)은 구멍(穴)에서 불쑥 개(犬)가 뛰쳐 나온다. 놀라는 비상사태 '갑자기' 이다. 그와 같은 에너지 작용이다. 우연(偶然)! 우상과 같은 에너지관이다. 우연을 바라서는 안 된다. 그리고 필연(必然)은 에너지는 반드시 그 성질대로 된다는 것이다.

성경(聖經 · Holy Network)을 테스터먼트(The Testament)라고
도 한다. 테스트(test)는 시험(試驗)이며 연마(鍊磨)한 글이다. 그 옛
날 금과 은을 갈아(磨)보고 그 진가를 알아내는 데 쓴 돌을 시금석(試
金石)이라고 하였다. 아주 결이 치밀하고 검었다고 한다. 그래서 그
실력이나 가치를 알아보는 어떤 기회나 사물을 시금석(touchstone)
이라고 하였다. 표준이요 기준이라는 말이다. 사람의 마음이 그런 것
이다. 악마는 예수를 테스트하였다. 돌덩이더러 빵덩이가 되게 명령
어를 넣으라고 한다. 그것으로 당신이 하나님의 아들임을 입증하라는
것이다. 테스트 스톤, 말 그대로이다. 그러면 돌은 빵으로 형질 변경
이 일어나는 것이다. 프로그램이 그렇게 바뀌져 뜨는 것이다. 지금 신
과학운동(new age movement science)에서는 물의 정보를 분석하
고, 또 산삼(山蔘)의 정보를 분석하여 물에 산삼을 인프린트시키는 연
구가 있다고 하는데, 흥미있는 일이다. 그렇게 산삼 정보를 물에 새기
며는 그 물만 마셔도 산삼을 먹는 효과를 얻을 수 있을 테니 말이다.
예수가 가나 혼인잔치에서 물을 포도주로 정보 변경을 한 것을 떠올
리면 더욱 그 발상이 뚱딴지 같은 것은 아님을 알게 될 것이다. 테스
트 스톤을 테스트 케이스(test case)라고도 한다. 또 성전 꼭대기에
세우고 뛰어내리라고 한다. 당신이 정녕 하나님의 아들이라면 천사들
이 저희 손으로 받들어 하나님 아들임을 입증시켜 줄 것이라고 한다.
테스트 케이스(경우)이다. 아니 천하 만국을 파노라마처럼 펼쳐 보이
며 자기 앞에 경배하면 그 모든 것을 예수에게 주리라고 한다. 곧 명
령어를 바꾸라고 한 셈인데, 아시다시피 명령어를 바꾸면 그 명령어
에 맞는 프로그램은 뜨지 않는다. 사랑이라는 프로그램에 미움이라는
명령어를 치면 결코 사랑이라는 프로그램은 뜨지 않는다. 하나님의
아들이 하나님의 프로그램에 맞는 명령어를 넣지 않고 다른 프로그램
의 명령어를 구하면 그대로 끝장인 것이다. 종(宗)을 꼭지 스위치라고
하였는데, 명령어는 스위치와 똑같은 것이다. 문앞에서 '이리 오너
라!'고 했던 것도 대문을 열라는 프로그램 명령어요, 똑똑똑 노크도
그런 명령어인 셈이다.

이제 컴퓨터 윈도우를 통하여 명령어 넣기를 함에 또 새로운 차원으로 접어들었는데, 프로그램(꾀)은 늘 이렇게 그림(꾀 도圖)으로 나타나기도 하는 것이다. 그래서 도모(圖謀)니 설계도(設計圖)니 한다. 우주의 프로그램을 그려놓은 만다라, 해바라기의 중앙 씨바구니에 그런 만다라, 14포인트의 황금비율(ratio)과 똑같은 것이 있다든가, 눈의 결정체, 별의 오각형, 그리고 요즘에 이슈로 되고 있는 DNA 사슬 등 다 들여다보면 정교한 배율로 되어 있고 프로그램이 있고 에너지가 발생되는 도안(圖案)들이 있다. 그리고 DNA 사슬과 주역의 64괘와의 관련성을 캐려고 하는 책(Tao of Chaos)도 보았다. 유전 코드(ge-neti code)와 주역의 괘는 쌍을 이루어 에너지를 일으키는 것을 나타낸다는 데 그 의미가 있다. 각 사슬에서 3개씩 2가 짝을 이루는 것이 괘의 구조와 같다. 정말이지 신기하게도 DNA 구조와 괘는 그 도안조차 거의 같음을 본다. 그리스인들은 인체에 황금비율을 정했고, 그것이 조각이 되고 건축이 되고 음악이 되었음을 알 수 있다.

어쨌든 괘(卦)라는 것은 그런 그림으로 나타난 에너지 프로그램이다. 시계나 달력도 그런 연장선에서 보면 된다.

앞서 괘도(掛圖)를 말했었는데, 마이크로 소프트사에서 차려놓은 윈도우 프로그램, 그 아이콘(Iicon)도 그런 것이다. 도스(Dos) 시절에는 반드시 문자만을 쳐넣어야 프로그램이 실행되었는데, 아이콘이라는 그림이 이제는 그 역할을 수행한다.

어휘사전을 렉시콘(lexicon)이라고 한다. 바로 렉시콘에서 아이콘으로 바뀐 것이다. 아이콘은 상(像)을 뜻하는 말이다. 상품으로 나오기도 한 삼성 이코노(icono) 수상기는 상(像)을 보낸다는 이코노스코프(iconoscope)로서 아이콘의 갈래어이다. 물론 망원경을 뜻하는 텔레스코프(telescope)에서처럼 스코프는 본다(to see)는 뜻이다.

어쨌든 윈도우 프로그램은 그 아이콘이라는 그림문자(圖文)로 명령어가 각기 표현되며 이것이 열쇠어요 스위치요 명령어가 되는 것이다. 그처럼 펀더멘틀 원리는 벗어날 수 없는 것이다. 반드시 명령어를 넣어야 한다는 그것!

그리하여 마우스(mouse)로 '딸각딸각(click은 의성어)' '치기' 하면 프로그램이 좌악 하고 펼쳐지는 것을 우리는 안다. 일이 잘(well)되어 가는 것이다. 한치도 어김이 없다. 여기서도 우리는 '에너지 ↔ 프로그램 ↔ 맞춤'이라는 삼위입체적이고 삼위일체적으로 일어남을 볼 수 있는 것이다. 전기라는 바탕 프로그램에 맞추지 않고 컴퓨터 자체가 열어지지 않는 것도 그런 것이다. '오로지님(에너지님) ↔ 섭리(프로그램·네트워크) ↔ 중용(황금맞춤)' 바로 이 근본 원리는 그 어떤 형이하세계에서도 똑같은 포맷으로 일어난다. 나의 일점일획 사상도 여기에 바탕을 두고 있는 것이다.

우리는 문자가, 그 한획 한획이 이런 과정으로 형성되고 이런 과정으로 열림을 보고 있는 것이다. '에너지(캐릭터) ↔ 문자(프로그래밍) ↔ 뜻맞춤' 어떤 캐릭터(성질)를 보고 문자화한 것을 다시 그 문자 캐릭터를 보고 맞춤하여 진짜 캐릭터(에너지)를 얻는 것! 결국 우리가 이런 일련의 과정에서 얻고자 하는 것은 참 에너지요, 참 캐릭터인 것이다! 다른 것이 아니다.

"문자는 도(道)를 실어나르는 도구(道具)"(한유)라고 하였다. 틀림없는 말이다. 문자를 캐릭터(chacter·성질)라고 하는가 하면 레터(letter)라고도 한다. 편지와 같은 메시지를 전하기 때문이다. 성경을 하나님이 보낸 러브레터라고 키에르개구리는 말했는데, 옳은 소리다. 그 사람 생김새도 꼭 개구리 같다. 아마 그의 캐릭터 상품을 만들라고 하면 개구리를 응용해야 할 것이다. 사람을 이렇게 말해도 되나?

바둑판 그림(罫)도 그런 아이콘인 것이다. 도시계획을 하면 반드시 나오는 말이 바둑판 같다는 말이고, 농촌의 논과 밭을 말할 때도 그러하다.

왕이란 무엇인가? 룰러(ruler)다. 룰(rule)은 괘선(罫線)이요 그런 선을 '긋다'는 말이다. 룰러(ruler)는 괘선(罫線)을 치는 사람을 뜻한다. 에너지가 흐르는 선, 그런 네트워크를 치는 사람. 치산치수(治山治水)! 그래서 리(理)를 그런 괘선과 관련하여 생각해 보았던 것이다. 분명 그러리라.

미켈란젤로와 대리석(大理石·marble) 조각, 그는 이런 말을 했다. "나는 대리석에서 어떤 부스러기들을 떨구어낼 뿐이다." 거장다운 말이겠는데, 저 대리석(大理石)이라는 말이 재미있다. 큰 올, 큰 프로그램의 돌이라는 말이 아닌가?

전보나 전화나 인터넷이라 할 것없이 올(理·프로그램)을 쳐서(攴) 보낸다. 곧 선(線)을 때리는 것이다. 어린 시절 종이컵에 실을 연결하여 전화놀이를 하고 하였는데, 그것과 다를 바 없는 것이다. 그것이 고도화되어 일어나는 것뿐이다.

이치(理致)라는 말이 '올을 쳐서 보낸다' '프로그램에 맞춘다'는 말로 같은 뜻이다. 이치에 맞았느냐 하는 것이 바로 그것이다. 다시 말하지만 점(點)은 복(攴·卜)으로 '침(strike)'이다. 중점(中點)이다. 중용처럼 치는 자(尺)치기요, 프로그램에 맞춰 에너지를 잘(well) 얻는 것이다. 이렇게 중간 점검(點檢·점을 테스트함)을 하며 계속하자.

도(道·The true energy way)에 이르는 길, 우리는 이처럼 수많은 상황에서 그 훈련(訓練)을 하는 것이다. 우리는 완전히 네트워크 속에 살았었고 살고 있다.

말이 시내(川)처럼 흐른다. 련(練)은 온고(溫故)에서처럼 '익힌다'는 말이다. 네트워크(실꾸러미 糸)를 익히는 것이다.

연습(演習)은 새가 그 깃(羽)을 치며 하늘로 비상할 때, 하얀(白) 배가 드러나도록 익히는 것이다. 배울 바 많은 말이 아닌가? 우리는 인터넷 시대에 접어들었다. 다시 말하지만, 이처럼 점점 아래 교육 프로그램이 보다 뚜렷해지는 것은 하나님의 계획(섭리)이 더욱 뜨거워지고 있다는 반증이기도 하다.

우리가 어떤 일을 만날 때, 테스트 같은 것! 봉착(逢着)했다는 말을 한다. 봉(逢)에도 '점치다'의 뜻이 있다. 봉(夆)은 '끌어당기다'이다. 봉(縫)은 '꿰맨 줄'로서 수리(修理·프로그램을 고침)와 같다. '올을 고치는 것'! 재봉(裁縫)이란 그런 것 아닌가?

옛날 통신수단의 하나이기도 하였던 봉화(烽火)는 점화(點火)와 같은 것이고 소(小) 인터넷이었던 것이다. 올림픽은 성화(聖火)를 지피는 것으로 시작된다. 이 성스런 에너지 캐릭터에 올림픽이라는 에너지 게임의 이상이 망라되어 있는 것이다. 그 몸의 성질을 그처럼 맞추자고 하여 다양한 경기 프로그램을 만든 것이다. 선수는 그 프로그램에 잘 맞춤으로써 성화라는 그 거룩한 불의 성질(캐릭터)에 들어가야 하는 것이다. 이것이 올림픽의 발생 동기인 것이다. 야구를 보자. 투수는 공의 성질(캐릭터)을 잘 '익혀야(訓練)' 한다. 공의 구질(球質)을 익혀야 한다. 타자도 마찬가지이다. 투수마다의 구질을 익혀야 하는 것이다. 투타(投打) 모두를 스트라익(srike)이라고 한다고 했다. 그 야구를 보고 인생의 축도(縮圖) 같다고 해설자는 종종 말한다.

사실 야구뿐이겠는가? 어떤 경기, 아니 어떤 일도 이러한 '캐릭터(성질) ↔ 프로그램 ↔ 잘 맞추고 못 맞침'이라는 법칙을 벗어날 수 없기에 안의 줄기를 잡아보면 축도(縮圖)다. 아니 인생의 축도가 아니라, 진리(참 올·완전한 네트워크)가 그렇게 되어 있으니 그것의 축도(縮圖)인 것이다. 나는 삼위일체라는 신학용어나, 도생일(道生一) 도생이… 하는 노자의 얘기가 결국 같은 것이라고 보고 있다. 앞서 내가 말한 저런 진리의 도식(圖式)이 그것이다. 둘 같지만 둘이 아니요, 셋 같지만 셋이 아니다. 그래서 나는 ' ↔ ' 한 표시를 한 것이다. "에너지의 근원되시는 하나님 ↔ 독생의 프로그램 아들 ↔ 맞춤을 돕기 위해 온 성령' 다른 것이 아니다. 삼위입체적이고 삼위일체적이다! "도는 참 밝은 캐릭터다 ↔ 그 섭리를 본다 ↔ 그에 잘 맞추어야 한다." 결국 노자나 공자나 할 것 없이 다른 것이 아니다. 노자는 고도의 형이상학만을 곧대로 말했고 공자는 그것을 이 땅에서도 실현시켜 보자고 한 차이랄까 하는 것이지, 호사가들의 말처럼 이질(異質)적인 것이 결코 아니다. 중국에서 그 어떤 사상이 서로 죽이고 살리고 피비린내를 냈던가? 물론 격론이야 있었지만은, 서양에서와 같은 그런 성질은 아니었던 것이다. 이것은 실로 놀라운 일이기도 하다.

불교는 어떤가? "참 밝은 니르바나, 그 바라밀다의 네트워크 ↔ 그리고 법이라는 프로그램 ↔ 바로 맞추자(8正道)"이것을 빼면 무엇을 말하겠는가? 선(禪)! 진실은 간단(簡單)히 나타난다(示)는 뜻이다.

주역! "에너지 센터 태극 ↔ 64괘로 상징되는 에너지 프로그램 ↔ 마음을 갈고 닦는 수양을 통한 바로 맞추기"아닌가? 그것은 간단(簡單)하리만치 쉽다(easy · 簡易)! 그러니 변해야 한다(change · switch · 變易)! 불변(unchangeable · 不易)의 네트워크로!

사실 이것도 긴 잔소리다! 긋! 극! 점! 알! 올!… 하면 끝나기다! 끝내기 스터디다! 아니 아예 말을 한마디도 않을 수도 있다! 웃음이다! 염화미소(拈華微笑)! 그러나 웃음의 뜻을 알까? 그래서 다시 말을 한다.

어쨌든 명령어는 다르지만, 궁극적으로 도달하는 네트워크, 그 중심 에너지 캐릭터는 같은 것이다! 그것은 모두 하나의 캐릭터를 향한 상학(上學)인 것이고 상달(上達)인 것이기 때문이다.

그러나 지금 예수는 전혀 다른 성질의 프로그램에 명령어를 넣으라는 주문을 받고 있는 것이 광야의 시험이다. 그렇지만 예수는 명령어를 바꾸지 않는다. 프로그램을 바꾸지 않는 것이다. 하나님께 끝없이 마음 맞추는 중용을 잃지 않는 것이다.

어쨌든 텍스트(text)라는 말이 라틴어 텍세레(texere)에서 비롯되고 있다는 점인데, 이 말은 영어로는 위브(weave)이다. '(직물이나 바구니 따위를)짜다 · 뜨다 · 엮다 · 치다'의 뜻이고, 실을 꼭지에 합치는 종합(綜合)이요, 조직(組織)함을 말한다. 텍스쳐(texture)는 '직물(織物)'이요, '짜임새'이며, 피부나 암석, 나무들의 결(줄)을 말하기도 한다. 양복점(洋服店) 같은 데 가보면 흔히 보게 되는 말이 텍스타일(textil)이 직물과 옷감을 말한다. 이렇게까지 네트워크의 의미는 넓게 있는 것이다.

월드 와이드 웹(www)은 온 세계를 거미집(wep)처럼 짠다는 말인데, 방송망(網), 철도망(網), 전산망(網) 하듯이 우리는 이런 그물 속에서 그물을 쓰며 사는 것이다. 다시 말하지만, 경(經)이란 네트워크다. 하나님의 캐릭터가 입력되어 흐르는 그런 네트워크다. 텍스트 북이 교과서로 쓰이고 있듯이, 우리 존재의 텍스트 북인 것이다.

오일 킹 프로젝트(The Oil King Project)!

유(油)는 기름이다. 그러나 원래는 그저 유(由)였다. 유(由)는 '비롯되다, 말미암다' 이기에 도(道)와 같은 의미로 쓰인다. 그런데 언제부터인가 유(由)에서 기름의 의미는 실종되고 앞서의 뜻만 남게 되니까, 물의 성질을 강조한 기름 유(油)를 만든 것이다. 이것은 연(然)이 그 불의 성질을 강조하여 탈 연(燃)으로 보다 뚜렷해지는 것과도 같은 것이다. 그러나 연(然)도 여전히 '사르다' 는 뜻을 갖고 있다.

그러므로 유(由)는 도(道)처럼 시작의 의미로 쓰면서, 보다 뚜렷이 그의 에너지적 성질을 말하는 기름(油)을 잊지 말아야 한다는 것이다. 기름이 도(道)라는 것이 아니다. 그것이 에너지를 통한 저울질임을 말하는 것이다. 태극이 그렇고, 니르바나가 그렇듯 모두 본성의 캐릭터는 에너지다!

그러므로 유래(由來)는 출처(source · genesis · orgin)를 말하면서, 직역으로 하자면 '기름으로(에서) 왔다' 는 말이다. 아니면 '기름으로부터 왔다' 가 된다.

곧 모든 것은 에너지님이신 도(道)로부터 기인했다는 말인 것이다. 사유(事由)? 일이 비롯된 까닭! 볼 것도 없이 기름(에너지) 때문이다. 모든 일의 그 가닥(실마리)을 잡아보면 반드시 거기엔 에너지가 문제로 잡힌다. 돈이 없으면 돈이 문제이듯이. 병이 들면 병이 들게 한 에너지 트러블이 문제가 되듯이….

연유(緣由)도 사유(事由)처럼 그것을 잡아보면 에너지 문제일 것이다. 사업의 흥망(ups and down)! 에너지 문제인 것이다. 돈이 없다는 것은 에너지를 얻을 수 있는 이유(理由 · 기름줄)가 된다. 이 기름줄이 없으니 사업이 망하는 것이다. 아니 그 기름줄로 사업이 흥하기도 하는 것이다.

돈은 에너지를 끌어다 주는 숨줄과 같은 것이다. 돈(기름줄)이 없는 것보다 사람을 죽이는 것도 달리 없다. 우리가 돈에 그토록 매달지 않을 수 없는 것도 따지고 보면 이런 이유(理由)가 있는 것이다.

돈줄(기름줄)이 막히는 것보다 우리를 거의 초죽음으로 몰고가는 일도 달리 없다. 돈줄! 아아! 기름줄! 우리는 국가적으로도 그것을 경험하지 않는가?

중국과의 운동경기를 볼 때 그들이 플랑카드 등에 쓰거나 소리치는 응원은 우리가 보기엔 재미가 있다. 중국 가유(中國 加油)! 중국에게 기름 좀 더해 주라는 뜻이 아닌가? 짜유(加油)! 짜유(加油)! 이겨라! 힘내라! 언제 한번 보라, 웃음이 나올 것이다. 그러나 한편 얼마나 솔직하고 다이렉트한 소원일 것이냐?

주의 성령이 내게 임하셨으니 이는 가난한 자에게 복음을 전하게 하시려고 내게 기름을 부으시고 나를 보내사 포로된 자에게 자유를, 눈먼 자에게 다시 보게 함을 전파하여 눌린 자를 자유케하고 주의 은혜의 해를 전파하게 하려 하심이라.(누가복음 4:18-19)

나는 이 구절을 이렇게 부른다. 오일 킹 프로젝트(The Oil King Project)라고!

그리스도(기름왕)를 예언하는 대예언자 이사야의 말이며, 바로 그 대목을 펼치고 기름왕, 기름님 예수는 말한다. "이 글이 오늘날 너희 귀에 응(應 · reply · 꼭 받다)하였느니라."(같은 장 4:21)

올(ply · 가닥)을 다시 돌린 것이다. 리프라이(reply)! 올(ply)을 분명히 준 것이다. 유래(由來)!

하나님의 캐릭터는 기름이다! 기름을 붓는 이다! 그리스도에게 완전히 기름부음이 일어났다. 저 짜유(加油)! 기름줄 좀 주세요 하는 그 인류의 바램에 응하기로 한 것이다.

기름부음이라는 말! 이것을 그저 도유식(塗油式 · anointment) 정도로 볼 것 아니냐 하는 기독교인들도 적지 않은데, 다시 생각해야 한다. 그저 다윗의 머리에 기름을 바르고 하는 것이 이스라엘의 전통문화이것거니 하고만 생각하다가는 큰 코 다친다. 모든 본질은 에너지에 있고, 에너지를 통하여 하나님의 저울질이 나타남이다.

'붓다'! 이것이 초(붓다·닮다·肖)다. 가령 쇳물을 모형에 쏟아부어 원하는 형태를 만들듯이, 그렇게 '닮게(같게), 붓는' 것을 초(肖)라고 하는데, 본뜬 형상인 초상(肖像)도 그런 것이다. 불초(不肖)란 선조를 닮지 않았다는 말이다. 그럼, 예수는 아버지 하나님의 불초(不肖)인가? 그래서 '기름(由=道) 부음(肖)을 받은 이'라고 불리는가? 그래서들 그리스도, 그리스도 하는가? 아니다! "천하가 모두 말하여, 내 오로지님이 커서 닮은 것이 없는 것 같다 한다.(天下皆謂我道大 似不肖)"(노자 67장) 그리스도! 하나님의 성질(캐릭터)이 퍼펙트하게 부어(肖)진 하나님 아버지와 같은(似=肖) 기름님이다. 같지(似) 않은 것을 사이비(似而非)요, 불초(不肖)라고 한다면, 이 낱말은 예수의 캐릭터엔 얼씬거릴 수 없는 말이다. 그렇잖은가? 초(肖)! 역시 육달월(月)이 있음이다.

'붓다', 푸어(pour)는 '빛과 열을 방사(放射)'하다는 뜻이고, '은혜 등을 크게 베풀다'는 뜻이다. 부음받음(poured)은 다시 붓기 위함을 전제한다. 말하자면 그리스도는 기름선(油線)이다. 도(道)를 켜는 도화선(導火線)이기도 하다. 道火線(도화선)인 것이다. 퓨우즈(fuse)다. 라틴어로는 푼데레(pundere)로서 '붓다(to pure)·뿌리다(shed)'이다. 인퓨우즈(infuse)는 '부어넣다·고취하다'이다.

세례식에서 물을 뿌리기도 하는데, 그것은 퍼퓨우즈(perfuse)라고 한다. 그러면 의미가 분명해지리라.

"그 안에 생명의 빛(저울질·에너지)이 있었으니 이 생명은 사람들의 빛이라."(요한복음 1:4)

"흑암에 앉은 많은 백성이 큰 빛을 보았고 사망의 땅과 그늘에 앉은 자들에게 빛이 비춰었도다."(마태복음 4:16)

에너지(기질)다! 에너지(저울질)만 해결되면 생노병사는 해결된다. 아니 한 번 죽는 것은 이미 육체적 프로그램에 정해진 것이니 그것에 미련을 가질 것은 없고, 새옷을 입기 위해 낡은 옷은 때가 되면 벗어버리면 되는 것이고, 우리는 도(道·운동), 하나님이 이토록 분명한 정보로 당신이 에너지님임을 밝히고 있다는 것을 알고 쓸데 없이 다른 저울질에만 온 목을 거는 일은 없어야 한다는 것이다. 유래(油來)다! 기름왕이 왔다! 이것이 복음이다. 또한 유(由)는 중(中)과 같이 '맞추다'의 뜻도 있다.

자유(自由)는 절로 에너지(Self-energy＝무위자연)이면서, 그것은 스스로님의 캐릭터에 맞추는 것이다. 참 나(自)에, 그 저울에 끝없이 맞추는 것이 자유의 뜻이다. "참 올(眞理)을 알(測·知)지니 참 올(眞理)이 너희를 셀프 에너지(自由)가 되게 하리라." 참 나인 내가 에너지를 낸다. 어떤 물질을 잡아, 거기에 기대어 에너지를 내고자 하는 한 자유는 없다! 빚을 지고는 자유가 없듯이….

그래서 예수는 자기에게 기름을 부은 여인을 복음이 전해지는 곳에 전하여 기념토록 하라고 하였던 것이다.

무엇이 문제이고, 무엇이 해답인가?

태극은 기름(에너지)이다! 도(道)는 기름(에너지)이다! 니르바나는 기름(에너지)이다! 문명의 전제조건만 에너지가 아니라, 우주 천지, 생명의 전제조건은 에너지다! 캐릭터(성질)이다.

이렇게 자기의 캐릭터를 '기름부음 받았다'는 식으로 말한 이는 없다! 공연히 세례라고 물 속에 빠져 있고, 머리에 물바가지나 뒤집어쓰며 그 의미를 모른다면 목욕탕이나 수영장에서 물놀이 하는 편이 낫지 않겠는가?

결국 에너지다! 하나님은 에너지 캐릭터로 오신다. 기름줄을 내리며 오신다. 사랑, 인(仁), 자비….

이 모든 것이 에너지님으로부터 비롯되는, 우리를 살릴 에너지인 것이다. 그저 창백한 종교 관념이 아닌 것이다. 살아계신 오로지님의 에너지 캐릭터다! 저 땅 속 깊은 곳, 해저 깊은 곳에 천공(穿孔)을 대고 기름을 끌어올린다. 시커먼 액체다. 현묘(玄妙) 그것이다. 하나님의 캐릭터를 검은 신비라고 한다. 그런 다음 그 원유(原油)를 부댁껴 정유(精油)하는 과정을 밟는다. 정미(精米)의 과정처럼, 정신(精神)의 과정처럼 쳐서 걸러내어 알짜 순수를 얻는 것이다. 껍데기는 가라!

람보(rambo)! 마구 치고 때려부수고 하다가 그럴싸한 철학 한 소절을 뇌까리고 끝나는 정형적 할리우드 영화! 람(ram)은 거세하지 않은 숫양을 말한다. 그리고 또 이 말의 뜻은 부딪치다, 해머 등으로 때려부수다는 등의 뜻이다. 정(精)과 같다. 쌀을 도정(搗精)한다고 하듯이….

도(搗)는 찧다, 까부수다, 고치다 등의 뜻이다. 정(精)도 물론 도(搗)와 같은 뜻이다. 도침(搗砧)은 다듬이질을 말한다. 돌(石)이 점(占) 지팡이가 된 것, 다듬이 방맹이를 말한다. 두들겨라! 그래야 옷 등이 잘 마름질 되는 것이다.

보(bo)는 사나이의 속어다. 마구 치고 때리는 사나이! 람보! 점 지팡이를 잡기는 한 것인데, 그 폭력적 캐릭터가 문제였다.

정신은 이런 치고 때리는 숱한 절차탁마의 과정에서 비로소 정신이 되는 것이다. 나는 이 글의 머리에 '열려라 깨!'를 말했다. 깨라는 정보(암호) 속에 참기름이라는 정체가 숨어 있었음도 말했다. 그것이 온통 기름이기에, 진(眞)기름, 순(純)기름을 참기름이라는 말로 했으리라.

기름왕 그리스도에겐 태극의 참기름이 있다! 이 네트워크가 매(鷹)처럼 날아든다. 응(應)하였다! 킹 왕 버전은 이 구절을 이렇게 옮기고 있다. "오늘 이 성경이 너희 귀를 가득 채웠다.(This day is this Scri-pture fulfilled in your ears)" 베토벤은 인류의 귀에 거룩한 도취를! 그리스도는 인류에 귀에 거룩한 기름을! 얼마나 심플한 표현인가?

고(膏)! 기름(月)은 높은 곳(高)에서 온다!

오늘이라고 한 것은 언제나 오늘이다. 바로 이때다! 시중(時中)이다. 시의적절(時宜適切)이다! 동선시(動善時)이다! 때를 놓치면 안 된다.

비유가 적절(適切)치는 않지만, 삶과 죽음을 말하기에 언급하자면, 투우사가 투우와의 긴장된 탐색전, 샷바 싸움을 끝내고 죽이느냐, 자기도 죽을 수 있느냐는 긴박! 칼로 투우의 급소를 찌른다. 그 순간을 '진실의 순간'이라고 한다듯이, 이런 류의 진실은 아니지만 진실의 순간은 있는 것이다.

여호와는 나의 목자(牧者)시니 내가 부족함이 없으리로다 그가 나를 푸른 초장에 누이시며 쉴 만한 물가(極·垂)로 인도하시는도다 내 영혼을 소생(蘇生)시키시고 자기 이름(캐릭터)을 위하여 의(올)의 길로 인도하시는도다 내가 사망의 음침한 골짜기로 다닐지라도 해(害·evil)를 두려워하지 않을 것은 주께서 나와 함께하심이라 주의 지팡이와 막대기가 나를 안위하시나이다 주께서 내 원수의 목전에서 내가 상을 베푸시고(차림 : 프로그램) 기름(oil)으로 내게 바르셨으니 내 잔이 넘치나이다(Thou preparest a table before me in the presence of mine enemies : thou anointest my head with oil ; my cup runneth over) 나의 평생에 선하심과 인자하심이 정녕 나를 따르나니 내가 여호와의 집에 영원히 거하리로다.(시편 23편)

…미련한 자들은 등(燈)을 가지되 기름(油·캐릭터)을 가지지 아니하고 슬기로운(밝은) 자들은 그릇에 기름(oil)을 담아 등(lamp)과 함께 가져갔더니… 미련한 자들이 슬기 있는 자들에게 이르되 우리 등불이 꺼져가니 너희 기름을 좀 나눠달라 하더라…(마태 복음 25장에서)

등극(登極)! 종교란 이 극(極·utmost)에 오르는 것이다. 더 이상 오를 필요가 없는 데까지 이르는 것이다. 등(燈)은 바로 높은 거기까지 올려 켠 빛(light)을 말한다. 등(燈)을 단다! 우리도 등을 '달아' 야 한다.

그러나 기름이 없다. 미련한 자들은 등을 가졌으되 그 등을 켤 성질, 곧 캐릭터를 가지지 못한 것이다. 이웃을 사랑한 성질! 하나님을 진실로 사랑한 성질은 없이, 덩그러니 빈 등만을 가지고 등극(登極)한 것이다. 그러나 밝은 이들은 캐릭터를 가졌다. 덕(德)을 가진 것이다. 진리의 등(燈)! 그것은 진짜배기 이런 속성질로 하여 켜지는 것이다. 속성질이 바뀌지 않으면 등극도 의미없다.

"성령을 소멸(消滅)치 말라."(데살로니카전서 5:19)

성령의 캐릭터가 에너지임을 분명하게 보여주는 대목이다. 퀸치 낫 더 스피릿(Quench not the Spirit), 혹은 두 낫 풋 아웃 더 스피릿스 파이어(Do not put out the Spirit's fire)이다. 풋 오프(put off)나 풋 아웃(put out)은 '끄다'이다. 퀸치(quench)도 같은 뜻이다. 이것은 억누르다(surpress)와도 같다.

인간(人間), 시간(時間), 공간(空間), 그 깨진 쪽박!

"내 백성이 두 가지 악을 행하였나니 곧 생수의 근원 되는 나를 버린 것과 스스로 웅덩이를 판 것인데 물을 저축(貯蓄)치 못할 터진 웅덩이라."(예레미야 2:13)

인간이란 무엇인가?

긍정과 부정, 그리고 중간자 운운하는 것으로 일관돼 왔다.

인간 캐릭터를 잘 뽑아낸 셰익스피어 다음 말은 그 긍정의 대표격인 말로 되어 있다.

"인간, 얼마나 걸작인가? 이성은 고귀하고, 능력은 무한하고, 행동은 천사와 같고, 이해는 신과 같다. 세계의 아름다움이요, 만물의 영장이다."

다음은 부정의 말이다.

"인간은 약하고 타락한 존재로서 서로 다투며 세계의 질서를 비방하고 자기를 변혁하기보다 하느님을 바꾸려 한다."(세네카)

다음은 중간의 입장이다. 그런데 이것은 인용할 것도 없다. 이렇게도 되고 저렇게도 되는 것이기에… 아니면 그 중간…

그런데 인간에 초점을 맞추려 하다 보면 이렇게 헷갈리는 것이다. 마치 제멋대로 날뛰는 표적에 화살을 겨누는 것 같으므로 종잡을 수가 없는 것이다.

아예 니체처럼 '인간적인 온통 인간적인(Human all to human)'이라고 해버리는 것이 솔직하다. 모든 것, 자랑과 비겁, 모순과 합리, 추악과 아름다움, 그 모든 총체적 캐릭터다.

장자(莊子)는 지복(至福 · Ultimate Joy) 편에서 이렇게 말한다.

천하에 지극한 즐거움이 있기나 한 것인가? 몸을 살려 나가게 지킬 수 있는 방안이 있는가? 이제, 무엇을 할 것이며, 무엇에 기댈 것인가? 무엇을 피할 것이며, 무엇에 처할 것인가? 무엇을 남기고, 무엇을 즐기고, 무엇을 싫어할 것인가? 천하가 대체로 존중하는 것은 부와 귀히 여김받음과 장수와 명성이다.

그리고 즐겁게 여기는 것은 몸의 안락, 풍부한 취미, 맛있는 음식, 좋은 옷, 아름다운 여자, 좋은 음악이다.

그러나 아래로 가보면 가난과 천함과 요절과 악명뿐이다. 그리고 괴로운 것은 몸이 편치 못함이고, 맛있는 것을 얻지 못함이며, 몸에 맞는 멋진 옷을 입지 못함이고, 예쁜 여인을 보지 못하는 것, 그리고 좋은 음악을 듣지 못함이다. 이것들을 얻지 못하면 크게 근심하고 위태롭게 생각하게 되니, 또한 큰 어리석음이로다.

부자는 몸을 괴롭혀 재산을 쌓게 되었으면서도 이를 다 써보지도 못하니 이는 물질에 허겁되는 것으로 지극한 즐거움에선 멀리 있는 것이다.

그리고 귀히 여김받는 사람은 일 중독자마냥 일만을 생각하여 실수나 없을까를 생각하니, 이것도 지위라는 껍데기에 허둥되는 것이다. 이 또한 지극한 기쁨과는 거리가 멀다. 그러니 사람은 태어날 때 근심과 더불어 태어난다.

인간에 대하여, 나로 말할 것 같으면, 20대 때는 그저 정의가 없었다. 30대 때에는 입에서 욕지기가 늘었고, 이제 40대에 이르러 욕하고 나서는 뒤가 캥긴다. 거기 들려 뒤를 안 닦고 나온 기분이다. 뭐 묻은 개 뭐 나무라지 말라고 했는가? 셰익스피어를 눌러버리는 말이다. 그러나 결코 진지한 구도자(求道者)일 수 없는 잉크 소비자인 작가들은 하여튼 인간(Homo sum)이란 것을 긍정하는 신호를 보내야 한다. 독자도 인간인데, 자기에게 삿대질하고 곤댓질하는 글을 좋아할 리는 없기 때문이다. 싫은 소리는 또 듣기 싫어하는 구조가 인간이다. 그래서 왠만한 글쓰는 자들의 말은 한 귀로 듣고 흘려버리는 것이 좋다. 글쓰는 자가 인간을 부정한다면, 마치 신을 부정하고서는 그 신을 전도하는 것처럼 자가당착이 될 것이기 때문이다. 인간은 그런 보통의 의미에서 ‘종교적’이다. 나도 꽤나 열정적 휴머니스니트였던 적이 있었는데, 20대 어느 날, 버스를 타고 가다가 아들이 에비를 혁대로 목 졸라 죽였다는 뉴스가 머리 위를 때리고 있었다. 마침 그 뉴스를 듣고 버스 안 사람들의 표정을 보니 무덤덤한 것이 아닌가? 순간 분노가 솟구쳐, 큰소리로 “너희들도 인간이냐?” 하고 웅변인지 고함인지 비명인지를 지르고 말았다. 아! 그때 그 사람들의 표정?! ‘왠 미친 놈이야?’…

아마도 이것이 나를 서투른 휴머니스트를 만들지 못했던 계기였다는 생각이다. 그래, 미친 짓이었지….

밥을 먹으면서 으레 뉴스를 보는데, 토막 살인만 아니라면, 왠만한 살인 뉴스쯤은 밥맛과 상관없다. 끄덕없고, 문제없다. 문명의 카니발(식인의식)!

人間! 그래도 꽉찬 사람(人)이, 틈(間)이 생겼다는 말이다. 사이가 생겼다. 사이라는 말은 틈을 말한다. 틈새(틈+사이)이다. 부자간(父子間), 부부간(夫婦間), 친구간(親舊間), 형제간(兄弟間), 세대간(世代間), 남북간(南北間), 국제간(國際間)…

모두 틈이 있다는 말이다. 나는 ‘다정한 사이’라는 말처럼 이상하게 들리는 것도 없다고 늘 생각하는데, 아마도 다정(多情)으로 틈(間)을 커버할 만한 틈(사이)라는 말이겠다. 우리는 다정으로 땜방한 사이(틈)입니다! 이런 말이겠다. 이것은 상대간(相對間)의 어쩔 수 없는 한계인 것이다. 그런데 그 땜방은 그리 오래 가는 것 같지도 않다. 우리는 이렇게 틈이 있는 고로, 또 상대의 틈을 노리고 산다. 권투 선수가 상대의 틈을 노려 어퍼컷을 날리듯이 우리는 이렇게 틈을 노린다. ‘틈입잡다’는 말이 그런 것이다. 권모술수는 대체로 상대의 허점, 곧 틈을 노리는 꾀이다. 아마도 내 글에서도 틈을 잡으려고 할 것이다.

그러나 어쩔 수 없다. 왜 틈이 없겠는가?

그런데 하나님과 그리스도 간(間), 혹은 사이라는 말은 없다. 누가 그렇게 말한다면 그것은 잘못 말하는 것이다. "나와 아버지는 하나이니라."(기름왕) '하나-오로지-오롬-그득-완전'….

인간(人間)을 둘러싼 간(間)과 비교하면 더욱 뚜렷해지는데, 생노병사를 생각하면 그 에너지 차원에서도 더욱 그러하다. 이제는 여기에 초점을 맞추자!

사이라는 말이 동사형이 될 때는 '샌다'가 된다. 밥을 짓다가 김이 새며 우리는 '김샌다'고 하는데, 이는 사이가 있기 때문에 새는 것이다.

참으로 우리는 틈이 많기로 하루에도 몇 번씩 '김샜어!'라는 말을 하게 된다. 이 '샜어'가 한자로는 누(漏·leak)가 된다. 샌다는 말이고 틈(구멍)을 말한다. 누설(漏泄)은 물이 새고, 비밀이 새는 것을 말한다. 가정에서 재물이 새면 망조가 드는 것이요, 국가에서 정보가 새면 국가는 망(亡)자를 준비해야 한다.

누수(漏水)도 물이 새는 것이다. 누락(漏落)은 빠뜨리는 것이다. 건망증(健忘症)이라는 말이 있듯이 이 새는 누(漏·틈) 때문에 망(亡)이 오는 것이다. 사망(死亡)!

누출(漏出)도 있구만? 성경을 보면, 혈루병(血漏病)에 걸린 여자 얘기가 나오는데, 어쩌면 이 여인은 인간(人間)이란 말을 대변하기에 등장한 것으로 보인다.

아시다시피, 혈루병은 피가 새는 병이다. 여인의 하혈(下血)을 생각하면 되겠는데, 그것은 생리(生理)라는 프로그램(理) 발생과는 다른 성질의 것이다. 여인은 생산의 상징인데, 이런 새는 병이 있다는 것은 불모를 의미하고 생산이 그치는 죽음의 암호인 것이다.

누(漏)는 불가에 오면 번뇌(煩惱)를 의미하는 말이 된다. 온갖 고통과 번뇌를 '새는 틈' 때문으로 보는 것이다. 무엇이 새는가? 생명의 에너지가 새어나간다.

유루(有漏)라는 것이 있는데, '번뇌에 얽매여 다시 그것을 더해 가는 상태'를 말한다. 결국 마이너스의 과정인 것이다. 이 유루(有漏)의 반대는 물론 무루(無漏)이다. 다시 불가에서는 순무루 상속(純無漏相續)이라는 말을 하는데, '번뇌가 없이 순수한 마음만이 계속되는 상태'를 말한다.

그래도 선량한 사람이 이 거친 세상을 살다가 보면 이런 한숨이 나온다. '아! 세상 살기 참 힘들다!' ….

선량함이 허무하게 빠져 나가기 때문이다. 보람도 없이 새버리기 때문에 힘이 드는 것이다. 나는 아주 부지런하고 악착 같은 사람을 그리 좋아하지는 않는다.

이들은 세상을 발전시키면서 한편으론 세상을 거칠게 하는 사람들이기 때문이다. 간혹 무섭다는 생각도 든다. 우리는 양심이 새나가는 것을 느낀다. 처음에는 이것이 홍수 터진 듯 느껴지다가도 점차 노아의 홍수가 되어도 다 그러려니 해버린다. 노아의 홍수는 우리 속에서 재연되고 있는 것이다.

누기(漏氣), 새는 그릇 누기(漏器)! 생노병사는 새기 때문이다!

그럼, 이로 말미암아 생기는 존재의 공동화(空洞化) 현상을 어떻게 메꿀 것이냐? 그래서 실존(實存)주의라는 것까지 나오는데, 한번 채워보자는 것이다. 그러나 깨진 독에 물붓기는 이를 두고 하는 말이다. 키에르케고르, 야스퍼스 같은 사람은 신으로 채워야 한다고 했고, 니체 같은 이는 아예 대체 에너지로 초인을 말했다. 사르트르는 뭐가 뭔지 모르겠더구먼….

사실 기독교가 둑이 터지듯 새고 있었으니 니체 같은 열정이 아예 해머로 부숴버리는 편이 낫겠다 싶어 '망치로 철학하는 법' 어쩌고 하며 들고 나선 그 충정이야 이해해야 한다고 본다. 엉성하게 댐이 새면 빨리 폭파시켜버리는 것이 더 안전할 것 아니겠는가? 그런데 이 비상한 사람은 너무 부수다 보니 힘이 쪼옥 빠져버렸다. "천재란 가장 깊은 심연으로 사다리를 타고 내려간 자이다."(니체) 그런데 올라올 힘이 없을 정도로 내려가 버렸다.

어쨌든, "마귀로 틈을 타지 못하게 하라"(에베소서 4:27)처럼 인간은 틈을 노출시키고 있는 상태인 것이다. 사교(邪敎)의 창궐은 물론이고, 정통(正統)을 말하는 사람들까지도 틈으로 노출되어 있다. 공산주의 같은 것이 노동자들의 틈을 타고 들어온 것은 익히 아는 바다.

인간은 늘 언제고 사이(틈)를 내는 문화를 가져왔다. 아니 틈의 문화로 하나님의 낯을 피하려고 하였다. 오히려 우리 말 성경 번역이 그런 점에서는 났다. "그들이 날이 서늘할 때에 동산에 거니시는 여호와 하나님의 음성을 듣고 아담과 그 아내가 여호와 하나님의 낯을 피하여 동산 나무 '사이'에 숨은지라."(창세기 3:8)

그렇게 숨는다고 숨어질 틈인가? 아이들의 숨바꼭질을 유심히 보면 머리가 뻔히 보이는데도 '나 찾아봐라?' 한다. 들켰다!

시간(時間)!

아침의 에너지가 다르고 점심 때의 에너지가 다르고 저녁, 한 밤의 에너지가 다르다. 시간은 앞으로 가게 하는 성질이다. 그러므로 시간의 멈춤은 동작, 일의 멈춤이 된다. 시(時)란 '해가 짧다'는 말이다. 사(寺)는 절 사(寺) 이전에 '마을 사'의 뜻이다. 마을은 해가 시(時)의 표준이 된다. 해를 보고 일어나고 해를 보고 일을 하고 해를 보고 그친다. 촌음(寸陰)을 아껴야 하는 것이다. 그런데 아무리 보아도 얻는 것이 적으니 '해가 짧다'. 시(詩)는 그래서 '짧은 말'이 된다.

참 이 부분은 인용하기가 어렵다. 똑똑히 보지 않으면 잃어버리고, 아니면 반복하여 쓰는 수가 있다. 틈이 많은 글이다.

천하 범사에 기한이 있고 모든 목적이 이룰 때가 있나니 날 때가 있고 죽을 때가 있으며 심을 때가 있고 심은 것을 뽑을 때가 있으며 죽일 때가 있고 치료시킬 때가 있으며 헐 때가 있고 세울 때가 있으며 울 때가 있고 웃을 때가 있으며 슬퍼할 때가 있고 춤출 때가 있으며 돌을 던져 버릴 때가 있고 돌을 거둘 때가 있으며 안을 때가 있고 안는 것을 멀리 할 때가 있으며 찾을 때가 있고 잃을 때가 있으며 지킬 때가 있고 버릴 때가 있으며 찢을 때가 있고 꿰맬 때가 있으며 잠잠할 때가 있고 말할 때가 있으며 사랑할 때가 있고 미워할 때가 있으며 전쟁할 때가 있고 평화할 때가 있느니라 일하는 자가 그 수고로 말미암아 무슨 이익이 있으랴 하나님인 인생들에게 노고를 주사 애쓰게 하신 것을 내가 보았노라 하나님이 모든 것을 지으시되 때를 따라 아름답게 하셨고 또 사람에게 영원을 사모하는 마음을 주셨느니라 그러나 하나님이 하시는 시종(始終)을 사람으로 측정할 수 없게 하셨도다.(전도서 3:1-11)

시간은 스타카토(staccato)다! 띄엄띄엄 단절되는 그런 스타카토! 무엇도 영원한 시(時)가 아니다. 間! 間 ! 間! 間!

말이 좋아 인터벌이요, 막간(幕間)이지 시간은 나에게 아무것도 보장해주지 않는다. 그것은 영원한 하나님을 사모하라는 신호라는 것이다. 인간이 틈이 없다면 무엇 때문에 틈 없는 하나님을 찾을 것인가?

아! 단 1초만 늦게 길을 건넜더라도, 차에 치어 죽지는 않았을 텐데, 아! 2초만 빨리 갔어도 그런 끔찍한 일은 없었을 텐데… 무정한 시간아!….

아! 사랑하는 그이가 지나갔단다, 단 몇 초를 사이에 두고 우리는 영영 만나지 못하게 되고 말았구나? '닥터 지바고' 마지막 장면….

시간에 쫓기고 틈을 내지 못해 쫓기고, 입에 밥을 물고 시간을 보며 오늘도 빠질 씨는 달려나간다. 이래저래 틈에 치여 사는 인생이다.

공간(空間)!

모든 것은 공(空)을 가장 많이 쓰고 산다. 수많은 사람들이 길을 걷는 것은 공(空)을 쓰기 때문이요, 자동차가 달리고 비행기가 날고 하는 것도 모두 공(空 · vacancy)을 쓰기 때문이다. 빔을 쓴다. 꽁짜(空字) 좋아한다고 하는데, 공(空)은 돈 안 내고 마구 쓰는 것이다. 감옥에 갇힌 이들은 이 공(空)을 마음껏 못 쓰기에 괴로운 것이다. 왜 40평 아파트가 30평보다 좋다고 하는가? 그것이 이미 공(空)을 더 쓸 수 있기 때문이다. 큰 집이라는 것은 공(空)이 중요한 것이지 거기다가 빽빽히 세간(世間)살이를 들여다 놓으면 어찌 그것을 큰 집이라고 할 수 있겠는가?

노자(老子)도 말하고 장자(莊子)도 말한 바이지만, 그릇은 그 빈 공(空)을 쓰는 것이요, 바퀴살은 그 공(空)을 써 마차를 돌아가게 하는 것이다. 이렇게 공(空)은 아주 특이한 성질의 에너지이다.

삼풍백화점 붕괴사건 때, 어떤 이는 틈이 있어 살았다고 하고 어떤 이들은 틈이 없어 깔려 사망했다. 틈이 사람을 살린 것이다. 공(空)이 좁아졌을 때, 비로소 틈이라고 하니, 공(空)은 틈이 있긴 있구나.

그러나 그것이 어찌 틈인가? 공(空)을 파괴하고 조금 남겨둔 꼴이 아닌가? 공(空)이 없어져 죽은 것이지 틈이 없어 죽은 것은 아니다. 애초부터 공을 틈으로 생각하는 우리들이다. 빈(空)틈! 왜 그런가? 물질로 차지 않는 것은 모두 틈이기 때문이다!

도리어 그것이 틈인데….

앞서 자동차 사고 때의 예도 그렇다. 그것은 시간의 탓도 되고 인간의 탓도 되고 공간의 탓도 된다. 조금만 넓게 사이를 벌렸어도 그런 끔찍한 사건은 없었을 텐데….

잘사는 미국과 못사는 방글라데시! 공간적 틈이다!

공간을 탓한다. 인간을 탓한다. 시간을 탓한다. 아니 궁극적으론 이렇게 틈을 허락한 하나님을 탓한다.

좌우간(左右間) 세상!

"헛(虛)되고 헛(虛)되고 헛(虛)되고 헛(虛)되니 모든 것이 헛(虛)되도다."(전도서 1:2)

헛간(虛間)이라고 한다. 사실 별 쓸모없는 공간을 유용하게 쓰는 것이다. 틈을 쓸 줄 아는 틈 있는 사람들! 빈틈없게 하라는 인간! 그래서 불가사의다!? 차라리 틈에 완전 굴복할 줄 안다면, 오히려 완전자를 찾을 것이건만 틈을 요령 있게 쓸 줄 아는 꾀로 하여 틈(間)을 인정하지 않으려 아등바등이다.

누구도 제 틈을 인정하지 않으려 한다. 허점을 역이용도 할 수 있는 인간! 그래서 하나님도 골치 아프다. 아킬레스! 틈을 가진 영웅! 그는 태어나자 영생의 스틱스 강에 담겨진다. 신탁이 있었으니, 이 스틱스 강에 몸을 담그면 아킬레스는 천하무적 빈틈 없는 자가 되리라. 어떤 창, 어떤 화살도 그를 뚫을 수 없게 되는 것이다.

그러나 아뿔사! 그의 어머니는 아기 아킬레스의 뒷꿈치를 손으로 잡고 스틱스 강에 담갔으니 그것이 그의 빈틈이 되었다. 어머니의 사랑, 어머니의 손길이 틈이 될 줄이야? 지역감정, 지역성! 그것은 어머니의 사랑, 그 손길을 서로 틈으로 보는 짓들이다. 그래서 아킬레스는 비밀을 알게 된 파리스의 화살을 맞아 죽게 된다. 인간에게 틈이 있을 수 없다는 신화이기도 하면서, 인간이란 서로 틈을 찾아 죽이기 하는 것이라는 것을 느끼게도 해준다.

자(左)를 봐도 틈(間)이요, 우(右)를 봐도 틈(間)이다. 좌우간(左右間)! 좌우지간(左右之間)이다! 누설이요, 번뇌다!

어떤 평가(rate), 어떤 사건(event), 어떤 방법(way), 어떤 경우(case)이든지간(間)에 틈이 있다. 이것은 좌우간의 뜻인 영어를 그대로 풀어 옮긴 것이다.

그래서 우리는 틈(間)을 어떻게 하는가?

'실패할지도 모르지만 좌우지간에 해보자.' 이것은 좋다. 그러나 확고한 믿음의 결여다. '내일이야 산수갑산에 가든 골로 가든지간(間)에 먹고나 보자.'

'죽든지 살든지간(間)에…' 이렇게 나간다. 그야말로 틈이 많은 바구니, 그래서 틈바구니에 끼여 산다고 하듯이 우리는 좌우지간 세상을 산다.

그러나 틈은 이렇듯 우리를 번뇌케 하는 것이지만, 한편 그것이 희망의 기호가 된다. 그 틈으로 태양의 햇살이 들어온다는 것은 동굴 속에서 틈을 보았을 때다!

이처럼 우리가 햇살을 확실히 볼 수 있다면 틈도 그제서야 비로소 달리 보이게 될 것이다.

‘꾀’를 뜻하는 말인 ‘수·數·手’

그럴 ‘수’가 없다. 어쩔 ‘수’가 없다. 좋은 ‘수’가 있다. 그 ‘수’는 나쁜데…

계산(計算·compute)! 셈을 하는 것. ‘저 사람 속셈을 모르겠다’고 하는 말은 그 사람이 감추고 있는 꿍심(꾀), 아니 프로그램(計劃), 그 ‘수’를 모르겠다는 말이다. 감추어져 있거나 혹은 헤아려볼 수 없을 만큼 많은 꾀(수)를 가지고 있을 때도 이런 말을 한다. 이렇게 꾀를 수(數)라는 것으로 대입해서 본 이가, 우주는 수(數)로 되어 있고 수가 세계의 모든 것을 설명할 기본 프로그램(꾀)이라고 한 피타고라스이다. 꾀(프로그램)로 이루어지긴 하였는데, 그 꾀를 수로 본 것이다. 그러니 좌를 봐도 수요, 우를 봐도 수다! 그는 수와 함께, 꾀와 함께, 프로그램과 함께 살다 갔다.

그런데 그는 무슨 뜻으로 그랬는지 모르지만, 각기 수에 의미를 두었으니 정의는 4에 속하고 인간은 250에 속하며 식물은 360에 해당된다는 식이었다. 아마도 수에 그 성질(캐릭터)을 부여하려 했던 것으로 보인다. 이것은 주역의 괘에 각기 성질을 부여하는 것과 상통한다고 하겠다. 수(數), 아니 꾀는 실로 엄청난 것이다.

재미있는 예를 하나 들겠다. 영국 가디언 지에 연재한 것을 번역한 ‘수학세계 탐험기(신문에 적합한 수학의 모든 것)’라는 책을 본 적이다. 거기에 이런 것이 나온다. 장기판이나 바둑판을 떠올리며 64칸의 체스판을 상상하기 바란다. 그리고 그 위에 동전을 두 개, 네 개, 여덟 개, 열 여섯 개… 이렇게 1에서 64칸까지 각 칸마다 배로 동전을 올려놓으며 마지막 64칸에 이르렀을 때, 그 마지막 64칸 위에 올려진 동전 더미는 얼마나 높을까 하는 것이 문제였다. 2^{64}개를 쌓아 올렸다는 것이 된다. 2미터? 15미터? 그 이상? 놀라지 말라고 하기에 얼마나 되나 보았더니, 이 동전 더미의 높이는 약 37조 킬로미터가 된다는 것이다. 37조 킬로미터? 상상이 되지 않는다. 지구로부터 달은 겨우 40만 킬로미터 떨어져 있는 것이고, 태양은 1억 5천만 킬로미터 떨어져 있다고 꼬리를 붙여 상상을 해보라고 한다. 겨우 2^{64}가 그 정도라면 $2^{86243-1}$이라는 소수는 어떻게 될까? 아니 그 이상의 소수는? 우주를 완전히 벗어난다는 얘기였다.

수의 마술, 꾀의 가공한 요술(?)을 보는 것 같았다.

아니 우리는 지금 수(數·꾀)가 재난을 일으킬지 모른다는 미증유의 사태를 맡고 있다. 아시다시피, 밀레니엄 버그(bug), 곧 Y2K 문제다.

먼저 컴퓨터에서 버그라는 말이 생긴 내력을 보자. 이 말은 코볼 (COBOL)이라는 비즈니스용 프로그래밍 언어를 만든 여성 그레이스 호퍼와 연구원들이 마크 Ⅱ라는 슈퍼컴퓨터를 작동하고 있었는데, 몇 가지 틀린 정보를 계속 출력하자 그 원인을 살펴보니 나방(bug) 한 마리가 릴레이에 끼어 죽어 있는 것인 아닌가? 하하!

그래서 그후 컴퓨터가 문제를 일으키는 것을 버그가 생겼다고 한다.

바로 꾀바구니인 컴퓨터에 용량을 아끼려고 네 자리로 할 것을 두 자리로 한 것이 새로운 천년을 시작하는 벽두를 긴장시키고 있는 것이다. 핵 미사일이 오작동 될 수 있다는 둥, 비행기가 서로 부딪칠 수 있다는 둥, 은행이 올 스톱될 것이라 둥, 아직 있어 보지 못한 일이기에, 이런 음산한 시나리오가 난무하고 있다.

겨우 두 자리 숫자 문제가 엄청난 보상 에너지를 치루라고 협박(?)하고 있는 꼴이다. 그놈의 숫자가 현대 문명을 위협하는 나방으로 탈바꿈한 것이다.

또 이것을 두고 허무맹랑한 종말론을 부추기는 자료(data)로 쓰려는 성깔 나쁜 나방과 같은 사람들이 있을지 모르겠다.

어쨌든 우리는 꾀(수)가 얼마만큼 지배력을 가지고 있는가를 큰 수업료를 치루며 교육받고 있는 것이다. 여의주(如意珠)! 뜻과 같이 되게(如意)하는 영묘한 구슬이다. 이것에 빌면 만사가 형통된다고 한다. 그리고 여의봉(如意棒)! 돌에서 신통력을 지니고 태어난 원숭이인 손오공이 칠십이반변화(七十二般變化)의 술(術)과 근두운(筋斗雲)의 법을 수득하여 뜻대로(如意) 되는 지팡이로 까불며 하늘의 질서를 어지럽히다가 불력(佛力)에 의해 진압되었다는 그 이야기. 이것은 사람의 마음을 우의(寓意)로 나타낸 것이다. 우리는 오늘날 이런 우화적 여의주 프로그램과 여의봉 프로그램을 본다. 참고로 여의(如意)는 영어로 양치기의 지팡이(pastrol staff)를 뜻하기도 한다.

어쨌든 계수(計數·figure·compute)라는 말도 수(數)가 꾀(計)임을 보여준다.

우리 말 '수'도 꾀를 뜻한다. '좋은 수(꾀)가 있다·어쩔 수(꾀)가 없다·할 수(꾀) 있다·말할 수(꾀) 없다·뾰족한 수(꾀)가 없다·이렇게 하는 수(꾀)가 있다' 등등 얼마나 많이 꾀를 낱말로 쓰며 말하고 있는가? 이전 이후, 필자가 수라는 말을 많이 썼고 쓰더라도 이상할 것이 없다. 이미 우리는 말 속에 이렇게 '수(프로그램)'를 엄청나게 말하고 있으니 나는 그것을 뾰족하게 드러낼 뿐이다.

"좋은 '수'가 없을까?" 하는 말은 좋은 방안(方案·plan)이 없을까 하는 말이다. '수가 나다'는 말은 '좋은 꾀가 생기는 것'을 말한다.

또한 '수가 없다'는 말은 능력(能力·power)이 없다는 말이기도 하니 모든 꾀, 모든 수는 그것이 어떤 에너지로 이루어진 성격의 프로그램임을 말하는 것이다. 곧 모든 꾀는 각각의 성질을 띤 '에너지 프로그램(energy program)'이라는 것이 대전제가 된다.

그러니 '결국 죽을 수(꾀)를 냈다'는 말은 그 에너지가 어떤 수준인가를 말해 주는 것이다. 또한 사람은 그 능력을 손(手·hand)에 둔다. 그 꾀를 손으로 나타낸다. 인간을 도구적 동물(Homo Faber)이라고 할 때, 인간은 손을 쓸 수 있는 동물이라는 말이다. 삽은 손의 연장(延長)에 지나지 않는 것이요, 모든 기계도 결국 사람이 손으로 할 일을 대신해주는 손의 대체 프로그램인 것이다. 그래서 장도리나 망치, 스패너 같은 것을 연장이라고 하는데, '손의 연장(延長)이'라는 말에서 하는 말임이 분명하다. 그러니 그 사람이 가진 에너지 프로그램이 손(手)으로 드러나기에 수(數)처럼 '수(꾀)'를 '수(手)'라고 하는 것이다. 묘수(妙案·기묘한 꾀)를 묘수(妙手)라고 한다. 원더풀 아이디어(wonderful idea)요, 엑셀런트 플랜(excellent plan·탁월한 꾀)이다.

'수가 익다'는 말은 무엇이 손에 익숙하여진 것을 말한다. 그래서 운전수(運轉手)는 운전하는 꾀가 익숙한 것이요, 가수(歌手)는 노래하는 꾀가 익숙한 것이다. 손으로 노래하는 것이 아님에도 손을 말함은 손(手)이 프로그램을 수행하는 에너지의 성질을 드러내기 때문이기도 하다. 노래하는 프로그램(-그래머)이 가수(歌手)다. 운동선수(運動選手)는 축구면 축구, 골프면 골프, 그 프로그램에 능한 사람을 말하는 것이고, 바둑은 성격이 더욱 꾀싸움이기에 고수(高手)니 하수(下手)니 한다.

그리고 어떤 꾀의 에너지가 대단한 사람을 두고 '수가 쎈 사람이니' 하는 것도 우리가 얼마나 꾀 속에서 사는 존재인가를 말해 주는 단편 단편의 종합이다.

이 세상에 꾀로 되지 않은 것이 무엇이 있는지 나에게 그 예를 제시해 달라!

'풀잎이 자랄 수(꾀) 있는 것' '물이 흐를 수(꾀) 있는 까닭' '모래 한알 한알이 모여 모래사장이 될 수(꾀) 있는 것' 등등….

어떤 상황, 어떤 존재도 다 수(꾀)를 붙여 말하게 되는 것은 그것이 '수(꾀)'를 증명하는 것이기 때문이다. 꽃을 보고 이렇게 말한다. "어쩜, 저렇게 고울 수 있나?!"

이런 감탄은 사실은 꽃에 나타난 프로그램(수)에 감탄하는 것이다! 총명(聰明)하다고 하고 미련하다고 한다. 밝아졌다는 것! 문명이라는 것!

'빛은 꾀의 가장 순수한 성질이다!' 빛은 하나님의 저울질이다! 그러기에 빛이 임했다고 하는 것은 꾀(프로그램)의 순수한 성질이 임했다는 말이다. 그래서 순수한 캐릭터(氣質)인 빛, 꽃에 드러나 피어나는 그 꽃의 프로그램 성질과 같은 것을 두고 영광(榮光·꽃 영, 빛 광)이라는 말을 한다.

'영광입니다'는 말은 그 알짜(pure) 캐릭터를 잘 받았을 때 하는 말이고, 하늘이 하나님의 영광을 선포한다는 말은 하늘이 순수(pure) 하나님의 꾀를 잘 드러내고 있다는 말이다.

또 "어쩌면 당신은 그림을 그토록 잘 그릴 수 있죠?"라는 말에는 그림을 잘 그리는 꾀가 있느냐는 말이다. 그래서 우리는 화가의 그림을 보고 그의 작가정신이라고 말하는 캐릭터를 떠올리기도 한다. "그녀와는 헤어질 '수' 없다"는 말은 헤어질 계획이 없다는 말이요, 헤어질 프로그램이 없다는 말이다. '할 수 없다'는 말은 이러지도 저러지도 못할 꾀를 낼 '수' 없는 상황에 처했을 때 하는 말이다. 이런 식의 '수'라는 말을 어떤 글에서건, 혹은 하루 중 입을 통하여 얼마나 많이 하고 있는가를 본다면, 그야말로 우리는 '수(꾀)' 속에서, 수로 이루어진 삶으로 살고 있음을 알 '수' 있을 것이다. 새는 그 이름을 부르면 난다. 꾀꼬리는 꾀꼴꾀꼴 하며 그 캐릭터를 드러낸다. 종달새는 지지배배 하며 그 캐릭터를 드러낸다. 하나님도 수를 말하여 그 캐릭터를 말씀하고 만물도 한 목소리로 그 수(꾀)를 말한다. 가장 흔한 것이, 가장 두드러진 것이, 가장 귀한 것이다. 공기는 흔하기에 너무 귀한 것이다. 희소성이 귀한 것이 아니다. 다이아몬드보다 더 귀한 것은 생명력 에너지를 주는 한 방울의 물이듯 말이다. 다만 우리는 이런 수를 인식하지 않으며 살고 있을 뿐이다.

우주를 이루고 있는 것이 무엇이냐고 묻는다면, '꾀'요, 그 꾀는 에너지를 캐릭터로 하여 이루어진 수(프로그램)라고 말하겠다. 이 말은 특별히 새로운 것이 아니다. 너무도 지당한 말이다.

이 수(꾀)를 생각하지 않고, 문명사가 어떠어떠하다는 것을 스터디할 '수' 없고, 논할 '수'도 없다. 모든 것은 꾀(수)요, 그 캐릭터('에너지는 성질이다')이다!

그러므로 이런 낱말을 써 번역해도 된다. "태초에 '수'가 계셨다 이 '수'가 하나님과 함께 계셨으니 이 '수'는 곧 하나님이시라."(요한복음 첫장 첫마디)

기(基)는 홈(home)을 말한다. 기초(基礎)니 기본(基本)이니 기원(基源)이니 기수(基數 · 하나에서 열까지의 수)니 기점(基點)이니 기인(基因)이니 기지(基地)니, 또한 무엇보다 기독(基督 · 그리스도)이니 한다. 기(基)는 '터전'을 말하고 '발상지(source)'를 말한다. 그리고 기(基)는 '바탕 꾀'를 말한다. 야구 선수 이종범은 꾀를 내어 쓰며 베이스(base · 基)를 돌아 홈(基地)으로 달려 들어온다. 우리가 야구

를 즐기는 것은 야구라는 프로그램의 꾀를 보고 즐기는 것이다. 그 꾀
의 변화무쌍함을 보는 것이다.

우리 인생도 이런 것이다. 꾀를 내어 쓰다, 그 꾀의 근본 터(基)로
홈 인(Home in)해야 하는 것!

그리고 운수(運數)가 좋다든가 운수대통(運數大通)했다는 말은 프
로그램(數)이 잘 돌아갈 때(運 · turn) 하는 말이다.

시편(139편)의 시인은 하나님의 '꾀바른 자원(資源 · resource)',
아니 계수(計數)를 이렇게 읊는다.

"여호와여 주께서 나를 감찰(監察 · search)하시고 나를 아셨나이
다. 주께서 나의 앉고 일어섬을 아시며 멀리서도 나의 생각을 통촉
(understandest)하시오며, 나의 길과 눕는 것을 재시며(compassest
· 셈하다 · 꾀하다) 나의 모든 꾀(art)를 익히 아시오니(Thou compa
-ssest my path and my lying down, and art accquainted all
my ways) 여호와여 내 혀의 말을 알지 못하시는 것이 하나도 없으시
니이다. 주께서 나의 전후를 두르시며 내게 안수하셨나이다. 이 지식
이 내게 너무 기이하니(wonderful) 높아서 내가 능히 미치지 못하나
이다. 내가 주의 신(spirit)을 떠나 어디로 가며 주의 앞에서 어디로
피하리이까. 내가 하늘에 올라갈지라도 거기 계시며(thou art there
· '거기에도 당신 꾀가 있다') 음부에 내 자리를 펼지라도 거기 계시
나이다(thou art there). 내가 새벽 날개를 치며 바다 끝에 가서 거할
지라도 곧 거기서도 주의 손이 나를 인도하시며 주의 오른손이 나를
붙드시니이다. 내가 혹시 말하기를 흑암이 정녕 나를 덮고 나를 두른
빛을 밤이 되리라 할지라도 주에게는 흑암이 숨기지 못하며 밤이 낮
과 같이 비취나니 주에게는 흑암과 빛이 일반이니이다. 주께서 내 장
부(臟腑)를 지으시며 모태에서 나를 조직(組織)하셨나이다. 내가 주
께 감사하옴은 나를 지으심이 신묘막측(神妙莫測 · marvellous)하심
이라 주의 행사가 기이함을 내 영혼이 잘 아나이다. 내가 은밀한 데서
지음을 받고 땅의 깊은 곳에서 기이하게 지음을 받을 때에 나의 형체

(形體)가 주의 앞에 숨기우지 못하였나이다. 내 형질(形質·membe
-rs)이 이루기 전에 주의 책에 다 기록이 되었나이다. 하나님이여 주
의 생각이 내게 어찌 그리 보배로우신지요 그 '수(프로그램·sum·
總計)'가 어찌 그리 많은지요. 내가 세려고 할지라도 그 '수(꾀)'가
모래보다 많소이다(If I should count them, they are more in
number than the sand : when I awake, I still with thee). 내가
깰 때에도 오히려 주와 함께 있나이다."(139:1-18)

컴퍼스(계획하다·측량하다)로 재시는 이. 나의 모든 꾀를 통찰하
시는 이. 이 꾀가 너무 기이하니 미치지 못하겠다. 그리고 당신의 에
너지 프로그램이 미치는 그 에너지 캐릭터(spirit)를 벗어나지 못하겠
다. 하늘에 올라도 거기에도 당신의 꾀(art)가 있고, 음부에 내려가도
거기에도 당신의 꾀(art)가 있다. 내 형질, 그 수효(members)를 하
나 하나 당신의 설계도(設計圖)대로 하셨다. 내가 그 수(꾀)를 카운트
(count)하려고 해도 그 수(꾀)가 모래보다 많은지라 셀 수가 없다. 이
런 내용이다.

위대한 미국 시인 월터 휘트먼도 저 '풀잎'이라는 유일 시집에서 '나
자신의 노래(Song of myself)'라고 제목을 붙여 이렇게 노래하고 있다.

나는 풀잎 하나가 별의 운행에 못지 않다고 믿는다.(I believe a leaf of
grass is no less then the journey-work of the stars)
하찮은 녀석 개미도 역시 완전하고, 모래알 하나, 굴뚝새의 알 하나도 그러
하다.(And the pismire is equally perfect, and a grain of sand, and the
eggs of the wren)
그리고 청개구리는 최고의 걸작품이다.(And The tree-toad is a chef-d'
oeuvre for the highest)
땅으로 쭉 뻗은 검은 딸기 덩굴은 천국의 거실을 장식할 만하고,(And the
running blackberry would adorn the parlors of heaven)
그리고 내 손의 아주 가느다란 관절(關節)도 일체의 기계(機械)를 비웃을
'수' 있다.(And the narrowest hinge in my hand puts to scorn all

machinery)

　머리를 푹 숙이고 풀을 뜯는 소는 어떤 조각보다도 훨씬 낫다.(And the cow crunching with depress'd head surpasses any staute)

　한 마리의 새앙쥐는 몇 억조(億兆) 불신의 무리들을 망연자실(茫然自失)하게 할 만한 기적이다.(And a mouse is miracle enough to stagger sextillions of infideles)

─인용 이쯤 끊음─

　휘트먼! 얄미울 정도다. 그는 거대한 것을 예증으로 끌어오지 않는다. 모두가 하찮게 여기는 것, 아니 무심히 지나치는 것들 ─풀잎, 개미, 모래알 하나, 굴뚝새의 알, 청개구리, 검은 딸기 덩굴, 내 손의 관절, 풀을 뜯는 소, 한 마리 새앙쥐─을 메타포(실어나르는 것)로 들어 위대한 프로젝트가 그들에게서 보임을 말하고 있다. 그것들은 그런 위대한 프로그램을 실어나르고 있다. 과장법이 아니다. 위대한 사상가의 빛나는 혜안의 눈빛이다! 풀잎 하나의 프로그램은 별의 프로젝트에 못지 않다고 한다. 그가 끝까지 '풀잎'이라는 오직 하나의 시집 제목을 고집한 이유를 알 것 같다. '우주'라고 하여 큰 제목이 아니다. 그저 '풀잎'이다! 우주를 생성하고 움직이는 거대한 프로젝트는 별을 운행시키는 '에너지 플랜'과 동일한 프로그램으로 풀잎을 키운다. 아기가 방을 기다가 비싼 자기를 건드려 깨버렸다 하자. 아기에게 욕지기를 하며 찰싹찰싹 볼기짝을 때릴 수 있겠는가? 그럴 수 없다! 왜 그런가? 철없는 이유이거니 하기 때문이라구? 틀렸다! 아기의 움직움(손놀림)은 별의 운행과 같은 자연의 성질(nature)이기 때문이다.

　　아기의 손놀림 나무라지 마오
　　철없다 하심은 아니할 말씀
　　별들이 돌고 있다 말하는가
　　아기도 우주의 한 별인 것을
─류동하

427

이렇게 단시(短詩)로 나타낼 수 있을 것이다. 휘트먼은 본다. 개미에게 퍼펙트(perfect)한 프로그램을! 사실 그러하다. 인류의 저 많은 수(꾀)의 축적이 개미 한 마리를 만들 수 있겠는가? 복제(copy)?! 그것이 어찌 창조랄 수 있겠는가? 그저 있는 것을 가지고 찍어낼 뿐이지. 원본을 만드는 것이 아니라, 카피를 뜨는 것이다.

자칫하면 위조지폐로 몰릴 수도 있다. 모래알 하나, 굴뚝새 알(卵·eggs)에서도 완전한 프로그램이 투입(input)된 것을 본다.

달걀도 마찬가지요, 오리알도 마찬가지다. 하하! 청개구리는 최고(highest)의 걸작품이라고 불어로 쉐이더브러(chef-d' oeurvre = chief of work) 하고 말한다. 아마도 불어로 말하면 더 고상한 것이라고 여기는 족속에게 유머스럽게 야유(?)하는 것이었을게다. 천국의 거실은 무엇으로 장식되어 있을까? 쭉 뻗은 검은 딸기 덩굴!!

자기 손을 움직이는 아주 작은 관절! 이것은 일체의 기계조직보다 탁월한 것이다. 풀뜯는 소의 모습에서 어떤 조각보다 뛰어난 조각을 보고, 마침내 요절복통하게 만드는 구절은 한 마리 새앙쥐가, 아아, 한 마리 새앙쥐에 몇 억조(億兆) 불신의 무리들의 꾀를 무력하게 하고 망연자실(茫然自失·아득한 에너지를 보고 저울, 밸런스를 잃어버리는 것이다)할 만한 기적의 프로그램(꾀)이 있다고 위대한 일침의 필을 '획(劃)!' 하니 긋는다.

한 아이가 손안에 가득 풀을 가져오며 내게 "풀은 무엇이에요?" 하며 묻는다.(A child said "What is the grass?" fetching it to me with full hand)

낸들 어떻게 아이에게 대답할 수 있겠는가. 나 역시 그 애처럼 그것이 뭔지 모른다.(How could I answer the child? I do not know what it is any more then he)

나는 그것이 의당 희망의 초록빛 피륙으로 짜맞춘 내 계획(disposition)의 깃발일 것이라고 어림한다.(I guess it is be the flag of my disposition, out of hopeful green stuff woven)

아니면 내가 알아 맞히건대 그것은 오로지님(Lord)의 손수건이거나,(Or I

guess it is the handkerchief of the Lord)

오로지님이 계획적(design)으로 떨어뜨린 향기나는 기념의 선물일 것이고,(A scented gift and rememberancer designedly dropt)

소유주의 이름이 구석 어딘가에 들어 있어서 우리가 보고서 '누구의 것?'이라고 말할 수 있는 것이다.(Bearing the ower's name someway in the corners, that we may see and remark, and say Whose?)

또한 나는 추측한다. 풀은 그 자체가 어린 아이, 식물에서 비롯된 어린 아이 일 것이라고.(Or I guess the grass is itself a child, the produced babe of the vegetation)

혹은 똑같은 뜻의 유니폼을 입은 상형문자(象形文字)일 것이라고.(Or I guess it is uniform hieroglyphic,)

-인용 여기까지-

풀잎(leaves)! 단 한 가지 정의만으론 이 풀잎에 전하고자 하는 의도(意圖·꾀 도圖)를 말할 수 없다. 그러나 맞춰보건데 오로지님께서 떨어 뜨린 손수건인지 모른다. 분명한 것은 여기에 신의 계획(project)이 있다. 우리는 이런 계획의 기념물, 그 푸릇한 향기와 같은 캐릭터를 통하여도 그것을 계획한 계획자(소유자)의 이름이 분명 있을 것임을 안다. 그리고 그 계획자의 캐릭터를 느낀다. 풀잎! 사람에게만 아이가 있는 것이 아니라, 풀잎도 식물의 아이일 것이라고 감히 추측한들 어쩔 것인가?

천지 만물은 다양하다. 우주 삼라만상(the universe)은 똑같은 도장(圖章)이 아니다. 이름도 다르고 그 그림(圖·꾀 도)도 다양하다. 그러나 하나(一·온통)의 캐릭터(성질)를 여러 성질로 드러내려고 한다.

하나님에게서 모든 꾀(劃)가 그어져 나온다. 성냥을 '획(劃)!' 하고 그으면 불이 일어나고 빛이 켜지듯이. 전기라는 에너지를 가지고 여러 가전제품을 사용하듯, 가전제품은 다양하나 그 에너지는 전기라는 성질을 쓸 뿐이다. 그러므로 다양한 가전제품은 전기라는 성질을 하나(온통)로 띠게 된다. 물론 각각의 성질이 또 있는 것이지만 획일의

429

참뜻은 그런 의미의 성질이요, 계획을 말한다.

　가령 오늘날 캐릭터 상품이라고 하여 주요한 품목으로 떠오르는 것이 있다. 미키 마우스니 텔레토비니 둘리니 하는 캐릭터다. 모양은 각각이지만 모두 하나의 캐릭터(성질)를 지향하고 있는데, 그것은 아이처럼 귀엽고 착한 하나(劃一)의 선(善)을 그리려고 하고 있다는 점이다. 바로 이 선(善)을 향한 지향이 캐릭터이다! 모든 꽃들이 태양을 하나로 지향하며 천자만홍(千紫萬紅)의 색깔을 뽐내듯 오직 한 색깔의 유니폼이 아니라, 속성질이 획일(劃一)인 것이다. 그 근본 '에너지 프로그램('태양')'을 오로지(하나) 향한다는 데 있다. 앞서 말한 캐릭터 상품들이 선(善)이라는 가치를 지향하듯이….
　가장 '속깊은 마음'을 뜻하는 충심(衷心·inmost heart)의 충(衷)은 '속(中)＋옷(衣)＝속옷'을 말한다. 우리는 겉옷을 보고 속을 꿰뚫어 보지 못한다. 우리가 이런 대시인의 눈을 빌어오는 것은 그들은 속옷, 속마음을 꿰뚫어 보기 때문이다.
　시인 휘트먼은 풀잎에서 어린아이처럼 획일(오로지 같은 꾀)의 캐릭터(성질), 그 속마음을 본다. 그리고 그들은 그런 속깊은 메시지를 전하는 그림문자라고….
　'대학(大學)'은 다음의 말로 시작한다.
　"큰 배움의 도(道)는 명덕(明德)을 밝히는 데 있고, 백 가지 성을 가진 사람들을(百姓) 참 성질을 갖게 하는 데 있으며, 지선(至善)에 머무름에 있다.(大學之道 在明明德 在親民 在止於至善)"

어린이는 성령의 캐릭터!

　"이때에 예수께서 성령(도의 성질)으로 기뻐하사 가라사대 천지의 주재(主宰)이신 아버지여 이것을 지혜롭고 슬기 있는 자들에게는 숨기시고 어린 아

이들에게는 나타내심을 감사하나이다 옳소이다 이렇게 된 것이 아버지의 뜻
(캐릭터)이니이다."(누가복음 10:21)

"켜진 사람은 언제나 어린아이와 같이 순진한 마음을 지니고 있는 사람이
다.(大人者 不失其赤子之心者也)"〔맹자 적자장(赤子章)〕

여기서 우리는 먼저 성령(聖靈)의 성질(캐릭터)이 어린아이에 맞는
다는 것을 본다. 다시 말하여, 성령을 받은 사람을 이런 어린아이의
성질에 맞아야 한다는 말이기도 하다. 순진(純眞·purity)! 맑은 기
름(精油)이 아니면 그것은 불량한 성질이다.

이 세상 어떤 철학, 어떤 강령도 그대는 어린이 같은 성질을 가져라 하
고 가르치지 않는다. 아니 그런 성질이 없는 것이다. 어린이 같은 성질!

도(道)의 캐릭터(德)는 어린아이다! 이런 성질이 없다면 그가 성령
에 젖었다고 하기는 어려우리라. 순진으로 충만한 것이 성령 충만임
을 잡는다.

맹자! 이 대철인이 어린이와 같은 순진한 캐릭터가 대인(大人)이라
는 말을 하고 있다. 실로 우리의 허(虛)를 맹폭하는 말이다.

철인(哲人)은 밝은(哲) 사람(人)이다. 대인(大人)도 그런 사람이다.
크다는 것은 양적인 말이요 켠다는 것은 질적인 말이다. 큰 빛은 그
빛을 비추는 범위 또한 크다.

아이(赤子)는 단심(丹心)과 같은 붉은(赤) 마음을 가진 자(子·
boy)인 것이다. 태양의 붉은 빛처럼. 붉은 댕기를 맨 처녀는 월경이
시작됐음을 알린다. 그 순결! 그것은 생산의, 생명의 캐릭터다! 순결
을 귀히 여기는 처녀의 마음과 같은 것! 그 붉은 마음! 우리는 이 세
상의 거친 성질에 부대끼며 저 적심(赤心·true heart)을 잃어간다.
알짜배기(pure) 성질을 지닌 수녀(修女)와 같은 마음! 오로지님 나라
는 이런 사람들의 성질에 어울리는 것이다.

하늘에 무지개를 바라보면
내 가슴은 뛰논다

내 인생이 시작될 어린 시절도 그러하더니
어른이 된 지금도 그러하다
그러니 더 늙어진 뒤에도 그러했으면
그렇지 않으면 나는 죽으리!
어린이의 성질은 어른 된 성질의 아버지
바라기는 내 하루 하루가
경건한 성질로 뛰어놀기를

　어린이는 어른의 아버지(The Child is father of the Man)! 유명한 구절이다. 이것은 단지 어른도 어린아이에게서 배울 바 있다는 두리뭉실한 소리가 아니다. 예수가 "어린아이들을 불러 가까이 하시고 이르시되 어린아이들이 내게 오는 것을 용납하고 금하지 말라. 하나님의 나라가 이런 자의 것이니라. 내가 진실로 너희에게 이르노니 누구든지 하나님의 나라를 어린아이와 같이 받아들이지 않는 자는 결단코 들어가지 못하리라 하시니라."(누가복음 18:16-18) 아이와 하나님 나라, 그리고 다음 구절은 자연스레 선(善)으로 간다.
　이 교육 프로그램은 이렇게 낱말의 건반을 두드리며 그 줄거리를 진행한다. 아이의 성질은 하나님 나라의 성질을 잘 받는다. 아니 잘 맞는다는 말이 적절하다. 그것은 아이는 그 성질을 잃고 있지 않기 때문이다.
　어쨌든 하늘에 걸린 무지개만을 보아도 마치 88열차 놀이기구를 보고 좋아라하는 아이처럼 그저 기쁨으로 뛰놀던 그런 순수한 본질은 어디갔는가? 순수한 감정의 지진대였던 어린 시절!
　누나의 머리를 쓸어 내리는 머리빗처럼 무지개는 그렇게 어린 시절의 감정카락을 빗겨주었다고 여긴다. 아! 얼마나 감정이 탄력적이었던가? 무지개, 그 빛깔의 캐릭터에 고스란히 젖어들던 그 어린 시절은 그 빛깔을 아로새긴 인화지 같았다는 것은 어줍잖은 문학적 수사만은 아니다. 나는 지금 어린아이에 머물고자 하는 피노키오 콤플렉스나 양철북을 두드리는 어른이 된 소년 얘기를 하고 있는 것이 아니다. 그리고 어린이 찬가를 높이는 방정환이 아니다. "내가 어렸을 때에는 말

하는 것이 어린아이와 같고 깨닫는 것이 어린아이와 같고 생각하는
것이 어린아이와 같다가 장성한 사람이 되어서는 어린아이와 같은 일
을 버렸노라."(고린도전서 13:11)

어찌 깨달음이야 어린이 같아서야 되겠는가? 그러나 그 어떤 위대
한 깨달음이라 할지라도 그 본성(true character)이 어린아이와 같은
순수(pure)를 잃었다면 그 깨달음은 사상누각이 될 것이다. 결코 빛
을 발현하지 못할 것이다. 경건하게 뛰노는 마음이 없이는(Bound
each to each by nature piety)….

그렇지 않으면 정말 죽으리라!(Or let me die!)

누가 이기는가?

노자(老子) 76장!

인지생야유약	人之生也柔弱
기사야견강	其死也堅强
만물초목지생야유취	萬物草木之生也柔脆
기사야고	其死也枯
고견강자사지도	故堅强者死之徒
유약자생지도	柔弱者生之徒
시이병강즉불승	是以兵强則不勝
본강즉절	本强則折
강대처하	强大處下
유약처상	柔弱處上

사람의 몸은 살아 있을 때 부드럽고 약하지만
죽으면 단단하고 뻣뻣하다

만물의 초목도 살았을 때는 부드러우나

죽으면 마르고 딱딱하다

그러므로 단단하고 강한 자들은 죽음의 성깔을 따름이요

부드럽고 약한 자는 생명의 성질을 따름이다

그러므로 강한 군대라도 이 성질을 이기지 못하고

나무라도 단단하면 곧 꺾인다

강하고 큰 것은 내려가는 성깔만 남고

부드럽고 약한 것은 올라가는 성질만 남았다

노자(老子) 78장!

천하막유약어수	天下莫柔弱於水
이공견강자 막지능승	而攻堅强者 莫之能勝
이기무이역지	以其無以易之
약지승강 유지승강	弱之勝强 柔之勝剛
천하막부지 막능행	天下莫不知 莫能行
시이성인운	是以聖人云
수국지구 시위사직주	受國之垢 是謂社稷主
수국지부상 시위천하왕	受國之不祥 是爲天下王
정언약반	正言若反

하늘 아래 부드럽고 약한 성질은 물이어라

그러나 단단하고 강한 것을 때림에 물의 성질을 이길 것이 없으니

그 무한한 파워 바꿀 것이 없다

약한 것이 센 것을 이기고, 부드러운 것이 강한 것을 이김을

하늘 아래 측량치 못하는 이 없거늘, 이를 따르는 이도 없다

그러므로 성질에 익은 성인은 말을 떼기를,

세상의 때를 온몸에 받아야 그 땅, 정신의 주인공이고

세상의 불상사를 온 마음에 담아야 천하를 움직일 컴퍼스를 잡은 이라 하리.
바로 맞춘 말은 늘 세상이 등을 돌림이라

장자(莊子)!

한 발 가진 동물은 여러 발 가진 동물을 부러워하고, 여러 발 가진 동물은 뱀을 부러워했다. 뱀은 바람을 부러워하고, 바람은 눈(目)을 부러워하며, 눈은 마음을 부러워했다. 이는 빠른 것을 서로 부러워하였음이다.

한 발 가진 동물이 여러 발 가진 동물에게 묻기를, "나는 한 개의 발로 깽깽이하며 가지만 이조차 잘 부릴 수가 없거늘, 자네는 여러 발을 잘 컨트롤하니 어떻게 그럴 수가 있는가?"

여러 발 가진 동물이 말하길, "그건 그렇지 않아. 자넨 사람이 침을 툇 하고 뱉는 걸 못 보았나? 침을 뱉었을 때 큰 것은 진주구슬만 하고 작은 것은 안개와 같아서 그것들이 모두 믹싱되어 떨어질 때는 그 수효를 헤아릴 길이 없네. 지금 나는 절로 성질(天然)이 내 안에 인풋된 데로만 할 뿐이며, 이 성질이 왜 그런진 모르겠네." 그리고 여러 발 달린 동물이 뱀에게 묻기를, "나는 여러 발을 놀리며 가지만, 발 없는 자네를 따를 수가 없으니 이는 어떻게 된 일인가?"

뱀이 대답하길, "내 속에 부여된 성질대로 움직일 뿐이니, 내가 어떻게 그 성질을 바꿀 수 있겠는가? 나는 발을 쓸 성질이 없으이."

이번엔 뱀이 바람에게 물었다. "나는 등이나 갈빗대를 움직여 가는 뱀의 몸, 그 형상이라도 있지만, 자네는 형상도 없이 휙휙 하고 북해에서 일어나 남해로 휙휙 가니 어떻게 그럴 수 있나?"

바람이 이렇게 말했다. "사실 그러하지. 난 북해에서 일어나 휙휙 하고 남해로 들어가네. 그런데 사람이 손가락으로 날 찌르면 난 그 손가락을 분질로 놓지 못하고, 발로 나를 밟을지라도 난 그 발을 꺾어놓질 못하지. 하지만, 난 큰 나무를 홱 나꿔채 분질러 놓고, 큰 집을 잡아채 날려버리지. 그러므로 작은 것들을 이기지 못하는 것이 도리어 큰 것을 이김일세. 그런데 말이야, 이런 승리는 오로지 성인(聖人)만이 할 수 있는 거라네."〔추수(秋水 · 가을물) 편〕

산상수훈(山上垂訓)의 캐릭터！

심령(心靈)이 가난한 자는 복이 있나니 천국이 저희 것임이요
―마음에 하나님의 성질을 갈망하는 이 복이 있다.
 하나님의 기름줄이 내려질 것임으로―

애통하는 자는 복이 있나니 저희가 위로를 받을 것임이요
―측은이 여겨 슬퍼하는 마음을 갖는 이 복이 있다.
 저희가 하나님을 부를 것이기에―

온유한 자는 복이 있나니 저희가 땅을 기업(基業)으로 받을 것임이요
―순수하고 부드러운 마음을 가진 이는 복이 있다.
 땅은 이들의 성질에 맞추었음이다―

의(義)에 주리고 목마른 자는 복이 있나니 저희가 배부를 것임이요
―옳다 함에 늘 같이하는 자 복이 있나니
  늘 마음 든든하리라―

긍휼(矜恤)이 여기는 자는 복이 있나니 저희가 긍휼이 여김을 받은 것임이요
―남의 처지를 아껴주고 돌봐주는 복이 있나니
 저들도 이럴 즈음 이 마음 받으리―

마음이 청결(淸潔)한 자는 복이 있나니 저희가 하나님을 볼 것임이요
―마음이 늘 맑고 깨끗한 이는 복이 있나니
 하나님이 그러함이다―

화평케 하는 자는 복이 있나니 저희가 하나님의 아들이라 일컬음을 받을
것임이요
―평화에 그 성질을 맞추는 이는 복이 있나니

하나님의 저울질에 맞췄음이다—

의(義)를 위하여 핍박받는 자는 복이 있나니 천국이 저희 것임이라
—한 올을 뚜렷이 한 자는 괴롭힘을 받을 것이니, 위안받으라
천국이 저를 도울 것임으로—

나를 인하여 너희를 욕하고 핍박하고 거짓으로 너희를 거스려 모든 악한
말을 할 때는 복이 있나니 기뻐하고 즐거워하라 하늘에서 너희상이 큼이니라
너희 전에 있던 선지자(先知者)들을 이같이 핍박하였느니라
—핍박받으라! 괴롭힘 받으라! 수난의 그리스도, 그 캐릭터(마음)를
품은 이들! 오래 전부터 그러했느니, 하나님은 이를 알고 있나니—
(마태복음 5:3-12)

산상수훈(山上垂訓)!
산상극훈(山上極訓)!
극(極)은 ↑ 이런 화살표의 감(感)이라면, 수(垂)는 ↓ 화살표의 감
(感)이다. 쭈욱 위에서 아래로 내려뜨린 것이다.
그러나 '끝, 가, 다' 라는 점에서 같은 뜻이다.
수직(垂直)! 하나님의 절대 척도(尺度)다!
하나님께서 내려주는 절묘극치의 캐릭터(성질)요, 자(尺)요, 저울
질이다!
추(錘)라는 글자는, 바로 이 수(垂·드리움)에 쇠(金)를 더한 것뿐
이니, 수훈(垂訓)은 하나님이 내리신 저울추이니라! 이를 움직여 하
나님의 마음에 맞추라!
생명의 물가(水垂)다! 생명의 추(錘)로다!
하나님의 마음이 시냇물이라면 우리는 그 물가(-垂)에 손을, 마음
을 담근 것이다. 지금까지 형이상학이라고 하여 너무 높게만 보았다.
그러나 물이 아래로 흐르듯이 하나님께서 이렇게 찾아주셨다.
아주 가까이! 저 수훈의 뜻들을 새겨보라!

437

세상이 말하는 어떤 복잡한 철학도 없다. 소녀의 시와 같고, 어린 양의 소리 같다. 그러나 이것이 하나님의 순수 절대의 캐릭터다! 권력에의 의지가 아니다! 힘센 용사의 팔뚝이 아니다. 적자생존(適者生存), 우승열패(優勝劣敗)의 무정한 에너지가 아니다. 모진 세상이 외면하고 함부로 대하는 그런 여리고 착한 마음이다. 그러나 이 마음(燈)에 불을 켜시는 하나님은 그런 점등신(點燈神)이시다.

"저는 시냇가(-垂)에 심은 나무가 시절을 좇아 과실을 맺으며 그 잎사귀가 마르지 아니함 같으니 그 행사가 다 형통하리로다."(시편 1:3)

"오로지님은 마음 부칠 만한 것이 없어 늘 착한 사람 곁에 있다.〔천도무친 상여선인(天道無親 常與善人)〕"(노자 79장)

천도무친(天道無親)!? 사고무친(四顧無親)!?

사고무친이란 무엇이더냐? 사방을 둘러보아도 부모형제, 일가친척 하나 없는 외로운 고아와 같은 사람을 말함이 아니더냐?

그런데 전지전능한 영존자! 그 충만한 에너지로 그득한 온통님! 마음이 넘치고 넘치는 활활기천(活活其天)이신 이가, 고아보다 더 외롭고 쓸쓸한 천도무친(天道無親)이라니? 노자 영감 망발이 아닌가? 노자 영감 망령들어 치매에 걸린 것 아닌가? 아니라면 또 누구인가? 도(道)를 소위 그리스도교가 말하는 인격신(人格神)이 아니라고 하는 이들은? 노자는 81장의 글이다. 그 끝에 다가서 천도무친(天道無親)이라니!? 노자는 그 사상이 깊어지자 심정 깊이 들어간 것이다.

사상은 머리(head)로 하는 것이 아니다. 노자는 머리(首)인 도(道)로 시작하여 이제 심(心)으로 깊이 들어온 것이다. 아니 머리(道)가 마음(心)임을 분명히 하는 셈이다. 결국은 저 깊은 심정(心情 · heart)이다. 정(情 · feeling)에 이를 때, 그것이 진짜 사상인 것이다. 천만 권의 사상서를 써낸들 무엇하랴? 옆에 있는 사람 눈물 닦아줄 손수건 한 장도 되지 못하는 것이라면! 허위가 아니겠는가? 도(道)는 하트(heart)이다! 도(道)는 필링이다! 도를 그 무슨 자기들 사상의 노리개 다루듯 농하는 모든 자들은, 도의 에너지를 전기를 다루는 한 전기사처럼 하는 자들은, 사람도 아니니라. 감정이 없는 돌멩이보다 못한 자들이다. 그런데 엄청난 도의 파워를 논하던 노자가 아니었던 가? 또 그런데 이제는 마치 도(道)가 센티멘탈한 소녀처럼 되어버렸 다. 아니 사고무친의 고아가 되어 버렸다. 아아! 사람들이여, 오로지 님(道)께서 고아처럼 되셨다는구나?! 하나님이 마음 부칠 곳이 없나 니? 이럴 수도 있는가? 하나님께서 그 마음 둘 곳이 없다니? 노자는 그렇게 말미를 잡는다! 그리고 이때 나는 그리스도의 저 고적(孤寂) 한 말씀이 생각나는구나!

"예수께서 이르시되 여우도 굴이 있고 공중의 새도 거처가 있으되 오직 인자는 머리 둘 곳이 없다 하시더라."(마태복음 8:20)

> 시끄러운 군중에 둘러 쌓였을 때에도
> 빛나는 잔치에 참석했을 때에도
> 나는 듣는다. 쇠사슬의 소리를—이윽고 멀리
> 십자자가에 못박힌 위대한 나사렛 사람
> 그 환영이 떠오른다
> —러시아 시인, 프레시체프

연(蓮)꽃의 전함과 참 밝은 십자가의 도(道)!

사랑하는 임에게 몸을 기대고 올라오는 저 여인은 누구인가?
사과나무 아래, 그대가 태어난 곳, 그대를 낳느라고 그대의 어머니가 산고 를 겪던 곳, 바로 거기에서 만나 잠든 그대를 깨웠었지 (노래 중의 노래, 아 가서 8:5)

우리는 산모가 아이를 낳는 것을 두고 산고(産苦)니 산통(産痛)이 니 한다. 그러나 그것은 엄밀하게 말하여 산희(産喜)다.
불가의 캐릭터 꽃인 연(蓮)! 나는 앞서 군인(軍人)의 훈련 같은 고통의 트레이닝이 운(運)이라고 하였다. 진흙 속에서 그 꽃과 열매를 맺으려고 하는 연(蓮)이 그와 같은 것이다. 마차 바퀴(車)가 험한 길을 달린 끝에 목적지에 이르듯, 실로 연은 그와 같은 과정을 거친다. 개화즉과(開花卽果)! 꽃이 핌과 동시에 열매도 맺기에 연(蓮)을 그렇게 부르는 것이다. 그야말로 연은 산모의 그것처럼 산고와 산희(産喜)를 보여준다. 사월은 바로 이런 산희의 계절이다. 그래서 엘리어트는 이 산고와 산희가 동시에 벌어지는 사월의 캐릭터에서 잔인하다는 표현으로 생명 탄생의 희열의 비명을 터뜨린다. "죽은 땅에서 라일락을 키워내고, 기억과 욕정을 뒤섞으며, 봄비로 작은 뿌리를 뒤흔든다"고….

죄많은 인간들의 기억과 그 욕망의 진흙을 뒤섞으며, 그 진흙(죄)을 딛고 십자가 위의 그리스도는 새 생명의 탄생, 그 산희를 보여주고 있다.

우리는 여기서 다함없는 오로지님의 캐릭터를 본다. 우리가 영원한 생명, 거듭난 생명을 거저 얻는 것이 아님을. 저 궁극에 이르러 하나님 네트워크에 든다는 그것이 그저 무임승차가 아니다. 산모에게 고통과 산희, 그것이 있듯이 우리는 오로지님께서도 그런 고통이 있었음을 알 수 있다.

세상에 거저되는 일이 어디 있겠는가? 우리는 그것을 바라서도 안 된다. 그저 교회에 나가고, 그저 절에 나가서 모든 것이 된다면, 이것이야말로 장난이 아닌가? 십자가 위의 그리스도는 그것을 우리에게 보여준다.

실로 문자 몇을 깨달아 진리에 이를 수 있다는 것도 이 앞에서는 초라해지는 것이다. 바울이 바로 그랬다. 그는 신비주의자처럼 그저 도(道)를 안일하게 묵상하거나 자기의 신통한 깨달음을 과시하는 수단으로 삼지 않았다.

그는 자기 속의 진흙을 부둥켜안고 저 십자가 위의 그리스도, 그 처절한 고통, 인류를 위한 희생에 동참함으로써 궁극에 이르는 길을 찾았다. 그리스도라는 연꽃의 고통에 자기의 진흙이 있음을 절감했다.

그는 자기 성찰을 통하여 이런 비명을 지르지 않을 수밖에 없는 예민한 하트(心情)의 소유자이기도 하였다. "내 속사람으로는 하나님의 법을 즐거워하되 내 지체 속에서 한 다른 법이 내 마음의 법과 싸워 내 지체 속에 있는 죄의 법 아래로 나를 사로잡아 오는 것을 보는도다 오호라 나는 피곤하고 괴로운 사람이로다 이 사망의 몸에서 누가 나를 건져 내랴."(로마서 7:22-24)

그리고 그는 십자가 위의 그리스도를 다시 보면서 그 진흙을 벗어나 구극에 이르는 극을 보았음이다. 이 위대한 체험은 2천년 기독교의 마음의 샘이 되어 퍼주고 퍼주고 또 퍼줄 샘을 이룬다! 오로지님 네트워크는 이런 절절한 하트의 네트워크(Hart Network)인 것이다. 인터넷에 무슨 하트가 있더냐? 심정의 철인 바울은 그리스도의 산고와 산희! 그것이 새 생명을 낳게 하는 하나님의 자기 고통임을 알았다. 우리는 무덤을 만들 때 어떻게 하는가? 산모의 배처럼 불쑥 나오게 한다. 그것은 재생의 염원을 담은 것이다. 아니 흙이라는 자궁 속으로 다시 들어갔음을 의미하는 것이다. 죽는 것이 태어나는 것이다. 연(蓮)이라는 것이 그런 재생의 메타포인 것이다. 고구려의 고분벽화에 나타난 연화문(蓮花紋), 그것이 정토신앙(淨土信仰 · pure land idea)과 결부되어 연꽃 그림은 점점 그 넓은 벽면을 차지해 간 것이 그것이다.

바로 그 무덤, 그 인류의 새 생명의 자궁이 그리스도의 십자가라고 바울은 깨달았다. 죽은 사람을 동굴 속에 넣은 유대인들의 장례 풍습도 마찬가지이다. 자궁 속으로 들어가는 것이다. 생명은 이런 과정을 반드시 거쳐 나오게 되어 있다. 하나님 스스로 정하신 이 생명의 프로그램은 당신조차 어길 수가 없는 것이다. 그저 되는 것이 아니다.

예수는 십자가 위에 자신의 어머니 마리아를 "여자여 보소서 아들이니이다"(요한복음 19:26) 하고 부르고 있다. 왜 그랬을까? 그렇다! 여자는 안다. 산고와 산희를! 그리하여 그리스도는 지금 자기가 인류를 위한, 새 생명의 탄생을 위한 산고를 겪고 있음을 당신은 알지 않느냐 하는 뜻에서 '여자여!'라고 부른 것이다. 노자가 곡신(谷神)을 말한 것도 이런 생명의 비밀을 알기 때문이다. 연꽃을 부처가 든 것도 영원한 생명길이 신비주의자들의 몽상처럼, 선문답의 주고받음으로만

이 되는 것이 아님을 보여주는 것이다. 치워라! 달쏭알쏭 선문답일랑!
불립문자라고 하면서 왜 그리 시끄러운가? 교외별전(敎外別傳)이다!
말과 글로써 전하는 진리가 아니다. 이런 고통, 자기를 죽여 만인을
구한다는 희생! 부처는 연꽃에서 그런 진리의, 새 생명의 고통을 보
고, 모든 비유도, 이 하나만 같지 못함을 전하고 있다. 아니 비유가 끝
난다! 가르침 외(外)의 별도의 전(傳)함이다. 나는 말과 글로 진리를
전하지만, 나보다 위대한 사람은 몸소 몸과 마음을 다해 하나님께 헌
신하는 말 없고 글 없는 사람들이다. 그들이 보다 위대하다! 크다! 깊
다! 교외별전(敎外別傳)!

그런데 그리스도는 몸소 그 고통을 체현하고 있다. 그 동안 여러 비
유물을 들어 하나님 나라를 가르치던 그가, 이제 비유물이라는 교재
물을 다 내려놓고 당신 스스로가 궁극의 생명 교육을 실연해 보이고
있는 것이다.

예수는 죽기 바로 전 제자들에게 이런 말을 한다.

"내 말이 조금 있으면 나를 보지 못하겠고 또 조금 있으면 나를 보
리라 하므로 서로 문의하느냐 내가 진실로 진실로 너희에게 이르노니
너희는 곡하고 애통하겠으나 세상은 기뻐하리라 너희는 근심하겠으나
너희 근심이 도리어 기쁨이 되리라 여자가 해산(解産)하게 되면 그 때
가 이르렀으므로 근심하나 아이를 낳으면 세상에 사람 난 기쁨을 인
하여 그 고통을 다시 기억지 아니하느니라 지금은 너희가 근심하나
내가 다시 너희를 보리니 너희 마음이 기쁠 것이요 너희 기쁨을 빼앗
을 자가 없느니라 그날에는 너희가 아무것도 내게 묻지 아니하리라
내가 진실로 진실로 너희에게 이르노니 무엇이든지 아버지께 구하는
것을 내 이름으로 주시리라 지금까지는 너희가 내 이름으로 아무것도
구하지 아니하였으나 구하라 그리하면 받으리니 너희 기쁨이 충만하
리라 이것을 비사(比辭 · proverb)로 너희에게 일렀거니와 때가 이르
면 다시 비유(比喩)로 너희에게 이르지 않고 아버지에 대한 것을 밝
히 이르리라 그날에 너희가 내 이름으로 구할 것이요 내가 너희를 위
하여 아버지께 구하겠다 하는 말이 아니니 이는 너희가 나를 사랑하

고 또 나를 하나님께로서 온 줄 믿은고로 아버지께서 친히 너희를 사랑하심이니라 내가 아버지께로 나와서 세상에 왔고 다시 세상을 떠나 아버지께로 가노라 하시니 제자들이 말하되 지금은 밝히 말씀하시고 아무 비사(比辭)도 아니하시니 우리가 지금에야 주께서 모든 것을 아시고 또 사람의 물음을 기다리시지 않는 줄 아나이다 이로써 하나님께로서 나오심을 우리가 믿삽나이다 예수께서 대답하시되 이제는 너희가 믿느냐 보라 너희가 다 각각 제 곳으로 흩어지고 나를 혼자 둘 때가 오나니 벌써 왔도다 그러나 내가 혼자 있는 것이 아니라 아버지께서 나와 함께 계시느니라 이것을 너희에게 이름은 너희로 내 안에서 평안을 누리게 하려 함이라 세상에서는 너희가 환난을 당하나 담대하라 내가 세상을 이기었노라 하시니라."(요한복음 16: 19-33)

어떤 심오함도 없다. 어떤 비유도 이젠 없다. 어언 수년, 여러 가지 방법으로 교육 프로그램을 펼쳤다. 때론 좁은 문을 비유로 들어, 때론 동전을 비유로 들어, 때론 가라지와 밀을 예로 들어, 때론 선한 사마리아인을 예로 들어, 때론 탕자의 이야기 같은 비사(比辭)를 예로 들어가며 제자들을 가르쳤다. 하나님 나라를 가르쳤다. 기적도 보여주며 이 몽매한 민중과 제자들을 깨우치려고 하였다. 일점일획을 들어 말씀의 거룩한 위력도 들려주었다.

그러나 그들에게 깨달음이 있었던가? 믿음이 있었던가? 말하자면 칠판 앞 교육 커리큘럼은 끝났다. 그리고 이제는 예수 당신의 죽음이 있을 뿐이다. 해산의 고통이 있을 뿐이다. 이 비장한 순간 앞에서야 그들은 이제야 믿노라는 고백을 한다. 그조차 확실한 것 같지는 않다. 이미 예수는 그의 죽음과 함께 이들이 뿔뿔히 흩어질 것을 내다보고 있지 아니한가?

그렇다! 그리스도 십자가야말로 비유가 아닌 완전한 화엄(華嚴), 그것이다!

혹독하고 엄한 생명의 법칙이여! 꽃의 개화여! 드높이(嚴) 피는 영광이여!

영광(榮光)! 여러분은 아는가? 영(榮)이라는 글자가 꽃을 뜻하며,

피를 뜻하며 빛을 뜻한다는 것을! 이 무슨 비장한 메타포인가? 이 무슨 엉뚱한 배리의 메타포인가? 십자가의 도(道)는 '피 꽃'이며 '빛 꽃'이요, 번쩍 들려진 우주의 처마처럼 '비첨 꽃'이다! 여자여 보소서!

하나님께서는 당신을 하트로 오는 이들에게 이렇게 당신의 사랑과 생명의 산희를 보여주셨다. 이것은 그 누구도 예상하지 못했던 오로지님의 심정이다!

앞서, 자기를 일러 참으로 비참하게 괴로운 자라고 그런 심정으로 하나님을 찾았던, 심정의 철인 바울은, 그 처절한 비명(苦)이 갑자기 희(喜)로 스위치되는 놀라운 경험을 한다. "우리 주 예수 그리스도로 말미암아(由·道) 하나님께 감사하리로다!"(비명 다음 절)

십자가에 매달린 그리스도를 떠올렸음이다! 그것이 무엇이었던가?

道可道非常道였던가? 名可名非常名이었던가? 그것이 아니다! 그저 괴로움 심정을 가졌고, 그것이 자기를 죽일 것만 같았을 뿐이다.

우리가 하나님을 저렇게 문자적으로 접근할 때는, 이런 비참한 심정이 그나마 없을 때인 것이다. 오히려 저런 것은 서재의 철학인 것이다! 심하게는 휴지통(서재) 속에서 하나님을 찾음이다. 지금 죽을 지경으로 괴로운 이들에게, 대체 道可道非常道가 무어란 말인가? 아니 그 어떤 심오한 말이 무엇이란 말인가? 자기의 고통 속에 온 마음을 다해 들어와 함께 고통을 나누지 않는 그 피끓는 피(榮)빛(光)의 성질이 아니라면, 무엇으로 이런 심정의 사람들을 치유하고 위로할 것인가? 아니 구원할 것인가? 하나님이 캐릭터라고 하는 것은 하나님은 심정(HART)이라는 것이다! 나는 이 한마디를 위해 여기까지 책을 끌고 왔다.

"하나님은 심정이시다!(God is Heart!)"

이 말은 "하나님은 사랑이시다"는 말과 같다.

내가 왜 이것을 숨겨왔던가? 심정은 고통 속에서만 피는 꽃이요, 미치는 성질(캐릭터)이기 때문이다. 우주 천지 안에 그 마음을 함께 할 심정을 같이하는 것보다 위대한 진리는, 캐릭터는 없다!

바로 십자가의 도(道)는 심정으로가 아니면 도저히 받을 수 없는 진

리의 캐릭터다! 십자가는 비명만이 있을 뿐이다. 무슨 심오한 깨우침
이 있었던가? 엘리 엘리 라마 사박다니! 아버지! 아버지! 왜 나를 버
리십니까!

　세상에 하나님조차 나를 버린다고 하는 것보다 끔찍한 절망, 괴로움
이 어디 있으랴? 이런 사람들은 십자가 밑으로 와야 한다. 자기처럼
비명을 지르는 이가 있음을 알고 그리로 가야 한다. 그런 이는 도덕경
을 뒤지고, 불경을 뒤지고, 성경을 뒤져도 소용없다! 바로 그런 사람
들까지 오라고 예수는 저렇게 소리를 질렀던 것이다. 예수가 하나님
을 의심해서 지른 비명이 아니다. 지금 예수는 모든 고통받는 인류를
위하여 십자가에 달려 있는 것이지, '당신과 아버지(?)'를 위해 달려
있는 것이 아니다. 나는 비극배우로서의 예수를 말했다. 그는 인간의
비극을 연기(오해 없이 받아야 할 단어)중이다. 그는 사람의 아들이
다. 그는 하나님의 아들이다. 이 두 심정의 캐릭터를 알아야 한다. 만
일 예수가 정말 하나님 아버지께 그런 의심과 회의가 있었다면 겟세
마네에서 그만두었을 것이다. 피가 땀이 되도록 기도했던 것은 무엇
이었던가? 당신을 위해서였나? 하나님을 위해서였나? 비장(悲壯) 그
리스도!

　세상에! 얼마나 많은 사람들이 나와 같은 식으로 경전을 파며 하나
님을 찾을 것인가? 그저 괴로움을 껴안고 살아가기도 어렵고 버거운
것을!

　그런 사람들은 그리스도의 십자가를 바라보라! 그저 바라만 보라!
당신의 심정에 온통 괴롭고 죄많은 진흙이 가득하다고 여길 그때라
면! 두말할 것 없는 불세출의 종교적 천재인 바울 같은 이가 경전을
파면서만 진리를 알고자 한 것이 아니다. 그는 그런 신비주의자도 아
니요, 학자풍의 도서관 선비도 아니다. 그는 괴로운 사람이다! 그는
죽겠다고 비명 지르는 사람이다! 그런데 나 아니라 그 어떤 사람이 심
오한 말을 준다 해도 당신은 위로를 받을 수 없다!

　그리스도의 십자가를 보아라! 그 다음은 나도 얘기 않는다. 그리고
마음이 그후 평상심으로 돌아오거든 그때부터 경전을 파지 않고는 당

신은 견딜 수 없을 것이다. 그렇게 경전은 공부해 가는 것이다. 무턱대고 경전을 판다고 알아지는 것이 아니다. 그리스도의 십자가 밑으로 먼저 가라! 아니 가게 되리라! 가게 되어야 한다!

심정의 혁명이 없는 경전 공부는 도로아미타불이다! 아무런 영양가도 없다! 한 귀로 들어왔다가 나가면서 다 새버린다.

십자가 밑으로 간다는 것은 무엇인가? 당신이 자기를 들여다보기 시작했다는 것을 의미한다. 병이 있는 것을 알아야 병원을 찾듯이, 병증이 있음을 알기 시작했다는 것이다. 또 그것은 당신이 목마르기 시작했다는 것을 의미한다. 그러면 십자가 아래로 가보라! 하나님의 아들이 당신과 똑같은 소리로 비명을 지르고 있음을 들을 것이다. "내가 목마르다!"(요한복음 19:28) 당신이 마실 물을 찾기에 앞서, 당신이 먼저 물을 떠주고 싶은 심정이 일지 모른다. 바로 그 순간, 당신은 물을 마시게 되리라. 저 수가성 여인이 그랬던 것처럼!

무엇보다 십자가의 성질을 잘 보여주는 것은 예수 옆의 강도다! 그는 아주 절실하고도 소박한 요청을 하고 있다. 이런 한계적 컨디션에 있는 사람들에게 무엇을 설명하고, 무엇을 줄 것인가? "강도 가로되 예수여 당신의 나라에 임하실 때에 나를 생각하소서."(누가복음 23:42) 이런 사람들이 더 많은 것이다! 더 절실한 것이다. 예수는 아주 간결하게, 그러나 엄청난 심정으로, 그래서 그것은 더욱 권위 있다. "내가 진실로 네게 이르노니 '오늘 네가 나와 함께' 낙원에 있으리라."(누가복음 24:43)

인류가 하나님으로부터 들을 수 있는 가장 소망스런 말이 아닌가? 더, 무슨 말이 필요하랴?!

어쨌든 그런 다음 당신은 경전을 찾게 되리라. 누구인가? 무엇인가? 그래야 경전은 생수의 강처럼 당신에게 터진다.

우주는 저울질이다! 하나님의 심정이 충만하게 저울질을 미치고 있다. 아무도 모른다. 그것이 어떻게 위로를 받고, 어떻게 병에서 회복되는지, 그 신비한 심정의 연락(連絡)은 아무도 모른다. 열길 물 속은 알아도 사람의 심정은 모른다고 했거늘, 하나님의 심정이 이 우주에 어떻게 교감하고 작용하는지 누가 다 알 것인가? 바울이 그랬다.

괴롭다! 죽을 지경이다! 그 다음 구절 감사하리로다! 도대체 어떻게 되었다는 말이 없다. 심정의 연락이란 그런 것이다. 정말 말이 없는 전함이다. 교외별전(教外別傳)! 십자가의 도가 무슨 말을 하더냐? 그저 받으라는 말밖에는 안 한다.

약을 다 설명해 주고, 그것이 무슨 무슨 성분이라고 일일이 말해 주며 내주는 의사나 약사는 없다. 병을 알고 그저 잘 조제해 주는 것이다. 잘 먹으라고, 그러면 병이 나을 거라고 말해 주는 것이다.

그렇다! 심정의 약은 더욱 그러하다. 나도 더 이상 얘기는 하지 않으리라. 가라! 그리고 배우라! 경전을 배우지 않는 신앙은, 종교는 사상누각이다. 견고해질 수가 없는 것이다.

우리는 심정을 잃었다! 고뇌 없는 시대! 진짜 괴로움이 없는 시대! 그래서 십자가의 도(道)는! 심정의 오로지님은 더욱 천도무친(天道無親)이다.

바울은 위대한 심정의 종교가이다! 그는 특이하리만치 심정으로만 진리를 뚫은 사람이다. 그래서 그저 형이상학을 말하는 자들은, 그렇게 하늘을 뚫은 이들은, 그를 우습게 보는 것이다. 그것이 아니다!

십자가 아래로 가야 할 사람들! 나는 나처럼 경전을 뚫어 하나님을 아는 경우보다는 그 길에서 더 많은 사람들이 하나님을 알고 저 드높은 심정의 네트워크를 탔다는 것을 안다. 백문불여일심(百聞不如一心)!

마음이다! 십자가는 괴로운 마음의 오로지님이다! 그 비감(悲感)의 캐릭터!

"그 중 한 군병이 창으로 옆구리를 찌르니 곧 피와 물이 나오더라." (요한복음 19:34절)

피라? 물이라? 산혈(産血), 양수(羊水)! 나는 그렇게 본다.

"그리스도께서 나('바울')를 보내심은 세례를 주게 하려 하심이 아니요 오직 복음을 전(傳·교외별전)케 하려 하심이니 말의 지혜로 하지 아니함은 그리스도의 십자가 헛되지 않게 하려 함이라 십자가의 도(道)가 멸망하는 자들에게는 미련한 것이요 구원을 얻는 우리에게